凤凰文库
PHOENIX LIBRARY

本书系教育部哲学社会科学重大课题攻关项目
"近代以来日本的中国认识及行动选择研究"的阶段性研究成果

凤凰出版传媒集团
PHOENIX PUBLISHING & MEDIA GROUP

凤凰文库·历史研究系列

主　　编　　钱乘旦

项目总监　　刘　卫

项目执行　　王保顶

凤凰文库·历史研究系列

JINDAI YILAI RIBEN DE ZHONGGUOGUAN

近代以来日本的中国观

杨栋梁　主编

第一卷　总论

杨栋梁　著

江苏人民出版社

图书在版编目(CIP)数据

近代以来日本的中国观. 第 1 卷,总论/杨栋梁著.
--南京:江苏人民出版社,2012.5
(凤凰文库.历史研究系列)
ISBN 978 - 7 - 214 - 08159 - 9

Ⅰ.①近…　Ⅱ.①杨…　Ⅲ.①汉学-历史-日本②对
华政策-研究-日本　Ⅳ.①K207.8②D829.313

中国版本图书馆 CIP 数据核字(2012)第 089116 号

近代以来日本的中国观
杨栋梁　主编
第一卷　总论
杨栋梁　著

策 划 编 辑	王保顶
责 任 编 辑	王保顶　刘　艳
装 帧 设 计	黄　炜
出 版 发 行	凤凰出版传媒集团
	凤凰出版传媒股份有限公司
	江苏人民出版社
集 团 地 址	南京市湖南路 1 号 A 楼,邮编:210009
集 团 网 址	http://www.ppm.cn
出版社地址	南京市湖南路 1 号 A 楼,邮编:210009
出版社网址	http://www.book-wind.com
	http://jsrmcbs.tmall.com
经　　　销	凤凰出版传媒股份有限公司
照　　　排	江苏凤凰制版有限公司
印　　　刷	江苏凤凰扬州鑫华印刷有限公司
开　　　本	960 毫米×1 304 毫米　1/32
印　　　张	13　插页 4
字　　　数	330 千字
版　　　次	2012 年 6 月第 1 版　2014 年 4 月第 2 次印刷
标 准 书 号	ISBN 978 - 7 - 214 - 08159 - 9
定　　　价	37.00 元

(江苏人民出版社图书凡印装错误可向承印厂调换)

出版说明

要支撑起一个强大的现代化国家,除了经济、制度、科技、教育等力量之外,还需要先进的、强有力的文化力量。凤凰文库的出版宗旨是:忠实记载当代国内外尤其是中国改革开放以来的学术、思想和理论成果,促进中西方文化的交流,为推动我国先进文化建设和中国特色社会主义建设,提供丰富的实践总结、珍贵的价值理念、有益的学术参考和创新的思想理论资源。

凤凰文库将致力于人类文化的高端和前沿,放眼世界,具有全球胸怀和国际视野。经济全球化的背后是不同文化的冲撞与交融,是不同思想的激荡与扬弃,是不同文明的竞争和共存。从历史进化的角度来看,交融、扬弃、共存是大趋势,一个民族、一个国家总是在坚持自我特质的同时,向其他民族、其他国家吸取异质文化的养分,从而与时俱进,发展壮大。文库将积极采撷当今世界优秀文化成果,成为中西文化交流的桥梁。

凤凰文库将致力于中国特色社会主义和现代化的建设,面向全国,具有时代精神和中国气派。中国工业化、城市化、市场化、国际化的背后是国民素质的现代化,是现代文明的培育,是先进文化的发展。在建设中国特色社会主义的伟大进程中,中华民族必将展示新的实践,产生新的经验,形成新的学术、思想和理论成果。文库将展现中国现代化的新实践和新总结,成为中国学术界、思想界和理论界创新平台。

凤凰文库的基本特征是:围绕建设中国特色社会主义,实现社会主义现代化这个中心,立足传播新知识,介绍新思潮,树立新观念,建设新学科,着力出版当代国内外社会科学、人文学科、科学文化的最新成果,以及文学艺术的精品力作,同时也注重推出以新的形式、新的观念呈现我国传统思想文化的优秀作品,从而把引进吸收和自主创新结合起来,并促进传统优秀文化的现代转型。

凤凰文库努力实现知识学术传播和思想理论创新的融合,以若干主题系列的形式呈现,并且是一个开放式的结构。它将围绕马克思主义研究及其中国化、政治学、哲学、宗教、人文与社会、海外中国研究、外国现当代文学等领域设计规划主题系列,并不断在内容上加以充实;同时,文库还将围绕社会科学、人文学科、科学文化领域的新问题、新动向,分批设计规划出新的主题系列,增强文库思想的活力和学术的丰富性。

从中国由农业文明向工业文明转型、由传统社会走向现代社会这样一个大视角出发,从中国现代化在世界现代化浪潮中的独特性出发,中国已经并将更加鲜明地表现自己特有的实践、经验和路径,形成独特的学术和创新的思想、理论,这是我们出版凤凰文库的信心之所在。因此,我们相信,在全国学术界、思想界、理论界的支持和参与下,在广大读者的帮助和关心下,凤凰文库一定会成为深为社会各界欢迎的大型丛书,在中国经济建设、政治建设、文化建设、社会建设中,实现凤凰出版人的历史责任和使命。

凤凰文库出版委员会

目　录

序　论

19世纪中叶,中日两国在西方列强的炮舰政策下,先后被打开国门而陷入殖民化危机。然而,到了世纪末叶,日本在甲午战争中打败了因循守旧的中国,其后半个世纪里对中国的侵略扩张愈演愈烈,直到把中华民族逼入亡国灭种的绝境。二战以后,中日两国经历了由敌对到伙伴关系的转变,但时下影响这种关系的变数正在增加。

对今天的中国来说,近代的噩梦已经逝去,但在复杂多变的国际环境面前,我们仍面临着许多棘手的外交问题,日本即是我国对外事务中必须重点对待的国家之一。怎样与日本这个看不清、摸不透而又"搬不走"的邻居交往? 如何构筑长期稳定而健康的中日关系? 是我们直面且必须做出选择的时代命题。"疑今者察之古,不知来者视之往"。阐明近代以来日本的中国观,无疑是解开这一命题的必要前提。

"中国观"属于"知"的范畴,其内涵包括"认知"和"态度"两个场域。"认知"是认识主体(自我)对认识客体(他者)的判断,是解决认识客体"是什么"及"为什么"的问题。例如,客体对象是文明、先进、富裕、强大,还是愚昧、落后、贫穷、弱小? 之所以如此,是因为思想进取、政治开明、技术发达、社会安定,还是因为思想保守、政治黑暗、技术落后、社会混乱？等等。"态度"则是认识主体基于对认识客体"是什么"及"为什么"的判断而产生的主观立场,是主体直面客体的好恶心态及应对客体的政策主张,是解决认识主体即"自我"应该"怎么办"的问题。例如,面对客体对象,认识主体情感上是羡慕、喜欢还是蔑视、讨厌？行动主张上是接近、亲和还是疏远、敌视？等等。如果按照这一"学理性"规范检点以往国内外学界的相关研究成果,不难发现"认知"与"态度"界限不分的"研究"尚属普遍现象。因此,从这一问题意识和视角出发,本丛书将在研究方法论上做一新的尝试。

近代以来日本的中国观,是在世界、日本和中国的共时性三维环境条件约束下,历时性地调整演变的。因此,我们所进行的整体性考察着重把握以下诸点:第一,近代以前、特别是近代前夜日本传统的、带有普遍性的中国观如何,它给近代以后的日本留下了什么"思想遗产";第二,近代以来日本如何认识世界,形成了怎样的世界观和亚洲观;如何在认识世界的过程中,开始以欧美等近代以前不甚重视的"他者"为参照对象,重新评估中国;第三,世界形势的变化,大国的全球战略及其远东政策,中国对外政策的应对,与日本的对华态度是怎样的互动关系;第四,基于对世界、中国和日本三者间的比较,日本在不断调整"自我认知"的同时,其中国认知和态度,在相对"静态"的时空交叉"点"上,展示了怎样的特点,在"动态"发展的"线"上,又展示了怎样的轨迹、特点和本质性规律。

国家是国民权力的集合体,国家意识是通过国民意识的最大公约数体现的。因此,严格地说,"日本的中国观"应作"日本人的中国观"。但是,问题的复杂性在于:在不同的个体或群体之间,日本人的中国认知、态度和主张千差万别,并且随着时间的推移而在相互博弈中此消彼长。因此,我们的研究须以充分的史实为依据,厘清形形色色的对华观中,哪些是主流,哪些是支流;哪些有客观依据,哪些是主观臆断;哪些是健康的,哪些是有害的;哪些影响了日本对华政策的制定乃至上升为国家意志,哪些只对政策制定有牵制作用或未起作用,社会影响限于狭小范围。

日本的中国观又是具体而非抽象的,政界、军界、财界、知识界、民间团体及国民个体,均应作为中国认知的主体而纳入研究视野;政府文件和会议记录、新闻媒体时事评论和报导、要人讲话、国民日志等,应是微观考察的基本抓手;辩证唯物主义和历史唯物主义,应是宏观分析的基本理论工具;先行成果及其他人文社会科学研究的理论方法,则是研究深化的重要参考。这就决定了这一专题研究的艰巨性,我们的研究只能说不断接近目标而无法到达终极。

翻开漫长而相对封闭的古代东亚区域发展史,中华文明一枝独秀,泽被四方。相比之下,处在"中华文明圈"内的日本对中国思想、制度、科学技术的学习和吸收是全方位的。因此,从文明的意义上讲,中国可谓日本由"夷"致"华"之母。若根据古代国家形成及初建期日本统治者渴求中国王朝册封的史实,不妨说模拟的"君臣"宗属册封关系构成了古来两国政治关系的原点。

然而,两千年的中日古代关系错综复杂,是一部由"友好"和"和谐"、"普通"和"恬淡"、"对立"和"不愉快"等不同材料编就的历史,可谓苦辣酸甜咸五味俱全,"剪不断,理还乱"。

进入近代前夜的江户初期,"尊儒"、"慕华"意识仍在日本社会中居于主流位置。然而随着晚期封建社会的成熟和近代"西学东渐",德川中后期的"文化中国"敬仰,已经受到"疑华"、"蔑华"思想的严峻挑战,传统中国观的裂变已经开始。

鸦片战争的失败,裸露了清朝统治下中国的落后和腐败。这一事态给日本人的中国观带来的"革命性"冲击的结果是,本已开始"裂变"的中国认知由此画上休止符。对日本来说,自古以来被视为文明、先进和榜样的中国,变成了与日本大同小异、落后于时代的半野蛮、半开化国,昔日学习、效仿和赶超的对象,变成了反面教材及避免重蹈覆辙的"殷鉴"。

中国"认知"的"质变",自然也引起了日本对华"态度"的转变,但是这一转变却非一蹴而就。在幕末至明治初年的数十年里,对中国是敬畏还是蔑视?是友好、合作、结盟,还是敌视、对立、排斥?不同的政策主张并存。"中日唇齿论"及"中日联盟论"、日本"盟主论"、中国威胁论、"脱亚入欧"的"告别恶友(中国)论"、征服中国论等均占有一定的市场和听众。这表明,在对华政策上,当时的日本统治者尚有充分的选择余地。

然而,幕末日本被打开国门后,其对"西力东渐"的应对是,通过倒幕维新建立了以天皇为首的强大中央统一政权,通过推行"文明开化"、"殖产兴业"和"富国强兵"政策,成功地摆脱了殖民地危机。

日本的"变身"也导致了自我认知及其中国观的变化。至晚从19世纪80年代中期起,基于自身"脱亚入欧"的进步和中国依旧"顽冥不化"的"自他认识",轻视、敌视型的对华态度已经压倒其他"主张"而左右了国家的对华行动选择。甲午战争中打败清朝的实践,反过来又使蔑视型中国观一举得到确认并在社会中泛化。由此,甲午战争不仅从根本上改变了东亚地缘政治的格局,使中日主次关系发生颠倒,而且构成了近代社会转型期日本的中国观发生根本性逆转的分水岭。

此后直至1945年战败的半个世纪里,蔑视型中国观在日本社会中所处的绝对支配位置越发不可动摇,成为对华侵略扩张的思想源泉;日俄战争、镇压义和团、占领青岛、"对华二十一条要求"、出兵山东、占领东北、分离华北等侵略扩张行动的屡屡得手,似乎一再"印证"了其中国观的"正确",刺激了认识上更"大胆"和行动上再"升级"。蔑视型的中国观直线发展到"中国非国"、"中国已死"、"对华一击"(一战制服中国之意)等完全无视中国存在的极限。全面侵华的冒险,就是在这样一种全民性无视中国的思潮下展开的。

第二次世界大战结束后,在美国对日军事占领和以意识形态划线的冷战愈演愈烈的现实条件下,日本除了按照美国旨意与台湾保持"国交"外,几乎没有别的选择余地。结果在1945年日本战败投降到1972年中日邦交正常化的27年间,日本与台湾保持着"国家关系",与新中国则始终处于无邦交的敌对状态,即建构主义中的"霍布斯文化"状态。

1970年代初期,联合国恢复了中国政府的合法席位,尼克松访华并签署了《中美联合公报》,两大事件促使日本改变了对华政策,中日两国恢复了邦交。《中日和平友好条约》签订后,双方在政治、经济和文化领域的全面合作出现高潮,有人甚至认为中日关系进入了近代以来的"蜜月时期"。

但是,进入1990年代以后,随着冷战的结束和中国的崛起,近代以来未曾有过的中日"两强并存"局面开始形成,日本的中国观亦随之发生变化,继续与中国合作与遏制、封堵中国的主张并存。直到今天,与中国合作还是对立的争论依然难见分晓。竞争与合作或许会成为新时代中日关系的主旋律。

通观鸦片战争后160年来日本的中国观,可以发现近代以来日本为了"认识"中国"投入"巨大,成建制、有组织的中国调研活动,其规模之大、效率之高令人惊叹。从"产出"的效果看,我们也应该坦率地承认,其考察之深入、分析之中的的情况绝非鲜见。近代日本之所以能在对华权益扩张的行动中屡屡得手,也正是基于对中国现状较为客观的"认知"和判断。可以说,日本相当程度地"读懂"了中国,而中国则不尽然。然而,日本人微观认知的精细,并不意味着其对中国宏观把握及前瞻的准确。事实上,除了极少数头脑清醒者外,"中国通"及知识界精英们普遍低估了中华民族的内聚力、抵抗力和巨大潜力,并以此误导了民众。其"只见树木,不见森林"的结果,造成了他者评价过低和自我评价过高,或者截然相反,从而导致了行动上的错谬。

探究日本的中国观还将涉及到日本人的民族性、价值观念、文化传统、社会结构等更深层次的问题。例如,在近代承继的"遗产"中,等级观念、尚武传统、商人习性、从众心理、暴发户心态等,怎样或多大程度地影响了其近代以来的中国知行?可以说有待深入拓展的研究课题还有很多。

第一章　近代以前的中日关系及其"思想遗产"

中日关系源远流长,近代以前的中日关系是何性质,它给近代以后的日本及日本人留下了怎样的思想遗产,无疑是探讨近代以来日本的中国观所不可回避的主要问题。

截至鸦片战争爆发,在漫长的古代东亚国际关系史上,中华文明的高度发展和长盛不衰,使中国成为周边国家和民族竞相靠拢、学习和模仿的对象。以此为基础,中国历代王朝建立的以王道思想为基础、朝贡册封为形式的华夷秩序,形成了主导古代东亚文明中心与边缘关系的体系性建构。这一体系虽因"文明"差距的逐步缩小和中国内部分裂等原因,功能日趋弱化,甚或遇到来自外部的挑战,但却始终得以维系,这是个不容否认的历史事实。

就延绵两千年的中日关系而言,除了近代那段刻骨铭心的经历外,国人中关于古代中日关系"友好"的笼统认识是具有普遍性的。然而,这实际上是个重大的认识误区。这一误区使我们对近代日本加害于中国的思想渊源缺乏足够的历史思考,也影响到现实对日认识某种程度地存在的本质性偏离,而认识偏离又导致对日政策上时而带有一厢情愿的理想色彩,以至于过高的期许往往因日本的不对称回应,终了收获的是失望和愤懑。那么,误区在哪里?如何破解并走出误区?认清历史本来面目,温故而知新,无疑是一条必要途径。

上世纪 80 年代以来,我国学界关于中日古代关系的基础研究取得重要进展,[①]但整体把握两国古代关系性质和特征的理论分析尚显粗糙且不够系统。近年开展的中日历史共同研究也表明,两国学界在若干重要问题的看法上存在分歧。[②] 有鉴于此,本章拟以先行研究为参考,依据基本史料,系统梳理和分析截至第一次鸦片战争前不同历史时段下中日关系的状况、性质和特征,进而从整体上揭示两国关系发展变化的本质和规律。

一　隋以前的中日"宗属"关系

据中国正史,公元 1 世纪班固撰《汉书》载,公元前汉武帝灭卫氏(右渠)朝鲜后,建玄菟、乐浪、真番、临屯等汉四郡,之后"乐浪海中有倭人,分为百余国,以岁时来献见云"。[③] 时西汉王朝是否通过册封确立了中国与分裂状态下的日本某一政权的宗属关系尚不可考。

范晔撰《后汉书》载:"倭在东南大海中,依山岛为居,凡百余国。自武帝灭朝鲜,使驿通于汉者三十许国。"汉光武帝当政的公元 57 年正月,

---

① 如汪向荣著《中日关系史文献论考》(岳麓书社,1985 年)、《古代的中国与日本》(三联书店,1989 年)、《中世纪的中日关系》(中国青年出版社,2001 年),张声振著《中日关系史》卷一(吉林文史出版社,1986 年),沈仁安著《日本起源考》(昆仑出版社,2004 年),田久川著《古代中日关系史》(大连工学院出版社,1987 年),孙乃民著《中日关系史》(社会科学文献出版社,2006 年),汪高鑫著《东亚三国古代关系史》(北京工业大学出版社,2008 年)等。

② 例如,围绕明代中日关系中的"朝贡体制"与"倭寇"问题,中方学者强调当时东亚国际秩序及中日关系是以明朝主导的"朝贡体制"为中心展开的,日方学者则不惜笔墨叙述中国以外的国家间关系,有淡化"朝贡体制"在地区国际秩序中作用的倾向;中方学者认为"倭寇"使海外贸易无序,对中国沿海地区乃至整个明政权造成极大危害,日本方面有不可推卸的责任,日方学者则侧重跨国境、海域民间交流的意义,甚至将对抗或战争作为积极因素评价(参见王建峰文"在历史长河中认识中日关系",中国社会科学报,2010 年 2 月 3 日)。

③ 班固:《汉书》卷二八下地理志第八下,中华书局,2010 年,第 1322 页。

"倭奴国奉贡朝贺,使人自称大夫,倭国之极南界也。光武赐以印绶"。[1]据日本学者考证,这个奴国的位置在今北九州的福冈市一带。我国学者认为,东汉王朝对奴国的册封,正式开启了古代中日外交关系的记录。[2]

陈寿撰《三国志》载,238年6月,日本列岛上兴起的邪马台女王国遣使难生米一行赴魏"朝献",魏明帝大悦,诏赐女王卑弥呼"为亲魏倭王,假金印紫绶"。[3]

房乔著《晋书》载,265年司马炎称帝建西晋时,邪马台国女王亦遣使朝贺,此后直至420年东晋灭亡的一个半世纪里,日本国使的"朝献"不下十余次,说明国家间的外交关系仍在持续。[4]

在东晋衰、南北朝兴的公元5世纪,中日交往频繁。时日本列岛已结束小国林立局面,出现了中国史书称作"倭"、日本史书称作"大和"的统一中央政权。[5]在413—478年倭王赞、珍、济、兴、武统治的所谓"倭五王"时期,均遣使中国朝贡并接受册封。史书载,东晋安帝和南朝宋(刘宋)武帝时,倭王赞遣使朝贡并接受了"倭王"的册封。宋文帝时,倭王珍开主动请封之先例,上表求授"使持节、都督倭百济新罗任那秦韩慕韩六国诸军事、安东大将军、倭国王"。宋文帝没有满足其要求,仅授"安东将军、倭国王"爵号。但是,当珍的后继者倭王济一再提出同样要求时,宋文帝终于妥协,授"使持节、都督倭新罗任那加罗秦韩慕韩六国诸军事,安东将军"。宋顺帝时,倭王武遣使上表,内称:

---

[1] 范晔:《后汉书》卷八五《东夷列传第·倭》,中华书局,2010年,第1906—1907页。1784年,日本农民甚兵卫在博多志贺岛上发现"汉委奴国王"方形蛇钮金印,重约108克,现作为日本国宝收藏。

[2] 张声振:《中日关系史》卷一,吉林文史出版社,1986年,第13页。

[3] 陈寿:《三国志》卷三〇《魏书·倭》,中华书局,2010年,第635页。

[4] 张声振:《中日关系史》卷一,吉林文史出版社,1986年,第41—42页。

[5] 迄今为止,日本学界对大和国的起源尚存严重分歧。笔者认为,大和是邪马国征服列岛其他政治势力后建立的统一政权。主要依据是:邪马台、倭、大和等国名的日语发音都是"YAMATO"。当时的日本有发音语言而没有文字,因此有理由认为前后出现的发音完全相同但汉字标示不同的国家是延续发展壮大的同一政治体。

　　封国偏远，作藩于外。自昔祖祢，披擐甲胄，跋涉山川，不遑宁
处。东征毛人五十五国，西服众夷六十六国，渡平海北九十五国。[①]

上表中还"自称使持节、都督倭百济新罗任那加罗秦韩慕韩七国诸军事、
安东大将军、倭国王"，表求除正。时南宋朝已岌岌可危，顺帝的诏书除
删去"百济"二字外，其余照准。南朝的齐、梁建国后，倭王武亦遣使朝
贺，结果又被齐高帝加封为"镇东大将军"，[②]被梁武帝加封为"征东大将
军"。[③]此后直至隋朝建立的80年间，由于中国分裂、内战不息，中日外
交关系处于断绝状态。

　　上述史实表明，隋以前的中日关系具有如下特征和性质：

　　第一，中华文明的高度发展，铸就了隋以前中国在世界东方不可撼
动的强势地位，以致历代王朝的统治者无不怀有威仪天下、绥化四方的
欲望；而文明的差距既是日本主动靠近并向中国学习的客观需要，也是
其分裂状态下的地方性政权乃至初步实现统一后的中央政权依靠中国
王朝的认可和庇护而获得统治合法性、稳定性的主观诉求。不妨说，差
距的悬殊产生了互为需要的向心力，也带来了国家间关系的稳定。

　　第二，这一时期的中日关系是一种垂直关系，是以册封形式确立的
上下宗属关系。此间虽发生了从邪马台女王国朝贡受封到倭五王朝贡
请封的变化，但隋以前中日宗属关系的性质始终未变，当时的日本主动
投入到华夷体系，是受中国王朝册封的华夷体系的正式成员。

　　第三，这一时期的中日关系发展平稳，中国正史罕有两国发生摩擦
的记载。不过，双方的礼尚往来主要是政治性的，在当时的社会发展水
平和交通条件约束下，经济交流和日本对中华文化的摄取尚未大规模
展开。

---

① 沈约：《宋书》卷九七，中华书局，2010年，第1594—1595页。
② 萧子显：《南齐书》卷五八，中华书局，2010年，第688页。
③ 姚思廉：《梁书》卷五四，中华书局，2010年，第559页。参见沈仁安著《日本起源考》，昆仑出
　　版社，2004年，第291—292页"倭五王遣使表"。

二　隋唐时期中日"对等"关系的涵义

　　隋唐堪称中日古代交流的鼎盛期，此间日本频繁派出遣隋使①和遣唐使②，隋唐王朝亦多次遣使赴日通好，中日往来留下了许多脍炙人口的佳话。日使小野妹子访隋③、隋使裴世清访日④、鉴真东渡⑤、王维的《送秘书晁监还日本国》和李白的《哭晁卿衡》诗⑥等，这些真实的中日友好场景令人感怀，值得珍惜并发扬光大。但是，这却不能掩盖同一时期两国关系的另一侧面，而那或许是多数国人不甚知晓或不大经意的"侧面"，这里不妨看一下"另一侧面"发生过什么，思考一下其历史的意味。

---

① 关于遣隋使的次数，学界尚存争议，王勇认为最多为 7 次（见王勇主编《东亚视域与遣唐使》，光明日报出版社，2010 年，第 1 页）。

② 关于遣唐使的次数，武安隆认为正式遣使并成行 13 次，正式遣使但未成行 3 次，迎送唐使 2 次，计 18 次，而赴日唐使为 8 次（见武安隆编著《遣唐使》，黑龙江人民出版社，1985 年，第 31 页）。

③ 小野妹子，中国史书记作苏因高。日本推古朝派出的遣隋使，607 年和 608—609 年两度率团使隋，递交国书并蒙隋炀帝接见，中日两国由此正式建立外交关系。

④ 裴世清，隋朝文林郎、鸿胪卿。公元 608 年初受隋炀帝之命率团使日滞留数月，受到倭王接见和倭国朝野极为隆重热情的接待，为隋倭友好关系的建立做出了贡献。

⑤ 鉴真（688—763），唐代高僧。为弘扬佛法，屡次东渡受挫，双目失明而矢志不渝，753 年第六次东渡成功。受封为统领日本所有僧尼的"大僧都"，是日本佛教律宗开山祖师，建唐招提寺。为中国文化在日本的传播和中日民间友好往来做出了不朽的贡献。

⑥ 阿倍仲麻吕（698—770），生于奈良朝日本一贵族家庭，入唐后改名晁衡。716 年随遣唐使赴唐留学，其后滞唐入仕直至在长安辞世，官至正三品安南节度，逝后被追赠为二品潞州大都督。晁衡聪颖过人，诗文俱佳，与唐代诗仙李白、大文豪兼政治家王维等交往莫逆。754 年，唐玄宗割爱允准晁错的回国恳求。饯行宴上，尚书右丞王维赠诗《送秘书晁监还日本国》云："积水不可极，安知沧海东。九州何处远，万里若长空。向国惟看日，归帆但信风。鳌身映天黑，鱼眼射波红。乡树扶桑外，主人孤岛中。别离方异域，音信若为通。"（见《全唐诗》卷一二七，王维）晁衡则即席赋诗《衔命使本国》作答："衔命将辞国，非才忝侍臣。天中恋明主，海外忆慈亲。伏奏违金阙，騑骖去玉津。蓬莱乡路远，若木故园林。西望怀恩日，东归感义辰。平生一宝剑，留赠结交人。"（见《文苑英华》卷二九六）然而，晁衡随遣唐船回国途中遭遇风暴，四艘船中三艘回到日本，惟遣唐正使藤原清河和晁衡所乘之船漂至中国安南，乘员登陆后辗转返回长安已是翌年 6 月。时李白听到日方传来晁衡等途中遇难的噩耗，痛心疾首，遂挥泪写下《哭晁卿衡》的著名诗篇："日本晁卿辞帝都，征帆一片绕蓬壶。明月不归沉碧海，白云愁色满苍梧。"（见《李太白集》卷二五）

581年,杨坚建立隋朝。589年,隋灭南陈,南北朝分裂局面结束,中国复归一统。

600年,日本派出首次遣隋使。607年,推古朝摄政圣德太子再遣小野妹子赴隋并呈倭王国书。魏征撰《隋书》载:

> 大业三年(607),其王多利思比孤遣使朝贡。使者曰:"闻海西菩萨天子重兴佛法,故遣朝拜,兼沙门数十人来学习佛法。"其国书曰:"日出处天子致书日没处天子无恙"云云。帝(隋炀帝)览之不悦,谓鸿胪卿曰:"蛮夷书有无礼者,勿复以闻。"①

好大喜功的隋炀帝心里不快,但为了解决如鲠在喉的高句丽问题,不愿放弃与倭建交彰显皇威的机会。608年,隋炀帝遣裴世清随小野妹子回访。日本史书《日本书纪》载,裴递交给倭王的国书云:

> 皇帝问倭王。使人长吏大礼苏因高等至,具怀。朕钦承宝命,临御区宇,思弘德化,覃被含灵,爱育之情,无隔遐迩。知王居海表,抚宁民庶,境内安乐,风俗融合,深气至诚,远修朝贡,丹款之美,朕有嘉焉,稍暄比如常也。故遣鸿胪寺掌客裴世清等,指宣往意,并送物如别。②

隋炀帝在国书中称推古天皇为"倭王",不无天子对册封诸侯讲话的语气,圣德太子亦感不快,遂"恶其黜天子之号为倭王,而不赏其使"③。不过,为了向隋朝示好,裴世清回国时,圣德太子再令小野妹子同往,并致隋炀帝第二封国书,其文如下:

> 东天皇敬白西皇帝。使人鸿胪寺掌客裴世清等至,久忆方解。秋季薄冷,尊侯如何。想清念,此即如常。今遣大礼苏因高、大礼乎

---

① 魏征:《隋书》卷八一,中华书局,2010年,第1226页。
② 《日本书纪》,推古16年8月条。
③ 转引自张声振著《中日关系史》卷一,吉林文史出版社,1986年,第69页。

那利等往,谨白不具。①

以下事上向为隋以前日中国事交往的惯例,遣隋使递交的国书表明,随着国势的壮大,倭国统治者已改变以往的态度,两次国书所要申明的立场是:日本是地处中国东端且与中国地位平等的独立国家,两国的统治者皆是无分高下的"天子"或"天皇"。日本学者木宫泰彦认为:"圣德太子要和隋朝缔结对等的国交,这不能不说是外交上的一个新纪元。"②

唐于618年建国。630年,倭国派出第一次遣唐使通好,唐太宗李世民则遣新州刺史高表仁随倭国使节回访,结果却发生了高与倭国王子的"争礼事件"。高不满倭国以国家对等的礼仪接待上国来使,以致不宣国书而返。

唐高宗在位时,朝鲜半岛上的新罗、百济和高句丽三足鼎立,互有攻伐,视三国同为属国的唐朝则扮演着居中调解的角色。655年,百济在倭国的支持下,联合高句丽、靺鞨等掠占新罗城池数十座,新罗告急,不断请求唐出兵救援。660年,唐左卫大将军苏定方率13万大军援朝,在新罗军配合下,一举占领百济王城,俘百济王。但百济将领鬼室福信率残部坚守周留(亦记作"州柔")城不降,又从倭国迎回百济王子扶余丰(亦记作"丰璋")继承王位。倭国为扩大在半岛的势力,趁火打劫,假百济乞师之名,发兵数万,与百济、高句丽和靺鞨结为军事同盟,致使唐、新联军陷入南北两面作战的困境,战事一度呈胶着状态。663年,唐、新联军从陆路和水路向都留城发起总攻,在白江口(亦称"白村江")与倭国水军展开的激战中,"四战皆克,焚四百艘,海水为丹"。③ 经此一战,倭兵退返本岛,百济灭。5年后,高句丽亡。之后,朝鲜半岛被新罗统一。

---

① 坂本太郎、家永三郎、井上光贞、大野晋校注:《日本古典文学大系68 日本书纪 下》,岩波书店,1978年版,第193页。
② 木宫泰彦著、胡锡年译:《日中文化交流史》,商务印书馆,1980年,第53页。
③ 欧阳修、宋祁:《新唐书》卷一〇八,中华书局,2010年,第3260页。

　　白江口战役后,倭国"停止了对朝鲜半岛的扩张,大约在千余年之内,未曾向朝鲜用兵"。①　战后,由于唐王朝采取绥抚政策,中日敌对的紧张状态化解,迎来了200余年中日"友好"交流的盛大场面,至唐末的894年日本正式决定停派遣唐使,规模空前的日本对中华文明的全方位摄取始告一段落。

　　上述史实表明,隋唐时期的中日关系具有如下特征和性质:

　　第一,有隋以来,日本已自称"日出之国"和"日本",不再接受"倭国"称呼和中国皇帝的册封,其"日出处天子"对"日没处天子"及"东天皇"对"西天皇"的表白,袒露了要独立自主、与中国分庭抗礼对等交往的立场。即便在白江口战役以后,唐日关系虽然得到修复并长期保持国事交往,但中国正史中已不再有皇帝册封日本国王之类的记载。在唐朝构建的庞大华夷体系中,日本若即若离,已是政治上"不在编"的准成员。

　　第二,唐朝国势强盛,但毕竟也有限度。其海东政策上,对藩属国新罗是保护和控制,对日本则是宽宥与交通。比之于通过宗属关系的硬约束,唐朝的对日战略重心,似乎更偏重于通过其强势文化的"软实力",将日本纳入正版华夷体系的辐射圈内。

　　第三,日本虽然不再接受唐王朝册封,从而实现了法理上的"独立"地位,但却无法摆脱文明意义上对中华文明的依附,在强大的唐王朝面前,只能采取谦逊合作的态度,这是日本全面学习大唐典章文物的客观依据。

　　第四,唐代中日两国关系长期友好、和平相处的局面是在白江口战役后出现的,昔日殊死相拼的敌人,何以会变成相互尊重、礼尚往来的合作伙伴? 除了"距离"(地理的距隔和文明的差距)产生"美"的基本原因外,唐朝的开放思想及张弛有度的对外政策值得思鉴。

　　第五,隋唐时期的遣使船贸易,与此前传统意义上的朝贡贸易有所

---

① 张声振:《中日关系史》卷一,吉林文史出版社,1986年,第84页。

区别,政府间"官方贸易"的性质开始凸显。

三 五代、两宋"无邦交"时期的中日民间交流

907年,唐朝灭亡。此后的半个世纪,中国再次陷入分裂状态,史称
"五代十国"时期。北方的后梁、后唐、后晋、后汉、后周五国次第更迭,南
方则出现过前蜀、后蜀、吴、南唐、吴越、闽、楚、南汉、南平、北汉等十多个
割据政权。是时,由于中国政治上分裂,日本未与中国的某一政权正式
建立外交关系。尽管如此,两国间关系总体上说是融洽的,商贸往来与
文化交流从未间断。不过,在经贸往来的方式上,由于日本不再派遣使
节,民间经贸取代了以往的政府间贸易,并且完全是通过中国商船赴日、
中国商人在日本的单向交易进行的。史载,吴越国大商人蒋承勋与日本
朝廷关系密切,吴越王与日本朝廷相互致意的信函就是由蒋居间传
递的。

北宋时期(960—1127)中日两国没有建立外交关系,但两国政府间
有信函往来。北宋的9朝皇帝中,除太祖、英宗和钦宗在位时没有与日
本发生联系外,其他6帝或以皇帝致天皇、或以明州致大宰府的名义,与
日本保持沟通。"这种联系虽未导致外交关系的建立,却起到了保护宋
商在日贸易和生活安全的作用"。[1] 事实上,北宋商人在日本受到礼遇和
保护、日本高僧得到北宋朝廷厚待亦不乏其例。当时的日本不允许本国
商人出国经商,入日贸易的外国商家则惟北宋莫允。

南宋时期(1127—1279),中日无邦交状态依旧,但彼此尊重,各安一
方,民间经贸、文化往来的环境则更趋宽松。南宋虽然外患不绝,但经
济、文化的发展仍处于东亚地区的最高水平,其魅力所在,使平清盛于
1167年独揽日本朝政后解除了日商出国贸易禁令,从而也结束了宋商单

---

[1] 张声振:《中日关系史》卷一,吉林文史出版社,1986年,第145页。

方承办两国商贸活动的历史。1192年源赖朝开设镰仓幕府后,同样热衷于对宋贸易,中日民间经贸交往出现了前所未有的繁盛局面。

两宋时期中日民间贸易规模的扩大和交易频度的增速超过以往,中国对日出口的大宗商品有锦、绫等丝织品,以及瓷器、药材、香料、书籍等;从日本进口的主要商品有砂金、水银、硫磺、木材、珍珠、日本刀及各种手工艺品。这种贸易结构如实地反映了当时中日两国在科技发展水平及生产力上的差距。在文化交流方面,北宋时入宋日僧人数不多,但不乏奝然、寂昭、成寻等高僧,但日僧来华的主要目的已不是学习佛法,而是遍访古寺名刹,与中国高僧交流切磋,搜集采购书籍。南宋时,来华日僧有所增加。

上述史实表明,五代十国和两宋时期的中日关系有如下特点:

第一,"政冷经热"是两国关系的基本特征。中日之间虽然没有邦交,但也相安无事,未发生大的政治冲突。同时,在两国政府的支持和保护下,中日民间经贸文化交流实现了平稳发展。

第二,民间交流的规模和深度空前。在民间经贸往来方面,前后发生了宋商单方承揽两国贸易到中日双边互市的变化,而垂直型的贸易结构表明,中国的生产力水平整体上依然高于日本。在文化交流方面,入宋的日本留学生数量减少,而入宋日僧的主要目的也不再是"学习"和"摄取",而是游历交流,这表明通过中国"桥梁"传入的佛教文化已在日本发展到相当高程度。

四　元明时期中日关系的"恩怨"

1026年,铁木真建蒙古汗国后,先后灭掉了西辽、西夏、金、吐蕃和大理诸国。1271年,忽必烈定国号大元。1278年元灭南宋后继续扩张,其版图横跨欧亚大陆。

1259年朝鲜降元后,忽必烈欲"先礼后兵",迫日本就范。从1266年起,屡遣赵良弼等使臣往日,要求日本"通好"归顺。但日本朝廷态度强硬,拒见来使。不可一世的忽必烈怒不可遏,于1274年任命元帅忻都统蒙、汉、高丽军3万余人征讨日本。同年10月,元军开始在对马、壹岐、博多等地登陆作战,因遭遇暴风雨,致船毁人亡,兵马折损近半。

首次征日失败后,忽必烈仍心存幻想,1275年2月再遣礼部侍郎杜世忠为使赴日说降,而北条时宗掌权的镰仓幕府已铁下与元对抗的决心,结果杜世忠一行30余人皆被斩首。1281年,忽必烈遣忻都率蒙古、高丽人组成东路军4万,范文虎率刚刚降顺的南宋江南军10万,第二次征讨日本。两军在博多等地登陆后,鏖战数月,进展迟缓。8月1日台风再次袭来,元军损失十之三四后无功而返。此后,元朝彻底打消征服日本的念头,元日间终无国家往来。

元日两国虽然处于敌对状态,但在元朝较为宽松的对外经贸、文化政策下,中日民间交往并未中断。不过,与北宋的宋商承揽中日贸易、南宋的中日互市不同,元代中日贸易发生的一大变化是日本商人来华交易,而元商入日贸易的现象鲜见。在元日文化交流方面,日僧来元者较多,而元代高僧一山一宁赴日传播禅宗,在京都主持南禅寺并受封为国师,也成为中日文化交流史上的佳话。

1368年元明鼎革,时日本发生南北朝分裂,政治统治失控,倭寇屡犯中国东南沿海。为此,明太祖朱元璋四次遣使赴日,分别与南朝的怀良亲王和北朝的足利氏交涉,严正要求日方采取措施,节制倭寇扰边,然而无甚效果。1381年,左丞相胡惟庸"谋逆"、"通倭"罪名①成立后,朱元璋"怒日本特甚,决意绝之,专以防海为务"。"后著祖训,列不征之国十五,日本与焉"。②

1393年足利义满统一日本并建立室町幕府后,主动与明朝联系,欣

---

① 关于胡惟庸"谋逆"、"通倭",《明史》"日本传"和"胡惟庸传"中均有记载,但古今学人认为胡案悬冤案者甚多,此为明初所谓四大悬案之一。
② 张廷玉等:《明史》卷三二二,中华书局,2010年,第5589页。

然接受了明惠帝"日本国王源道义"的册封,后又遣使朝贺明新帝朱棣登基,达成中日政府间勘合贸易协定。对足利义满轻名分、重实利的做法,当时的日本朝野就颇有微词,日本的后世史家则更有酷评,但室町幕府的中央豪族在与明朝的不等价朝贡贸易中大获其利是不争的事实。勘合贸易在足利义持继任将军时一度中断,但后任将军再开并一直持续到1547 年。

室町幕府后期,日本又发生了长达一个世纪的内乱,国内统治的失控殃及对外关系的正常进行,导致倭寇在朝鲜及中国东南六省活动猖獗,明朝为平息倭患大伤脑筋。

16 世纪末丰臣秀吉武力统一日本后,野心膨胀,先是要求朝鲜、琉球、吕宋、佛郎机、高山国(台湾)等称臣纳贡,继而于1592 年发动了侵略朝鲜的战争,声称征服朝鲜后占领中国,其狂妄计划是:恭请天皇于后年行幸唐(明)都,献都城(北京)附近十国(州)于皇室;予诸公卿采邑及其属下众人十倍于日本所有之土地;子丰臣秀次任大唐国(明)关白,领都城附近之百国(州);日本国关白由大和中纳言羽柴秀保、备前宰相宇喜田秀家之二人中择一担当;高丽国由歧阜府宰相羽柴秀胜或备前宰相统治。①

1592 年4 月,日军在朝鲜釜山附近登陆,两个月内攻占了京城、开城和平壤。7 月,应朝鲜国王恳求,明朝援兵陆续抵朝参战。1593 年初,中朝联军收复平壤至开城失地。此后战事胶着,中日双方各派沈惟敬和小西行长为代表举行和谈。时丰臣秀吉以战胜者自居,向明使提出七点要求,其主要内容是:迎娶大明皇帝之女为日本后妃;两国官船商船可有往来;大明日本通好不可有变;大明割分八道,以四道并国城交与朝鲜国王;朝鲜王子并一两员大臣为日本人质。

沈惟敬深知明廷绝难接受上述无理条件,遂对明廷隐瞒了日本的要

---

① 郑樑生:《明日关系史研究》,雄山阁出版,1985 年版,第533 页。

求,还谎称丰臣秀吉"愿顺天命",伪造了丰臣秀吉的"降表"。明廷信以为真,1595年正月,明神宗下诏封丰臣秀吉为日本国王。

据黄遵宪《日本国志》载,丰臣秀吉见到明朝皇帝的诏谕后勃然大怒:

> 召人读册文,至"封尔为日本国王",秀吉色变,立脱冕服抛之地,取册书裂之,骂曰:"吾掌日本,欲王则王,何待髯虏之封? 且吾而为王,若王室何"? 即夜命驱明使,并告朝鲜使曰:"若归告而君,我将再遣兵屠而国也。"遂下令西南四道,发兵十四万人,以明年二月再会于名古屋。①

1597年1月,丰臣秀吉发兵14万再犯朝鲜,与中朝联军展开惨烈厮杀。1598年8月16日,丰臣秀吉病死,日军始陆续撤出朝鲜半岛。

上述史实表明,元明时期的中日关系具有如下特征和性质:

第一,国家关系多变,局面错综复杂。既有日本统治者时隔900年后再次、也是最后一次接受中国皇帝册封,以及"勘合贸易"下的中日通好合作,又有元朝征日及日本侵朝引发的两场战争,形成了正反两面的鲜明对照。合作带来了和平,战争断送了邦交,留下了"合则两利,斗则两伤"的惨痛教训。

第二,丰臣秀吉对朝鲜半岛的武力扩张,再次引发了中日间大规模武力对抗,然而与唐日白江口之战后日本的心悦诚服不同,这场"自倭乱朝鲜七载,伤师数十万,糜饷数百万,中朝与属国迄无胜算,至关白死而祸始息"②的可谓既无胜者也无败者的战争,为近代日本埋下了挑战中华、向大陆扩张的思想祸根。

第三,中日民间交往长期处于非理想状态,元代日商的单边交易取

---

① 汪向荣、夏应元编:《中日关系史资料汇编》,中华书局,1984年,第510页。汪向荣认为"裂书"说没有根据,但丰臣不满和谈条件当是事实。
② 张廷玉等:《明史》卷三二〇,中华书局,2010年,第5556页。

代了中日互市,而元末明初及明后期旷日持久的"倭患",无疑恶化了中国民众的对日感情。"终明之世,通倭之禁甚严,闾巷小民,至指倭相詈骂,甚以噤其小儿女云"。[①]《明史》以这段文字结束"日本传"是耐人寻味的。

五　封建晚期中日两国的"隔离"

丰臣秀吉死后,德川家康称雄,并于 1603 年开设江户幕府。1644年,清灭明。此后直至 1871 年签订《中日修好条规》的 200 余年间,中日两国无邦交。1633 年德川幕府颁布锁国令后,严禁日本人到国外开展经贸、文化活动,但保留长崎等开埠港口,允许荷兰、中国、朝鲜等少数国家的商人来日开展贸易。中日贸易是以中国商人单向赴日往市的形式展开的,赴日商船每年约数十艘,最多时超过百艘。两国交易的大宗商品是,中国大量进口铜及金银,出口书、画、文房四宝、丝绸、茶叶、瓷器、中药等。[②] 在中日贸易的指定港口长崎,还出现了繁华的唐人街。唐人街既有华商与日籍华侨建立的仓库、住宅、店铺和关帝庙等,也是中日民间文化交流的根据地。

与丰臣氏的穷兵黩武、对外扩张政策不同,德川幕府重"内治"而不再进行对外扩张冒险,并把内治的重点放在"文治"上。为整治社会长期动乱形成的武士桀骜不驯、"下克上"之风,强化封建伦理纲常的思想统治,幕府将朱子学树为官学,儒家学问道德如何成为任贤举能的重要标准。藤原惺窝、林罗山等一代大儒的出现,一时间将日本儒学的发展推至鼎盛,中华文化在日本社会、特别是统治阶层中空前普及,以至于"中华乃世界之师,对日本尤为大功之国。礼乐、书数、衣服、舟车、农具、武具、医药、针灸、官职、位阶、军法、武艺,乃至其他诸种工艺技术,无不源

---

① 张廷玉等:《明史》卷三二二,中华书局,2010 年,第 5598 页。
② 参见杜家骥著《清朝简史》,福建人民出版社,1997 年,第 48 页。

于中华,无不习于中华"①。经世思想家本多利明(1743—1820)慨叹:"开国(建立德川幕府)以来,除支那书籍外别无它书。熟读之而领会其意,开见识成国风,纵然知支那之外有他国,亦皆以为夷国,无圣人之道。"②

但是,进入德川中后期,随着日本社会经济的发展及西方文化的渗透,部分知识分子开始对儒学及中华文明提出质疑。日本朱子学自身的分化、仰慕西方科学技术的兰学和复古国学的兴起,知识界三股力量的异动,撼动了古来中华文明在日本唯我独尊的根基。

朱子学被树为正统后,阳明学和古学派等儒学的其他分支并存并竭力按照自己的思想方法解释世界。即便是朱子学本身,后来也出现了以山崎暗斋为代表的崎门学派和以贝原益轩为代表的经世学派的分化,前者坚持"学朱子而谬,与朱子共谬"③无憾的立场,教条般地捍卫程朱理学,后者则援用朱子"大疑则可大进"的名言,力图对儒学进行新的诠释。古学派学者自始就不受朱子学束缚,而是强调按儒学原典阐释儒家思想。山鹿素行在《中朝事实》(1669 年)中,首次把日本视为"中国"而将中国视为"外邦",强调日本皇统"万世一系",而"外朝"中国"王朝更替凡三十回","臣下诛戮国王者二十五回"。④ 山崎的弟子浅见絅斋离经叛道后,也对尊华贬日思想大加批判,在《中国辨》中写道:"中国、夷狄之名在儒书中传来久矣。夫吾国有儒书盛行,读儒书者,以唐为中国,以吾国为夷狄,更有甚者系哀叹吾生于夷狄之徒。……可悲之至也。夫天包于地外,往往无地不抱天者。然则有土地风俗之处,便各为一分天下,相无尊卑贵贱之嫌。"⑤浅见还在《靖献遗言讲义》中呼吁,日本的圣人应以日本为中国,以"唐"为夷狄,而不应反其道而行之。在山鹿和浅见等一

---

① 伊东多三郎编:《日本的名著 11 中江藤树、熊泽蕃山》,中央公论社,1976 年,第 333、332 页。
② 佐藤昌介编:《日本的名著 25 渡边华山、高野长英》,中央公论社,1986 年,第 420 页。
③ 见《日本思想大系 31 山崎暗斋学派》,岩波书店,1980 年,第 563 页。
④ 田原嗣郎编:《山鹿素行与士道》。见《日本的名著 12 山鹿素行》,中央公论社,1975 年,第 18 页。
⑤ 冈田武彦编:《日本的思想家 6 山崎闇斋》,明德出版社,1985 年版,第 114—116 页。

些"儒学家"那里,日本的"小中华思想"已初见端倪。1813 年,幕府儒者古贺侗庵(1788—1847)专门收集中国"政化民风"的短处写就了《殷鉴论》,对"唐人之失"进行了"裂眦骂詈"①般的批判。可以说,德川中后期,随着儒学在日本走向没落,疑华、轻华乃至蔑华的思想开始蔓延。

近代西方对日本的冲击始自"西学东渐"。日本的兰学家们通过日、荷通商窗口接触到西方文明,并在吸收、消化西方文明的过程中,逐步认识到中国、日本在科学技术乃至思想意识上落后于西方,仰慕中华的思想传统发生动摇。司马江汉(1747—1818)认为"支那及我日本无穷理(科学、哲学)之学"②,渡边华山(1793—1841)指出重视教学和政治二道的西洋已"为唐山所不及"。③ 前野良泽(1723—1803)援用西方的天文地理学知识批判了儒家的宇宙观,认为由地、水、火、空四要素构成的西方"四元说"较之中国的"阴阳五行说"更能说明宇宙原理,即"夫地,乃太虚之一点也,其形为圆如玉,故称地球"④,从而用西方的地圆说否定了中国的地方说。前野还指出:"佛教所及唯'亚细亚'之内,不过世界十分之二,而儒教所及不过十分之一。余者大凡天主教,其蔓延遍及各大洲。"⑤以此强调世界文化多元并存,反对独尊儒术。佐久间象山注意到西方的

① 古贺侗庵:《殷鑑論》序(1813 年)。1882 年 10 月《殷鑑論》作为"天香楼叢書四"由编辑兼出版人竹中邦香公刊。荻生徂徕也有"倭之孩移诸华,迨其长也,性气知识言语嗜好皆华也。其见倭人则唾而骂之曰夷。措华之孩于倭亦然。迨其长也,见华人亦唾而骂之外之人"(《荻生徂徕》日本思想大系 36,东京:岩波书店,1973 年,第 534 页)之语,充分表现了中日两国的敌对感情。
② 司马江汉:《春波楼笔记》。见杉浦明平、别所兴一编《江户期的开明思想》,社会评论社,1990年,第 16 页。
③ 渡边华山:《慎机论》。见《日本的名著 25 渡边华山、高野长英》,中央公论社,1986 年,第117 页。
④ 清水教好:《华夷思想与 19 世纪》。见子安宣邦等编:《江户的思想》7,鹈鹕社,1997 年 11 月,第 121 页。
⑤ 前野良泽:《管蠡秘言》。见杉浦明平、别所兴一编《江户期的开明思想》,社会评论社,1990年,第 42 页。

科学技术优于东方,提出了"东洋道德,西洋艺术(技术)"的主张。① 杉田玄白则把批判的矛头直指儒家宣扬的圣人之道,认为"道者,非支那圣人所立之处,天地之道也"。"腐儒庸医不知天地之大,稍闻东洋二三国之事,便以支那为万国之冠,又稍读其书,漫言夷狄之俗原无礼乐。夫以礼乐文物,分尊卑也。何国无尊卑,何国无礼乐? ……即使衣冠文物可明尊卑之分,亦未必以支那为是,从风土则宜。""夫地者一大球,万国布居于此。居之处皆中也,无国可为中土,支那亦东海一隅之小国也。"② 显然,杉田的用意不仅要否定传统的华夷论(中华文明中心论),而且要把儒学中树立的圣人以及圣人之道相对化。

德川中后期兴起的复古国学为了提高自己的地位,竭力神化日本,贬低和排斥处于正统地位的儒学,对古来日本一贯仰慕的中华文明采取了一种轻蔑态度。以荷田春满、贺茂真渊、本居宣长、平田笃胤为代表的复古神道学者,通过对日本最古老的书籍《古事记》、《日本书纪》中有关神话的重释,刻意编构了一套独特的日本神学体系,其基本说教是:日本是天照大神(太阳神)缔造的神国,人种是天神所造的神孙,天照大神将天丛云剑、八尺琼曲玉、八咫镜三种神器委于其子孙天皇,使其万世一系统治天下。故日本既是"神国",也是君权神授的"皇国"。不仅如此,日本因是"普照四海万国之天照大神出生之本国,故为万国原本大宗之御国,万事优于异国"③,而"日本天子实际上是统治四海万国之真天子"④,进而为日本称霸世界、统治全人类制造根据。对此,本居宣长特别强调了天皇万世一系而中国王朝不断更替的差别,试图以此否定中国的正统性。他说:"皇祖天照大神所出之国,优于万国而著。……诸国无不受此

---

① 见《日本思想史大系 55 渡边华山、高野长英、佐久间象山、横井小楠、桥本左内》,岩波书店,1978 年,第 413 页。
② 杉田玄白:《狂医之言》。见《日本思想大系 64 洋学 上》,岩波书店,1971 年,第 228—230 页。
③ 本居宣长语。见石川淳编《本居宣长全集》第 8 卷,筑摩书房,1972 年,第 311 页。
④ 平田笃胤语。见《新修平田笃胤全集》第 6 卷,名著出版,1977 年。第 543 页。

大神之恩惠者。""皇位随天地同在,早定于此。"①相比之下,中国并无定主,"人心不善,习俗淫乱,但夺国权,贱者亦可升为君。"故中国的所谓"圣人",不过是"灭君、夺国之祸首"。② 本居宣称,日本是有"道"之国,而中国无"道",儒家亦无"道",并据此呼吁日本人不要沉迷于儒学,"欲习道者,须先将汉意、儒心洗净,坚守大和魂至为紧要。"③本居的弟子、皇国史观鼻祖平田笃胤,不仅鼓吹日本是神国,而且要把日本变成取代中国的"中华"。他讥讽中国对周边民族"尝以戎狄、夷狄相称而鄙之如禽兽,然其全国皆为夷狄所夺。如斯大国之民,竟垂首敬待尝鄙之为北狄者为君"。④ 平田认为,既然蛮族统治下的清王朝失去了"中华"的资格,那么有史以来从未遭受过异民族统治、天皇"万世一系"且继承了古来中华文明的日本,就有资格成为中华。幕末的吉田松阴则继承和发展了德川中后期出现的"海外雄飞论",竭力鼓吹对外扩张。他在《幽囚录》中写道,日本的大害来自华盛顿和俄国,且世界上许多国家正在包围日本。为摆脱这种困境,日本应主动出击攻略他国。"日不升则昃,月不盈则缺,国不隆则衰。故善保国者,不徒毋失其所有,且应增其之所缺。今应急固武备,充实舰炮,开垦虾夷而封诸侯,乘隙夺取堪察加、鄂霍次克,晓谕琉球参觐、集会如内地诸侯。又责朝鲜纳贡如昔,北取满洲之地,南收台湾、吕宋诸岛,渐示进取之势。然后爱民养士,固守边境,则可谓善保国矣。"⑤自不待言,幕末的日本自顾不暇,侵略中国尚属无稽之谈,但"海外雄飞论"不仅为近代日本的大陆政策提供了思想基础,而且为日本对华观的逆转埋下了祸根。

上述史实表明,在晚期封建社会向近代社会转变的二百余年里,中日关系具有如下特征和性质:

---

① 本居宣长:《直毘灵》。见《日本的名著21 本居宣长》,中央公论社,1986年,第169页。
② 同上书,第170页。
③ 本居宣长:《宇比山踏》。见《日本的名著21 本居宣长》,中央公论社,1986年,第35—36页。
④ 平田笃胤:《古道大意》。见《日本的名著24 平田笃胤》,中央公论社,1988年,第152页。
⑤ 吉田松阴:《幽囚录》。见《日本的名著31 吉田松阴》,中央公论社,1989年,第227页。

第一,政治上中日相互防范,没有建立邦交关系,两国的相互了解主要源于赴日往市的中国商人渠道。

第二,由于日本采取了严厉的指定开埠港口、限定贸易国对象及禁止国人出洋的锁国政策,中日民间往来基本局限在经贸、文化领域。即便如此,中日两国通过长崎窗口保持的民间交流,其重要作用不可低估。

第三,中日政治关系的疏离并未影响日本对"文化中国"的尊崇。德川幕府初期,出于加强内部统治的需要,以朱子学为代表的儒家文化臻于鼎盛。而在德川中后期,慕华意识受到来自儒学内部及兰学、国学的严峻挑战而趋于弱化,疑华、蔑华思潮增长,传统中国观的"裂变"已经开始。尽管如此,对日本来说,直到第一次鸦片战争满清王朝的那张"窗户纸"被捅破之前,中国依然是个庞然大物,是可敬且可畏的存在。

上述考察分析,业已揭开中日古代关系的朦胧面纱,展现在眼前的"庐山真面目",是无法用"友好"、"对立"抑或其他定性词句一语概括的。

利益是国家间关系的本质,中日古代关系也不能脱离这一法则。古代日本经历了主动朝贡受封、主动朝贡请封、要求关系对等乃至自成一统断绝两国邦交的过程。换言之,为了实现学习和赶超中国的目标,古代日本在各个时期做出的不同选择,都是从维护和增进国家利益出发的。中国亦然。

一般说来,文明发展程度及实力对比是约束中日两国关系样式的基础,然而不可忽视的问题在于,两国及东亚地区形势的变化及统治者的政治判断,往往又决定了事物并非一定按照直线发展。在相互关系的选择上,中日两国统治者都有过"误判",并在遭受挫折后进行了"纠错"。

历史是面多棱镜,强调一面而忽视其他侧面,结果只能是"盲人摸象"、不得要领。两千年的中日古代关系风云变幻、错综复杂,因此有关研究的意义,或许主要在于探明何种环境下双方如何应对,彼此的政策选择是推进还是倒退了两国关系,而不在于证明相互关系的主流是什么,因为那本来就是一部由"友好"、"和谐"或"平淡"、"对立"、"不愉快"等不同材料混同编就的历史,是一种"剪不断,理还乱"的关系。沉下心来深入研究,实事求是地揭示历史真相,不只是为了洞察对手,也是为了审视自我。若此,必将对今后构筑长期稳定而健康的中日关系大有益助。

中日古代关系中屡涉朝鲜问题,历史上朝鲜半岛发挥的中日交流桥梁与安全屏障作用值得思鉴。因此,今后中日古代关系研究的视域,必然会朝着东亚国际关系的更大范畴深化拓展。

第二章 从质疑到蔑视

——鸦片战争至甲午战争时期的中国观(1840——1895)

1840—1842 年,中国在第一次鸦片战争中失败,被迫与英国等列强签订《南京条约》等丧权辱国的不平等条约,割地、赔款、开埠,从此步入半殖民地半封建社会。1856—1860 年,英法寻衅挑起第二次鸦片战争,清政府再次战败并签订《天津条约》和《北京条约》,丧失了更多领土和主权,殖民地危机进一步加深。

鸦片战争致使中国发生了"数千年一大变局"(李鸿章语),相对平静和封闭的东亚社会由此进入了云谲波诡的剧变期,日本也"以鸦片战争为契机转换了历史大方向"①,"中国殷鉴"成了这一转换的加速器。

一 鸦片战争后的"中国殷鉴"论

在德川中后期,尽管日本的中国观已开始裂变,但其传统的慕华、畏华意识依然在社会中广泛存在,这种意识的根本性改变是从鸦片战争开

---

① 增田涉:《西学东渐与中国事情》,由其民、周启乾译,江苏人民出版社,2010 年,第 33 页。鸦片战争在日本的影响,还可参见王晓秋《近代中国与日本——互动与影响》(第一章为"鸦片战争与日本",昆仑出版社,2005 年)、小西四郎《鸦片战争对我国的影响》(《驹泽史学》创刊号,1953 年 1 月)。

始的。因为中国在鸦片战争中的失败,意味着日本古来效仿之楷模的坍塌。

　　第一次鸦片战争爆发时,日本已进入德川末期,同样面临着如何应对西力东渐的问题。因此,英国迫使貌似强大的清政府屈服,对日本朝野产生的影响是震撼性的。"周公孔子之国"何以战败? 日本何以应对才能避免覆辙? 成了亟待回答的课题。以此为契机,日本的中国认识,也从以往主要靠书本或风闻的主观色彩浓重的"隔海想象",开始向重视中西比较和实地检验的理性判断方向转变。

1. 日本朝野的鸦片战争观

　　两次鸦片战争发生后,日本各界对战争的原因、是非曲直、结果及影响进行了报道和分析。

　　古贺侗庵(1788—1847)是幕府时期的知名儒者,1813 年著《殷鉴论》,对"唐人之失"进行了"裂眦骂詈"般的批判;1838 年著《海防臆测》,纵论天下大势,"彼我情状,如秦镜照胆"①,还发出了"异日清或为太西所并有"②的预言。

　　鸦片战争尚未结束时,古贺侗庵便根据所能掌握的信息,于 1841 年写成《鸦片酿变记》,"为幕末日本的鸦片战争观确立了方向"③,其值得注意的看法有两点。

　　第一,关于鸦片战争的性质。古贺驳斥了清朝"非理无道"而招致英国出兵的说法,指出中国才是战争的正义一方。即:④

　　　　所谓非理无道,即指清之禁鸦片之令也。然清一谕不悛,掷数百万金购之而后焚,绰乎有大国之风。泊其再带来,清直焚燔、斩戮

---

① 阪谷素:《书海防臆测后》,见古贺侗庵《海防臆测》,出版人:日高诚实,1880 年。
② 古贺侗庵:《海防臆测》(卷之下,其五十四)。
③ 前田勉:《近世日本的儒学与兵学》,东京:鹈鹕社,1996 年,第 427 页。
④ 同上书,第 427—428 页。

之,颇流于武断。然惇谕再三,尹夷顽然如故,是清直而英机黎曲也。非理无道,实在英机黎而不在清。而清终不免侵扰,盖泰西之夷专事货利,为力是竞。苟我强大,敌有衅,则直乘之,而不复顾理义。其所为非理无道,特为托词。制戎夷者,不可不洞知此意。

古贺还根据"太西诸夷多沽鸦片于支那以殖利,而于己国则惟不许吃烟草,严禁服阿片"的事实,批判了"戎虏豺狼之性,饕餮之欲,唯利是竞,不顾信与义"的丑恶行径。

第二,分析了清朝所以惨败的病根。古贺指出,海防对策上,"盖其国之濒海,不修船舰火器,实为防御之大阙典";思想意识上,"清之海防不知是否有过于我者,而彼之凶矜乃尔。盖妄自夸扬己邦,实支那之病根也"。[①] 后来,古贺在其他著述中对中国的"侈然自大"进行了更加深入的分析,指出"腐儒的通病在夜郎自大而不通外国事情","支那人惟其夸诩自大,故见闻日狭。见闻日狭,故夸诩自大甚滋,理势之必至也"。而"不能采万国之所长而施之政,其治必不能跻于郅隆"。[②] 由此他发出感叹:"满清地大于欧罗巴全洲,富强莫与为比。但其侈然自大,不务外攘,迩者曰鸦片之禁,与英夷构怨,大为所摧破。纳金乞和才自免。此覆车之灼灼可鉴者也。"[③]

斋藤竹堂(1815—1852),幕末儒者,1843年完成《鸦片始末》,首次对鸦片战争的始末进行了系统论述。此书最初为写本,后被翻刻收录于各种资料集中,在知识界广为流传。著者在此书结尾处有如下概括性的评论。

满清奄有汉土二百年,北起鞑靼,西至回部诸城,幅员万里,皆

---

① 前田勉:《近世日本的儒学与兵学》,东京:鹈鹕社,1996年,第430页。
② 转引自真壁仁《德川后期的学问与政治》,名古屋:名古屋大学出版会2007年,第224、253—254页。
③ 古贺侗庵:《舆地图志序》(1845年2月),见箕作省吾:《坤舆图识》,美作:梦霞楼藏版,1845年。

为臣妾。其疆之大、力之强，自有汉土以来，未之闻也。而鸦片之变，幺麽小丑阅四岁不定。江南殆陷，天下骚然。是其故何哉？吾考清英二国之名义顺逆，而愈有怪焉。夫鸦片之为物，英夷既不自食，而嫁祸于清，清不知而买之尚可也。知而绝之，为英夷者固宜收函敛橐而补前日之愆。即不然，抗颜强请、唯贪利己而不顾他人之生死利害，是何不知礼义廉耻之甚也。吾自海外闻之，犹不能无唾弃骂斥之心，况当日立其朝之君臣乎？痛绝而极戮之，固其宜矣。而一败不振，日以委荼，事势颠倒，彼此变局，至以无礼无义之丑虏而挫蚵堂堂仁义之大邦，是亦何也？吾反复考之，而后知清英之胜败利钝，在平日不在鸦片之事也。何者？宇宙万国，风土自异，孰夷孰夏？而汉土常以中夏自居，侮视海外诸国如犬彘猫鼠、冥顽不灵之物，不知其机智之敏、器械之精，或有出于中夏之所未尝识，而汉防之术茫乎不讲，开口辄曰夷曰蛮，而彼航海纵横，称雄西域。而受其侮，其心必愤愤已久矣。而窥视累岁，颇有得清国要领，及鸦片之事起也，尚未敢遽与之抗，先卑其辞，出不必听之请，清主果下严急峻酷之法，而夷怨益深、夷谋益固。鸦片之事，曲在英，直在清。而今反变之，清失于骄盈疏傲，英有发愤思报之志。即一战炮磴仅发，汉军皆辟易，如行无人之地。清主虽欲不和，得乎。和则赂金割地，皆其所欲，可以休兵一时而窥变异日矣。是乃英夷之所以能料于其初，而既决其胜败之机也。不然，英夷岂特以火炮船舶诸器之精而妄加兵于人国哉。呜呼，为清者既一误矣，果无再误则可也。[①]

斋藤的这段评论清晰地表达了如下三层意思。

第一，鸦片战争之前的清朝，"疆之大、力之强，自有汉土以来，未之闻也"，是"堂堂仁义之大邦"。这种表述折射了鸦片战争前日本具有普

[①] 斋藤竹堂：《鸦片始末》(1843 年 5 月)，见《历史认识》日本近代思想大系 13，岩波书店，1991年，第 3—4 页。原文为汉文，文字据龟山历史博物馆所藏加藤家文书中的写本及早稻田大学图书馆所藏写本而定。

遍性的传统"中国印象"。

第二,"鸦片之事,曲在英,直在清"。英国"不知礼义廉耻之甚也。吾自海外闻之,犹不能无唾弃骂斥之心"。表明作者对鸦片战争起因和性质的认识是清醒的,在是非判断上有正确的立场。

第三,英胜清败的原因"在平日不在鸦片之事也"。清朝的弊端在于"汉土常以中夏自居,侮视海外诸国如犬彘猫鼠、冥顽不灵之物,不知其机智之敏、器械之精,或有出于中夏之所未尝识,而汉防之术茫乎不讲";英国的强悍则不仅在于"航海纵横,称雄西域",而且对中国"窥视累岁,颇有得清国要领"。作者通过是否知晓世界、是否有"机智之敏"和"器械之精"、是否"颇得"对手的"要领",言简意赅地点明了双方胜负的内在原因。

盐谷宕阴(1809—1867),幕末大儒,又名世弘、甲藏。1847年编撰《阿芙蓉汇闻》,经删节更名为《论澳门居夷》,1857年再将《论澳门居夷》和《论清十败》等11篇文章结集为《隔靴论》。

在《阿芙蓉汇闻序》[1]中,盐谷对鸦片的祸源进行了深入考察,指出"鸦片之祸自澳门居西洋诸夷始"。他写道:

> 夫诸夷之居澳门,从明中叶,清沿而不革,至乾隆时,洋夷来住者二千余人。营家室,长子孙,置兵备炮,设寺观园囿台榭,分汉民宅而赁之。有与汉妇淫者、有诱汉民入其教者、有雇汉民为奴者、有引汉民为蛮者,甚焉至伤害汉民,抗匿不敢抵偿。汉法之纵,与夷之鸱张亦极矣,于是乎夷汉杂居者余二万人。夫其数千万之汉民,不为夷之服役,则为夷之接济;不为夷之腹心,则为夷之耳目。

在盐谷看来,西洋诸夷对清朝的情况,包括风土人情,"乃至文字言语、政治得失、官吏能否、戎备虚实,莫不洞悉"。反之,清朝在军备、技术方面,

---

[1] 此序收入《宕阴存稿》(刻于1867年11月,成于1870年5月)卷四,此《阿芙蓉汇闻序》(1847年正月)后来经过删节而改题为《论澳门居夷》,收入《隔靴论》(1859年快风堂藏梓,见关仪一郎编《日本儒林丛书》第4册论辩部,东洋图书刊行会,1929年)。《日本儒林丛书》的"例言"谓《隔靴论》为1857年著。

不知其"坚舰如山";在中国内部,不知其"汉奸如蝇"。总体而论,则"洋夷知彼知己,而清人以华自高,不务索外蕃之情,及其交锋,毋怪乎如以铢称镒也"。

那么,日本应该从中国之鉴中思考些什么呢? 盐谷在《阿芙蓉汇闻序》中写道:"谚曰:邻人病疝,我则疾诸首。诮其痛痒不相关而妄忧者也。我之距清土才一苇,而夷之涎垂于东海矣。今则不可不相病者焉。""乃自我而观之,西海之烟氛,又庸知不其为东海之霜也哉。"这种城门失火殃及池鱼的危机意识,在《阿芙蓉汇闻跋》亦有所表述,盐谷疾呼:"鉴乎邻而警乎我,及暇修备,使豕蛇鲸鲵震眢逃避之不暇,则亦上兵伐谋,不战而屈人之兵者也。"[1]

盐谷宕阴的鸦片战争论对当时的日本影响甚大。吉田松阴 1850 年读了《阿芙蓉汇闻》后写下随笔:"余观满清鸦片之乱,大患在汉奸自内勾引,盖由邻里乡党之制废,而伴助扶持之教荒耳矣。"[2]1858 年 6 月 28 日致久坂玄瑞函中也写道:"盐谷文《论澳门居夷》以下五六篇皆妙,实为海内之文宗。"[3]

吉田松阴(1830—1859),幕末忧国忧民的"志士",尊王攘夷运动的教父,开设松下村塾,久坂玄瑞、高杉晋作、吉田稔磨、伊藤博文、山县有朋等倒幕维新领导人皆出自"松门"。吉田出生在下级武士家庭,成长于乱世之秋。其知识结构中儒学、洋学、国学的成分兼而有之,但居于核心位置的却是神道。吉田认为:"儒佛,正所谓辅神道也。神道,岂可以儒佛比哉。神道,君也;儒佛,相也、将也。相将而与君鼎立,是安免于诛乎哉。然俗儒或以夷变夏,妖僧或奉佛遗君,皆神道之仇。"[4]作为思想家,

---

[1]《宕阴存稿》卷一二。
[2]《吉田松阴全集》第 1 卷,岩波书店,1936 年,第 357 页。
[3]《吉田松阴全集》第 6 卷,岩波书店,1935 年,第 45 页。1851 年吉田松阴在《复中村道太》中说"宕阴子(盐谷),仆亦尝钦其为人,顷闻笃疾,未得相见。"见《吉田松阴全集》第 1 卷,岩波书店,1936 年,第 395 页。
[4]《送古助游学江户序》,《吉田松阴全集》第 2 卷,岩波书店,1934 年,第 35 页。

他反对空洞的学问而强调经世致用;作为兵学家,他的目光不仅限于日本,而是扩展到了东亚乃至世界。他既是狂热的民族主义者,又是狂妄的国家主义者。因此,当日本被迫开国并与西方签订不平等条约后,吉田便成了尊王攘夷运动的领军人物。

吉田松阴的中国论和鸦片战争观,不只是分析了中国为何失败以及对日本有何"殷鉴",而且明确提出了日本面对这样的世界和中国应该怎么办的对策。

第一,抨击中国的华夷观,讥讽中国的易姓革命。他在《与赤川淡水书》中写道:①

> 支那人常自尊为中华,贱外国为犬羊。而一变为蒙古、再变为满洲,所谓中华之人,盖不能平矣。然其俗以统一为大,丕炎以下,大义所不容,明教所不恕者,至于其统一寰区,则举以为天下不疑,况乃疑于蒙古与满洲乎?父之所以为贼者,子可以为君;子之所以为君者,孙可以为贼。忠孝之训,虽载诸空言,不能施于实事。凡如此者,彼皆习为常。

> 夫洪钱,中华人也,率中华人攻满洲贼,其名可谓正矣。满洲,一统天子也,奉王命,讨乱贼,其名可谓正矣。然则二京十八省之民,孰从为正、孰从为逆,是吾之所以为支那人深悲也。

第二,认为清朝的失败"不在外夷,而在内民"。他在《读筹海篇》(1855 年 5 月 4 日)中写道:

> 清魏默深筹海篇,议守、议战、议款,凿凿中款,使清尽用之,故足以制英寇而驱鲁拂矣。然吾独疑,此书之刻,在道光二十七年,曾未三四年,广西民变,扰及八省,祸延十年,遂至北京殆不守,其所底止,未可知也。则清之所宜为虑,不在外夷,而在内民也。何以默深

---

① 《吉田松阴全集》第 2 卷,岩波书店,1934 年,第 10—11 页。

无一言及于此乎？世之议守者，不过于筑坚墩、铸巨炮、调客兵；议战者，不能为其所宜为；议款者，徒逼于不得已，是皆默深之所深忧，而清乃为之，姑息以养夷谋、朘剥以竭民膏，未有不致内变外患者也。且默深之言曰：匪徒能号召数百二三千人者，其人皆偏俾将才，其属皆精兵，而文法吏目为乱民、为汉奸，不收以为用。然则广西之乱，默深其已知之矣。噫！民内也，夷外也。谋外而遗内者凶，治内而制外者吉，悲哉。①

第三，认为清朝"不知彼亦太甚矣"。他写道："汉土之习，于外国之事，茫然不问，反以臆断之，自古如此。如源者，汉土人之翘楚也，而未能免其习也。"他主张"立国之体"要做到"我无有待于人。苟使人待于我，则敌仇亦可以为我用也。我有待于人，则同盟亦将来啖我也"②。

第四，认为清朝是日本最好的借鉴。他在《清国咸丰乱记》"序文"（1855年）中写道："吾之所宜以为则者，莫若清国。清国治平日久，宴安日甚，视豺狼如猫狗，视苍赤如土芥。道光一危，咸丰再乱，吾苟能反其道，则天下宁有危与乱哉？"在此稿的"例言四则"中也写道："清国与我隔海相邻，土广民众，财富物阜。故其国之治乱，以至往往与我国有关。欧墨诸夷，荒陬不比我远者，昔天平宝字之时，唐土安禄山谋叛，天朝乃命筑紫，使严武备。古之朝廷率用心如斯，今人如何不察，读此记者，切勿忘此意。"③

第五，提出了日本如何应对西洋与邻国的"方策"。他在1854年的《幽囚录》中狂言：

> 日不升则昃，月不盈则缺，国不隆则替。故善保国者，不徒毋失

---

① 《吉田松阴全集》第2卷，岩波书店，1934年，第23—24页。
② 《读甲寅嚙顿评判记》（1855年7月），《吉田松阴全集》第2卷，岩波书店，1934年，第30页。
③ 《吉田松阴全集》第2卷，岩波书店，1934年，第55、58页。

其所有,且应增其之所缺。今急修武备,舰略具,炮略足,则宜开垦虾夷,封建诸侯。乘隙夺取堪察加、鄂霍次克,谕琉球朝觐会同如内地诸侯,责朝鲜纳质奉贡如古盛时。北割满洲之地,南收台湾、吕宋诸岛,渐示进取之势。"①

1855 年,吉田又提出日本对外战略的根本原则,即"与俄、美讲和既定,决不可由我背约而失信于戎狄。然恪守章程,厚信义,其间蓄养国力,割占易取之朝鲜、满洲、支那,于交易中失之于俄国者偿之以鲜满土地"。② 其后,吉田又在多种场合重申了类似主张。1855 年 4 月 18 日在《与来原良三书》中吐露:"天下之势,日趋陵夷,(中略)为今之计,和亲以制二虏,乘间富国强兵。垦虾夷、夺满洲、来朝鲜、并南地,然后拉米折欧,则事无不克矣。"③吉田是包括木户孝允、伊藤博文、山县有朋在内的诸多明治元勋的导师,其侵华"征亚"思想不仅流传于社会,而且对其后明治政府决策者的思想形成也产生了直接影响。

高岛秋帆(1798—1866)在《天保上书》中分析了中国失败的原因,指出英国"与唐国相比,土地颇为偏小,更与其争战极为不利。然却如斯大胆袭来,以至唐国大败,英方无一死亡,其趣全在平生所持之武备"。反过来,他"嘲笑唐国之炮术如同儿戏"。④

横井小楠(1809—1869)将第二次鸦片战争中国失败的原因归结为政教风俗不如人,认为中国"乃亚细亚洲中一大邦,古往大圣相继勃兴,文物领先于万国,故将未开化之草昧外国分为九夷八蛮,施以怀柔之政。以降,主愚暗而失贤明,世代革命多,却自称中国华域,待外国为蛮夷与古无异"。然而"道光末年,鸦片之乱始为英国挫败,不得不立和亲之

① 吉田松阴:《幽囚录》,《日本的名著 31 吉田松阴》,中央公论社,1989 年,第 227 页。
② 吉田常吉·藤田省三编:《日本思想大系 54 吉田松阴》,岩波书店,1978 年,第 193 页。
③《吉田松阴全集》第 2 卷,岩波书店,1934 年,第 22 页。
④ 高岛秋帆:《天保上书》。杉浦明平、别所兴一编《江户期的开明思想》,社会评论社,1990 年,第 172—173 页。

约。……彼屈大义而怖兵威,折良港沃土以偿违约之罪,极其屈辱,然朝廷仍优柔寡断,无惩戒反省之念"①。

萨摩藩藩主岛津齐彬(1809—1858)对清朝的堕落甚为惊讶,认为英、法攻陷北京,清帝远逃,而后缔结城下之盟,"实乃甚不知耻也"。慨叹中国"已病入膏肓,难以疗治,殊至割地、乞和,则无药可救"②。

由此可见,两次鸦片战争后中国在日本的形象已经一落千丈。此间出现的中国殷鉴论,通过战争性质、中国失败的原因、对日本的借鉴、日本的对策等不同角度的分析和探讨,迈出了从根本上改变传统中国认识的第一步。

2. "千岁丸"上海行的实地感受

1853 年,美国佩里舰队的"黑船来航",惊醒了日本长达二百余年的"太平梦"。翌年,德川幕府签订《日美亲善条约》。1858 年,幕府再与英美等列强签订不平等的《通商航海条约》(俗称"安政条约"),鸦片战争后日本所担心的殖民地危机已经降临。

第二次鸦片战争结束后,中国的殖民地危机进一步加深。中国现状如何引起了幕府的密切关注,因为中日两国同命相连,中国的现在或许就是日本的明天。1862—1867 年,在以中国为鉴的呼声中,幕府四次组团实地考察中国,其中第一次派遣的"千岁丸"上海之行意义重大。1962 年 6 月 3 日至 7 月 1 日,幕府派遣"御勘定"(主管财政经济的官员)根立助七郎率团考察了上海。考察团乘坐的"千岁丸"是英国为日本新造的三桅帆船,前桅悬挂英国国旗,中桅挂荷兰国旗,后桅挂日本的日章旗。一行 51 人中,8 名为幕府官吏。这是德川幕府成立二百余年来日本人首

---

① 横井小楠:《国是三论》。松浦玲编:《日本的名著 30 佐久间象山、横井小楠》,中央公论社,1987 年,第 319—320 页。

② 岛津齐彬:《齐彬公史料》。杉浦明平、别所兴一编:《江户期的开明思想》,社会评论社,1990 年,第 193 页。

次有组织地踏上中国国土。

幕府"千岁丸"上海之行的主要任务是考察,但是考察的内容相当广泛。高杉晋作在《游清五录》中记载的此行目的和意义是:"盖此行,幕府欲渡支那为贸易,宽永以前朱章船以来未尝有之事。官吏皆拙于商法,因使英人及兰人为其介,官吏惟观商法形势,为他日之谋而已。"又说:"我奉君命随从幕吏至支那上海港,且探索彼地之形势及北京之风说,如果我日本不速为攘夷之策,亦难料终将蹈支那之覆辙。"①长崎奉行(相当于市长)高桥美作守记录的出访背景则是:幕府官吏认为"本邦与唐国的关系是唇齿关系,通商不用说,双方能否实现通信(即邦交关系),也须通过某种方式调查一下他们官员的规章"。"近来唐国与英法两国发生战事,加上贼乱(指太平军起义)并起,国内一派衰乱,此种状况下能否开通信之端,关键是要向唐国官吏询问情况。"②再就是了解五个通商口岸的租税状况等。由于当时日本和中国尚无邦交和通商关系,因此中国官方同意以荷兰为中介,委托荷兰领事居间安排考察。③冯天瑜通过详密的研究,归纳出此次考察的26项要点,即:(1)中国的金银铜货币的种类;(2)其通用交易场所和兑换比率;(3)鸦片及烟草输入量;(4)耶稣教取缔情况及中国政府的态度;(5)西洋人雇用中国人到外国工作,中国政府如何处置;(6)西洋人墓地买卖及借贷关系;(7)西洋人纳中国女性为妾及所生子女,中国政府如何处置对待;(8)从上海到出海口的江水深浅标数;(9)西洋人在上海近郊狩猎,政府如何处置,是否取缔;(10)中国商人输入日本产的铜,需向政府支付的金额;(11)公用的驿站所能提供的人马数量;(12)国内的主要港口名称;(13)西洋军队担负国内警备,中国政府是否依赖于此;(14)运输所的银价与市中交易银价有差异的理

---

① 田中彰校注《开国》,日本近代思想大系 1,岩波书店,1991 年,第 269(冯著附录第 439 页)、226 页。
②《夷匪入港录一》,日本史籍协会丛书 16,东京大学出版会,1967 年重印本,第 288—289 页。
③《道台府应接书写》,收入《夷匪入港录一》,日本史籍协会丛书 16,东京大学出版会,1967 年重印本,第 298 页。

由；(15)官秤与市中通用秤有差异的理由；(16)道台与各国领事之间交换文书的格式；(17)上海城内的户数和人口数；(18)是否向条约缔结国派遣使臣；(19)没有签订条约国家的人为了商务进入中国,对此中国有何具体规定；(20)关于在西洋人的租界里居住,有无规定；(21)对外国人租赁土地、卖土地有无规定；(22)除日本、朝鲜、琉球、香港以外,中国船是否还有发送地；(23)朝鲜、琉球对中国的朝贡关系；(24)西洋炮术的传习状况；(25)中国妇人从事的产业；(26)道台与西洋各国领事的交涉场所及翻译关系。① 由此可见,"千岁丸"上海行的目的,一是了解中国的政情民风,探讨两国邦交("通信")的可能性；二是考察经贸状况,探讨中日通商的可能性；三是考察租借地的实态和关税制度等,为日本处理居留地贸易的有关事务提供参考。

此次考察是以上海为中心展开的,内容包括了解周边地势、城市生活、社会状况、军事部署、租借地贸易等,还访问了地方官府和社会名流。对此,纳富介次郎的《上海杂记》、日比野辉宽的《赘疣》和《没鼻笔语》、名仓予何人的《官船千岁丸海外日录》、松田屋半吉的《唐国渡海日记》、峰洁的《船中日录》和《清国上海见闻录》、高杉晋作的《游清五录》等,详细地记录了考察的经过,并发表了感想。

例如,上海的繁华令人感叹。千岁丸驶入上海港后,但见"吴淞至上海计英里十五六里云。港内者商舶军舰,大小辐辏,帆樯之多不知几千万云。就中英船最多,但支那船之多本不待言。右岸,西洋诸国之商船栉比,极为壮观,实为支那诸港中第一繁华之所,比之传闻犹有过之。同舟诸士中有两人曾于前年赴美利坚,据其所云,比之美利坚之华盛顿、纽约,其繁华犹远胜之"②。

再如,两国的风俗习惯多有不同,"唐船不断地靠近我船,指着我们

---

① 冯天瑜：《"千岁丸"上海行》,武汉大学出版社,2006年,第41—42页。
② 名仓予何人：《海外日录》(1862年5月初六日),冯著附录,第417页。

的头笑得前仰后合。我则看着他们头上垂着数尺长的尾巴而捧腹大笑,双方互笑对方愚蠢之举。""实际上这都是风俗所至,很难说出谁笑得对。"①

与此同时,他们也敏锐地发现了这些表面现象背后的中国存在的问题和危机。例如,上海繁华,但普通的市民生活区交通和卫生状况极差;上海富有,但财富为洋人所持,中国百姓的贫穷自不待言,官府也捉襟见肘。峰洁在《清国上海见闻录》写道:"一日,见吴熙(位三品,任布政使司之职,兼兵备道)带很多兵卒到荷兰领事处所,戟似钉子所做,柄是未刨光的苏木,弯弯曲曲。几根破开的竹子支撑的旧布面搭起了盖伞,士兵戴的是竹笼子上糊纸的帽子,其状宛如狐狸行装。官府之穷由此可见。""到上海兵营见其兵卒,士兵敝衣、垢面、徒跣、露头、无刀。皆如乞食,未见一人有勇者,如此我一人可敌其五人。若率一万骑兵而征之,可纵横清国。"其蔑视中国的心态已溢于言表。②

对于中国陷此窘境的原因,他们的看法是:"清国本是文学无双之国,却无以治国之论。因此近世之风则是有志者无一不是为己者,一味贪求中举。为中举煞费苦心于制科时文,成为虚骛徒劳的弊端。既是尊从优雅艺文,又何必耗资如此之大,将自己陷入到虚文卑弱的地步,照此下去岂能治理国家,以致被长匪苦害,外来夷狄控制。清国危如累卵,实在可怜。"③他们认为,窥上海可知全豹,"清国之病不止在腹心,而且现于面目,溢于四体,一指一肤莫不所痛。如此,以上海一处而推十八省,可知其大概。当今上海之势,内有长毛贼之威迫,外受制于洋人,只是在城内噫喝而手足无措。县城前虽有数千商船云集,看上去极为繁荣,但是不能自取其税银,而全部由英法两国收取。"④由此,他们发出感叹说:中

---

① 日比野辉宽:《赘肬录》,冯著附录,第339—340页。

② 纳富介次郎:《上海杂记》,冯著附录,第318页。

③ 纳富介次郎:《上海杂记》,冯著附录,第311页。

④ 峰洁:《清国上海见闻录》,小岛晋治监修《幕末明治中国见闻录集成》第11卷,东京:まゆに书房,1997年,第30页。

国"外面洋夷猖獗,内有长毛贼煽起动乱,灾难并至。即使有善人,又该如何收拾此局面? 我等到清国看到的景象是,对外出借土地,开放五个港口,唉! 殷鉴不远。近在一水之外,真叫人可怕"①。

在千岁丸上海行的各种见闻录中,高杉晋作的《游清五录》颇有影响,那么,他主要关注和思考了什么呢?

高杉晋作(1839—1867)是吉田松阴的得意门生,长州藩尊王攘夷和倒幕运动的领袖之一。千岁丸来上海时,受长州藩主之命,以幕府官员"御小人目付"犬三郎随从的身份来华。

高杉来华前已是颇有影响的尊王攘夷派志士,对西方列强的殖民行径深恶痛绝,认为幕府的开国政策是旷古耻辱并痛加鞭挞。他说:"初米夷请通商与我,一言未发,而系军舰于码头;一戟未战,而轰大炮于内海;骂官吏、劫人民,其猖獗惨毒,虽天下愚夫愚妇,知其请通商也真非请通商,其志在并吞,而欲夺我神州矣。然而虽庙堂之士,固非不知彼志欲夺我神州也。而因循姑息,破锁国之禁,为开港之盟,遂使我神州陷于米夷之诡术,受千万年未受之耻辱,是果有深谋远虑然乎? 亦或惧米夷之猖獗乎? 予于此耶不能无恨矣。夫天运循环,虽神州元气之地,不能无盛衰。若使丰公、时赖生于今日,则岂忍受千万年未尝受之耻辱、陷于米夷之诡术也? 予唯待豪杰之奋起而已矣。"②在1858年的《对策》中则写道:"顷者墨夷朵颐我神州,军舰泊伊豆,使节盟武城,岂非开辟以来之一大怪事耶? 神州天地之正气所钟,而勇武卓绝于海内矣。故北条时宗歼蒙古十万于九州,加藤清正败明兵百万于朝鲜,织田信长放邪苏伴天连于海外。犬羊腥膻未能尝逞跳踉,非其勇武卓绝于海内,宁能如此耶? 而方今升平三百年,上下文恬武嬉、兵革日衰,士人不精武技,陷花法;儒臣

---

① 日比野辉宽:《赘肬录》,冯著附录,第346页。
② 《读米人彼理日本纪行》,东行先生五十年祭记念会编:《东行先生遗文·诗歌文章》,东京:民友社,1916年,第3—4页。

不读孙吴,而雕风月;黎民不视干戈,于是乎我勇武之卓绝,亦不足以恃也。"①高杉认为,日本开国后面临鸦片战争后中国一样的危机,"夫丑虏之寇神州也,西入崎港,东袭虾夷岛,需薪水、掠人畜,遂至开互市于横滨,其猖獗蹂躏,视我国犹无人国,是我将践明清之覆辙。"主张"攘夷之第一策在一天下之人心。天下之人心一,则虽百万之丑虏,不足惧矣"。否则,"祸患起内外,神州亦有如明人之失台湾、舟山,清人之受毒烟矣"。② 这种强烈的忧患意识便是高杉上海行时的心境。

在《外情探索录》开篇《上海总论》中,高杉写道:"上海为支那南边之海隅僻地,尝为英夷所夺之地,虽津港繁盛,皆为外国人商船多之故。城内外多为外国人之商馆,故繁盛。见支那人居所,多为贫者。其不洁之事难以言表。或终年居于船中,唯富者被役使于外国人之商馆。"③指出了"繁盛"的上海的另一面,即富在洋人、贫在中国。"熟观上海形势,支那人尽为外国人之便役,英法之人步行街市,清人皆避傍让道。实上海之地虽属支那,谓英佛属地,又可也。"指出了租界上洋人与中国人权利和地位的不平等问题。"看其兵法,似威南塘兵法而非者。铳队以金鼓为令,为操引操进,其余无变化。铳炮尽中国制,而甚不精巧,兵法与器械皆无西洋,唯阵屋用西洋。归路访南大门卫士阮松,寻练兵之事。笔话付别录。阮松云:向者请英法兵防长毛贼,近日又使我兵卒学西洋兵铳,因贼惧不能近。由此言,支那兵术不能及西洋铳队之强坚可知也。"④描述了中国军备松弛的现状。他进而写道:"思考支那为何如此衰微,毕竟在于其不知将外夷防止于海外之道。不能制造凌驾万里海涛之军舰运用船及防敌于数十里外之大炮等即为据,彼邦志士所译《海国图志》等也绝版,徒然以僻陋秉性而倡导固陋之说,因循苟且,虚度岁月。"⑤

---

① 东行先生五十年祭记念会编:《东行先生遗文·书翰》,东京:民友社,1916 年,第 20—21 页。
② 东行先生五十年祭记念会编:《东行先生遗文·东行遗稿》,东京:民友社,1916 年,第 49 页。
③ 田中彰校注《开国》,日本近代思想大系 1,第 244 页。
④ 田中彰校注《开国》,日本近代思想大系 1,第 273—274 页。冯著附录,第 447—448 页。
⑤ 田中彰校注《开国》,日本近代思想大系 1,第 226—227 页。

那么,中国何以至此？高杉认为"君臣不得其道"。他与顾麐笔谈时有如下记录。

> 高杉:贵邦尧舜以来堂堂正气之国,而至近世,区区西洋夷、蛮夷之所猖獗则何乎？
>
> 顾麐:从是国运陵替,晋之五胡、唐之回纥、宋之辽金夏,千古同慨。
>
> 高杉:国运陵替,君臣不得其道故也。君臣得其道,何有国运陵替？贵邦(清)近世之衰微,自为灾而已矣,岂谓之天命乎？
>
> 顾麐:甚是,甚是。①

在与苏州司马温忠彦就儒家的"格物穷理"进行笔谈时,高杉不赞同温司马对东洋为"本"、西洋为"表"的解释,而是主张"内"与"外"的对立统一,"取舍折中之道"。而"不研穷其至理,则不能治天下也,不能齐一家也",结果只能是"口虽唱圣人之言,身已为夷狄之所奴仆矣"。②

上海之行对高杉晋作的影响是深刻的。1864年4月他赋诗一首,回顾了那次考察的心境:"单身尝到支那邦,火舰飞走大东洋。交语汉鞑与英佛,欲舍我短学彼长。"③回国后,他还力主发展海军与欧美对抗,甚至不经藩主同意擅自签约购买一艘蒸汽船。然而,随着对西方认识的加深和"攘夷"的挫折,他的思想开始发生变化,1866年正月的致友人诗写道:"识者谋航海,义人议锁邦。思之亦思是,我眼忽眈眈。"④表明他所坚持

---

① 田中彰校注《开国》,日本近代思想大系1,第278页。冯著附录,第455页。冯著附录"顾麐"作"顾麟"。
② 田中彰校注《开国》,日本近代思想大系1,第279页。冯著附录,第457—458页。笔谈中记录温忠彦的情况如下:"姓温,名忠彦,晋之太原人。由乙榜,官苏州司马,昔珂笔秘增,曾与朝鲜贡使姜星沙、李藕船为笔墨交,道及贵国文治,为东诸侯领袖,钦佩已久。"(同上《开国》,第278—279页,冯著附录,第457页。)
③ 《狱中手记》,东行先生五十年祭记念会编:《东行先生遗文·日记及手录》,东京:民友社,1916年,第127页。
④ 东行先生五十年祭纪念会编:《东行先生遗文·诗歌文章》,东京:民友社,1916年,第8页。又有"识者谋航海,义人欲锁邦。思之亦思彼,吾眼忽眈眈"之作。见上书,第9页。

的攘夷信念已经动摇,斗争的矛头直接对准了幕府。

"千岁丸"的上海之行,是日本隔断与中国 200 余年人员交往后的一次准官方代表团的实地访问考察。对日本人说来,此次直面中国的印象是冲击性的,传统的仰慕型"文化中国"的"想象"为现实所粉碎,中国已成为与日本大同小异的、某些方面甚至还不如日本的老朽贫弱国家。

二 中国对策论的主张和较量

两次鸦片战争从根本上改变了日本人心中传统的中国形象,仰羡中华的意识消失殆尽。接下来要解决的问题是在中国的"殷鉴"下,日本应如何应对西力东渐,以避免重蹈中国的覆辙;对中国应采取什么态度和对策,是亲近还是疏远? 是合作还是对抗? 事实上,直到甲午战争爆发,日本思想界围绕对华政策选择的争论始终没有止息,但其总体趋势变动所表现的基本特征是:对华态度渐次由等视向轻视、敌视、蔑视转变;行动主张由合作向别离、挑战转变。思想界的中国对策论则与日本政府采取的对华政策及行动,构成了相互刺激和影响的互动关系。

1. 中日"连横论"

中日连横论是幕末至明治初期日本社会很有影响的战略性主张,中日唇齿关系论、对华亲善论等亦可归属同一范畴。值得注意的是,连横论者往往又被视为"早期亚洲主义"者。

鸦片战争后盛行一时的中日连横论可以通过当时有关人物的思想主张、有关团体的活动、新闻导向及"热点"窥之一斑。

第一,个案人物的思想主张。

会泽安(1781—1863)是早期亚洲主义萌芽期的代表人物,早在 1825 年发表的《新论》中就提出"中日唇齿"相依的主张,认为"若夫未尝沾染回回逻马之法(指伊斯兰教与基督教)者,则神州(指日本)之外,独有满清。是以与神州相为唇齿者,清也。夫方今天下形势,大略如此焉。"①显然,他是从地理、文化相近产生利益连带关系的角度,阐述中日合作对抗西方的必要性的。

佐藤信渊(1767—1850)在 1849 年写成《存华挫夷论》,对亚洲人和欧洲人的本性作了区分,认为"亚细亚洲人崇礼行义,各自确然守其境界,侵伐他国、夺取他人之物之念寡,故而远涉海外以利欲为业者稀。欧罗巴人好利恣欲,欺夺之念深而贪得无厌"。因此,"欧罗巴人之心全同豺狼,不可不严备者也。"②基于这种认识,他写道:

> 满清亦夷狄也,英吉利亚亦夷狄也。然愚老欲挫英吉利亚而存满清者,以满清之一统中华,仁明之君数世继出,行奉天意之政,使中华之人民大量蕃衍,及古之三倍,故我有赏其功之意。且满清为当今世界之大邦。然不像古忽必烈那样凌驾我邦。且近来侈然自大而不务外详攘之武事。故英夷侮之而率舟师来侵伐,战而屡屡大败,江南四省流血而满清不能自卫,只好割地赔款乞和。如此以往其国益式微之时,西夷贪得无厌之祸,将东渐而至本邦。故愚老欲盼满清君臣苦心积虑,赈贫吊死,上下同甘共苦练兵数年,乃起复仇之义兵,征伐英夷而大破之,收复失地,完全攘除于东洋,若此满清可永为本邦之西屏。③

不难看出,佐藤对满清统治下的中国情感极其复杂,敬慕、蔑视、怜惜、利用等思虑混杂在一起,但从大处着想,还是希望中国有所振作,以成为日本的"西屏"。

横井小楠在听到 1860 年英法联军攻陷天津、进逼北京的消息时忧

---

① 会沢正志斋:《新論》。瀨谷義彦、今井三郎、尾藤正英编:《日本思想大系 53(水戸学)》,岩波書店 1973 年,第 398 頁。
② 瀧本誠一编:《佐藤信淵家学全集》下卷,岩波書店,1927 年,第 863 頁。
③ 鸨田惠吉编:《佐藤信渊选集》,读书新报社出版部,1943 年,第 355—356 頁。

心如焚,认为"支那与日本为唇齿之国。唇亡齿寒,其覆辙就在眼前。非坐视旁观之秋"①。

平野国臣在1863年的《制蛮础策》中主张,中日"两国相与合力,一其志,断然扫夷不予之以寸尺之地,逐诸洋外"②。

德川幕府高级海军将领胜海舟在1863年的日记中写道:"当今亚细亚几无人有意抵抗欧罗巴,此乃胸臆狭小而无远策之故。以我所见,当以我国出动船舰,前往亚细亚各国,向其统治者广为游说。"在《解难录》中,胜海舟建议,中、日、朝应建立三国同盟,"合纵连横共抗西洋"③。

进入明治初年,右大臣岩仓具视也认为:"清国占据亚细亚洲之大部,土地辽阔,人口众多,无以伦比,与我国为唇齿之邦,近来虽政纪废弛委靡不振,但因与我国关系颇大,故应厚和谊以建久远之基。"④

中日唇齿论或连横论,主张相似,但论者的主观动机未必相同,这一点留待后述。相比之下,中村敬宇提倡的中日亲善论洋溢着正直的善意,尤显难能可贵。

中村敬宇(1832—1891)是明治时代与福泽谕吉比肩而立、思想倾向却迥然相异的"思想界一伟人"。他是从幕府时代走来的"儒者",具有温厚的君子人格,他能够克服功利主义的激进与狂躁,在弱肉强食的西风下傲然挺立,守护着正义与和平的底线。

在对中国的认识和态度上,1860年,中村看到英法联军进攻北京、迫使咸丰帝出走的报道时"慨然兴叹,不觉涕泗之潸然下也",他抨击洋夷"盗国"为不义之举,"膻夷横行,污纛天地",指出:"夫清之丧其国都,岂天为之哉? 盖其自取也!"希望中国能吸取教训,发愤图强,"大惩创之后,必有大愤悱焉。今清虽丧都城,尚全满州以守之。果能尝胆卧薪,以

---

① 横井小楠:《国是三论》(1860年),《渡边华山　高野长英　佐久间象山　横井小楠　桥本左内》,日本思想大系55,岩波书店1971年版,第449—450页。
② 井上哲次郎、上田万年监修:《勤王志士遗文集》2,大日本文库1941年,第125页。
③ 松浦玲:《明治的海舟与亚细亚》,岩波书店,1987年,第102—103页。盛文一引证。
④ 岩仓公旧迹保存会:《岩仓公实记》下卷,岩仓公旧迹保存会出版,1947年,第235页。

图恢复,乌知不有变衰为盛、转祸为福者乎? 秦陇川广之间,又乌知不有举义兵以应之者乎?"[1]

1874年,日本出兵台湾,中日关系骤然紧张,日本朝野敌视、轻侮中国的情绪蔓延,中村敬宇不入浊流,在1875年4月号的《明六杂志》上发表《支那不可侮论》一文,一一列举支那不可侮的理由,即中国具有深厚的文化积淀与强大的文化潜能;中国天然物产丰富,许多技术值得日本学习;"支那为吾师匠之国,可畏而不可侮";不能"只见邻国之恶处而不知其好处,妄加讥讽";他批评日本人以文明开化自居而蔑视中国的肤浅:"今我邦之开化,为外人使之开化,而非以自国之力而进步,有非用外人而为外人所用之态,以不相应之工资雇用外人,诸省中由此而轻于自责。支那如学欧美,或其见识有过之,不可不知要不以外人为奇货。今我若以得欧美之一分之心情而卑视支那,即恰如借人之美服而鄙视穿着破烂者。不为有识之士所讥笑乎?"[2]他告诫日本人:"从今以后,着眼于自国之事,而知自己之不足,汲汲自治而无暇外顾,更何况敢轻侮他国乎?"

1876年腊月,中村敬宇在《栈云峡雨日记序》中正面论述了应与中国"亲厚"的道理,他说:

> 我东方亚细亚洲,文艺最盛,人物多出,莫禹域若也。疆域广、生齿繁,莫禹域若也。可与欧罗巴颉颃者,莫禹域若也。禹域与我邦,文字同,可亲厚一也。人种同,可亲厚二也。辅车相依,唇齿之国,可亲厚三也。亚细亚不及今同心合力,则一旦有事,权归于白皙种,而我黄种危矣,可亲厚四也。抑元世祖之侵我西疆,我邦人之扰闽浙,当是时,不有欧罗巴之外交也,不有狼子野心之觊觎者也。设使如今日,则二国必无此事矣。今也我邦与禹域,务当小大相忘,强

---

[1]《书新闻纸后》,《敬宇文集》卷一三,吉川弘文馆,1903年。
[2] 收入大久保利谦编《明治启蒙思想集》,明治文学全集3,筑摩书房,1967年,第302—303页。

弱莫角,诚心实意,交如兄弟,互相亲信,不容谗间。有过相宽恕,无礼不相咎,盖二国所期者,在于同心协力,保护独立,以存亚细亚之权而已矣。①

1880 年,兴亚会成立,中村敬宇加入并赋诗抒发情怀:

> 近来多结社,莫若兴亚会。亚细多邦国,莫若禹域大。交通二千年,人民互相爱。资彼以济我,文物及道艺。往古通使命,此事久已废。尔来通航者,商贾特竞利。况自欧美至,新巧喜机械。邻好却不讲,咄咄成怪事。赖今修盟好,两国驻公使。辅车相因依,山河誓带砺。以期亚细亚,御侮如兄弟。以抗四大洲,患难相救济。人民又振起,结社互勉励。今日始共会,开先为吉利。呜呼忠信交,当去虚与伪。先于学语言,要须诚其意。鹦鹉与猩猩,能言何足贵?吾辈幸为人,愧于彼同类。②

1887 年 5 月 8 日,中村以《汉学不可废论》为题发表讲演说:

> 吾邦于支那,为邻国,人种亦同,文字亦同。自千有余年以来,至于中古,礼乐文物、工艺器具,大抵无不从支那朝鲜输入。儒佛二教即从支那朝鲜传来。故于幕府时代,如朝鲜人来聘,其仪式甚为殷勤,且择文人学士而结伴,文人学士也以选中为荣。笔谈问答,诗文往返,颇为兴盛。来长崎商舶的支那人,偶有有文事者,时汉学家敬重之,或一起笔谈,或乞诗文之批正,如得一言之褒,视如金玉。然与欧美外交之事起,以至于百事以之为师,邦人或自以为在支那人之上。于是产生了鄙视支那人之弊。夫鄙视人者,其人自卑,君

---

① 载于 1879 年所刊竹添进一郎《栈云峡雨日记并诗草》题为《栈云峡雨日记后序》(见小岛晋治监修《幕末明治中国见闻录集成》第 19 卷,ゆまに书房 1997 年版,第 189—193 页),文字亦与此处所引《敬宇文集》卷六略有出入。
② 中村正直《与兴亚会以此诗代祝词》,《兴亚公报》第 1 辑,1880 年 3 月 24 日。黑木彬文、鳟泽彰夫编《兴亚会报告·亚细亚协会报告》第 1 卷,东京:不二出版,1993 年,第 5 页。

子于童仆尚敬之,况他人乎。国家纵然小于己,鄙视之之心不除,便自区文明远矣。

我邦与支那朝鲜,同宗一家,古人云,亲仁善邻,国之宝也。今清朝继承康熙乾隆之深仁厚泽,久养人民之力,政府虽贫,人民富。可谓藏天下于天下之景况。其人为官,首以经义,遣人留洋,使学器艺。如李鸿章既为学者亦为英雄者,居均轴之任,其用西法,虽然迟缓,但正如所谓进寸则王之寸也,进尺则王之尺也。似得持久之道。①

中村从汉学家的立场出发,将"周孔之道"视为"天地之精神命脉",主张以这种伦理道德为基础,处理人际间或国家间的关系,他的中国对策论是和平、充满真诚和善意的。

第二,亚洲主义团体的活动。

进入 1880 年代,随着中国对策论讨论范围的扩大,一些亚洲主义团体成立并积极展开活动,而"亚洲主义者"所关心的核心对象仍不外是中国,由此中国论开始与亚洲论捆绑进行。

1878 年,在曾根俊虎等人的筹划下,"近代日本第一个亚洲主义民间团体"②振亚社成立。

1880 年 11 月,兴亚会成立,其宗旨是:鉴于"白人无道",亚洲已成"碧眼人掠夺之地","同文同种"的亚洲人"辅车相依",应同心同德振兴亚洲。在该会的会员中,包括长冈护美、渡边洪基、伊达宗城、柳原前光、花房质义、前田献吉、竹添进一郎、东次郎等外务省高官,榎本武扬、林清康等海军要员,曾根俊虎、佐藤畅等兴亚会开办的"中国语"学校人员,成岛柳北、末广铁肠、草间时福、高桥基一等新闻记者,重野安绎、宫岛诚一郎等汉学家。③ 会员中还有大久保利通之子保利和、大陆浪人荒尾精等。

① 大久保利谦编:《明治启蒙思想集》,明治文学全集 3,筑摩书房,1967 年,第 324 页。
② 王屏语。见王屏著《近代日本的亚细亚主义》,商务印书馆,2004 年,第 56、61 页。
③ 黑木彬文:《兴亚会的亚细亚主义》,九州大学《法学研究》71 卷 4 号,2005 年 3 月,第 622 页。

清朝驻日公使何如璋、黎庶昌也是会员。兴亚会中,主张亚洲平等合作者不乏其人,如中村正直呼吁日本应与朝鲜共御"公敌"、防"公害"、享"公利"、成"公友"。① 吾妻兵治针对壬午兵变后福泽谕吉主持的《时事新报》诬蔑朝鲜人"顽迷倨傲"、中国人"怯懦卑屈"的言论,一面抨击"齐东野人不知朝鲜者之说耳",一面赞扬"今也朝鲜之风气大开",中国"择西法,更旧制,取长补短,就利去弊,国家景象,骎骎日上"。②

1883年1月,兴亚会更名为亚细亚协会,其宗旨依然是亚洲合作、"日中提携",新口号则是兴办实业,振兴亚洲。长冈护美、渡边洪基继任正副会长,协会骨干亦为原兴亚会成员。协会还通过发行中文《亚细亚协会报告》,公开宣传自己的主张。

1884年7月,东洋学馆这一"倡导亚细亚主义的团体"③在上海成立,末广铁肠、杉田定一、平冈浩太郎、宗方小太郎、中江兆民、樽井藤吉、马场辰猪等是该组织的成员。

第三,报界导向及其"热点话题"。

各种亚洲主义团体成立后活动频繁,其思想主张亦造成了一定"声势",产生了不小的社会影响。

1879年11月19日,《邮便报知新闻》发表了由草间时福执笔、题为《东洋连衡论》的社论。指出"欧洲从来是一个整体",而亚洲各国"知自己而不知亚洲,知利害一部而不知全部,知直接利害而不知间接利害","亚人思想中可谓无亚细亚"。社论呼吁:"为今之计,须探求驾驭欧洲之道,即本论所倡之亚细亚连横。"关于连衡的手段,社论强调:"以利害相关之情带联络东洋各国,创亚细亚特别之国力平均,是以维持欧亚权衡,

---

① 《敬宇文集卷之四》卷二,吉川弘文馆,1903年。藏于早稻田大学中央图书馆研究书库明治时期图书角。
② 吾妻兵治:《朝鲜政党》。亚细亚协会编:《亚细亚协会报告》第7篇,1883年8月26日刊行,第6—7页。
③ 王屏语。见王屏著《近代日本的亚细亚主义》,商务印书馆,2004年,第60页。

防弱肉强食之患"①。

1880 年 1 月 10 日和 15 日,《东京横滨每日新闻》连载了野手一郎的读者来稿,这篇题为《日支联合果可依恃耶》的文章,开篇即猛批"演说者开口必曰日支连衡,新闻记者提笔辄曰倭清合纵,社论论日支连横,文章谈倭清合纵",认为过分宣传日清连衡、"唇亡齿寒",会助长依赖、怠惰思想,惟有自强自立方为日本生存之本。② 可以说,此文从不同的侧面反证了"亚洲主义"讨论在当时的"热度"。

1884 年 4 月 13 日,《朝野新闻》刊载"东洋之气运"一文,内称:日本"第一要养成我邦之实力,第二要制定东洋连横之计划"。若中国与日本结为同盟,"吾辈希望我国人不可轻蔑之而尽可能与之亲密交际"③。

这些史料说明,鸦片战争后,面对"西力东渐"的威胁,日本的一些政治家和知识界精英以地域相连、人种相同、文化传统相似及利益"连带"为根据,确曾认为中日两国应该"合纵连横共抗西洋"。这种主张不仅出于对中国这个"他者"的认识,而且也是日本"自我"考量的结果。第一次鸦片战争后,萨摩藩主岛津在谈到日本的现状时也承认,"二百年来极尽安治泰平之弊,天子存似在非在之间,将军家华美骄奢,僭上所为颇多。上轻朝廷,下蔑诸侯大名,怠武备,困人民,为政者多阿谀奉承之徒,滥施权威,诸大名亦骄侈安逸,国中疲惫至极"。④ 在这种具有普遍性的自他认识中,隐约流露出中日门当户对、惺惺相惜的情感。

幕末维新时期中日连横的政策主张一度颇具声势,但是随着明治维新后日本文明开化的进步,中日国力的此消彼长,告别"恶友"中国的思潮逐渐占了上风。

---

① 芝原拓自他编:《日本近代思想大系 12(对外观)》,岩波书店,1996 年,第 265—267 页。
② 同上书,第 268—271 页。
③ 同上书,第 276—279 页。
④ 《齐彬公史料》。杉浦明平、别所兴一编:《江户期的开明思想》,社会评论社,1990 年,第 194 页。

2. "脱亚"与告别"恶友"论

福泽谕吉(1835—1901)是近代日本著名的启蒙思想家、教育家,其头像印在当今日本的万元钞票上可谓喻意无穷。有人认为,福泽作为鼓吹文明开化、"脱亚入欧"的启蒙思想家,"在唤醒日本国民砸碎旧的封建制度枷锁和向欧美资本主义学习方面确实起到相当大的作用";作为"告别恶友"论者,"对中国、朝鲜等邻近国家由同情、蔑视转向鼓吹侵略,无形中为日本近代军国主义的形成和发展起了推波助澜的作用。"①这种评价基本上是客观的。从某种意义上说,福泽的中国观,不仅影响了一个时代的日本人,而且间接地影响了日本政府的对华政策。

福泽一生发表了大量涉华言论,这里从其文明论视角下的中国认知和对华政策主张二个层面展开考察。

第一,关于中国"是什么"(或"怎么样")及"何以至此"的认知。腐朽、愚昧、落后,不堪为伍的半开化国,这便是福泽中国认识的结论性看法。

在1865年完稿的《唐人往来》中,福泽写道:

> 亚洲也是很好大洲,人数众多,物产丰富,小手艺等在世界有名,亦勤于学问,非洲和澳大利亚所无法比拟,但国家拙于改革,拼命保守千年、两千年之古人所言而毫不知临机应变,无端地自大之风气很盛。道光年间因鸦片之故遭受英国打击,出钱赔偿,渐见好转。此后本应该着力于国内政事、兵备改革,与外国交往亦应尽信诚实,讲求妥当,但不吸取教训,四五年前在天津无理地与英国军舰相争,致英法联军攻入北京,咸丰帝逃向辙鞡,几乎饿死而狼狈丧命。此祸害皆因不懂世故夜郎自大,又兼不知学习他国风尚进行改革之自大病所致。此种不可思议、臭不可闻之丑恶风俗,千万不可

---

① 藏世俊:《福泽谕吉的中国观》,《日本学刊》1995年第1期。

模仿。①

在 1869 年 2 月发表的《清英交际始末序》(署名"庆应义塾同社志")中,福泽写道:

> 在考察清英之交时,可以发现清人之耳目所及甚为狭窄,清人之辙迹所至甚为仅微。曾不知英国之富强,猥而藐视之不以为劲敌,自夸为华夏,称英为夷戎,其举止却反复无信,轻开衅隙每开必败,遂兵愈弱而国愈贫,萎靡不振以至于今日,实在可怜。追思其过失错误,小事不暇枚举,至其大者,则有鸦片之事、广东之事及天津与北京之事。由此两国之条约屡屡改签,且清之出赔偿金已不止一次。试开卷而观清英交际之始末,可得知其大概如何。②

在 1869 年 8 月出版的《世界国尽》中,福泽又写道:

> 自往古陶虞时代,经四千年,据闻也重视仁义五常,有人情敦厚之风名,但文明开化以来后退,风俗渐衰,德之不修、知之不讲,唯我独尊而不知世事高枕无忧,听任暴君污吏之意,欺压下级,恶政难逃天罚。是时于天保 12 年(1841 年)与英国不和,一战即败,求和而赔偿洋银二千一百万,五处港口开放。无知之民尚未吃够苦头,无理妄开兵端,弱兵不堪一击,一败再败以至于今,真是可怜。③

显然,与当时的多数论者观点相左,福泽在鸦片战争的是非判断上,立场完全站在了欧美一边;对中国的认识基调是否定性的,以致不惜大量使用了"风俗渐衰,德之不修、知之不讲,唯我独尊"以及"暴君污吏"、"恶政"等诋毁性语言。

诋毁中国与赞赏欧美是福泽文明观的一体两面。在《世界国尽》中,

---

① 《福泽谕吉全集》第 1 卷,岩波书店,1959 年,第 13—14 页。
② 《福泽谕吉全集》第 2 卷,第 539 页。
③ 同上书,第 594—595 页。

福泽已把人类文明分为"文明开化"和"野蛮"两种状态,并进一步细分为四种状况,一曰"混沌"期的野蛮,其民下等且与离鸟兽不远;二曰野蛮期,中国北方的鞑靼、阿拉伯、北非的土人是也;三曰未开或半开化,虽精于农业之道,食物充足,艺术渐趋巧妙,开发城市,装饰家居,文学、文字之道兴盛,但嫉妒之心深,嫌忌他国人,轻蔑妇女,弱者贫苦,支那、土耳其、波斯等国位其中列;四曰文明开化,重礼义贵正理,人情稳重、风俗温和、各种职业技术及学问之道日新月异,劝农励工,百般技艺无不精湛,国民安居乐业,美国、英国、法国、日耳曼、荷兰、瑞士等国可谓文明开化之域。①其文明史观已初具雏形。

1875 年,福泽谕吉发表了被誉为"一生中最高的杰作,成为日本近代的古典"②的《文明论概略》。此书再次确认了"欧罗巴各国及美利坚合众国为最高文明国,土耳其、支那、日本等亚细亚各国为半开化国,非洲及澳大利亚等为野蛮之国"。③ 大声呼吁日本国民要紧急行动起来,洗心革面,彻底摆脱传统思想的束缚,跨入"文明之域"。

在这部"鸿篇巨制"中,福泽先是肯定了儒佛"两教"在日本从"野蛮"走向"文明"的历史进程中发挥的进步作用,然后笔锋一转,大谈儒学是伦理学而非治世之学,儒家思想把人变成"精神奴隶",导致了社会发展的停滞,力主从根本上抛弃中日两国精神依寄的传统文化价值观。他写道:

> 政府的专制是怎样来的呢? 即使在政府的本质里本来就存在着专制的因素,但促进这个因素的发展,并加以粉饰的,难道不是儒者的学术吗? 自古以来,日本的儒者中,最有才智和最能干的人物,

---

① 《福泽谕吉全集》第 2 卷,第 663—665 页。
② 松泽弘阳:《〈文明论之概略〉解说》,松泽弘阳校注《文明论之概略》,岩波文库,1995 年,第363 页。
③ 福泽谕吉:《文明论之概略》。石田雄编:《近代日本思想大系 2 福泽谕吉集》,筑摩书房,1975年,第 89 页。

就是最巧于玩弄权柄和最为政府所重用的人。在这一点上,可以说汉儒是老师,而政府是门人,真是可悲,今天的日本人民,有谁不是人类的子孙呢?在今天的社会上,一方面实行专制,一方面受到专制的压迫,这不能完全归咎于现代人,而是从由于多少代祖先传留下来的遗毒。助长这种遗毒传播的,又是谁呢?汉儒先生们的确起了很大作用。①

汉儒的系统是从尧舜传到禹、汤、文、武、周公以至于孔子,孔子以后,圣人就断了种,不论在中国,或在日本,再没有出现过圣人。孟子以后,宋代的儒者和日本的硕学大儒,对后世可以自诩,但是对孔子以上的古圣人则一句话也不敢说,而只有叹息自己学圣人而不及圣人而已。所以儒教在后世愈传愈坏,逐渐降低了人的智德,恶人和愚者越来越多,一代又一代地相传到末世的今天,这样发展下去简直要变成了禽兽世界,这是和用算盘计算数字一样准确。幸而人类智慧进步的规律,是一种客观的存在,决不像儒者所想象那样,不断涌现胜于古人的人物,促进了文明的进步,推翻了儒者的设想。这是我们人民的大幸。他们如此迷信古代崇拜古代,而自己丝毫不动脑筋,真是所谓精神奴隶(Mental slave)。他们把自己的全部精神为古代的道理服务。生在今天的世界而甘受古人的支配,并且还迭相传衍,使今天的社会也受到这种支配,造成了社会停滞不前的一种因素,这可以说是儒学的罪过。②

福泽认为,昔日的中国是"礼仪之邦",而今面目全非;昔日的"华夏国体",而今业已灭亡。"观察今后趋势,这个帝国也将要变成西洋人的田园。西洋人所到之处,仿佛要使土地丧失了生机,草木也不能生长,甚至连人种也要被消灭掉。看到了这些事实,并想想我们日本也是东洋的

---

① 北京编译社译:《文明论概略》,商务印书馆,1992年,第147页。
② 同上书,第148—149页。

一个国家,尽管到今天为止在对外关系上还没有遭受到严重危害,但对日后的祸患,却不可不令人忧虑!"①基于这种忧患意识和危机感,福泽认为"日本人当前的唯一任务就是保卫国体。保卫国体就是不丧失国家的政权。为此,必须提高人民的智力"。因为"唯有汲取西洋文明才能巩固我国国体,为我皇统增光"。② 他指出:

> 在我国,道德纵然不足,但显然不是燃眉之急。然而智慧方面则完全不同,以日本人的智慧与西洋人两相比较,从文学、技术、商业、工业等最大的事物到最小的事物,从一数到百或数到千,没有一样能高于西洋,没有一样能和西洋相比拟的,并且也没有人敢和西洋较量一番的。除了天下至愚的人以外,没有人会认为我国的学术、工商业可以与西洋列强并驾齐驱的。③

《文明论概略》不啻一份思想上告别东方、投向西方的宣言,表明福泽的世界文明观业已成型,其对中国"是什么"、"怎么样"的认知过程至此基本完成。

第二,关于日本应该对中国"怎么办"的政策思量。

福泽谕吉是著名的启蒙思想家,也是崇信近代"丛林法则"的狂热国权主义者。物竞天择、适者生存,在如何对待中国的问题上,他的立场、态度始终是朝着一个方向发展并走向"成熟"的,那就是首先认定了中国是"恶友",继而是断然与"恶友"告别,最后是向欧美列强一样不必对中国"客气"。④ 且看此间福泽的言行。

---

① 北京编译社译:《文明论概略》,第 186 页。
② 同上书,第 24 页。
③ 同上书,第 96 页。
④ 关于福泽谕吉的对华态度,宋成有认为"以 1884 年中法战争爆发和朝鲜半岛的局势动荡为分界线,改变了福泽的中国观。在 1884 年之前,福泽视中国为值得日本重视和交往的强大竞争对手,在其中国观中敬慕心与蔑视感兼而有之。1884 年之后,敌视、蔑视乃至侵略等观念成为其中国观的主要内容"。"19 世纪 90 年代福泽的中国观,以敌视、蔑视、侵略中国为基调,并伴随其走过人生。"见宋成有著《新编日本近代史》,北京大学出版社,2006 年,第 207—208、210 页。

1874 年日本出兵征台事件达成和解后半月许,福泽谕吉等学界精英聚会于东京木挽町精养轩,福泽即兴发表《征台和议之演说》(刊于《明六杂志》第 21 号 1874 年 11 月 16 日),其喜悦心情溢于言表。[①]

> 此次与支那议和,是因我政府之勉励,终于使支那支付五十万两赔偿金,值得为国家庆贺。自征台出师至今日之发展趋势看,我等获得充分胜利而支那完全失败。若将我等今日状况与支那状况比较,谁不得意扬扬,我辈亦其扬扬中人也。

抒发了一番快意之后,福泽继续高谈阔论,阐发了日本征台得手的深远意义。他说:

> 此次战胜支那,我国民之风气为之一变,由此而明白内外之别、巩固 nationality(国体)之基础,以此国权之余力而影响到与西洋诸国之交际上,如最近条约改正之期已至,裁判之权,税则之权,居留地之规则,保护税之构成,均由我日本政府一手掌握之大论断上,也与西洋诸国屹立而毫不宽恕于彼。与一因而取一,失之于右而夺之于左,如能像对支那政府一样实现公明正大之谈判,则我国无遗憾矣。若真有达成此盛大之势之希望,我等应不惜一切代价。

福泽的演讲,清楚地表达了他支持日本政府征台、"祝贺"征台成功及其"得意洋洋"的心情。在他看来,征台得到中国赔款之事不足挂齿,其深远意义在于:一是"失之于右而夺之于左",不堪忍受西方欺辱的弱者日本,由此得到了可以欺辱更弱他者的启发;二是日本通过与中国"公明正大之谈判"的手段达到了预期目的,提高了日本的国际地位,此种方法和姿态推而广之,对拟将进行的日本与欧美强国的修改条约谈判大有裨益。

---

① 山室信一、中野目彻校注:《明六杂志(中)》,岩波文库,2008 年,第 209—216 页。

日本征台的得手,对于社会上日益抬头的蔑视中国思潮起到了推波助澜的作用,福泽谕吉则站在了引领这种思潮发展的最前线。他在《邮便报知新闻》社论《与亚细亚诸国之和战无关我荣辱之说》(1875年10月7日)中,是这样评估日本在亚洲的文明程度和地位的。

> 我国的独立有什么值得担心的,寻找其根源,是因为我日本受亚洲诸国之轻蔑吗? 是因为我学问不及他们吗? 是我商贾劣于他们吗? 是我兵力比他们弱、我富强不若他们吗? 这些方面我们都毫不逊色于他们。我想我们日本要对亚细亚诸国寸步不让。那么,担心我国独立的,就不能不从别处寻找原因。即其原因不在亚细亚,而在欧罗巴![1]

也就是说,在福泽看来,日本与西洋诸国相比"还不能称为真正开化的独立国"。但是与同样处在半开化状态的亚洲诸国相比,无疑又是无出其右的佼佼者,无论学问、商贾、国家贫富、兵力强弱,均已"毫不逊色"。他眼中的朝鲜,不过"是亚洲中一个小野蛮国,其文明远不及日本。与之贸易而无利,与之通信无益,其学问不足取,其兵力不足惧,即便其来朝成为我之属国亦不足悦"。[2]对朝鲜的轻蔑态度已经到了即使将其变成日本的属国"亦不足悦"的程度。那么,福泽对中国的态度如何呢? 他承认中国地大物博、人口众多,非朝鲜可比,同时又指出"支那帝国现在是欧美诸国人的田园",因此"日本人蹂躏四百余州"的可能并非幻想,但是付诸行动时要注意欧美人不会"袖手旁观",故"这也是永远之事,今后必须考虑"。[3] 可见,在他的内心深处,中国也在可图之列,只因国际关系复杂,应该谨慎对待、从长计议。

1875年,日本制造"江华岛事件",翌年迫使朝鲜签订不平等的《日朝修好条规》;1882年,朝鲜发生"壬午兵变",日本获得驻朝使馆警备

---

[1][2]《福泽谕吉全集》第20卷,第148页。
[3] 同上书,第149、150页。

权;1884 年,日本策动朝鲜亲日派发动"甲申政变",由此取得与中国同等的朝鲜半岛出兵权,朝鲜半岛进入中日两国直接军事对峙的状态。在此期间,福泽谕吉敌视中国的立场原来越明确,态度越来越强硬。

1882 年壬午兵变发生后,福泽于 8 月 2 日发表题为《扼紧喉管》的"漫言",文中称中国为"唐之豚尾国",其对日本政府的建议是:

> 若最终与支那开战,最紧要者是不顾一切直接扼其喉管。支那喉管何在?概无人不晓,其中心即在北京。昔日英法攻入支那时,也是借用俄罗斯人智慧扼紧了北京。日本人决不可忘此先例。效法前车之首尾而后车亦可进者也。"①

同年 9 月,《时事新报》连载福泽所写的《兵论》。该文分析了中国的军事实力及一旦开启战端后日本须注意的问题。文章说:"今后十数年之气运中,东洋出现一强国亦非不可期。依我辈所见,支那国是也。"②与此同时,文章严厉批评轻视中国的论调是"腐儒之论",认为"许多武人之流视支那人为文弱而轻侮之,此非得当。且有政治学者之流的评论中亦多有轻侮之论,是亦不足以使人感服"。③ 联系到此前福泽的言论,或可提出福泽是否有所反省的疑问,但答案显然是否定的。这里福泽所强调的只是"战略上藐视,战术上重视"的观点,并不意味其蔑视、敌视中国的心态发生了改变或动摇。

同年 12 月,福泽发表《东洋之政略究竟如何》,文中写道:④

> 谚语曰:乐为苦之种,苦为乐之种。人世间不忍受痛苦便不能

---

① 《福泽谕吉全集》第八卷,岩波书店,1960 年,第 259—260 页。
② 《福泽谕吉全集》第五卷,第 305 页。
③ 福泽谕吉《兵论》(1882 年),《福泽谕吉全集》第五卷,第 306—307 页。他认为富国强兵与政体如何无干。他说:"现今支那之政府即便真为压制政府,人民真为卑屈之人民,其在改革兵制上,与政体之如何无干。尊奉当今之帝政,采用当今之将相,收当今之国税,富当今之国库,只要增加新式之兵备,即可以以此成一时之强国。现今支那政府之眼力亦非不及此。"(同上书,第 308 页。)
④ 《福泽谕吉全集》第五卷,第 438—439 页。

获得快乐。时下我国为了扩展军备而征收国财,人民直接或间接地失去一些私财,即便很少也是痛苦。然若问尝此痛苦所得之报酬快乐为何,实甚大也。大凡人无不好权,受制于人不若制人之愉快。极而言之,我等厌恶受人压制,但压制他人则甚为愉快。

我亦日本人,何时一耀日本国威,效法英人统治印度支那土人等,使英人窘而将东洋权柄握于我手。当此壮年,血气方刚,藏在心头之目标至今不忘。

遥想前途,谋划我国威之宣扬甚为愉快。陆上备有几十万貔貅,海上浮有几百艘军舰,地球之海上无不见日本军舰,日章之国旗飘扬于整个东洋,其影响远至西洋诸国,不亦乐乎!我等东洋强国之民,国既强,则贸易之权在我,以至国内之殖产逐渐繁盛,进而开通商之道,在亚细亚之东出现一大新英国,决非难事。每思至些,今日些许痛苦不足挂齿。①

想像一下我日本因为兵器不备而败北吧。无数支那兵随其军舰闯入东京湾,轻易越过富津炮台,先是摧毁横须贺造船厂,继而经横滨入品川,炮击东京市内,数十吨炮声如雷,无数散弹似雨,百万市民七颠八倒,呼天抢地。黑烟下豚尾之军队登陆,进而侵掠分捕。……将来某日我东京及沿海地区遭遇如此惨状,如何是好?

这里,福泽大谈日本国民勒紧裤带也要扩张军备的紧迫性,其展望的非此即彼所可能导致的不同后果,具有极大的煽动性。

1883年5月,福泽发表《支那人之举动愈加怪异》。文中说:②

日支间或不可保证无蹈水火之日。为此事态所迫,扩张我陆海军,使我民心调和一致,先夺支那人之胆,使其知日本可怕、不可敌,

---

① 《东洋之政略究竟如何》(1882年12月11日),《福泽谕吉全集》第8卷,第436—437页。
② 《东洋之政略究竟如何》(1882年12月11日),《福泽谕吉全集》第10卷,第160、161、162页。

轻易开启争端对己不利,使其国人舆论自行断念于此,除此之外,别无方略。①

1884 年 10 月,福泽发表《东洋的波兰》,文中写道:

> 日本地理上与支那接近,……今占领台湾全岛与福建省一半诚为当然之分。特别是福建浙江沿海之地,于支那前代大明之末叶一时为日本兵所侵略也是历史之明确事实,故在此故地上飘扬日本日章旗,日本人亦会满足。②

1884 年 12 月朝鲜发生甲申政变后,福泽谕吉"以支那为敌"的立场更加鲜明,他在 12 月 27 日发表的《战争有必胜之算》一文中写道:

> 我日本应对对支那朝鲜两国兴师问罪否? 朝鲜固不足论,我等之目标是以支那为敌,先派一队兵于朝鲜京城与支那兵鏖战,再迫朝鲜政府承诺我之正当要求,同时我陆海军大举进入支那,直陷北京城。皇帝若退至热河则进军热河,支那人无论何等刚愎,也将答应我之正当要求,且低头谢罪。
>
> 与支那之战倘若不胜,我日本自此将永蒙支那凌辱,且为世界各国轻侮侵凌,终究不能维持国家独立;倘若胜之,则我日本之国威不仅迅即光耀东洋,而且远为欧美列国敬畏,撤销治外法权自不待言,作为百事同等之文明富强国,亦可永被仰为东方之盟主。
>
> 若此希望果能达成,我辈一身已不足惜,可赴北京讨死;我辈财产已不足惜,可举而充当军费。若日本举国如此,此次朝鲜事变破裂而致日支两国果真开展,则我辈断言:日本必胜。

这里,福泽不仅发出了中日必将一战的预言,而且发出了日本战之必胜的预言。不幸的是,这种预言在 10 年后发生的中日甲午战争中真

---

① 《东洋之政略究竟如何》(1882 年 12 月 11 日),《福泽谕吉全集》第 8 卷,第 658 页。
② 《东洋之政略究竟如何》(1882 年 12 月 11 日),《福泽谕吉全集》第 10 卷,第 78 页。

的变成了现实。

1885 年 3 月,福泽谕吉在《时事新报》上发表署名文章《脱亚论》,其全文如下:①

> 世界交通之道便利,西洋文明之风东渐,所到之处,草木无不靡于此风。盖西洋之人物,古今无大异,其举动于古代迟钝而现今活泼,唯在利用交通利器而乘势之故。故为方今东洋之国谋,防止此强劲文明东渐之势之觉悟虽可,然若视察世界之现状而知事实上不可者,唯有与世俱进一同沉浮于文明之海,一同扬文明之波而与文明共苦乐。文明犹如麻疹之流行,眼下东京之麻疹由西国长崎之地东渐,随春暖次第蔓延如是。当此之时,厌恶此流行病之害而欲防止者,果有其手段乎? 我辈确信无有其术。百害无一利之流行病尚且不可抗拒,况利害相伴而利益常多之文明乎? 不啻不防,力助其蔓延,使国民尽早沐浴其风气乃为智者所宜之事。西洋近时之文明进入我日本以嘉永开国为端,国民虽渐知其可取,渐次催发活泼之风气,然有古风老大之政府横亘于进步之道,无知奈何。欲保存政府乎? 则文明决不可入。近时之文明与日本之旧套不可两立,脱旧套则政府不可不废除。欲阻止文明及其侵入乎? 则日本国不可独立。总之,世界文明之喧嚣剧不容东洋孤岛之独睡。是以我日本士人基于重国家而轻政府之大义,有幸依赖帝室之神圣尊严,断然推倒旧政府而立新政府,国中朝野无别,万事皆采用西洋近时之文明,不独脱日本之旧套,在亚细亚全洲开一新机杼,所持之主义唯在脱亚二字。
>
> 我日本之国土虽在亚细亚之东边,然其国民之精神已摆脱亚细亚之固陋而移于西洋之文明。然不幸者有近邻之国,一曰支那,一

---

① 《时事新报》1885 年 3 月 16 日。收入《福泽谕吉全集》第 10 卷,第 238—240 页。又见《日本近代思想大系 对外观》,岩波书店,1988 年,第 312—314 页。

曰朝鲜。此二国之人民古来亦为亚细亚式政教风俗养成,与我日本国民无异,然其人种由来或有不同,同样政教风俗中遗传教育之旨相异,以日支韩三国论,支那与韩国较之日本,相似之状更近,此二国皆不知一身或一国改进之道,于交通至便之世界中,即便耳闻目睹文明之事物亦不动身心,其恋恋于古风旧俗之情与百千年之旧无异。当此文明日新之喧嚣剧场之中,论教育之事则曰儒教主义,学校之教旨则称仁义礼智,事无巨细唯以外表虚饰为事,其实际或无真理原则之见识,或道德扫地,残酷而不知廉耻之极,尚傲然而无自省之念。当此文明东渐风潮之际,我辈视此二国,实无维持其独立之道。若非其国中幸而出现志士,着手国事之开化进步,如我维新,大举改革其政府,开展先改政治,后使人心一新之活动,则不出数年其国亡矣,其国土无疑将为世界文明诸国分割。在遭遇麻疹般文明开化流行之际,支韩两国违背其传染之天然规律,欲硬性回避而闭居于一室之内,结果只能因隔绝空气流通而窒息。虽有辅车唇齿比喻邻国相助之说,然今日支那朝鲜不惟丝毫无助于我日本国,且在西洋文明人之眼中,因三国地理相接,时而一视同仁,以评价支、韩之标准对我日本之意味不可谓无。例如支那朝鲜政府实行古风之专制而无法律可依,西洋人遂怀疑日本也是无法律之国;支那朝鲜之士人深陷沉溺而不知科学为何物,西洋学者或认为日本亦为阴阳五行之国;支那人卑屈而不知耻,日本人之侠义亦因此被掩盖;朝鲜国刑法残酷,日本人亦被推测为无情。此等事例,如同声名狼藉之村庄内即使有品行端正之人家亦会被丑陋所掩盖无异。其影响之现实表现,实已间接对我国外交上造成不少障碍,此乃我日本国之一大不幸。据此,为今日计,我国不可在期待邻国开明、共同振兴亚洲上犹豫,毋宁脱离其伍,与西洋之文明共进退,其对待支那朝鲜之方法也不因是邻国而特别关照,只能完全效仿西洋人与之接触之方式处理。亲近恶友者无法免除恶名。我等于心里谢绝亚细亚东方之恶友。

按写作的技巧论,这确是一篇语言犀利、行文酣畅、逻辑清晰、观点明确的佳文。文章的前半部分论述了为何要脱亚及日本的选择,其观点是:西洋文明势力强大,如麻疹流行一样不可抗拒;这种文明"利害相伴而利益常多";对此文明,"智者"应该采取"与世俱进一同沉浮于文明之海,一同扬文明之波而与文明共苦乐"的态度,"力助其蔓延,使国民尽早沐浴其风气";顺应这一潮流,日本已脱"旧套","万事皆采用西洋近时之文明","在亚细亚全洲开一新机杼,所持之主义唯在脱亚二字"。其后半部分论述了为何要告别"恶友",其观点是:中韩两个近邻墨守成规、冥顽不化,不知"改进之道","傲然而无自省之念";因此,中韩对日本"不惟丝毫无助",且使西洋人以"近墨者黑"看待日本,"已间接对我国外交上造成不少障碍";为今日计,日本要"于心里谢绝亚细亚东方之恶友",脱离其伍而"与西洋之文明共进退",并按西洋人的方法处理对华关系。

可以认为,《文明论概论》的发表,标志着福泽谕吉的世界文明认识于1870年代已经完成,中国和朝鲜被确认为落后、淘汰的对象;《脱亚论》的发表,则标志着福泽谕吉的世界战略、对策于1880年代形成,靠近欧美、远离和欺辱中朝是其政策主张的基本。重要的是,福泽谕吉的世界、中国认识论和对策论,在社会中影响甚大,可以说不仅主导了社会思潮的走向,而且间接影响了国家对华行动的政策选择。

3. "早期亚洲主义"辨

考察幕末至甲午战争期间日本的中国认识问题时,不可避免地会遇到所谓的"早期亚洲主义"问题。因为当时的中国论者,往往也是亚洲论者;中国论大体上是与亚洲论纠结在一起的。

在近年国内学界的相关研究中,《历史研究》刊载的三篇论文引人注目,即盛邦和《19世纪与20世纪之交的日本亚洲主义》(2000年第3

期)、戚其章《日本大亚细亚主义探析——兼与盛邦和先生商榷》(2004 年
第 3 期)、盛邦和《日本亚洲主义与右翼思潮源流——兼对戚其章先生的
回应》(2005 年第 3 期)。此"三论"可谓国内学界关于近代日本亚洲主义
专题研究的代表性成果。

　　盛文《19 世纪与 20 世纪之交的日本亚洲主义》认为:"19 世纪与 20
世纪之交,日本出现过亚洲主义思潮。"该思潮"早期表现为抵御列强的
'亚洲同盟论'与'中日连携'思想;以后演绎出文化亚洲观点;最后则异
变为与'大陆政策'相连的侵略主义理论。"对于早期亚洲主义产生的原
因,文章指出:"显然,西方列强的侵略、尊王攘夷思想的发生、征韩论以
及亚洲侵略论的一时'退潮',自由民权运动的开展以及'合纵连衡'的策
略考虑,诸种因素合于一道,遂使日本的'亚洲主义'初潮涌现。"文章对
早期亚洲主义的基本评价是:"其中含有一定的客观历史进步因素","我
们主要应该肯定其团结亚洲以抗西洋的'亚洲同盟'思想。其'中日提
携'论出于当时侵亚论形成之际,独树一帜,诚属难能可贵,应在亚洲近
代思想史上占有适当历史地位。然对其亚洲责任论与亚洲盟主论等思
想,则应予批判"。①

　　戚文《日本大亚细亚主义探析——兼与盛邦和先生商榷》严厉批评
了盛文的上述观点,认为"日本早期亚洲主义"并不存在,因此也没有后
来发生的所谓"变异"。文章指出:"将大亚细亚主义与日本幕末时期的
'攘夷'论和明治维新后的'兴亚'论联系起来,以证明其'含有一定的客
观历史进步因素',是不适当的。"戚文的观点是:"日本的大亚细亚主义
只能是萌生于甲午战争之后,而不会是在此之前。"②

　　盛文《日本亚洲主义与右翼思潮源流——兼对戚其章先生的回应》,
在进一步梳理并调整其核心观点的同时,回应了戚文的批评。文章明确

---

① 盛邦和:《19 世纪与 20 世纪之交的日本亚洲主义》,《历史研究》,2000 年,第 3 期。
② 戚其章:《日本大亚细亚主义探析——兼与盛邦和先生商榷》,《历史研究》,2004 年,第 3 期。

指出:1825—1891 年为日本早期亚洲主义阶段,其中截至 1887 年的"萌芽期"和"成立期"为"战略亚洲主义";1888—1891 年的早期亚洲主义"发展期"是"文化亚洲主义";以 1891 年为界,日本的亚洲主义经历了"前期"和"后期"两个发展过程,而两个过程又是靠思想、组织和活动的三种联系实现"链接"的。论文通过对前期即早期亚洲主义演变过程及其诸流派的历史考察,认为"早期亚洲主义"虽然组织人员"并不单纯",思想上也不"精粹","诸多侵略思想杂糅其中","然而,就矛盾的主次论而言,主张'亚洲连带'、中日提携、合纵御'西'的'战略亚洲主义',与抵御'欧化'、文化自立的'文化亚洲主义',乃是本期亚洲主义的主旋律"。论文还指出:"早期亚洲主义就具有三重流派:'战略亚洲主义'、'文化亚洲主义'与'征亚亚洲主义',日本后期亚洲主义即侵略亚洲主义就是这三个早期'亚洲主义'异变"。①

由此"三论"看出,围绕着近代日本是否存在早期亚洲主义以及如何把握和判断其性质问题,学者间存在重大分歧。坦率地说,对日本近代思想史上的这一重要问题,"研究"止于这种状态是无法令人满意的。而放置一些模糊不清的认识或截然对立的观点平行发展,既不利于从历史的借鉴中掌握真谛,亦或使后学者无所适从。那么,应该如何把握这一问题呢?

如前所述,甲午战争之前,日本朝野关于亚洲连带、中日亲善、中日提携、中日连横之类的议论不胜枚举,若干亚洲主义团体的成立及其开展的活动,以及报刊讨论热点的现象,也表明"早期亚洲主义"说不无根据。然而,在同一面亚洲主义旗帜下以"亚洲主义者"面目出现的各种人物,其真实的思想意图却是千差万别的。也就是说,除了那些积极、朴素的思想因子外,还存在着消极、不健康的思想。早期亚洲主义的复杂性

---

① 盛邦和:《日本亚洲主义与右翼思潮源流——兼对戚其章先生的回应》,《历史研究》,2005 年,第 3 期。

就在这里。

从研究的方法论讲,盛文提出的以 1891 年为界的日本亚洲主义二阶段发展论,人物思想、团体活动、媒体动向"三链接"考证的内在联系论,战略、文化、征亚等三重流派论,视角和分析路径不无创意。问题在于其论述中有事物把握失衡之嫌,因而影响了结论性价值判断的准确性。

例如,关于"战略亚洲主义"的解释。盛文主要是从正面或非负面的角度出发,列举会泽安、佐藤信渊、曾根俊虎等人物的思想和活动的,而对同样人物的另一思想层面却未予应有的关注。会泽在《新论》中提出中日"唇齿"关系的同时,通篇又是称中国为满清,而用"中国"、"神州"、"皇国"来指代日本的,这就出现了应该如何诠释会泽的日本式小中华思想在其兴亚论中所处的位置问题。佐藤提倡"存华挫夷",但他本是幕末有名的"海外雄飞论"者,曾在 1823 年的《宇内混同秘策》中大肆鼓吹"支那经略论",志在"以全世界为郡县,以万国君长为臣仆"。因此其"存华挫夷"的主张,无非是其狂妄的扩张思想服从于严酷现实的战略思考。曾根也是个经历复杂、内心矛盾而不够"纯粹"的人物。一方面,他确有不少中日合作的言论,也曾通过"兴亚会"等组织的活动,为中日合作奔走呼号。另一方面,他始终是把日本的利益放在首位的,在 1886 年致内阁首相伊藤博文的信中,他是这样袒露了心扉的:"清国已属衰运,政道不治,官民不和,一国恰如两体……如再有道光年间之外患内忧并走,则四百余州落入何人之手,实不可测。窥其草莽悲歌不平之徒,仇视满清,其人如李杨才及周季贶(明治十二年献十二条夺取清国策者),与之结合,未必需我陆海军,投机运筹,为我邦谋伟业,以固将来之基础,可达兴亚之大目的。"[①]可见,即使是曾根

---

① 曾根俊虎:《陈情书》。黒木彬文、鱒泽彰夫编《兴亚会报告・亚细亚协会报告》第 1 卷,不二出版社,1993 年,第 292—293 页。

这样一个被视为典型的"兴亚家",也在为政府出谋划策,建议与中国的反清势力"结合","投机运筹,为我邦谋伟业",从而露出了其"兴日家"的本来面目。

由此看来,对于形形色色的战略亚洲主义者,有必要区分出何者是出于良心和正义,希求亚洲各国及民族平等互助、共同发展,何者是打着亚洲连衡的旗号,旨在让日本担当亚洲盟主并发号施令。同时还有必要辨明是何者引领了近代日本的社会思潮并指导了国家的对外行动选择,这才是问题的关键所在。事实上,在战略亚洲主义者中,像草间时福那样口头上高喊"东洋连横"、心底里却想着"使我国成为东洋盟主而执其牛耳"[1]的不在少数。因此,即便不否认战略亚洲主义中包含着一定的客观合理因素,但在评价时还是谨慎为宜。

再如,关于盛文提出的1888—1891年早期亚洲主义"发展期"的"文化亚洲主义"问题。对此,盛文的立论根据是:文化亚洲主义"组织上的代表是'政教社',代表性事件是《日本人》的出版与国粹主义思潮的产生,代表人物是冈仓天心、三宅雪岭等。由于这一流派主张'亚粹'与'文化亚洲'思想,故可称'文化亚洲主义'"[2]。

对于这一论断似可提出三点质疑。第一,在所谓的"文化亚洲主义"中,国粹主义或"日本主义"与文化亚洲主义之间主次关系何在?反对"全盘欧化"的文化亚洲主义是否主要地处于被用来证明"日本主义"合理性的从属位置?这一问题通过研读该流派掌控的国粹主义杂志《日本》和《日本人》及其代表性人物的有关著述,恐怕不难找到答案。例如,1890年三宅雪岭在《日本人》上发表"亚细亚经纶策"一文,声称"以空费于内讧之资财,振邦家之元气,举国之民心,兴掌握东洋霸权之观念,临

---

[1] 芝原拓自等编:《日本近代思想大系12(对外观)》,岩波书店,1996年,第268页。
[2] 盛邦和:《日本亚洲主义与右翼思潮源流——兼对戚其章先生的回应》,《历史研究》,2005年第3期,第134页。

机应变,善于经营,则夺取俄英之先鞭以制东洋之命运,决不难也"①。陆羯南在甲午战争爆发后,立刻与福泽谕吉的"文野之战"论遥相呼应,为日本的侵略行径制造理论根据,诬蔑中国是"东洋之一大野蛮国",称"王师胜败乃文明之胜败也"。② 第二,为证明文化亚洲主义的存在,盛文以相当篇幅介绍了冈仓天心在其名著《东洋的理想》和《亚洲的觉醒》中阐述的"亚洲为一"、亚洲文化复兴的观点。但是,这里且不说冈仓的思想中含有多么浓厚的日本文化优越论③,即使从时间上看,把 10 年后即1903、1904 年发表的这两部著作所反映的思想作为证明 1888—1891 年日本出现"文化亚洲主义"的凭据,从论证方法上讲也难说没有问题,毕竟"跨阶段"的滞后性举证有隔靴搔痒之感。第三,如此一来,所谓"发展期"存在的"文化亚洲主义"说便可能会陷入一种孤立无援的尴尬境地。其处理方法要么是继续寻找充分的立论根据,以证明它的存在并彻底说明它是什么;要么是将文化亚洲主义形成确立的时期后移,而一旦后移,它就将进入盛文自己定义的 1891 年后的"侵略亚洲主义"、即性质和含义迥异的"大亚洲主义"阶段了。

"早期亚洲主义"作为一种思想体系,是一种以欧美和世界为参照物的亚洲观,是关于亚洲的思想认知、价值判断和行动主张,肯定和伸张亚洲的价值、呼吁亚洲联合对抗西方是早期亚洲主义的一般性特征。从这

---

① 三宅雪岭:《亚细亚经伦策》,《日本人》,1890 年 4 月 3 日。
② 陆羯南:《征蛮的王师》(1894 年 8 月 6 日),西田长寿编《陆羯南全集》4 卷,美铃书房,1970年,第 579 页。
③ 冈仓在《东洋的理想》中写道:"日本民族吸收了印度、鞑靼两民族的血液,因此,它具有反映亚洲意识全貌的遗传基因,有世界上无以伦比的万世一系的皇统,有未被征服民族的独立自恃的骄傲,它牺牲扩张的发展(这里冈仓有意掩盖了古代日本多次侵略朝鲜的历史——本文笔者)而保护祖先遗传的观念与本能,孤立的岛国日本是亚洲思想与文化的真正思想库。""而中国因王朝几经颠覆,鞑靼骑兵的侵掠和激昂暴民的杀戮蹂躏,除了文献与废墟之外,没有留下任何令人想起唐代帝王荣华与宋代社会典雅的标识。""印度艺术的崇高成果也因匈奴粗暴的摄取、回教徒狂妄的偶像破坏、惟利是图的欧洲无意识的艺术破坏行为而几乎荡然无存。"由此冈仓得出的结论是:日本才是"亚洲文明的博物馆",将复杂的中国文明、印度文明统一起来是"日本伟大的特权"。引自冈仓天心著,桶谷秀昭、桥川文三译《东洋的理想》,平凡社,1983 年,第 13—14 页。

一视角出发,可以认为甲午战争前日本人的有关思想和主张,无论其内容多么纷杂,性质如何迥异,均应纳入"早期亚洲主义"研究的视野。

与"后期亚洲主义"即"大亚洲主义"(也有日本的武力扩张和非武力扩张之别)或一边倒式的"侵略亚洲主义"不同,在"早期亚洲主义"的思想箩筐中,"真、善、美"和"伪、恶、丑"乃至无法以此标准划线的诸种思想混杂在一起,共同构成了近代日本亚洲主义的"早期形态"。因此,分辨"筐载物"属性、判断其功能和作用应为深入讨论的焦点。在这方面,前述的"三论"提供了良好基础。

对早期亚洲主义的构成和属性进行分析时,可以基本确认早期亚洲主义思潮中存在着朴素、策略和征服三种类型或曰"流派"。此三种类型除了都具备早期亚洲主义的一般性特征外,又因下述区别而划开了彼此间的界限。

具体说来,朴素型亚洲主义肯定亚洲的传统和价值,认为亚洲各国和各民族是"利益连带"的命运共同体,提倡区域内各国平等合作、共同对抗西方扩张。以中村敬吾为代表,此类型的亚洲合作思想,不寻求日本的特殊利益,反对把日本凌驾于亚洲各国之上,这是其有别于其他流派的根本所在。朴素型亚洲主义虽然具有浓厚的理想主义色彩,但在日本向近代社会急剧转型的特殊时期,其真诚、朴实的亚洲团结、民族平等互助的思想弥足珍贵,其影响所致造就了宫崎滔天、梅屋庄吉、尾崎秀实等一批同情并无私支持亚洲弱小民族独立、反对日本对外扩张的仁人志士,他们那种熠熠发光的思想和实践行动,世人敬重,值得不断发扬光大。

策略型亚洲主义在肯定亚洲价值传统,强调亚洲"利益连带"、"互相提携","连横"抵御西方扩张等思想主张上,与朴素型亚洲主义相似。但是,策略型亚洲主义的思想主张终归是一种"策略"或"战略",维护和扩大日本权益才是其思想的出发点和终极目标,这是其与朴素亚洲主义的本质区别。策略型亚洲主义者虽然也不能一概而论,但总体特征是在亚洲联合、提携合作的口号掩护下,首先肯定亚洲的"价值",继而千方百计地证明中华文明的接力棒已转入日本之手,日本有资格取代衰落的清朝充当亚洲盟主,并在抵御西方扩张的斗争中担负领导责任。在这方面。策略派又与福泽谕吉为代表的"欧化派"巧妙地形成了某种契合点。后者否定中华文明和亚洲文化的传统价值,再以日本已率先在亚洲摆脱"半开化"状态而跨入文明之域为由,一面倡导"亚洲应齐心协力以御西洋人之侵凌",一面声称"亚洲东方堪当此魁首盟主者唯我日本"。[①] 不过,一般说来,与后述的"征服型亚洲主义"不同,靠武力征服亚洲以扩张日本权益不是策略型亚洲主义的首选手段,其基本主张是通过对中国、朝鲜等亚洲国家的政治控制、经济扩张和文化渗透等"和平"方式,实现日本国家利益的最大化。此外,牟取日本国家权益时注意与欧美列强保持"协调"也是策略型亚洲主义对外思想的一个要点。此外,甲午战争前策略型亚洲主义之所以有一定市场,还在于日本朝野尚未摸清中国的实力,不少人担心过度开罪中国将来会遭至报复[②];而在甲午战争后直至日本退出国际联盟的下一时期,这种担心则主要地来自于对欧美列强干预日本独吞中国的恐惧,因此讲究"策略"、与美英"协调"仍属必要。

征服型亚洲主义是根深蒂固的皇国思想和弱肉强食的近代强权理念的杂交和变种,其思想依据及其核心是:日本乃"普照四海万国之天照大神出生之本国,故为万国原本大宗之御国,万事优于异国"[③],"日本天子实际上是统治四海万国之真天子"[④],所以日本在亚洲乃至世界上称霸是上天所定、不可抗拒的;而在进入适者生存、公理服从强权的近代社会后,征服论者更将"仁道"丢在一边,主张以"力"为基础,靠武力征服的

---

① 《福泽谕吉全集》8 卷,岩波书店,1960 年,第 30 页。

② 例如,1875 年 11 月 28 日《东京日日新闻》刊登的《决不可轻视支那》、1878 年 1 月 12 日《邮便报知新闻》刊登的《清国不可忽视论》等文章便反映了这种思想。详见芝原拓自他编《日本近代思想大系 12(对外观)》,岩波书店,1996 年,第 257—262 页。

③ 本居宣长语。石川淳编《本居宣长全集》8 卷,筑摩书房,1972 年,第 311 页。

④ 平田笃胤语。平田笃胤全集刊行会编《新修平田笃胤全集》6 卷,名著出版,1977 年,第 543 页。

"霸道"手段,实现日本称雄东亚的"霸业"。征服型亚洲主义是为了日本利益可以不择手段的赤裸裸的侵略主义。

由是观之,早期亚洲主义的朴素型和策略型形似而质不同;策略型与征服型目标类似而手段不同,但二者之间在日本国家利益至上的本质方面并不存在不可逾越的"鸿沟"。尽管如此,并非说对"策略型"和"征服型"加以区分没有意义,因为同样主张日本利益至上的"策略型亚洲主义",除了其盟主论等必须批判外,毕竟具有通过合作与竞争的非暴力手段来实现日本利益最大化的思想倾向。

还应指出,如此划分的早期亚洲主义三种类型,只是从分析的角度设定的,而在进入具体人物、组织或事件的分析时,事情却未必那么简单明了。因为在朴素、策略和征服等三种类型的人物或群体之间,还大量地存在着既似前者、亦似后者、何者都不"纯粹"的"边缘人"和"边缘群体",且其思想是处在不断摸索和变动的"流动状态"。世界形势及日本与周边国家实力对比的变化,则构成了其思想调整变化的基本动因。

明治政府成立至甲午战争前夕,朴素型亚洲主义势力弱小并不断弱化,可以说没有对近代日本的外交政策产生影响。策略型亚洲主义和征服型亚洲主义才是影响近代日本对外行动选择的主要思想源。事实表明,随着日本经济、军事实力的加强,征服型亚洲主义不断扩大了其社会影响力,以致左右了对外政策的方向。

经过上述分析,所谓早期亚洲主义是否发生"变异"的问题也就清楚了。那就是以甲午战争为界,朴素型亚洲主义无所谓"变异",但是其原本很小的市场和生存空间变得更加狭窄;策略型亚洲主义在1870年代后期至1880年代中期一度颇具声势,但在朝鲜发生甲申政变后,"亚洲连横"、"中日提携"的主张很快被"欧化主义"和"国权主义"的巨大声浪所压倒,随之部分策略型亚洲主义者干脆脱下"曲线救国"的外衣而"转向",从而发生了"变异";而对征服型亚洲主义来说,它原本在早期亚洲主义的诸流派中就拥有很大市场,其思想前后一致而不存在"变异",只存在不断巩固扩大其在思想界的强势地位并影响国家决策的问题。当然,甲午战争和日俄战争后急剧膨胀的征服型亚洲主义也并非是横行无阻的,第一次世界大战后,由于西方列强的压力、被侵略国的反抗及国内大正民主运动的冲击,征服型亚洲主义也曾遇到其他各种政治思潮的挑战,日本的对外关系亦由此再现了策略型亚洲主义影响下的"协调外交"和征服型亚洲主义影响下的"亚洲门罗主义"的路线分歧,而1931年日本侵略中国东北及其随后退出国际联盟,既意味着征服型亚洲主义的"胜利",也敲响了其走向灭亡的丧钟。

三 蔑视型中国观的泛化

在鸦片战争至甲午开战的近代社会转型期,日本先是在认知论上确认了中国的"守旧"、"落后"和"衰弱",然而在行动论上(态度和对策),畏惧与轻视、蔑视,"亲善"合作与敌视、征服,不同思想态度和行动主张之间的争论一直在继续,而轻视、蔑视、敌视、征服等主张越来越占据上风,并在甲午战争后一举确立了其在近代日本对华观中的绝对统治位置。可以认定,甲午战争是日本对华观发生根本性逆转的历史分水岭。

1. 日本各界对甲午战争的态度

1868年明治政府成立至甲午战争爆发期间,影响中日关系的重大事件如下:

明治初年,日使节赴朝,强令朝鲜上表朝贺,被拒绝后兴起"征韩论";

1871年,日本与清朝签订《中日修好条规》;

1874年,日本以琉球漂流民被台湾土著杀害为由,出兵侵略台湾;

1876年,日本迫使朝鲜签订不平等的《日朝修好条约》;

1879 年,日本废琉球藩、设冲绳县,正式吞并琉球;

1882 年,日本利用朝鲜壬午兵变,取得在朝鲜的驻兵权;

1884 年,日本策动朝鲜东学党发动甲申政变,取得与清朝对等的对朝出兵权;

1894 年,日本发动甲午战争。

甲午开战后,日本国内立即掀起一场支持战争的狂潮。明治开国元勋之一、被誉为"近代陆军之父"的山县有朋请缨出战,指挥第一军从陆路侵入朝鲜和中国东北。且看山县率军攻占朝鲜京城、平壤、九连城及奉旨回朝时先后写下的四首诗。[①]

> 出师万里奉皇猷,行路兼吾不自由。期见天津桥上月,韩城城里遇中秋。

> 到处山河新战场,凄凉风色近重阳。平安道上秋将老,却想奉天城外霜。

> 所向无前意气雄,欲衣粮敌敌还空。何时饮马长城窟,万里山河一路通。

> 马革裹尸元所期,出师未半岂容归。如何天子召还急,临别阵头泪满衣。

前三首诗中,其得意、骄横的心态表露无遗,第四首则抒发了其壮志未酬之憾。1884 年日本策动的朝鲜甲申政变为清朝挫败以来,压在山县心头整整 10 年的郁闷,此时得到了尽情的舒缓。这种情结,可以说代表了当时日本整个统治阶层的心态。

为了欺骗国内外舆论,最大限度地避免西方列强的干预,同时获得国内民众的理解和支持,政府和以福泽谕吉为代表的"文人"沆瀣一气,大造舆论,鼓吹文明和野蛮势同水火,不能相容,因此对华开战是文明的日本与野蛮的中国之间的"文野之战",从而一面为日本发动的侵略制造

---

① 参见德富苏峰编《公爵山县有朋传》下卷,东京:原书房,1969 年。

理论根据,一面宣扬文明必胜、野蛮必败。

兵马未动,舆论先行。外相陆奥宗光在开战前便大肆鼓吹这一歪理,他在《蹇蹇录》中写道:

> 中日两国自从作为友好邻邦相互交往以来,已有悠久历史。不论政治、典章、文学、技艺、道德和宗教等一切文明因素,几乎无一不出自同一渊源;而且在往昔,我国受中国文明的诱导实非浅鲜,因此中国自然形成了先进国的地位,而我国则为后进国。然而,近来欧洲各国的势力逐渐伸展到东方,所谓西方的文明因素也流播到远东地区,特别是我国,从维新以来至今已有二十七年,政府和人民,努力效法西方文明,完成各种改革,进步突飞猛进,几乎完全改变了旧日本的面貌,出现了一个蓬勃发展的新日本,而使当时欧美先进各国为之惊叹。然而,中国却依然墨守成规,丝毫未适应内外形势,努力改变旧习,因而两国虽仅有一海之隔,竟然出现一种奇异现象:即一方积极采取西欧文明,另一方却力图保守东方积习。虽然也曾有过我国汉学者常称中国为中华或大国、不顾自国的屈辱而一味崇慕中国的时代,可是现在则我国轻视中国为顽固愚昧的老大之邦,中国则讥讽我国为轻浮躁进妄自模拟欧洲文明皮毛的一个蕞尔岛夷,两者感情势若冰炭,不能相容,日后势必发生一大争端。且争端不论外表上出于何种形式,其原因必然是西欧新文明与东亚旧文明的冲突,这是人所共知的事实。加之双方疆土毗邻,国力不相上下,久已存在的功利之心和猜忌心,日积月累,已酿成两国的憎恶和嫉妒,以致两国之间不应怀疑的也要怀疑,不应侮谩的也要侮谩,表面上虽未露出任何争论,但是祸机潜伏,爆发于何时何地未可逆料。如琉球问题和台湾问题,现在已无详述的必要。但自明治 15 年(1882年)以来,中日两国争执的焦点,已经完全集中于朝鲜。以后只要一涉及朝鲜问题,双方便怒目相向。就以此次事件来说,双方从一开始就企图乘朝鲜内乱的机会,在朝鲜扩大权力来满足自己的欲望,

这是无法掩盖的事实。①

陆奥在这里说得很明白,从文明的角度看,如今中日两国的位置已发生颠倒,顽固守旧的中国和开化进取的日本相互"怀疑"、"侮慢"、"憎恶和嫉妒","势若冰炭,不能相容",这是"西欧新文明与东亚旧文明的冲突",并且必将以某种形式爆发出来。

开战的消息传到日本后,福泽谕吉兴奋异常。1894 年 7 月 29 日,福泽在《时事新报》上发表了《日清战争是文野之战》一文,诡称战争"虽然起于日清两国之间,但寻其根源,则是谋求文明开化之进步者与阻碍其进步者之间的战争,绝非两国间的战争"。战争的本质"并非人与人、国与国之间的事情,而是一种宗教之争",是"只以世界文明的进步为目的"。②

国粹主义、亚洲主义者陆羯南(1857—1907)于 1894 年 8 月 6 日发表《征蛮之王师》一文,他颠倒黑白,将战争的责任全部推到中国身上,指责清朝违背《天津条约》引起了战端。文章说:"清国是无信义之国,故欲使其履行盟约,必须经常向其展示威力以监督之。彼无权享受主权国应有之礼敬。"文章还写道:清朝是"东洋之一大野蛮国","王师之胜败乃是文明之胜败也",③其论调与福泽如出一辙。

"国民思想家"德富苏峰(1863—1957)以其主办的《国民之友》为阵地,连篇累牍地发表《日本国民的膨胀性》、《好机会》、《日本在世界上的地位》、《战争和国民》、《战胜余言》等文章,竭力鼓吹这场战争是"义战",是大日本向外"膨胀"的天赐良机。他认为:此战"对己而言,是为了日本的开放解脱;对他而言,是为了给予世界上顽固主义一大打击,将文明的恩光投射到野蛮的社会"。因此他提醒日本国民:理解战争的调子要定

---

① 陆奥宗光:《蹇蹇录》(中塚明校注),岩波书店,1983 年,第 58—60 页。伊舍石译、谷长青校:《蹇蹇录》,商务印书馆,1963 年,第 27—28 页。以下译文有些地方据原文稍有变化,不特别指出。

② 《福泽谕吉全集》第 14 卷,第 491 页。

③ 西田长寿等编:《陆羯南全集》第 4 卷,东京:美铃书房,1970 年,第 579 页。

得"更加清深高尚"些,"不要眩惑于兽力的现象,而要掌握道义上、心灵上的因果"。①

战争期间,二战以前著名的非战论者内村鑑三(1861—1930)思想尚未成熟。准确地说,当时内村的认识与前述的观点大同小异,并且与德富苏峰一样,把日本发动的战争附会为"义战"。1894 年,他在《日清战争之意义》中写道:日本代表着自由、希望、进取、欧洲主义,中国代表着压制、回顾、退守和亚细亚主义,"如果日本败北,于东方,则个人发展受防阻,自治制度将归废灭,美术将失,文运将颓,亚细亚固有之旧态将使东方五亿生灵沉迷于梦中"。在《征诸世界历史论日支关系》中写道:"日支两国关系乃代表新文明之小国与代表旧文明之大国之关系","日支冲突不可避免,二者冲突而日本之胜利,乃人类全体利益进步之必要",是"历史之所保证,人类进步之所促"。②

"文野之战"、"义战"的宣传欲向日本国民灌输的意识是:文明淘汰野蛮势在必然,这种淘汰无论采取什么方法都符合"大义",因此"文明的"日本即使以突然袭击的方式对"野蛮的"中国和朝鲜动武,也是在传递"力的福音"(德富苏峰语),符合"大义"而不必考虑是不是"侵略"的问题。这种用近代文明观包装的"强权即真理"的战争观具有极大的欺骗性,蒙蔽和煽动民众积极支持了战争,助长了民族性心理扭曲和是非颠倒,使甲午战争后日本的对华认识及其行动选择偏离了应有的方向而越走越远。

2. 媒体对中国的丑化

战争是血与火的厮杀,同时也是思想意志的较量。甲午战争期间,日本政府强化新闻管制,通过报刊杂志、文学作品、歌曲漫画等形式,歌

---

① 植手通有编:《德富苏峰集》,第 255 页。
② 野村浩一著、张学锋译:《近代日本的中国认识》,中央编译出版社,1999 年,第 17、24 页。

颂前线作战的日军所向披靡,同时极力丑化中国形象,向民众灌输敌视、蔑视中国的思想,以及必将战胜中国的信心。

报纸和杂志是当时最重要的大众传媒工具。据参谋本部编纂的《明治二十七、八年日清战史》,1894 年 1 月到 1895 年 11 月,日本的 66 家报社派出 114 名记者、11 名画工、4 名摄像师从军进行战地报道,此外还有许多军方本身派出的军人记者。66 家报社中,绝大部分是驻京报社,地方报社的派遣人数受限,一般是 1 至 2 人。报社、杂志社派遣记者最多的是《朝日新闻》和国民协会控制的《中央新闻》,其次是德富苏峰、陆羯南分别掌控的《国民新闻》和《日本》。

战地报道以战况进展、日军英勇杀敌的文章为主,同时也有不少清军怯懦无能及中国风土人情的内容。例如:

1894 年 7 月 25 日,日本发动突袭,海军在丰岛海战中击沉增援朝鲜的清军运兵船,陆军占领成欢、牙山。从军记者山本忠辅如是描述了成欢、牙山之战中清军一触即溃的丑态:

> 清将聂(士成)仅次于清军副将叶志超,是李(鸿章)总督旗下的名将,欧美人无不知其姓名者,在征讨马贼过程中屡立奇功。然……聂之狼狈真是徒有虚名……当我军围攻聂营发起猛攻时,聂迅即弃营而逃,还脱掉军服,连大将寸刻不能离手的文书包也弃之不管……清兵逃跑时,军服靴帽扔得到处都是,钻进农家,抢走朝鲜人衣服,改装而逃。……牙山是其根据地,本以为要背水一战……岂料到牙山一看,他们竟丢下几十万发弹丸、六七百袋(七斗一袋)军粮逃跑了。……呜呼,凭此等羸弱之兵还欲在弱肉强食之世界夸耀独立,妄想将朝鲜作为属邦与我国一争高下,实在是愚昧之极,令人忍俊不禁。[①]

9 月 15、16 日,日军进攻平壤得手。17 日,日本海军在黄海海战中

---

① 山本忠辅:《成欢激战实录》,《东京朝日新闻》,1894 年 8 月 9 日。

大败北洋舰队。《东京朝日新闻》立刻报道了这一消息,并宣称号称"东洋首席"的北洋舰队大败,意味着中国的"海军战斗力已经灭亡"。①

1895年1月20至2月上旬,威海卫保卫战以北洋舰队的投降告终。日本各大报纸均以头条新闻刊发消息。《团团珍闻》用"北洋舰体之枢"的漫画形式描绘了北洋舰队的投降仪式。

战争期间,各大报纸还以"从军记"的形式,报道战地军人的日记、家信和随感文章。战时《国民新闻》发行量大增的原因之一,就是开辟了《爱弟通信》等有关专栏,从而扩大了读者的受众面。

1895年6月19日,《中央新闻》刊登从军记者水荫写的《迅雷急雨:军夫的幽灵》文章,写的是出征军人的家庭"琐事"。

> 赚钱都是战地的事。人夫有福话。我是名叫结成善助的男人。老婆叫松,孩子叫仙吉,三岁尚不通理。爸爸还不回来吗? 礼物要锵锵(对中国人的蔑称:笔者)的头。比这还想要的是,金银的陀螺、珊瑚的面具。

这段记述说明了什么呢? 一个不懂事的孩童要中国的人头玩具作礼物,可见当时对中国的蔑视和仇视性宣传已经到了何等地步! 这种情况在战争文学中也有所表现,泉镜花的《凯旋祭》中就有"生首灯笼"的情节。②有人要求把中国死尸的耳朵割下来带回日本建成新耳塚③以作纪念,把中国战俘带到日本作为秽多(奴隶)从事工业苦役④;还有人要求把中国人的"豚尾"(指辫子)割下带回日本制成纪念品,或者出口卖给西洋妇女。⑤

---

① 《东京朝日新闻》,1894年9月22日。
② 中村雪后:《薄烟》附录,1997年9月。
③ 耳塚,丰臣秀吉侵略朝鲜时,曾将被杀敌兵的鼻子、耳朵割下来带回日本,葬于京都的方广寺。
④ 《八面锋》,《万朝报》,1894年9月19日。
⑤ 《应切取豚尾》,《鹿儿岛新闻》,1894年8月4日。

中国和朝鲜的"不洁"也是这一时期新闻报导的话题之一。某从军记者在《少年世界》杂志上撰文,说自己与福本日南在大连进过"支那人的澡堂",结果"充满臭气,无法滞留,夺门而出"。[1] 骑兵西村松二郎在给友人冈部亮吉的信(1895年3月25日)中描述的牛庄是:

> 以前支那人垂流下来的粪尿隐居在冰雪之中,现在粪尿露出表面,不可不谓其肮脏。最过分的是,就算是支那人上等人家的大门口也流淌着粪尿,不会在别处设置便所。虽然知道这是一个野蛮国,但也大出意料。[2]

在这些人看来,中国如此,朝鲜更差,二等军曹片冈家在家信中说:"朝鲜的房子在我国是绝对看不到的,极其荒蛮","就如我国的小猪窝一样"。"屋子之间流着下水,甚至流着尿、粪,奇臭无比,让人难以忍受",走在路上也是臭气熏天,他们将垃圾丢到道路中间,即便是闹市,也比不上日本的马房。[3] 石川县中甘田村出身的滨野广洪兵少尉在家信中写道:元山"虽然约有四万户人家,但房屋都与小猪窝一样","很多人家都是在地面上铺上席子,其肮脏程度难以用语言来形容"。[4] 近藤描述的从元山向平壤进军路上所看到的情景是:"很多死牛死马,臭气熏天,民户也极其肮脏,难以宿营",许多士兵得了传染病。[5] 且不说这些记述中有多少夸张、渲染的成分,即便基本"属实",那也是因为日本发动的侵略战争造成的,而绝非"本来如此"。战争使生灵涂炭,社会生活秩序完全破坏,人的生命尚且无法保证,何谈"清洁"? 战时的新闻工作者、出征军人

---

[1] 松柏轩:《幕中杂志》5—2,1899年1月。

[2] 冈部家所藏《致冈部亮吉明治二十八年三月二十五日西村松次郎书翰》,转引自桧山幸夫《甲午战争与日本》,东亚近代史学会编:《甲午战争与东亚世界的变容》上,1997年9月,第392页。

[3]《致片冈作左卫门九月十七日片冈力藏书翰》,片冈晴生所藏。转引自桧山幸夫《甲午战争与日本》,东亚近代史学会编:《甲午战争与东亚世界的变容》上,1997年9月,第391—392页。

[4]《致滨野大五郎明治二十七年九月十五日滨野广洪书翰》,滨野家所藏。

[5] 滨野家所藏《致滨野大五郎明治二十七年九月十五日滨野广洪书翰》,转引自桧山幸夫《甲午战争与日本》,东亚近代史学会编:《甲午战争与东亚世界的变容》上,第392—393页。

只是鄙视中、朝肮脏,却几乎无人想过谁是"不洁"的制造者。

当时的流行文学作品、歌曲和漫画,在蔑视和丑化中国方面也不甘人后,例如,讽刺文学作家骨皮道人(1862—1913)发表的《锵锵征伐流行歌》、《日清开战滑稽剑舞》、《打退清兵之歌》等作品,竭尽轻蔑、挖苦中国之语;讽刺画家小林清亲(1847—1915)则与骨皮道人合作,发表图文并茂的《百撰百笑》,其笔下刻画的中国人形象是厚颜无耻,内心怯懦而又虚张声势,结果在日军所向披靡的攻势下,愚蠢的"中国猪"只好拜倒求饶。

可以认为,甲午战争中新闻报道、文学作品、流行歌曲和漫画等各种形式的舆论宣传,对于日本国民的中国认识产生了直接或潜移默化的影响,蔑视型的中国观得到了广泛的普及。

3. 蔑视型中国论的泛滥

甲午战争期间,与社会上掀起的战争狂潮相呼应,出版界关于中国时论类的著述剧增,其基调是诋毁、仇视和蔑视。打败清朝之后,这种仇视、蔑视型的中国论由于得到了实践的"验证",又进一步泛滥和沉淀,遂使二战以前日本民众的对华认识基本"定格"。

在五花八门的中国论中,竹越与三郎的《支那论》、德富苏峰的《大日本膨胀论》、尾崎行雄的《支那处分案》、荒尾精的《对清意见》影响甚大。

竹越与三郎(1865—1950),号三叉。先后就学于中村敬宇的同人社和福泽谕吉的庆应义塾,曾在福泽的时事新报社工作,后加入德富苏峰的民友社。作为政论家和自由史学家,其撰写的《新日本史》(上、中)显露出才华,从而确立了在学界的地位,并引起政界的关注。

竹越与三郎是处在上升期的资产阶级史学家,他虽然反对国内的专制政治,但却从不隐瞒对实力主义的留恋和扩张国力的欲望。① 其在甲午战争期间出版的《支那论》,正是这种留恋和欲望的呼唤。

① 桑原武夫编:《日本の名著 近代の思想》,中央公论社,1962年,第55、56、57页。

《支那论》于 1894 年 8 月出版发行。此书开宗明义地写道:

> 现在我陆军已经扫除牙山之兵而迫近平壤,海军也已在南阳湾获胜而迫近威海卫。海陆并进将日章旗树于北京城头之日已指日可待。

> 当此之时,国民只陶醉于胜利之中。若问为何必须征夷清国,很多人的回答仅限于清国妨碍了日本援助朝鲜独立的事业,然而日本不能不征夷清国之理不仅如此。如彼等在朝鲜的不法不义之举,不过是新造成的出师之契机。得皇天特宠的日本国民,为了奉行其天职,亦为国民自卫,作为国家千百年长久之计,必须彻底地征夷清国。此书虽为一小册子,但却代表日本国民阐明其想说未说、要谈未谈之所在者。

竹越直言不讳地说,此书有向政府献策之意,写作大纲及意图如下:

> 征清之师已出。此局如何结束? 结局不易之时,在外交上向世界尝试何种措施? 我相信这是热心且冷静的政治家所需要考虑的。此书对此亦有献策。

> 简单地叙述本书的大纲,第一篇《大日本》,从列国之政治、自然的地理上来论述天下之形势一变,东洋的小国日本必须与大陆接近而进行大运动,同时经济人口等活力方面日本也必须有向外树立"大日本"的形势。第二篇《外交之忧不在欧美而在清国》,论述我们已经不得不建设大日本,而妨碍此大运动的首当其冲的是清国人。第三篇《清国自觉其大之日乃日本最危险之日》,从历史上论述清国的侵略、土匪性质,其国民产生自负时,对邻国而言是最危险的,而如果其自负现在达到顶点的话,这正是"大日本"的最大的妨碍者。第四篇《人种上侵略运动的大势》,英国的沃尔兹将军叙述了可以覆盖世界的支那人种在政治上失败了,但是在人种之争上胜利了,由此论述大日本之危险由此而来。第五篇《日清同盟之迂腐》,世间以

东洋和平为名欲使日清同盟,本文排斥对之让步之说,主张日本成
为东洋的英国。第六篇《同盟论能赢得什么》,论述作为日清同盟的
代价所得到的,无论在东洋还是在世界上,都不过是使清国的权力
增强而已。第七篇《非兵火不能使清人觉醒》,论述如同古希腊那
样,在世界上传播文明是我国之天职。如果要向支那传播文明的
话,先必须要以兵火之光使之醒目。第八篇《战后的索赔》,论述应
该索赔什么。一旦战局结束必不可再战,要通过索赔来养护战斗
力。第九篇《应进而登上世界舞台》,论述为了贯彻对支那的大希
望,除了兵力以外,还要以外交的力量作成日俄法三国同盟,以此登
上世界的舞台。第十篇《二十世纪的权力平均》是将日清之争与"三
十年战争"时的瑞典与意大利之争作比较,如同以瑞典的力量产生
了欧洲的权力平均,论述应以日本的力量创生二十世纪的权力
平均。

在这个写作大纲中,"大日本"一词格外醒目。竹越的解释是:"国民
的活力已经旺盛得达到顶点,景行天皇以来尺寸未增的国土已经不堪其
容了。"①由于日本现有的领土已经不堪重负,"大日本"必须"在海外谋求
新故乡"。他说:

> "大日本"不是爱国者的豪言壮语,不是预言者的梦幻,不是诗
> 人的高调,而是实际的问题、利害的问题、必然之势,是日本国民生
> 存竞争的唯一胜利法宝。日本国民作为其才能与繁殖力的报酬,现
> 在只要波涛所及、暖流所至、南极星之光所能够照射得到的暖带的
> 草木繁盛所在,都有寻求新故乡、建设"大日本"的天纵之权利。吾
> 人有建设大日本的权利。吾人用此权利则可生、不用此权利则是吾

---

① 竹越与三郎:《支那论》,第14页。景行天皇是日本的《古事记》、《日本书纪》中传承上的天
皇。传说是垂仁天皇的第三子,曾亲征熊袭(传说中所见的九州南部的地名),后派日本武尊
平定东国的虾夷。

人进行国民性自杀。我国民只有通过大日本建设,将内溢而致相争的活力发泄于外,以此来谋求国内的安排、调和与整顿,才能生存下去。①

那么,如何建设"大日本"、到哪里"谋求新故乡"呢?竹越的态度极为明确,那就是向大陆扩张,而拦路虎便是中国,即"当前最大的妨害者,实际上是清国!"②

经过如此这般的形势、任务、目标的论述后,《支那论》进入"正题",其首先提出的设问是中国是敌是友。书中写道:

> 吾人如何对应清国?是与之合谋结成亚细亚同盟,于和睦之间处理此利害冲突?抑或是断然排击它,迫使其屈从于我?这是日本国民在建设"大日本"之前首先要必须解释的至重、至大的问题。③

对此,竹越给出的答案是否定的,其理由是中国人既有"如同鼠族"一样的"膨胀力",又是"如同强盗般的侵略人种",有朝一日发展起来时,日本必然成为其"膨胀"的对象。他说:

> 支那人是世界上最容易繁殖的人种,彼等如同鼠族,几乎是自乘式地增加。二十四朝、三千年,历史是朝代革命的历史,朝代革命的历史,是杀人如草、流血如河的历史。他国的战斗以谋略决胜负,清国的战斗以杀敌的多寡决胜负。然而暂时的太平,人口又迅速繁殖起来。……这难道不能说是具有膨胀力的人种吗?④

> 所谓支那人不曾为侵略之人种,已虚伪也。所谓历史之证明,亦虚伪也。组成现今清国之大半的汉人祖先为什么人种?汉武帝兵出四方、实行侵略政策以来,历朝帝王自觉其大势力之时,无不四

---

① 竹越与三郎:《支那论》,第24—25页。
② 同上书,第31页。
③ 同上书,第37页。
④ 同上书,第54—56页。

境出兵,征伐外国。……若回顾支那人种穿越大漠、出兵塞外,蹂躏欧洲列国,在罗马城外耀武扬威的侵略史,可以说彼等几乎是天生的如同强盗般的侵略人种。如果这样的人种也可以称作静谧的人种,那么就如同说俄罗斯人为天性最为柔弱、爱好和平之民一样。①

不藉其政府的政权、不受军舰保护之民,三百万移民向世界进出,年年有一亿万元之财富输送回本国,在豚尾汉、流浪者的嘲笑中,只保护其独自一个而吸尽世界财富之民,决不可轻侮。何况其山泽之利尚未开掘、其文明之工艺尚未在国内试验。如果天津之铁道一旦通向吉林府城,向左从陕西、甘肃而到玉门关,魏秦幽并之民听到汽笛之音,创世以来未曾开发的四川云南之山泽也被开发的话,其经济上的吞吐之势不如同海洋一样了吗? 财富增益人口,人口增益财富。支那内地开发之日,四亿之民一跃而增至五亿,两跃而达六亿,三跃而到七八亿,人种的波涛必定以滔天之大势向着"大日本"的预定地而来。②

竹越在竭尽使用"鼠族"、"虚伪"、"蹂躏"、"耀武扬威"、"强盗般的侵略人种"、"豚尾汉"、"流浪者"等污蔑性语言丑化了中国人的本性之后,又毫不含糊地亮明了日本应对中国采取的态度,即中日之争是"生死之争",不可调和,必须一战见分晓,否则日本就只能永远屈居人下。他说:

支那国民之势如此。如果任其纵泛横溢、自由发展的话,我日本人种还想在何处建立新故乡? 吾人还想在何地开拓"大日本"? 清国政府的山贼般的行为或者可以制止,然而支那国民的人种上的侵略队伍决无可以制止之日。而彼等之锋芒直接朝向要从东洋到世界开拓"大日本"的日本人种,而我们还能够安坐、沉默,为了"东

---

① 竹越与三郎:《支那论》,第39—44页。
② 同上书,第60—62页。

洋的和平"而旁观吗? 日清国民之争,即如同英俄之争、英法之争、盎格鲁-撒克逊与拉丁人种之争。争是当然的、必然的、人种上的、国家层面的。而其争之根深蒂固,是你死我活的。掩盖必然的生死之争,而用"东洋"这样地理上的空名来培养千百年的深忧大患,究竟有什么益处呢?①

　　日清两国之手相触,我不杀你,你将杀我的危机,决不可避免。若此,吾人即便牺牲一切也要与山贼般的国民购买和平吗? 吾人抛却我荣光、我利益,也必须去求和平吗? 吾人即便牺牲我"大日本",也非要与山贼般的国民合作吗? 若我国民慑于威力牺牲一切以求和平,这种和平除了百年的降伏之外,终究还有什么结果呢?②

对于中日已经展开的生死之战,竹越是这样为日本国民打气壮胆的。他认为中国如同一头大象,形体巨大但并不可怕。国家一盘散沙,国民唯利是图,更不必说内忧外患不断,"英法联军火烧圆明园已经过去了三十五年,长夜之眠至今未醒"。因此,对"清国"应该"寓恐怖于轻侮之中,抱忧虑于蔑视之中",使之"顿首再拜降伏于我之面前!"③ 他对日本国民发出的呼吁是:

　　为了大日本的建设,为了对山贼般的国民进行自卫,我们要以正义之名、人道之名、文明之名,在上帝面前、在万国之视听面前,堂堂地拿起剑来,攻击清国的权利,以兵火使其惰眠觉醒,这实在是不得已而为之。④

《支那论》虽然出自学者之手,但是毫无学术价值可言,而是御用文人为欺骗日本国民寻找的"堂堂地拿起剑来""攻击清国"的借口,人类的

---

① 竹越与三郎:《支那论》,第62—63页。
② 同上书,第51页。
③ 同上书,第86页。
④ 同上书,第96—97页。

文明和正义,在这里完全被颠倒了。

德富苏峰(1863—1957)的《大日本膨胀论》是1894年12月由民友社刊出的。和竹越的《支那论》相似,"大日本"与"支那"是紧密关联的两个论述对象,而立论的逻辑则是沿着日本不得不膨胀、阻碍膨胀的大敌是中国、对华开战的前途及意义展开的。

关于中国是阻碍日本膨胀的大敌。德富苏峰写道:

> 我国民在向世界各处膨胀之际,不要忘记其大敌不是白色人种,而是支那人种。支那人种在一定意义上,与我国民同样,甚至比我国民还要忍受更多的气候的袭击,在抱持其固有性格的同时还具有适应环境的长处。今天在布哇(夏威夷)、在桑港(旧金山)、在浦盐斯德(海参崴)、在濠洲(澳大利亚),支那人不都是我国民强劲的好敌手吗? 在萨哈林岛(库页岛),支那人甚至为了一条鲑鱼而与日本的渔业者相争;在濠洲,支那人甚至为了一箱火柴而与日本的销售者相争。我国将来的历史,无疑就是日本国民在世界各地建设新故乡的膨胀史。详细地说,就像十七到十九世纪英法在邻国或在世界各地膨胀格斗一样。日清两国民,毋宁说是两人种,也许会在世界各地形成膨胀上的冲突史。膨胀的冲突史固然可以,希望在此冲突史上使日本胜利清国失败! 要铭记,此悬案是由我国民的坚信、大胆与坚忍不拔的精神来决定的!①

关于对中国开战的意义,德富苏峰的认识要比竹越与三郎的理解更"深"一些。

首先,他认为这场"义战"是"为了永久的和平,必须要十二分地膺惩清国"。而"膺惩清国、永久维持东洋的和平,有两个牵制法,即物质上的牵制和精神上的牵制"。物质上让清政府割地赔款,"使之在他日不能搅乱和平";精神上"要使之从心里折服我国的威武,就像诸葛亮七擒孟获,

---

① 植手通有编:《德富苏峰集》,第249页。

使之发誓再不背叛一样,要杜绝其再逞野心的想法"。为此,他呼吁"举全国之兵力,锐意猛进,一面占领台湾,使之永远归于我之版图,一面扼住其咽喉,对其神经进行痛击"①。他写道:

> 彼之清国者顽冥不灵,大日本顺应历史的潮流,而清国阻碍其按道理应该发展的前途,还临之以暴慢无理。清国今日之非运,今日之屈辱,无非是咎由自取。
>
> 我们并非因为是清国,就与之为敌。不管是什么国家,只要盘踞在我们的前途上,妨碍我国应该享受的权利与利益,我们都不惜与之为敌。而与清国作战,是清国喜欢与我们正当的国权保护、国运振作、国民膨胀为敌!
>
> 因此征清一举为维新开国史的一节。此前有许多脉络,此后也有许多关节。我们作为对手而开战的虽然是清国,但是不要忘记真正的对手是世界!我们投入战斗的是海陆军队,但是不要忘记的是举国全民而战!战场不限于平壤、旅顺、威海卫、台湾,必须觉悟到所有的国民发动的周边,都是战场!在征清的同时,我们在物质上可以扩大版图,然而建设精神上大帝国,是我们决不可忽视的责任。精神上的大帝国,是国民的志气、元气和活力。清国虽是一庞然大国,但精神上无非是半死的侏儒。②

其次,他认为此战的意义除了"使日本从收缩的日本变成膨胀的日本的转折和飞跃"外,还可以改变欧美列强对日本及日本人的印象,从而提过日本在国际舞台上的地位。他说:

> 在浅薄的欧美人眼中,看到的是视金钱比生命还重要的四亿万人种、在亚细亚沃土上虎踞龙盘的大帝国、先于希腊罗马文明出现而具有五千年文明之魁的旧国,在卑屈方面,看到吃苦耐劳的精神,

---

① 植手通有编:《德富苏峰集》,第259页。
② 同上书,第271页。

在固陋方面,看到顽固而意志刚硬,在迟钝方面,看到坚忍厚重的风气。他们只是畏惧支那人,对日本人及日本国的狎侮势难止也。①

对于欧美人对日本的"狎侮"、视日本人于"世界上最卑贱可恶的支那人之下"的状况,德富苏峰的愤懑难以言表。因此他认为这次战争正是在世界面前重塑日本形象的大好时机。他说:"日清战争实为我国运消长之大机会。不要忘记,我们不是在暗室中战斗,而是立于世界面前决战。"因为"决定日本在世界上的地位,在此一举!""万言不如一行,如果我邦在此大决战中取得惊人的胜利,从来的误解将涣然冰释。"②他声嘶力竭地叫嚣:"我们用同胞的血洗刷世界的误解。""我们战胜清国的同时也就是战胜世界! 我们被了解了,才能被尊敬,才能感到畏惧,才能享受到适当的待遇。"③他以极具煽动性的语言写道:

如果战胜了面积是我十五倍、人口是我十倍的清国,不仅可以光前耀后、在世界上永远占据我们的地位,而且可以永远巩固占据此地位的自信力。因此,我们不仅为在世界上建设膨胀的日本而战,也必须要有为建设膨胀的日本的自信力而战的自觉。

决战吧! 大决战! 举国而决战!④

德富苏峰笔锋犀利,著述等身,堪称近代日本首屈一指的言论界名人。在明治初期的自由民权运动中,他因主张民权、批判藩阀政治而名声大噪,以致享有"民权斗士"美誉。然而其在甲午战争时期的言论表明,他又是个彻头彻尾的国权主义者,全力鼓吹和支持对外侵略战争的急先锋,忠实地维护天皇制政府内外政策的代言人。对此,当时日本学界就有人斥其为"变节者",德富苏峰本人也曾进行过辩解。但是问题的

① 植手通有编:《德富苏峰集》,第252页。
② 同上书,第253页。
③ 同上书,第265页。
④ 同上书,第254页。

本质是,在近代日本确立了资本主义制度并向帝国主义急剧转变的历史时期,对内主张"民权"、对外主张"国权"的现象并不是矛盾的,对于普遍具有资产阶级乃至帝国主义思想倾向的知识人来说,"民权"与"国权"之间本来就不存在不可逾越的鸿沟。

尾崎行雄(1858—1954),号咢堂,早年就学于福泽谕吉的庆应义塾,21岁任《新潟新闻》主笔,1890年首次议会选举时即当选为众议院议员,之后连续当选25次,任期63年。作为立宪改进党的创始人,尾崎在大正护宪运动中冲锋陷阵,与犬养毅一起被誉为"宪政之神";大正、昭和时期反对向西伯利亚出兵,主张民主主义、和平主义、国际主义,与军国主义、法西斯主义进行了不懈的斗争。然而,明治时期的尾崎虽然对内主张民主政治,对外却是有名的强硬论者。对此,尾崎行雄并不讳言,他在晚年的回忆录中有如下自白。他说:

> 日清战争对我而言是实现了十年来的宿愿,愉快之极。
>
> 那是明治十七年(1884年),支那与法国间因安南事件发生了战争,当时我是报知新闻的记者,以通信员的名义到了上海。当时日本的支那崇拜热很厉害,西洋崇拜热也不示弱。我对这两者都很讨厌,正好遇到中法相争,我想借机去观察双方的实力。
>
> 出发之前,我尽量向多年住在支那、或到支那内地旅行过的所谓支那通当面请教。但是去了一看,感到多有与这些人的说法不同之处。觉得在支那呆过多年的前辈不应有错,便进一步研究,但还是觉得自己所见是正确的。由此我开始修正了对支那的看法。
>
> 到上海一看,支那的军队已经准备出动,非常混乱。在七十岁的老将军后面,竟然有两三台妻妾的轿子,士兵各自背着雨伞,手里提着灯笼,还带着无数的旗和鼓等,其混乱真是难以想象。……即使我这个外行人看,也明确地知道了支那完全没有战斗力。从这时起我就感到有必要与支那一战,以打击其暴慢之心,于是开始提倡"支那征伐论"。

　　这正好是日清战争前十年的事。十年来我一直热心地主张讨
伐支那，以致被视为狂人，现在日清战争已发生，才知道我不是狂
人了。

　　但是，当时我国人因四五千年间都将支那视为先进大国，尊崇
其文化，结果无论朝野即便在日清战争爆发之后还意外地畏惧支
那，而支那方面反而轻蔑日本为后进的一小国。

　　然而战端一开，如我预言，我陆海军连战连胜，几成摧枯拉朽之
势。我真是无限愉快！①

　　的确，1884 年底到 1885 年初朝鲜发生甲申政变之际，《邮便报知新
闻》刊登了多篇实际上由尾崎行雄执笔的社论，其敌视、蔑视中国的态
度，从社论的标题看便清楚了。如《须知支那朝鲜之地位远在日本之下》
(1884 年 12 月 17 日)、《国际法不承认支那与朝鲜》(12 月 18 日)、《勿使
支那朝鲜增长倨傲心》(12 月 21 日)、《论与支那战争的利害》(1885 年 1
月 16 至 21 日)等。

　　1895 年 1 月，尾崎行雄的《支那处分案》在博文馆出版。该书在绪言
中说：这次战争的性质是"文野之战"，是"仁与不仁、义与不义、秩序与混
乱、慈爱与暴虐、进步与保守、自由与压抑、立宪与专制、交通与锁攘之
战"②。将不仁不义等所有的负面价值都扣在了中国的头上。绪言还强
调说"日清两国的胜败，将极大地导致文明的消长、道义的兴废、贸易的
盛衰、陆海军备的变更"。

　　《支那处分案》正文由"东亚之长计"、"支那之命运"、"列国的对清政
略"、"帝国的对清政略"、"北京城下之盟约"、"占领之难易"、"列国的交
涉"、"占领的利害"、"他日的机会"、"帝国的天职"十章构成。其中在"支
那的命运"一章中，尾崎从"支那人的国家思想"、"支那人的政治思想"、

---

① 尾崎行雄：《咢堂回顾录》(上册)，东京：雄鸡社，1951 年，第 219—220 页。
② 尾崎行雄：《支那处分案》，东京：博文馆，1895 年，第 1,2 页。

"支那人的道德"、"支那人的战斗力"、"历朝的命数"等五个方面展开了论述,且看他的具体认识和评价。

关于"支那人的国家思想",尾崎认为:"在支那,朝廷即国家,首都即朝廷。因此首都陷落,朝廷随之灭亡,朝廷灭亡了,国家即灭亡。""支那人不知道朝廷之外还有国家。"①因此他的结论是:"国家思想、忠义心、爱国心、团结力,皆为保国之要素,支那人无一具备,这样的情况要在这倾夺的世界保持独立,未知有也。"②

关于"支那人的政治思想",尾崎认为:"支那人有文学思想而无政治思想,其政治上的奏议论策,至多不过是文学上的述作而已。"历代名臣奏议,在他看来都是"浮华之言、迂远之议"。其所谓政治思想即便有,也"不过是私利经营的思想","其政治上的行为已经腐败丑恶之极,像我们所说的欧美人所享受廉洁严肃的政治,支那人从来就不知道。""支那的官吏以受贿盗窃为人间之常事",所以"支那人自古以来就没有生命财产的安全",这样的民族是不可能在今天独立于世界的。③

关于"中国人的道德",尾崎认为,中国人不仅没有政治道德,而且缺乏社会道德,中国人自古以来就言行不一,书本上说的"皆浮夸张皇而与事实大相龃龉"。在他看来,"修文即为学习诈伪","所以支那人书读得越多,诈术就修得越深"。④ 因此他对中国人的道德评价是:"虚妄、诈伪、无耻、无节、不义、无气魄,好盗窃,支那人像这样还能够独立于今天文明世界吗? 曰:不可,断然不可!"⑤

关于"中国人的战斗力",尾崎认为:"支那人是尚文之民而非尚武之民,是好利之民而非好战之民。"他说:"支那无固有之武器,所谓武器,非杀人之具,宁为威吓之具。""余曾解释支那之战字为'旗鼓之竞赛会',或

① 尾崎行雄:《支那处分案》,第 17 页。
② 同上书,第 18、19 页。
③ 同上书,第 21、24、25 页。
④ 同上书,第 34、35 页。
⑤ 同上书,第 36 页。

近谐谑,相信决不失其实。"因为中国人"以旗鼓为战。鼓声震天地、旌旗蔽山野者胜,旗数不足、鼓声不如者败。两千有余年之久,支那的战争毕竟不过如此"。又说:"支那之战为军容之战而非军器之战。如今虽也大量从欧美引入武器,战争的性质俄然一变,但是二千八百年间,唯以旗鼓竞赛为事的尚文好利之民族,学习到真正的战争并不容易。故兵卒死则将校逃,将校伤则全军溃。"由此得出的结论是:"支那人的战斗力今后只能长期处于水平线之下,这样的民族也能在如今争夺的世界上保持其独立吗? 曰:不能,断然不能!"①

这样,尾崎得出总体结论便是中国必亡,"且其灭亡已迫在眉睫。"②

面对着中国将亡的形势,日本应该采取什么行动呢? 对此,尾崎严厉批评了"日支同盟"论。他认为:"与命运必亡的邦国结盟,犹如陪着濒死的病夫上战场,对我只有大害,绝对无益。"他的看法是,中国虽然无力自保,但若得到外力的扶助,或可避免迅速灭亡。从地理、人种抑或东亚的长计考虑,日本帝国应该成为"东亚的主宰者"来"扶助"中国,其条件是"支那将军事外交财政(维持军事外交所必要的)之权归我,我则为支那扫除灭亡的主因,否则无论如何都不可救药"。③ 当然,尾崎很清楚,这样一来,"支那非纯然的独立国家了"。但是,他依然煞有介事地宣称,只有这种选择,才能带来"支那民族之幸福"、"人类之庆事"。尾崎说:

> 我实在不忍抛弃支那人。故日本帝国代天而领其地、治其民,唯欲使文明之光种横披四百余州。我们如占领支那、掌握其主权,大量移植我国官吏使之掌管内治外交之要路及行军制改革……振肃纲纪、确立军制,足以维持内外治安,保全境土生民。
>
> 支那人欲行而为之,如同百年待河清,决不能达到目的;而若由我帝国臣民当其局,不出二十年可使其面目全然为之一变。此非支

---

① 尾崎行雄:《支那处分案》,第 28、29—30、32 页。
② 同上书,第 44、45 页。
③ 同上书,第 88 页。

那民族之幸福乎？非人类之庆事乎？[1]

怎样才能让中国驯服于日本的"主宰"呢？尾崎认为当务之急是占领北京,其理由有六:

（一）不入敌国之都城而退,为军队所耻。故我军须全其面目,一举占领北京。

（二）如果要清人完全慑服与我之威武,一旦恢复和平,他日彼等必然再发其固有之傲慢之心,以至悍然逞其敌意。而扬我威武之道,莫善于攻克其首都。

（三）支那人之变诈诡谲,冠绝天下。故如果不先扼其咽喉而后着手媾和谈判,其必逞其得意之长技,旷日弥久诡变百出,而最终不能得其要领。

（四）如不充分膺惩之,即便签订怎样的盟约,清人决不会遵守。而占领北京为精神上膺惩之一大手段。

（五）支那二千五百年间的历史证明,攻陷首都,国便灭亡。故为了膺惩支那人,可见占领北京特别必要。

（六）丰公征韩之一举,至今尚振奋国人,其感化力之伟大,可以与万卷经典匹敌。我军一旦占领北京,虽在千秋之后,尚足以使惰夫奋起。[2]

在尾崎看来,"即便在别处百战百胜,如果不攻入北京,不足以打破支那人的顽冥。"[3]要讲和,也要等到占领北京之后。清朝不交出主权,完全听命于日本,就不能说是"清国的降服"。

那么,日本是否可以征服中国呢？尾崎从历史和现状两个方面进行了分析。他认为,从历史上看,中国是个奴性十足、甘当亡国奴的民族。

---

① 尾崎行雄:《支那处分案》,第94—95页。
② 同上书,第101—103页。
③ 同上书,第103、104—105页。

历代经略者中,虽有内起、外来之别,无一具有足以席卷四百州之兵马军器和资金,此点相似。支那古来便是向占领者提供足够占领自己兵马军器和资金等之国家!

支那习惯于为占领者支付占领费。确切地说,有自费使自己被占领之习癖。以我兵马之精锐、资金之富足,尚不能占领如此邦国,岂有此理!

居民毫不具备独立保国之素养,自古以来从未受到其他国家其他人种统御,故他国占领有些困难。但是支那人古来甘受许多被视为夷狄禽兽者之统御,其视朝廷为逆旅,因此不管何人来占领,只要能够安其业务亦满足矣。爱新觉罗氏强行变革其衣冠,以丑代美,尚且恬然安分,非明证乎?

由胁迫而变易衣冠,乃愚妄之极。强行而为,乃满酋之无谋刻薄,自不待言。然而支那人恬然服从而不知耻,头戴豚尾尚洋洋自得。天下之广,未有如支那民族容易征服、容易驾驭者也。[①]

历史上形成的中国的民族性如此,现实的中国又如何呢?尾崎认为,虽然中国的人口和国土都是日本的十倍以上,但是"征服的难易由统制的张弛可知,境域过大不易统制,支那正是因为大才容易被征服"[②]。由于中国没有统一的国家观念,实际上处于四分五裂状态,所以"海陆军队更是支离破碎之极,其利害隔绝而脉络不能贯通。直隶兵败而两湖之兵可以恬然不顾;北洋水师大败而南洋水师不仅坐视不救,反而暗自嘲笑"。又说:"根据开战至今的情况评价,可以说'我不是与支那进行战争,而是与直隶省进行战争'。今后战线扩大,才能说是与支那(毋宁说是其东海岸数省)战争。""因为兵民处于四分五裂状态,那么可以驱使东

① 尾崎行雄:《支那处分案》,第 121—123 页。
② 同上书,第 119 页。

部之兵征伐西部,率领北部之民征服南部。支那今日之情势实际上就是如此。"①

据此,尾崎给出的结论是:

> 堂堂日本帝国,若想占领支那,其作为自然与逆臣流贼蛮酋等不同。帝国不能万事万物皆仰被占领者之供给,如经费、兵力须我自行供给。然而此乃占领支那若干地步之前。既然已经占领,即便我不强征,彼亦必将供给兵马经费等百般必要之物。我国虽已准备二十万精兵与三亿军费恐已无用之余地。即便一旦用之,不久也必可收回。②

尾崎行雄的《支那处分案》是在日军捷报频传、清朝败局已定的背景下出笼的,字里行间,无不洋溢着胜者的自负和傲慢,以及对败者的鄙视和轻侮,其态度和立场与福泽谕吉别无二致,那就是对待近邻"恶友"必须像欧美的做法一样冷酷无情。由于这种论调与处在亢奋状态下的日本国民的心情非常合拍,因而影响甚广。不过,站在现代人的角度看,尾崎列举的中国种种痼癖,虽然深深地刺痛了我们的神经,但是其并非完全捕风捉影的中国社会及民族性分析,还是具有振聋发聩的警示意义,值得沉下心来反思。

荒尾精(1858—1896)是近代日本颇有影响且非常复杂的人物。有人认为他是日本侵华的先驱者、大间谍,是"企图通过侵略、控制中国以称霸世界"的军国主义者③;有人认为他是思想家,是"兴亚主义"的先驱,头山满甚至称其为"五百年才降世的一大伟人"。近卫笃麿赞叹:"凡其所谋虽不尽行于当时,而其所虑无一不验于后日焉。"④

---

① 尾崎行雄:《支那处分案》,第 116—117、119 页。
② 同上书,第 133—134 页。
③ 戚其章:《论荒尾精》,《贵州社会科学》1986 年第 12 期。
④ 近卫笃麿:《东方斋荒尾精君之碑》(汉文),井上雅二:《巨人荒尾精》,东京:左久良书房,1910 年,第 9 页。

荒尾出身藩士之家,成年后从军直至进入参谋本部工作,1886年受命脱去军装潜入中国,先后以开办"乐善堂支店"和日清贸易研究所为名,为日本政府搜集中国情报。

1894年10月,荒尾精的《对清意见》在东京博文馆出版。再版时博文馆有如下广告文:

> 荒尾精君系清国国势之先觉者、东方问题之先忧者,多年见知于朝野之间,今将《对清意见》一著公诸于世。此书实能充今日世人之切望而释疑问者,而全篇主旨在于建国家百年之长计、行兴亚之大经纶。其议论简明切实,其说清国实势,提纲挈领,如快刀斩乱麻。著者慨叹我邦之人历来疏于彼,因而深入其内地,备尝艰辛,十数年如一日,已经为日清兴业养人以备国家之不虞,所作许多工作已广为人知。今于危机一发之际,不惜向我同胞倾多年蕴蓄,一翻此书,清国之形势了如指掌,不仅可知其实相,从来的疑问也一时冰释,心中得以豁然开朗。实为今日吾人须熟读之珍书也。"①

《对清意见》由"叙论"、"清国之现势"、"论东方大势述对清问题之重要以及我国百年之长计"、"战后缔盟上不可缺之三大要件"四篇组成,其中"清国之现势"为重点,占全篇的三分之二。

在叙论中,荒尾阐述的基本观点是:"我日本虽为一小岛,但夙以东方文明之先觉者自任。而立于防势中的清国,虽未脱固陋之积习,然土广、民众,实为宇内无比之大邦。"如果日本在这次战争取得胜利,则"作为东洋的先觉者、清韩两国的诱掖者,由此则常执东方之牛耳"。同时"救清国于未亡,澄清弊政之本源,使之实行一大革新,振兴清国,以强我唇、固我辅,可构筑成就兴亚大业之基础"。反之,"清国从来就将我视同琉球高丽,意外地由我向彼宣战,不揣其力而最终为中国天戈所征服,轻侮加上怨恨,其对我之自尊骄傲之念将更甚于前,以至于不得不忍受陆

---

① 尾崎行雄:《支那处分案》(1895年1月博文馆发行)卷末书籍广告,第2页。

梁不逊。鹬蚌之争,最终将加速共同衰亡。"也就是说,即使是中国战胜了,"清国也将土崩瓦解,或者必然为外国所吞噬。我之翼先折、我之唇亦亡,东亚之事复不可为。"①可见,荒尾是从战略的高度看待中日关系的,其心中既有从世界的大局观看中日是"唇齿关系"的认识,又有从中日关系看日本应"执东方之牛耳"的抱负。

对于社会上存在的对华轻蔑侮慢和恐惧疑虑的两种倾向,荒尾持批评态度,他说:

> 从来我国人论清国形势者,多以其为顽迷昧理、衰朽不足以兴,常以轻蔑侮慢之心待之。既而清国政府与俄国争接壤之伊犁,迫使俄国返还已经夺取了的伊犁;与法国构难于安南,亦遂其志;加之与我国屡屡争朝鲜而能占其利益与实惠;外交之政策往往中其肯綮。同时于国内设电信、造汽船,以谋交通运输之便;筑炮台、制舰队,于内地各处广起武器制造,国防之实亦渐举;特别是近来汲汲于布铁道、兴工业,应用文明之利器,呈现逐步发达进步之势。由此,过去之顽迷昧理、衰朽不足以兴而加以轻侮者,亦变为大国之情势不易测知,幡然而至以恐疑之念对之。过去之所谓顽迷衰朽而轻侮者,固然不过是皮相妄断,而后来所谓不易测而恐之疑之者,也是不通其实情、不详其内势所致。故宜不该轻侮之时轻侮之、不该恐疑之日恐疑,眩于其形而不识其神,见其果而不究其因。这就是我国人对支那的观察多不得其正鹄之原因。②

那么,荒尾精对现实的中国看法如何呢? 他认为,总体上"现在清政府的根干已经腐朽而不可复培,然其枝叶尚存一时之春,处处有残红之类点缀。其命脉远在三十年前已经枯竭,仅是苟延残喘至今而已"③。同

---

① 以上见荒尾精《对清意见》,东京:博文馆,1894 年,第 1—9 页。
② 同上书,第 20—22 页。
③ 同上书,第 22 页。

时又认为："只要清政府以非常之英断和大决心从事一大革新,网罗人杰而任其经纶,中兴之伟业固不难成,如果其经营的确见到功效,其国家之强盛,不出三十年而雄视宇内,亦非至难之业。"①当然他也注意到,中国"大革新"最难的问题是缺乏人才。他写道:

> 现在第一流的大人名士已经逝去,处于第二三流者亦几乎凋谢殆尽,保其余生者独剩一耄耋李鸿章。如问其现在国情如何,过去已经枯朽的根干,即将腐败崩塌,过去繁茂的枝叶即将枯槁落尽。尽管李鸿章外交内治如何老练,如何富于权谋术数,终将知道无可奈何。一朝大风卷土而起,枯木扑地槁叶散空,只在转瞬之间也。②

与前述论者不同,在日军节节胜利、日本举国一片欢呼声中,荒尾考虑的问题似乎更深、更远。他写道:

> 一朝清国有遭虎吞狼食之祸乎？我东洋之天地将沉入何种惨境？我东洋之民生将陷入何种穷途？余于此大声疾呼而告我东方之志士仁人:清国之兴亡决非清国一国之兴亡,欲挽回亚洲衰运使之振兴者,必须奋起而拯救此古老的大帝国,清国之志士不用说,朝鲜之志士、印度暹罗之志士,我国之诸名士也要幸而倾注心力于此大业之翼赞！东方亚细亚危急存亡之机,迫在一发之间。③

> 欧亚两陆,处于东西而异其文华,黄白二色,其种族本来不同。所谓西力东渐者,即为此二者之竞争。若此,则朝鲜之贫弱,既是为朝鲜而忧,亦不可不为我国而深忧;清国之老朽,既是为清国而悲,亦不可不为我国而悲。苟使我国内张纲纪、外加威信,使宇内万邦永远瞻仰皇祖皇宗之懿德,必先救此贫弱、扶此老朽,三国鼎峙、辅车相依,进而挽回东亚之衰运,恢弘其声势,膺惩西欧之虎狼,杜绝

① 荒尾精:《对清意见》,第25—26页。
② 同上书,第62—64页。
③ 同上书,第80页。

其觇舰为急务。此诚为国家百年之长计,亦为眼下一日不可忽视之急务。印度已遭覆亡之祸,东方之故国旧邦渐次成为豺狼之食饵,现在除我帝国外,仅剩支那朝鲜二国。其贫弱之极而未绝灭,其老朽之极而未倒毙,尚通一线一脉之气息,维持宗庙社稷于至危极难之境,盖天意之未厌弃东方亚细亚者存焉乎?顺天者存,逆天者亡。从天者成,背天者败。须深鉴也。

然宜何以为之?曰:善莫顺天意。何谓顺天意?曰:无他。救护彼贫弱者使之富强而已,厘革彼老朽者使之刚强而已。此事实为我帝国之天职也、顺天之责任也。我国起义兵而扶植朝鲜独立,非为全此天职乎?我国出问罪之师而惩清朝之骄暴,不为尽此天务乎?邪不压正、老不敌壮,天意之所归、理势之所趋,一旦战局告终,清国知我真意之所在,努力使朝鲜独立富贵之举,乃为东洋和平与兴隆之第一步,清国不管如何鲁钝,岂不豁然解悟?诚如是,彼岂啻不仇视我,当助我赞襄东方之大业。我不独完成朝鲜扶植之志,进而鼓舞振作清国,使其得以图一大革新,到那时,彼果能以非常之大决心、大勇断扫荡百般积弊,据大陆之中枢而收财用兵马之实,清理法政教学之源泉,开造士用材之路,以国光国威之扩张而至典章文物之兴隆,骎骎乎动宇内之耳目,可以期待也。①

对于荒尾的这些论述,有必要注意以下三点。一是他的中日朝三国命运共同体情结,即在西力东渐的世界大势下,黄白人种判然有别,日本应该为中朝的命运之悲而悲;二是他的日本使命观,即扶植中朝是日本帝国的"天职","起义兵而扶植朝鲜独立"、"出问罪之师而惩清朝之骄暴",都是出自"尽此天务"的"善意";三是他的正义必胜论,即日本发动的战争既然出于使中朝"觉醒"、使亚洲免受欧美蹂躏的"大义",那么"邪不压正",胜利一定属于日本。

---

① 荒尾精:《对清意见》,第82—85页。

针对当时已经出现的日本战胜中国后必须割占中国领土的种种议论,荒尾持不同见解,认为"偏倚于一时一部分的利害"有碍于"永世大局之得失"①。他在《对清意见》提出的建议是:

> 第一 为使朝鲜独立安全、巩固东洋之和平,让清国履行签订盟约的条款,我国应该在渤海预置某一最重要的军港。
>
> 第二 为了维持东洋的和平,在与我国媾和成立的同时,与清国政府协议,以适当的方法向清国鄙都人民说明我宣战之大旨,要使其领会我国之真意。
>
> 第三 为了增进日清两国的福利,期待东洋的和平与兴隆,一扫我国从来在通商上所受的不便不利之处,与欧美各国相比,签订更加优待亲切的通商条约。②

这三条建议,重点强调了战后日本要控制军事要地以防止中国复仇,以及通商上日本要获得比欧美更多的优惠,并未提出割地赔款要求,因此可以说是比较温和的提案。荒尾担心,过分的赔偿要求会埋下仇恨的种子,导致"两国民众的感情永远暌离乖戾,遂无融合一致之期"。从这一点看,不妨说荒尾的眼光的确比一般的政客和御用文人更加长远。

4. "中国亡国论"与"日本盟主论"

甲午战争尚未结束时,日本就出现了"中国亡国论"。《马关条约》签订后,这种论调弥漫全国。改进党党首大隈重信认为,战争的结果表明中国根本不是沉睡的雄狮,而是一只"断了气且四肢已经冰冷的老狮子"③。吉野作造也回忆说:"维新后我们停止了对最早引进文物制度的老师——支那的尊敬。唯有武力一点上难以轻侮,但是通过此次战争,

---

① 荒尾精:《对清意见》,第 93 页。
② 同上书,第 104—106 页。
③ 大隈重信:《日支民族性论》前编,第 12 页。

就连这点体面也悲惨地剥落了。西洋人曰沉睡的雄狮是错误的,狮子已经疾死。① 文学家司马辽太郎在其名著《坂上之云》中也写道:

> 十九世纪末,地球成为列强之阴谋与战争的舞台。只有谋略成为针对他国的意志,只有侵略成为国家的欲望。
>
> 这是帝国主义的时代。在这种意义上说,也许再没有比这个时代更为繁华的了。列强是经常从牙齿中滴垂鲜血的食肉野兽。
>
> 这些列强,在这数十年来,对于支那这个濒临死亡的巨大困兽产生了极为强烈的食欲。
>
> 但另外他们也曾对支那的实力给予过高的评价。列强以为:"支那是沉睡的雄狮"。
>
> 如果过度刺激这匹狮子,就有可能促使其奋起,那样受到重伤的将是列强,这种担忧经常抑制着他们的侵略行动。
>
> 但是,甲午战争中的败北,使支那的真相曝光于世界。战争中的那种软弱无力、混乱无序,其政府高官对于亡国的怠慢、无能,还有士兵们对于清帝国忠诚心的欠缺,使在和平时期就对此已有感知的列强竟然也有些意外。
>
> 支那,已经死了。既然死了,腐烂的肉体当然就应被食用。
>
> 这种心情,对于哪国政府,都是新的,但却成了共识。②

与"中国亡国论"的出现相对照,早已存在的"日本盟主论"骤然升温,以致成为社会的普遍共识。且看当时的有关言论。

1894 年 11 月 21 至 25 日,《万朝报》连载名为《东洋问题应由东洋自己处理》的文章,公然声称东亚的事务应在东亚的范围内解决,不容欧洲列强插手,日本则要在这场兄弟阋墙的争战中,确立其"东亚盟主"的位置。文章说:

---

① 吉野作造:《吉野作造博士民主主义论集》第 6 卷,第 10 页。
② 司马辽太郎:《坂上之云》2,东京:文坛春秋,1971 年 10 月,第 105—106 页。

我邦何故与东洋之友邦支那交兵乎？别无他意，唯彼辱我国权，威胁我之友弟朝鲜，搅乱东洋和平，位于东洋之国搅乱东洋之和平，由于家族之一员破坏一家之安宁，此等不义之子，大可恶之，大可惩之，然为惩戒萧墙内之不义子弟而请来他人一道恢复我家安宁，则岂非贻笑大方？……大可惩清，然断不能容许路人来插手自家问题。①

余辈始终认为，为了东洋和平而必须征讨清国，又为东洋和平，而不得不断然排斥西洋。……如支那，徒然有庞大的疆域，然国力衰微、纲纪颓废，官吏弄权、庶民忘国，其宗庙血脉即将断绝。反观我大日本，制度日益整备，文化日趋昌盛，人心膨胀，国民进取之气高昂磅礴，我邦之隆盛如此，邻邦之衰状如彼。呜呼！此乃上天将处理东洋一家之大任降于我之双肩也！②

余辈只知东洋必须由东洋自己来治理，东洋如果不由东洋来治理，东洋就无法保证永久的和平。而能担此大任者，除我日本之外别无他国。故余辈以为，为了防止彼等将来之阴谋，杜绝现在之野心，应将西洋过去埋下的祸种除尽，以我日本单独之力，统治整个东洋。③

1894 年，伊藤博文领导的自由党在日军取得平壤之战和黄海海战的胜利后发表文章说：

我国成为东洋盟主，雄飞世界，在于养成海军力量、掌握航海权，以大收通商之利，起殖民之业。④

同年 8 月 25 日，该党党报再次表达了日本充当"东洋盟主"的志向：

①《东洋的问题应由东洋自己来处理(一)》，《万朝报》，1894 年 11 月 21 日。
②《东洋的问题应由东洋自己来处理(二)》，《万朝报》，1894 年 11 月 23 日。
③《东洋的问题应由东洋自己来处理(三)》，《万朝报》，1894 年 11 月 25 日。
④《宣言》，《自由党党报》第 66 号，1894 年 8 月 15 日。

> 迫使朝鲜废弃其与清国之间的条约,使之名副其实地成为自主独立国,断绝清国的干涉,阻止其他各国觊觎之隙,以保东洋和平,堪为东洋盟主者乃我日本帝国也。①

改进党是仅次于自由党的议会第二大党,其日本担任东亚盟主的意识也毫不逊色。其喉舌《每日新闻》开战前就宣称"日本实乃东洋之盟主也、先进也"②,开战后声调变得更高、更狂妄,即:

> 日本的胜利即文明的胜利,文明的胜利乃担保他日东洋和平者也。……日本原本不敌任何一个欧洲列强,但通过此次征服清国,东洋大局已定,值此之际,苟有阻碍我国前进者,就应断然排斥之,必须贯彻独自之本领,才能掌握东洋之霸权,以与欧洲列强争雄于世界。

由此看来,在两千多年的中日关系发展史上,甲午战争构成了重大的分水岭。传统东亚地缘政治中的中日主从位置,由此发生了根本性颠倒,中日两国的相互认识也随之发生了根本性改变,而这种位置和认识的变化带给近代中国的,却是再生前的剧痛和熬煎。

---

① 《朝鲜条约》(党论),《自由党党报》第 67 号,1894 年 8 月 25 日。
② 《国民思想的进步》,《每日新闻》,1894 年 7 月 8 日,社论。

第三章　从蔑视到无视

—— 甲午战后至北洋政府时期的中国观(1895—1924)

清朝在甲午战争中的失败,彻底暴露了其政治上腐败、军事上怯弱的本相;日本则通过这场战争,一举确立了国民性的蔑华意识。其后,这种意识随着中国国家主权的不断丧失和日本对华侵略扩张的得逞而继续膨胀,直到发展为无视中国存在的极限状态,而其无视中国的"认识"变为行动的终极表现,便是从1931年开始发动了旨在全面武力灭亡中国的侵略战争。

在甲午战争至二战结束的半个世纪里,日本的对华认知(即关于中国怎么样的认识、判断和评价)清晰地展示了一条从蔑视到无视的轨迹;但是,由于错综复杂的国际关系、中国外交政策的应对以及日本国内问题等多重因素的制约,其对华行动选择(即对中国的态度、政策和立场)却长期受制于"协调主义"或"亚洲门罗主义"两种外交思想及两条外交路线的影响,前者的实质是与列强一起瓜分中国,后者的实质则是由日本排他性地单独统治中国。值得注意的是,即使在日本独占中国的路线内,也存在着以政治、经济和文化控制方式为主的"和平"手段和干脆以武力手段解决的路径方法之争。历史的进程表明,以武力占领中国东北并随之退出国联为界,甲午战争后日本的对华政策,在这样两条路线、两种方法的长期博弈中,最终彻底放弃了前者而选择了后者。

一 蔑视型中国观的发展

《马关条约》签订后,很快发生了"三国干涉还辽"。这一事件如同一副清醒剂,促使日本不得不在世界框架下重新思考自己的位置及其对华政策。此间,"东洋盟主论"受挫,"中日同盟论"再燃,戊戌变法也引起了日本的高度关注。但是,这些新的动向未能改变日本对华扩张政策的方向,与列强"共舞"的选择,使其在瓜分中国的"协调"行动中大获其益。

1."东洋盟主论"的受挫

打败中国是日本有史以来的初次体验,割地赔款更让日本人奔走相告、举国沸腾。既然中国这个东洋的传统老大已经败在日本手下,那么日本当然就成了"东洋盟主",这是签订《马关条约》时日本国民的普遍意识。

然而,"三国干涉还辽"惊醒了日本的"东洋盟主"梦。面对1895年4月22日俄、德、法三国发出的"劝告",日本自知实力不足,只能接受清政府追加的3000万两库平银"赎辽费","体面地"放弃对辽东半岛的占领,吐出了到嘴的"肥肉"。

"三国干涉还辽"对日本社会的冲击是巨大的。外相陆奥宗光的描述是:

> 当时社会上就如同遭到一种政治性恐慌的袭击一样,举国都陷入了极度的惊愕与阴霾之中……昨天还有着过度的骄慢,而今天却蒙受了奇耻大辱,每个人的骄傲都受到了不同程度的打击。人们感到非常的不快,这种不满、不快早晚会朝着某处爆发出来以行自慰。①

---

① 陆奥宗光:《蹇蹇录》,东京:岩波书店,1941年,第275—276页。

德富苏峰在《马关条约》后兴冲冲地"考察"了辽东半岛,当他听到"三国干涉"的消息后,顿时气急败坏。他在自传中回忆说:

> 我由三国干涉受到了力之福音的洗礼……在精神上判若两人。这(指"三国干涉")毕竟是因力量不足所致。于是我开始相信,如果力量不足,即使有正义公道也不值半文。[1]

"三国干涉还辽"给日本上的一课是,日本虽然战胜了清朝,但在东亚的舞台上,其他列强、特别是俄国,还不允许日本担任主角。事实上,甲午战争后,清朝的政治势力虽然完全退出了朝鲜,但俄国乘机对朝鲜强力介入,使日本一举掌控朝鲜的愿望彻底落空。

从朝鲜的角度看,失去了清朝的保护伞后,依靠自己的力量维持国家的独立已经没有可能,除了采用清朝采用的"以夷制夷"的办法外别无良策,而俄国正是个能够牵制日本、可以为朝鲜"利用"而摆脱眼下灭顶之灾的"夷"。

1895 年 10 月,日本驻朝公使三浦梧楼策动朝鲜发动宫廷政变,杀害了掌权的闵妃,拥立亲日的大院君上台。然而翌年 2 月,亲俄派发动的政变又把亲日派赶下台,此后一年多时间里,朝鲜国王和政府迁入俄国公使馆内办公,俄国在朝鲜的政治影响一度压倒了日本。同年 5 月,日俄两国签订《小村—韦贝备忘录》,正式确认两国在朝鲜拥有同等权利。1896 年 6 月,两国又签订《山县—罗拔诺夫协定书》,再次确认朝鲜的独立由日俄两国来"保证"。日本学者认为,在甲午战后的两年中,"俄国在朝鲜的政治优势和日本影响的显著衰弱"[2]形成了鲜明对照。

然而,从 1897 年 10 月朝鲜改国号为大韩帝国前后起,俄国东方政策的目光更多地投向了中国东北,日本则抓住机会,于 1898 年 3 月向俄方提出了韩国为日本利益圈、中国东北为俄国利益圈的"满韩交换"建

---

[1] 德富猪一郎:《苏峰自传》,中央公论社,1935 年,第 310 页。
[2] 信夫清三郎编:《日本外交史》上册,商务印书馆,1980 年,第 296 页。

议。这一建议虽因俄国不愿放弃其在韩国的影响而流产,但却成为双方达成妥协的新契机。西德二郎外相与俄国驻日公使罗森的谈判于同年 4 月 25 日达成协议,其主要内容是:两国在确认韩国的主权完整和独立、不干涉其内政的前提下,在韩国请求两国中的某国提供军事、财政顾问等援助时,应互相知照和协商,同时俄国方面承认工商业上日本在韩国的地位特殊。这一协议明确了经济上日本在韩国有优于俄国的地位,但是政治上,两国在韩国的地位是相同的。也就是说,日本独霸朝鲜半岛、进而号令东亚的梦幻与现实的差距还相当遥远。

2. "保全中国论"的浮出

耐人寻味的是,"三国干涉还辽"后,虽然"东洋盟主论"遇到当头棒喝而一度低沉,但是面对西方列强蚕食中国行动步伐的加快,日本朝野"亚洲提携"、"中日结盟"的主张再次抬头,进而发展为颇具欺骗性的"保全中国论"。其后,"保全中国论"时起时伏,随着时代的变化而不断地丰富着内涵,直至彻底脱掉华丽的外衣,露出其本来的狰狞面目。

与"早期亚洲主义"的人物、团体及其思想流派的延续性发展相联系,这一时期的东邦协会、东亚同文会、《大阪朝日新闻》、进步党等,均不同程度地表现出亚洲主义倾向,他们在对外政策上的主张是亚洲一体、中日合作以及"保全中国"。

东邦协会于 1891 年成立(1914 年解散),发起人是 1884 年曾策划中国分裂、制造"福州组"事件的核心人物小泽豁郎,副会长是副岛种臣,理事有陆羯南、高桥建三、大井宪太郎、杉浦重刚、志贺重昂、三宅雄二郎、井上哲次郎等。福本诚、白井新太郎等任干事。成员包括乾坤社和《日本》《日本人》系统的人员、山县有朋系统的官僚、国民协会系统的人员、以板垣退助和中江兆民为核心的自由党人员、以犬养毅和尾崎行雄为首的改进党人员、伊东己代治与小村寿太郎等官僚系统的人员、谷干城与三浦梧楼等贵族院的成员、中野二郎与岸田吟香等大陆浪人,可以说社会成分极为复杂。机关报为《东邦协会报告》及《东邦协会会报》。

东亚同文会于1898年11月成立(1946年解散),其前身是1898年4月成立的东亚会和同年6月成立的同文会,两会合并后又有若干既有的其他亚洲主义团体成员加入。会长是贵族院议长、公爵近卫笃麿,成员中不乏宗方小太郎、犬养毅、大石正己、谷干城、榎本武扬、渡边洪基、长冈护美、花房义质、福本诚、岸田吟香、宫崎滔天、平山周、内藤湖南、陆羯南、副岛种臣、小川平吉、山田良政、根津一、竹越与三郎等社会各界名流。该会标榜中日提携,"保全支那"。机关报为《时论》及《东亚时报》。由于有很深的政府背景,该会曾得到4万日元外务省机密费资助,其对华"活动"的范围极大,与康有为、梁启超、张之洞、刘坤一、孙中山等不同政治派别的中国要人均有联系和来往,因此其对华政策主张所产生的影响非同寻常。

1898年1月,时任贵族院议长的东邦协会副会长近卫笃麿(1863—1905)[①]在综合性杂志《太阳》上发表《同人种同盟——附研究支那问题之必要》一文,公然提出黄白人种对立说。文章写道:"以余观之,东洋的前途难免成为人种竞争之舞台。即使通过外交政略可解决一时的事态,那也只是权宜之计。最后的命运仍是黄白两大人种的竞争,在此竞争中,支那人与日本人共同处于以白人种为仇敌的位置。"他看到甲午战争带来了列强瓜分中国的危机,同时,白种人通过甲午战争观察到日本的能力,"顿悟黄种人难以轻侮,反而呈现出畏惧之色"。他认为"支那人民的存亡,与其他国家休戚相关,也关乎日本自身之命运",故日本必须与中国合作共同商讨"人种保护政策",以"保全"中国。[②] 近卫还主张日本应与张之洞为代表的中国改革派合作,促进中国的近代化,以便通过中日

---

① 近卫文麿之父,是五摄家之首的近卫家长子,出生于京都,身份高贵。1895年3月19日,受明治天皇之意,担任贵族院议员,同时,被任命为学习院院长,负责华族子弟的培养工作。后又就任大日本教育会会长,从事教育工作。他也是后来成立的亚洲主义团体东亚同文会会长,与进步党大隈重信关系密切,主张相近。

② 近卫笃麿:《同人种同盟——附研究支那问题的必要》,《太阳》1898年1月。

合作,谋取日本的在华利益。

1898 年 4 月 6 日,陆羯南针对德、俄、英加紧瓜分中国的动向,批判了伊藤首相等官僚政府的反应迟钝和无作为。他认为,日本在中国和列强的面前应该表现出强硬的外交姿态,特别是原本为日本占领的威海卫交换给中国后,决不能允许他国再占领。他说:

> 今日之东亚局势,不进则退。……吾辈虽不知内阁之动静,但时局既已至此,奉劝当局对于作为抵押的威海卫,切勿无条件放弃。而且要想维护威海卫就必然会导致与某国发生冲突,这原本就是提前应该想到的。我国应该一面向北京提出异议,另一方面否认德、俄、英的行为,以开启将来进取之端绪,否则就从速停止军备扩张计划,今后永远从东亚局势中退却出来。①

陆羯南认为,面对列强瓜分中国的态势,日本不应缩手缩脚,而应主动出击,帮助清政府推行改革,改订法律,起用人才,采用铁道电信等文明利器,开放内地。②

《大阪朝日新闻》代表着城市工商业者的利益,在对华政策方面,其主张与大隈重信等提出的"保全中国论"相近,认为"就清国问题而言,大隈内阁当然在现内阁(山县内阁)之上,宪政本党(原进步党)当然在宪政党(原自由党)之上"。③ 对于列强瓜分中国的严峻形势,该报的观点与陆羯南相似。1898 年 4 月末,针对日本在中国北方的势力扩张受到俄、德的抑制,而伊藤内阁却满足于清政府对日承诺的福建省"不割让",该报表示不满,认为:"此次为了保证台湾之稳固,我国至少获得了福建一省,吾人亦非不喜。但得知我帝国不得不因此而步步抛弃在支那北部之权势,吾人则为向来之主张化为泡影而感到悲哀。"④该报还认为:"衰弱的

---

① 《陆羯南全集》第 6 卷,第 54—55 页。
② 同上书,第 86—89 页。
③ 《大阪朝日新闻》,1899 年 5 月 24 日。
④ 同上书,1898 年 4 月 30 日。

支那帝国的各地沿岸都拥有良好港湾却不能自我保护,不断丢失军事要地,这必定成为恣意妄为的强暴国家他日开启事端的阶梯。对此,我日本应该发挥最大力量以行防卫。"①同时强烈地要求日本政府在对清交涉中获得铁道、矿山开发的优先权,迫使中国解除大米出口的禁令。② 1898年5月中国发生沙市暴动中时,针对日本领事馆被烧一事,该报要求政府与"相关各国联合起来向各要地派兵"③,在对华政策上坚持强硬态度。

进步党是众议院的第二大党,其党首是大隈重信。1898 年 5 月 27日,该党在第 12 次帝国议会的众议院会议上,提出了关于辽东半岛问题的上奏案,其中严厉批判了伊藤内阁外交政策上的无作为。由于遭到自由党和国民协会的反对,在 30 日表决时,该议案以 116∶171 被否决。

1898 年 6 月,进步党元老铃木重远在进步党党报上撰文,明确提倡中日提携下的"保全中国论"。

今之东亚问题为整个社会所讨论,人们意见各异,甚至有人主张与欧洲列强共同瓜分支那。以予之管见,我帝国之独立只能由帝国自己来维护,东洋整体之独立,则需东洋各国来维护。眼下清国内部纲纪败坏,对外不能维护国权,恐怕难免被欧洲列国吞噬,故应给之以一大刺激,开导之诱掖之,巩固其独立,以互为辅车、唇齿相依,维护东洋和平,实乃我帝国之责任。④

然而,在这一期党报上,岛田三郎的"保全中国论"腔调却完全不同。他说:

支那的崩溃是日本之忧又为英国之患,此忧虽不能免除,但应该尽量使其步伐放缓些。……熟虑东洋今后之命运,支那既然不能

---

① 《大阪朝日新闻》,1898 年 4 月 30 日。
② 《大阪朝日新闻》,1898 年 4 月 29 日;《大阪朝日新闻》,1898 年 4 月 30 日。
③ 《大阪朝日新闻》,1898 年 5 月 14 日。
④ 《进步党党报》,第 27 号。

恢复元气,就会渐次被诸国蚕食,禹域将四分五裂,然爱新觉罗失天下,而其四亿民众依然栖息于四百余州,成为地球上勤勉一生的人民。有怀柔此民之心、开导此族之意、包容此俗之量而又能贯彻自我意志的国民,应该占据其统治地位。欧洲列国虽争相用力于此,然无如我日本对此大陆具有如此便利之地位者。无事时贸易之利无出于日本距离最短者,有事时海陆用兵无及于我国之形胜者。……为东洋又为日本之计,日本应主动加入欧洲列强之行伍,以东方主人之身份,占据并维持和平友邦及共同协商解决东洋问题之地位。今日世界由于器械学术的发达而混合成一个交际社团,划出东西洋区别或标立人种的异同,杞人忧天式地担忧欧力东渐,毕竟是锁国精神的变形,绝非具有进取精神的远见卓识,退却于世界潮流之外的支那到了今日之地步,完全起因于这种保守主义,故日本在外交上须要加入列国的会同盟约,以保护自我之权益,……吾人不承认天然之敌,只可确立我国应有之目的,为此而缔结同盟,以英、俄、法、德、美任何一国为友,与相反者为敌,开导人道、推进文明、保护和平的正义国民,阔步于世界,此乃我之国是。①

可以认为,1898 年成为热点讨论话题的"保全中国论"尚处在初期形成阶段,其主流思想的表面洋溢着亚洲连带的理想主义情怀,强调人种和区域的差异,呼吁同种同域的亚洲人携手互助,而率先跨入"文明之域"的日本有责任也有能力"扶掖"和"保护"中国免遭列强的吞并或瓜分。然而在实质上,它不过是新形势下"东洋盟主论"的翻版,也是后来出现的排他性"亚洲门罗主义"的先声。相比之下,岛田的"保全中国论"虽属另类,或者说更接近后述的与列强为伍,"共同分割"中国的主张,但却凸显现实主义和功利主义的特点。岛田的逻辑是:与列强携手分割中国才是日本的"国是",而中国也可以在犬牙交错的列强权益均衡中得到

---

① 《进步党党报》,第 27 号。

"保全"。

3."戊戌变法"过激论

甲午战败的刺激和战后列强瓜分中国的狂潮,促使了中国的部分士绅阶层和知识分子的觉醒。1898年1月29日,康有为上奏《应诏统筹全局折》。6月11日,清光绪帝颁布"明定国是诏",实行奖励工商、废除八股文、设置京师大学堂、启用人才等政策,开始了内政上以日本为榜样[1],外交上"联英联日以拒俄"的戊戌变法。康有为甚至向光绪帝提出了留下来访的伊藤博文为宰相或顾问主持维新的建议。[2]

戊戌变法是中国真正向近代社会全面转型的开端,对于日本的亚洲主义者和中日同盟论者来说,是一件牵动了神经、看到了希望的大事件。的确,变法之初,日本各界普遍持欢迎态度。陆羯南主持的《日本》认为,戊戌维新是具有划时代意义的事件,日本应抓住时机诱导清朝进行制度改革。[3] 国权主义者德富苏峰旗下的《国民新闻》认为:"促使支那人一大觉醒确实是我国朝野人士的一大责任"[4],日本政府要获取清政府的信任,以使中国的所有改革事业都依赖日本。[5] 伊藤博文控制的《东京日日新闻》建议政府对中国的改革"宜尽量支援指点"[6]。甚至连"脱亚论"者福泽谕吉主持的《时事新报》也认为,变法是中国迈入文明之门的举措,而"以日本为师"对中国最为有利。[7]

然而,1898年9月发生戊戌政变,清政府的百日维新夭折。于是日本的舆论风向逆转,戊戌变法"过激论"成为主流。

---

① 彭泽周:《中国的近代化与明治维新》,京都:同朋社出版部,1976年。
② 《国闻录要栏》,《国闻报》1989年9月17日;国家档案局明清档案馆编:《戊戌变法档案史料》,北京:中华书局,1958年,第15页。
③ 《日本》,1898年5月13日。《万朝报》,1898年5月18日、9月11日。
④ 《国民新闻》,1898年2月8日。
⑤ 《国民新闻》,1898年3月8日。
⑥ 《东京日日新闻》,1898年7月28日。
⑦ 《时事新报》,1898年8月20日。

1898年11月10日,刚从中国考察回国的伊藤博文接受宪政党的邀请,在山县首相、桂太郎陆相等内阁重臣参加的会谈中表明了对戊戌变法"过激"的看法。他说:

> 中国的改革、改良无论如何也是必要的,但是,我并不认可其改革的顺序与阶梯……彼之大国对数千年继承下来的文物制度进行有效改革,绝不是在一朝一夕就能完成的。①

后来为袁世凯子嗣担任家教的有贺长雄也在《外交时报》上撰文,指出变法"过激",同时分析了中国下一步改革的可能途径。他写道:

> 清国政变以来兹已一月有余,事态渐渐明了。清国皇帝过分急于改革,采纳康有为、梁启超、李端棻、杨深仁、杨锐、徐仁铸、林旭、康广仁、徐仁庆等人之奏议,频行急进之政,故招来西太后及保守朝臣之反动。然此乃政府内部之纷争,既不是由支那国民之气势所动而生此变化,亦不是由外国之阴险手段而起。
>
> ……九月政变幸而有不必引发外交纷争而稳妥了结之望。然支那革新从今以后必将作为世界之一大问题存在并构成经常影响列国之对远东外交政略之一大要素,如同土耳其革新问题经常影响列国之东欧外交一样。
>
> 支那革新不仅是为了清国,对于远东之将来亦属必要。支那国民现在虽然缺乏国民团结力,但此种团结力量的要素,即在人种、历史、文字、习惯上的一致性是充分存在的。十分繁盛的社会生活中极易酿生建立在新基础上的国家团结,因此支那绝不是没有革新的希望,问题唯在顺序方法。我国与支那不仅国土相邻,而且人种、历史、文字、习惯相近,加之甲午战争引发了列国干涉的端绪,这种责任使我国具有了诱导其进行安全革新的义务,这是满天下都无异议

————
① 《宪政党党报》,第1卷第2号。

的。……支那革新有三途。一为中央政府着手而后波及一般国民，二为从地方着手而后波及中央。从地方着手又有两途，一为地方人民首先兴起运动；一为地方官吏发起形成革新趋势。①

在有贺看来，由人民发起革新运动的途径是最危险的，因为民间起事会遭到中央政府的镇压而形成战乱，中央政府若不能快速达到目的，就会发生镇压太平军时借助外国势力的情况，而革新势力也会借助外国的援助来抵挡，结果将比不革新的状况更糟。康有为等采取了自上而下的改革方法，虽然好于强者，但是遇到了守旧势力的有力反抗。因此清朝的改革最稳妥的途径是"由地方上有势力的官吏做起并波及影响上下"。②

戊戌政变后，日本的"日清提携"论等急速退潮，亚洲主义者开始调整对华策略，甚至转而主张与列强"协调"共同管理中国。1899 年 4 月，东亚同文会成员、宪政本党（原进步党）的领袖之一大石正己发表了如下意见：(1) 清朝的命运受到英、俄的支配，中国的分割已成为必然之势；(2) 如果英俄协商，在中国南北互相划分势力范围，则中国的瓜分立即就会变为现实；(3) 日本为了对抗列强，考虑到"平时相互通商以及在非常时期的支那改革问题"，需要将"九州对岸的江苏省、浙江省以及与台湾接近的福建省"纳入日本的势力范围；(4) 为了将此三省划入日本的势力范围，首先要获得贯穿三省的铁道铺设权及矿山采掘权；(5) 改善中国的兵制财政；(6) 为了实现上述目的，"宜与欧洲列强提携，协商讨论，以图东洋之大计"③。

1899 年 9 月，东亚同文会在其机关报《东亚时论》卷首语中明确否定了"中日同盟论"。④ 10 月，近卫在南京与刘坤一会谈时，回避了刘坤一

---

①②《外交时报》，第 9 号。
③《宪政党党报》，第 10 号。
④《东亚时论》，第 19 号。

提出的日清同盟问题。① 陆羯南对康、梁提出的建立中日政治联盟的意见也表示了极其轻蔑的态度,他说:

> 东亚同文会主张的不是政策上的日清关系,而是社交上的日清关系。康、梁是不解国家、人民与政府含义的旧知识分子,他们亡命日本以来,动辄要求日本政府为改革派而侠义出兵,或向民间人士强调"唇齿相依"的关系。然而,其理由却只不过是种族相近、文字相同,这种理由对于两国关系来说是极为薄弱的,不论是政府还是民间都难以答应。②

可以认为,在"三国干涉还辽"至戊戌变法期间,日本朝野在"还辽"的郁闷中思量着与列强关系的调整,在列强瓜分中国的狂潮中盘算着自己在华权益的扩大,在戊戌变法中密切观察着中国的动向和前途。不同的外交思想及对华政策主张并起,则表明其战后世界外交战略仍处在形成探索阶段。

4. 蔑视型中国观的固化

甲午战争对世界的影响是巨大的。战前,尽管中国在两次鸦片战争中战败并割地赔款,但在中法战争、中俄伊犁领土争端、镇压太平天国运动等重大内政外交事件的处理上,也有一定的不俗表现,因而仍被西方人认为是"沉睡的雄狮",是世界东方无出其右的大国。然而,战争的结果是日本完胜、中国惨败,清朝的虚弱本质再次暴露在世人面前,西方人的中国观和日本观由此发生逆转,英国人称"日本是东洋的英国",法国人称"日本是东洋的法国",德国人称"日本是东洋的德国",③中国则成为等待列强瓜分宰割的对象。

---

① 《近卫笃麿日记》第 2 卷,第 444 页。
② 《东亚时论》,第 3 号。
③ 《日本》,1895 年 11 月 24 日。

"三国干涉还辽"后,俄、德、法三国自恃"干涉"有"功",争相要求清政府给予"回报",而它们得到每一份"回报",又成为英、美、日等要求"利益均沾"的借口。于是,甲午战争结束至 20 世纪初,列强之间为控制和瓜分中国展开了激烈的角逐。

1895—1898 年间,清朝为支付对日赔款,不得不以厘金、盐厘、关税等收入为抵偿,向英法德俄等国的财团进行政治性借款,列强则以此为契机,纷纷攫取中国的铁路修筑权与采矿权。法国于 1896—1899 年获取了在云南、广西、广东、四川的采矿权,英国于 1898—1899 年获取了在山西、河南、直隶、四川等省的采矿权,德国包揽了在山东的采矿权,俄国获取了中东铁路和南满支线的铁道修筑权及沿线采矿权。比利时银行团于 1898 年 6 月获得了芦汉铁路修筑权,英国和德国于 1899 年 5 月获得了津镇铁路修筑权,美国于 1898 年 4 月获得了粤汉铁路修筑权。在 1898 年 3 月至 6 月不到百天的时间里,德俄英法四国就获得了在旅大、威海卫、胶州、九龙、广州湾等五处重要港口城市建立租借地的权利。

与此同时,性质上仅次于领土"割让"的"领土租借"也在被迫进行。1897 年冬,德国以在山东巨野教案中有两名德国传教士被杀为借口,派遣远东舰队驶入胶州湾并占领沿岸各地,清政府被迫于 1898 年 3 月 6 日签订《胶澳租界条约》,将胶州湾和湾内各岛"租借给"德国,租期 99 年。1898 年 3 月 27 日,俄国效仿德国,迫使清政府签订《旅大租地条约》,5 月 7 日又签订《续订旅大租地条约》,强行租借旅顺、大连及附近水面,租期 25 年。英国也不甘落后,在中俄签订《旅大租地条约》的第二天,驻华公使窦讷乐即向总理衙门提出租借威海卫。7 月 1 日清政府签订《订租威海卫专条》,以俄国租借旅顺相同的条件,满足了英国租借威海卫的要求。1898 年 6 月 9 日,英国逼迫清政府签订《展拓香港界址专条》,强行租借九龙半岛上的"新界"和附近海湾,租期 99 年。1898 年 4 月,法国逼迫清政府租借广州湾,翌年 11 月 16 日正式签订《广州湾租界条约》,租期 99 年。

对日本来说,列强掀起的新一轮瓜分中国狂潮,似乎印证了其在甲午战争后做出的中国必将"亡国"的预测,同时也为自己在这一轮瓜分中国的狂潮中落后于列强感到焦虑。与列强"合作"、"共同分割"中国的论调就是在这种情况下出现并成为这一时期日本外交指针的。

19世纪末,由于列强对中国经济、文化侵略的加深,百姓的正常生活秩序得不到保证,以山东、直隶为中心的中国北方地区兴起了反清灭洋的义和拳运动,清朝不断派兵镇压而不能禁。1898年后,义和拳改称义和团并提出"扶清灭洋"口号,斗争的矛头直指帝国主义列强,打击对象是在华外国教会及其神职人员和教徒,各地不断发生冲击教会和外国传教士被杀事件。1900年1月,慈禧太后采纳端郡王刚毅"拳民忠贞,神术可用"的上奏,下诏承认义和团,政策上变"剿"为"抚",于是义和团声势日大,华北各地的外国教会屡遭攻击,列强驻华使馆也受到了威胁。进入6月以后,各国公使馆的对外联系中断。于是英美德日俄等列强以救援驻华公使馆为名组成八国联军对华开战,6月18日攻陷大沽炮台,7月14日攻占天津,8月14日攻陷北京,慈禧太后等仓皇逃往西安。1901年9月7日,清政府代表庆亲王奕劻、直隶总督李鸿章在《辛丑条约》上签字,向八国列强赔偿四亿五千万两白银,并保证彻底剿灭义和团。

对中国说来,《辛丑条约》的签订,再次暴露了清政府的腐败无能,标志着半殖民地半封建社会的正式形成。对日本来说,首次加入列强侵华的统一行动,不仅获得了一份赃款,而且改变了身份,被正式承认"脱亚入欧"并接纳为世界列强俱乐部的一员。对此,政友会的下述评论如实地袒露了统治阶层如释重负的愉悦心情:

> 今天,日本帝国在建国三千年的历史当中处于全新的境界。日本已非日本之日本,亦非东洋之日本,而正处于成为世界之日本的转换期。日本要进入欧美列强俱乐部,成为世界强权,与白皙人种登上同一舞台。……甲午战争之前,欧美人中就连中流人士都以为"日本是支那之属国"。甲午战争后,日本首次得以将其身价宣告于

世界,但尚未能成为世界强权而进入欧美列强俱乐部。而此次义和
团运动,日本登上大陆舞台,首次可以在此大显身手,昂首阔步,与
其他所谓团十郎、菊五郎等世界主角英吉利、俄国、德意志、法兰西、
美利坚同演一出戏,并在每一出戏中都证明了我国只有超出其他主
角而无劣之者。日本得以成为世界之强权进入欧美列强俱乐部绝
非偶然。……总之,日本今日之要,在于加入欧美列强俱乐部,愈益
巩固、提高我国之地位。①

林包明也在政友会机关刊物《政友》上发表《远东策论》一文,其"帝
国是远东问题的主人公"一节大谈了日本与列强为伍的诸多益处。文中
写道:

　　欧美诸国,富强则富强矣,其发达早于我国,然而对我国并无师
长之尊,若比国民文化,则更不比我国先进多少,况如陆海军,则我
国可与列强为伍,毫不逊色。殊我国位于远东,于现今局面占有得
天独厚之条件,非其他列强可比。今世界耳目齐集于远东,帝国宜
借此千载难逢之大好时机,刷新、支配二十世纪之外交。英国已老
矣,德、法亦趋于衰老,俄国大为武装欲雄飞远东,美国以商业为后
盾窃望日后成就大业。俄、美乃新兴国家,与远东诸国密切相关,而
英、德、法尚不可辱,此五强争做远东之新主人实乃快事……然列强
不如我国了解清韩,又不若帝国能得二国民心。加之,我国航海派
兵之迅速、及时远非其可比,况开拓新殖民地时,常需军队临之。退
一步说,毋庸赘言,即便列强可以单独迅速出兵,若得我国相助,则
事倍功半。一言以蔽之,经营远东得我助者,其力增长二倍,失我助
者其力正好减半。一旦明了此理,列强就应改变对我国之大政方
针。然外交有巧拙,此种认识偶被颠倒,古今皆有。故我国借此有

_____

① 《政友》,第 3 号。

利地位，巧妙抢夺先机，方可名实俱为远东主人。①

加入列强俱乐部的畅快与蔑视型中国观的固化，是义和团运动后日本社会具有普遍性的思想状态。在同一篇文章中，林包明还用极其恶毒的语言大肆辱骂中朝两国是不知"道节"、"国辱"和"廉耻"之国，声称日本要与中韩划清界限，对中韩实行"权势、利益之实力外交"。文章写道：

> 不祥于清、韩二国之国体人情者，欲相与结盟、生死与共。然彼等两国之一诺，实比娼妇之泪还轻。彼以顺势投降为智，何言道节、国辱？我国万万不可与不知廉耻之国结交，于心却仍暗自得意。况今之外交非精神、情谊之消极外交，而乃所谓权势、利益之实力外交。……不讲铁道、矿山等经济利益之同盟，只是徒具形骸之外交，日本宜以本国权益为基准，与清、韩直接划出两道界线。②

1900 年 6 月 13 日，《国民新闻》对中国的国家资格和独立命运表示了否定性看法，文中称：

> 外兵镇压内乱，必将给清国之前途带来重大影响……清国不能镇压暴徒，表明其没有作为主权国家履行职责的能力；毫无保护外国人生命财产的诚意，则表明其缺乏自立于文明世界的资格。无论如何，一旦开启了外国干涉内政的先例，就难以维护国家的完整和独立。③

6 月 29 日，陆竭南在《日本》上发表文章，以清政府不镇压义和团反而唆使其对抗列强为由，声言："已经不能将北京朝廷作为一国之政府加以对待……极端而言，现在的北京朝廷已经丧失了统治臣民的能力，这对于国际和平而言是有害的，列国应该首先断然铲除这一和平的障

---

① ②《政友》，第 17 号。
③《国民新闻》，1900 年 6 月 13 日。

碍。"①为了打倒清政府的统治,陆竭南建议日本应该援助南方革命派,通过革命推翻清朝②。

7月5日,《国民新闻》在分析清朝的统治能力和中国的分裂倾向时,提出了中国"象形蚯蚓体"说,文章写道:

> 山东暴匪蜂起,南支一带的李鸿章、张之洞、刘坤一等割据一方观望形势,而驻屯于山东济南府、掌握较为新锐精兵的袁世凯也不能小觑。天下纷纷,不知尘埃何时落定……此次骚动,虽只局限于北清一带,但却发挥了分解四百余州的作用。……若北京政府真有组织与统制能力,其威严、命令果能遍及支那四百余州,则无论老帝国如何巨大,处理起来也没有那么费劲。然而今日之老帝国,恰似下等动物的形体,并无一套完整的机关,无论切断何处,都还能留下几分生气。将之分为千百分,就是千百分的个体。若使其保持整体状态,也无非是千百个个体的呆然杂处,中央的统治神经不能支配全体。如象,如鲸,大则大矣,欲杀之亦可杀也。如同蚯蚓断首尾动,切尾首动。若只是蚯蚓之类的小虫子尚可忍受,然今日之支那,是在象身上嫁接了蚯蚓的构造,其处置之麻烦,可想而知。③

政界对清政府失去了统治能力的看法也大致相同。政友会的小川平吉认为,中国虽然是"已死的残骸",但对日本来说还有利用的价值。即:

> 至于支那是否已成尸骸,有识之士早有定论,今无须赘言。……此尸骸若有用于本国之道,则比起具备健全之体格者反而更为有利。俄国实际上就在以此妙用便其外交。此尸骸确实是尸

---

① 《日本》,1900年6月29日。
② 参见山口一之《陆羯南的外交论——义和团事变与善后策》,驹泽大学历史学研究会编:《驹泽史学》,第35号,1986年5月。
③ 《国民新闻》,1900年7月5日。

骸,但它尚是具有身体而受其子民亲族尊敬的尸骸,与其妄自唾之、鞭之,对其斩手断足,而招致其子民亲族的怨恨,莫如郑重地埋葬之,以巧妙地获取其遗产。①

山县有朋在1900年8月20日提出的《庚子事件善后策》中分析了清政府的状况及其改进方法。文中说:

> 清国动乱非成因于一朝一夕,而是由来于政府没有统治实力、国民没有思国之心,国家丧失了生存的条件。木腐而虫生。此次事变的起因是端郡王刚毅等顽固守旧派相互勾结,争权夺势,与义和团串通以为声援,故起初并无战意,这是明显的事实。鉴此,对于清政府之善后处理,当务之急是改换政府要路大臣,罢黜此等顽固派,代之以刘坤一、张之洞、李鸿章等,废除西太后之摄政,恢复皇帝之政权。②

1901年4月24日,山县就日英同盟问题致信伊藤博文,其中再次端出了的"中国亡国观":

> 清国纲纪已灭,国本已坏,只不过是在苟延残喘。即使由于列强之间的均势需求而暂得保全,但外有俄国侵逼,内有乱民蜂起,到底难以保全其残骸,清国之瓜分已是必然之命运,非人力可扭转。③

总之,义和团运动被镇压后,"中国已死"的认识已经从统治、知识阶层向整个社会蔓延。对此,吉野作造在后来的回忆中写道:

> 甲午战争胜利后,大多数日本人都有轻侮支那的观念,但也有一部分人反而痛感必须预防支那的复仇。……少数有识之士至少在出兵镇压义和团运动前,依然没有怀疑中国的实力。直到义和团

---

① 《政友》,第15号。
② 山县有朋:《庚子事件善后策》。大山梓编:《山县有朋意见书》,第258页。
③ 大山梓编:《山县有朋意见书》,第265页。

运动发生、慈禧太后等清朝政要西逃,支那在整个日本人心目中的形象才发生了全面逆转。①

列强一员意识的形成与"中国亡国观"的固化,直接影响了其后的日本外交及对华政策。为了加速对中国和韩国的侵略扩张,实现东洋霸主的梦想,《辛丑条约》签订以后,无视中国存在的日本统治阶层加速了对俄开战的准备。

二 日俄战争前后的中国观

义和团运动后,日本迎来了一个新时代。1900 年 9 月 15 日,藩阀势力发生分化,伊藤博文、井上馨及其下属官僚,与自由党合流为以伊藤博文为总裁的立宪政友会,占据众议院多数议席。这表明日本政治民主化向前迈进了一步,故日本政治学家坂野润治将其定义为"1900 年体制"。在经济领域,日本资本主义在各项指标上都达到了一定的规模,以日本兴业银行法的成立为标志,日本通过引进外资,开始了经济高速增长。在国际地位上,1900 年日本成为八国联军主力,首次取得了与列强并驾齐驱的国际地位,故井上清在其名著《日本帝国主义的形成》中得出结论:"从世界史角度来看,从此以后日本也成为帝国主义国家。"②而且,义和团运动后,日俄围绕中国东北、朝鲜的矛盾日益激化,日本进一步加紧了针对俄国的扩军备战工作。

1."卧薪尝胆"的对俄一战

甲午战争后,清朝势力退出了朝鲜半岛,但是日本并未由此一举控制朝鲜。日俄之间围绕着对朝鲜和中国东北的控制展开了激烈的角逐。

① 吉野作造:《吉野作造博士民主主义论集》第 6 卷,东京:新纪元社,1947 年,第 13 页。
② 井上清:《日本帝国主义的形成》,岩波书店,1968 年。

1895 年 10 月 8 日,日本驻朝公使三浦梧楼策动朝鲜宫廷政变,掌权的闵妃遇害,亲俄派被赶出朝廷,大院君在日本的扶植下上台。翌年 2 月,亲俄派推翻大院君政府后,朝鲜国王及政府接受俄国的庇护,迁入俄国公使馆办公达一年之久。此时的朝鲜,俄国在政治上有一定优势,日本则在经济上掌握了主动权。[①] 1896 年 6 月,日俄签署《山县—罗巴诺夫协定》,确认了两国在朝鲜具有同等地位。

然而,日俄在朝鲜的"均势"没有维持多久。1898 年 3 月,俄国取得了旅顺、大连的租借权和南满铁路铺设权后,明确地否定了日本政府提出的把朝鲜交给日本、中国东北为俄国势力范围的所谓"满韩交换"建议,摆出了一副既要独占中国东北、又不放弃在朝鲜权益的强硬态势。1900 年义和团运动爆发后,沙皇俄国在派军参加八国联军镇压义和团侵华行动的同时,还以保护侨民和铁路为名,出动十余万大军一举占领了东北三省。义和团运动平息后,在清政府一再要求和列强的压力下,1902 年 4 月,俄国与清政府签订了《交收东三省条约》,承诺在一年半内分三期从中国东北撤走全部驻军。但是,俄国在完成第一期撤军后不再撤军,企图赖在中国东北不走。俄国的恶劣行径激起了中国的强烈愤慨,引发了全国的"拒俄运动",

俄国咄咄逼人的远东政策,极大地刺激了日本。本来,"三国干涉还辽"后日本即把俄国锁定为第一假想敌,为了对俄复仇而卧薪尝胆,积极准备对俄一战。俄国占领中国东北,意味着堵死了日本"北进"大陆的扩张之门,是日本不能容忍的。进入 20 世纪后,随着扩军备战的加速,日本与俄国在远东地区军事力量的对比已经发生变化,海军装备与俄国不相上下,陆军的战斗力则超过了俄国。此外,汲取"三国还辽"的教训,在对俄开战之前,日本利用英俄矛盾,于 1902 年与英国签订了第一次《日英同盟条约》,获得了英国及其背后的美国在政治及军事上的支持。同

---

① 参见信夫清三郎编《日本外交史》上卷,商务印书馆,1980 年,第六章第一节。

时,日本对清政府软硬兼施,1904 年 1 月 7 日,日本驻华公使内田康哉按照外务大臣小村寿太郎的指示,拜访了清政府主管外交事务的庆亲王,要求中国在日俄交战时表面保持中立,暗地里给予支持,结果得到了庆亲王"日俄开战时只能采取恪守中立"的答复。①

在内外条件准备就绪后,日本决定一赌"国运"。1904 年 2 月 4 日,御前会议决定向俄国发出最后通牒。2 月 6 日,宣布与俄国断绝外交关系。8 日,日本舰队不宣而战,突袭俄国在仁川港的军舰和在旅顺的太平洋舰队。2 月 10 日,两国同时宣战,日俄战争正式爆发。

日俄战争是两个帝国主义强盗为了争夺殖民地而展开的火拼,在这场空前规模的海陆大战中,双方均投入近百万兵力。在 1 年又 7 个月的战争中,历经黄海海战、辽阳会战、旅顺口争夺战、奉天会战和日本海海战,战事相当惨烈,双方伤亡约 50 万人。日本因具地理优势且准备充分,始终在战场上掌握主动权并取得一定优势,但国力已几近枯竭,无力将优势变成全胜;俄国不仅无望挽回战场的败局,国内还发生了 1905 年 1 月的民主革命,可谓内外交困、无心恋战。

1905 年 9 月 5 日,在美国总统罗斯福的斡旋下,日俄签订《朴茨茅斯和约》,其主要内容有:(1)俄国承认日本对朝鲜的完全控制。(2)俄国撤出在"满州"的全部军队。(3)俄国将旅大租借地和长春至旅顺间的南满铁路权益转让给日本。(4)日本领有北纬 50 度以南的库页岛。② 由此,日本攫取了中国东北地区的所谓"南满特殊权益",确立了在东北亚的霸权地位。"十万生灵,二十亿国币"也成了其后日本死死抱住"满洲权益"不放的根据和理由。

2. 战时蔑华观诸态与传播

日俄战争中,日本将 94 万兵力派到了中国东北战场。这些军人和

_____

① 日本外务省编:《日本外交文书 日俄战争Ⅰ》,第 661 页。
② 日本外务省编:《日本外交年表并主要文书》上,文书第 245—249 页。

随军记者,是以"文明人"和"胜利者"的立场,观察和描述中国当地民众和社会风情的。他们通过战地报导、传闻、演讲等形式,竭力宣传中国人"文弱"、"贫困"、"不洁"和"自私",从而把鄙视、蔑视型对华意识更加广泛地渗透给普通民众,构成了近代日本统治当局大肆推行对华扩张政策的社会基础。

且看当时的有关记载。

第三军后备步兵第一旅团陆军上等兵大泽敬之助在给故友的信中,把中国人称为"土人"。信中说:"土人以经营农业为主,使用驴,极为肮脏,臭气熏天,简直还不如内地(指日本)的叫花子。"①

骑兵第九联队第一中队的老田孝作在从军日志中写道:

> 这个城镇的四周是用土墙围起来的,即使是相当宽阔的街道,其肮脏之状也难以用纸笔形容。今天我们留宿在民宅。按小队分宿,拴马场也都是各自选择的。我的宿舍很大,但极其肮脏,恶臭刺鼻,令人作呕。②

近卫步兵第三联队少尉神津重太郎在给家人的信中写道:

> 可以说支那人几乎根本没有清洁与肮脏的观念,家里就不必说了,即便是庭院、房子四围也是灰积如山,四散着一种异样的臭气。③

更有甚者,有些士兵及作家还将中国人丑化为动物。步兵第一联队第三大队军医土肥原三千太在日记中将中国人比作蚂蚁,"有拉牛的蚂蚁,有牵驴的蚂蚁,有卖鸡蛋的蚂蚁,有拣东西的蚂蚁,无外乎是一些似人的动物。"④第 10 师团兵站炮兵大尉佐藤清胜认为,中国历史是一部专

---

① 色川大吉:《日俄战争与士兵的意识》,《东京经济大学创立 70 周年纪念论文集》,东京:东京经济大学,1970 年,第 457 页。
② 老田孝作:《日俄战争从军日志》,1900 年,老田刚,第 28 页。
③《风俗画报》第 294 号,1904 年 8 月 25 日。
④ 土肥原三千太:《日俄战役日记》,1979 年,土肥原三千喜,第 37 页。

制的历史,称"此前的支那人没有感到任何不平,就像蝼蚁一样贪婪自己的生命,实际上要统治这些愚昧的人民,再没有比专制更好的方法了"①。第二军随军作家田山花袋是博文馆派遣的写真班主任,他在从军记《圣尘》《日俄战争实记》)中写道:

> 西洋人视支那人为动物,不得不说他们实际上就是动物,是下等动物,他们在生理上失去了作为人类的资格。试想一下,他们不是满不在乎地喝着水坑里的、泥沼里的、马蹄印里的积水吗? 不论喝着哪儿的水,都具有不可侵蚀的肠子。因此,大概他们不需要井吧。②

战争期间,除了参战士兵及从军记者外,户水宽人、内藤湖南、有贺长雄、德富苏峰等不少社会名人也曾以个人身份考察了中国,其对中国的观察和认识,当然不是停留在"贫穷"、"不洁"层面的问题。那么,他们关注了什么,向日本国民传递了怎样的中国信息呢?

有贺长雄是《外交时报》的主编,曾作为从军记者亲赴战场,他在日俄旅顺战役时描述了中国人国家观念的淡薄和强烈的本位性。他写道:

> 清国人的地方心强、缺乏包括支那整体的爱国心已毋庸赘言。现在位于庙堂或是处于地方掌握枢要的人,都以特定的地方为其权势根基,以之为立身之地,并为之出力。张之洞即使到了京畿,其所专注的依然是南清;袁世凯即使担任了直隶总督,其根基仍在山东,离开山东,就没有袁氏。其他实力派也是如此。且以满洲为根据地、为满洲尽力之人除了亲王之外别无他者,看到满洲遇难而如同隔岸观火之人比比皆是。③

德富苏峰在战争期间游历了安东、奉天、辽阳、大连、旅顺、营口、山

---

① 佐藤清胜:《我所见的日俄战争》,东京:军事普及会,1931年,第55页。
② 田山花袋:《征尘》,《日俄战争实记》第47编,1905年1月3日。
③《外交时报》,第85号。

海关、北京、天津、烟台、威海卫、上海、苏州、汉口、湘潭、长沙、岳州、武昌、南京、杭州等地,据此写下了《七十八日游记》,其"支那无国论"一节中,大谈了中国人的无国家观念。他说:

> 支那有家无国,有孝无忠,这是某位支那通的警句,今天的支那不仅没有国家观念,而且过去也没有像国家观念之类的东西。①

德富认为,中国人是"文弱的国民",缺少尚勇斗狠的阳刚之气,因此中国更像个女人国。他写道:

> 纵观支那古今,最为著名的就是文弱一事……这是支那有史以来的通患。虽说支那人是爱好和平的人民,但无论如何爱好和平,也总应该有一些防卫的力量,然而支那人连这一点都没有……说支那人是文弱之民倒是精当。支那也不是没有个别的勇士,如关羽、樊哙、鲁智深等。然观其国乃文弱之国,其民乃文弱之民。现在也是,其容貌、风采,到处都像女性,很难找到真正的男人。……故支那的战争就像支那人吵架一样,只是虚张声势,百万大军只不过有一成在拿起武器真正地战斗……支那的文弱可以用古往今来积极防御、不思进攻来证明。万里长城、都邑、城墙、院墙,大到整个支那,小到一家一户,都是在防备侵略。②

德富还写道:"日本人像男人,故知廉耻,有力量。支那人不像男人,故不知廉耻,不辞做任何卑贱的工作,连南非的金矿不也在输入支那人吗?"③在他的笔下,中国人贪生怕死,"无正邪标准,只有利害打算……杀身成仁只是快语,相反明哲保身才是至上的金科玉律……殉国、殉君者,

---

① 德富猪一郎:《七十八日游记》,东京:民友社,1906 年 11 月 3 日,第 232 页。另外,德富苏峰有关中国人缺乏爱国心、公德心等的分析,被梁启超吸收借用,用来唤起中国的团结与爱国热情。
② 德富猪一郎:《七十八日游记》,第 235—241 页。
③ 同上书,第 309 页。

在支那反倒是无法无天的表现,他们虽被不断地赞美,却也不断地被人在背地里骂作傻瓜。"①他辱骂中国人是个人利益至上、缺乏公德心的国民,是图虚荣、讲排场、爱面子、行"贿赂"的国民,具有为了私利可以不惜一切的贪婪本性。即:

> 历经被征服命运的支那人死守安身立命的祖训……支那的诸般问题,只能以一个"利"字来解释……如果有什么可以让支那人努力的话,并不是什么君父之仇,不是国家也不是宗教,而是自身的利益。为此,胆小鬼也能成为勇者,怠惰者也能成为勤奋家,而不惜舍弃生命。②

可见,这些参战士兵及到战地考察的知识分子,是带着强烈的日本优越感和中国低劣意识回到日本的。这种观念的广泛传播,又助长了日本国民蔑视中国、支持政府侵华的行动,以致"麻痹了后来日本士兵杀害中国俘虏与平民的抵抗心理与理性,结果导致日本军人在中国犯下了无数的滔天罪行"③。

3. 战后的"世界一等国"意识及使命观

日俄战争的胜利,使日本自信成为世界一等国,国民亦成了世界一流国民。负责国民教育宣传的《教育时论》声称:"今我大日本帝国已不是东洋孤岛上的贫弱国家,而是并列于世界优等国的一流国家。"④该报放出的狂言是:日本要"驰骋于世界舞台,一争雌雄"⑤。

这种世界一等国意识也弥漫于政界。政友会党报写道:

① 德富猪一郎:《七十八日游记》,第 246—248 页。
② 同上书,第 250—252 页。
③ 原刚:《日俄战争的影响——战争的矮小化与对中国人的蔑视感》,军事史学会编:《20 世纪的战争》,锦正社,2001 年。
④《教育时论》,1904 年 7 月 15 日。
⑤《教育时论》,1907 年 3 月 25 日。

　　开战以来,陆海军连战连胜,国民皆雀跃不已。然而,媾和条约不仅没有预期的成果,且其条件也是那样的不充分,于是狂喜变为愤怒,举国舆论沸腾几乎不能控制。此时,又遇上新日英同盟条约发表,接着又是英国舰队来访,还有观舰仪式,而出征军队也陆续凯旋而归。于是愤怒又转为欢喜,到处都有欢迎庆祝活动。一喜一怒,雀跃而又扼腕,扼腕而后欢呼,恰如一场戏剧,在舞台上旋转的同时,战争使得国家地位上升为一等国,彼此之公使升为大使。①

　　媒体和御用文人在为日本成为"世界一等国"欢呼的同时,挖空心思地为日本所以成为"一等国"进行着诠释,将日本战胜的原因归结于日本文明的精神要素。《大阪朝日新闻》在 1904 年 11 月 3 日庆祝天长节的祝词中竭力歌颂"万世一系"的天皇,称国民"生此盛世,戴此圣主,逢此国运之隆盛,浴此王化之光泽",无比幸福。11 月 16 日,该报刊载的文章中特别强调,"两千年来养成的日本魂"是战胜俄国的精神法宝。②《国民新闻》则在 10 月 31 日的报道中宣称,国民的爱国心并不是明治时代出现的新现象,而是源远流长地蕴含在"日本帝国的历史"中。③ 到日本胜局已定的 1905 年春,《大阪朝日新闻》开始不断地推出了"说花要数樱花,说人要数武士"等宣扬"武士道"特有精神文化的新词。④ 日俄战争前夕在英国出版的新渡户稻造著《武士道》一书亦随之受到热捧。

　　一等国意识的滋生,导致了明治以来以福泽谕吉为代表的文明论内涵的变化。日俄战争前,日本的文明论是以近代西欧文明为摹本,日俄战争后,则出现了试图以日本中心主义取代或对抗欧洲中心主义的倾向,其代表性主张是冈仓天心的"亚洲一体论"和大隈重信的"东西文明融合论"。

---

① 《政友》,第 66 号。

② 《大阪朝日新闻》,1904 年 11 月 3 日、11 月 16 日。

③ 《国民新闻》,1904 年 10 月 31 日。

④ 《大阪朝日新闻》1905 年 3 月 29 日、4 月 9 日;《太阳》第 11 卷第 2 号等。

1903 年，冈仓天心用英文发表 *The Ideals of the East-with Special Reference to the Art of Japan*，即《东洋的理想》一书，后来译成日文在日本国内销售。此书开宗明义，劈头提出"亚洲为一"的思想。文中写道：

> 喜马拉雅山虽然将强有力的两大文明，即具有孔子共同社会主义思想的中国文明与具有吠（佛）陀个人主义思想的印度文明分开，但是，这只不过是对两者各自特色的强调。越过雪山之巅的那种对所有亚洲民族来说都具有的"无穷普遍"的爱却一刻都未受到阻隔，成为所有亚洲民族的共同思想遗产。①

冈仓认为："欧洲的光荣即是亚洲的屈辱！"为此，"东洋民族虽然分散独立，然再生的种子必须自求于内部。泛亚同盟自身具有无法估量的力量，每个民族首先必须要感到自身的力量。"②他似乎在发自内心地呼唤中国、印度等亚洲国家和民族赶快觉醒。

然而，冈仓强调的"亚洲一体"论却是一种以日本为顶尖的金字塔形构造，他所提倡的东方文明既不是中国的儒学，也不是印度的佛教，而是日本化了的儒学和佛教。他明确地告诉世人，将复杂的中国文明、印度文明统一起来是"日本伟大的特权"，"拥有万世一系的天皇这一无以类比的祝福、没有被征服过的民族的骄傲与自恃、牺牲膨胀发展而固守祖先传下来的观念与本能的岛国孤立等，使日本成为承载亚洲思想与文化的真正仓库"。相反，"中国由于几经覆盖全国性的王朝覆灭、鞑靼骑兵的入侵、激昂暴民的杀戮蹂躏，以致除了文献与废墟之外，没有任何可以让人想起唐代帝王的荣华与宋代社会典雅的标识"。"日本是亚洲文明的博物馆"③，"能够凭借其秘藏的标本，对丰富的亚洲文化历史进行一贯

---

① 冈仓天心著，桶谷秀昭、桥川文三译：《东洋的理想》，东京：平凡社，1983 年 6 月，第 11 页。

② 《冈仓天心全集》第 1 卷，东京：平凡社，1980 年，第 136、163 页。

③ 冈仓天心著，桶谷秀昭、桥川文三译：《东洋的理想》，第 14 页。

研究的,只有日本"①。不难看出,冈仓强调的"亚粹",实际上是"日粹",他所主张的亚洲主义的核心是日本中心主义。

大隈重信及其智囊团提出的"东西文明融合论",试图在文化层面上为日本人在日俄战后确立的优越、自负心理提供理论注脚。大隈认为,日本人为东西文明的融合开创了新的历史,"欧美以为只有发生在本民族之间的文明,才是唯一可以生存下去的文明,以为只有自己的道德,才是真正的道德",但是,日俄战争的结果使欧美人"自觉到除了西欧文明以外还存在其他文明,除了西欧道德、文学、美术以外还有其他道德、文学和美术,并对此产生了尊敬之念与真挚的研究之情"②。他说:所有的文化只有通过吸收不同民族的文化才能得到发展,"如今,东洋文明的代表者日本吸收咀嚼了白人文明,并进而将之与东洋文明进行了调和发展。"③1907 年 1 月 5 日,大隈在《教育时论》上发表《日本的文明》一文中说:

> 开国以来,我日本国成为东西两大系统文明接触的交点,世界一切文明要素均汇合于此,我国的思想、制度、文物均发生了大混乱、大冲突、大竞争,……竟然在开国以来的五十年间,获得了充分的调和,即,真正意义上的世界文明,首次在我国得以形成。④

1907 年,大隈辞去宪政本党总理的职务,担任早稻田大学校长。翌年,建立了以其本人为会长的大日本文明协会。1910 年发行《国民读本》,1911 年创刊《新日本》杂志,积极投身于讲演、出版等活动。在此过程中,他是这样鼓吹日本在世界文明中的地位的:

> 对于东洋,是西洋文明的说明者,对于西洋,是东洋文明的代表

---

① 冈仓天心著,桶谷秀昭、桥川文三译:《东洋的理想》,第 13 页。
②③《教育时论》,1906 年 10 月 5 日。
④《教育时论》,1907 年 1 月 5 日。

者。故日本对于融合东西文明,处于绝对性的主导地位。①

那么,居于这种文明地位的日本国民对东亚乃至整个人类负有怎样的使命呢？大隈的回答是:"日本作为东洋的先觉者及代表者,有指导亚洲劣等文明的国家向文明迈进的责任。"②他说:

> 我国已经处于代表东亚文明,并向东洋介绍西洋文明的地位,很好地调和东西文明,进而醇化世界文明,带来人类和平,以图人道之完美,这是我国国民之理想,也是我日本帝国之天职。③

大隈所说的"亚洲劣等文明国"当然包括中国。他说:"支那这一邻国,人种相近,文字相同,只有日本才能保护该国,负有拯救该国国民的义务与使命。"④即:

> 日本也应帮助支那的文明,增进其国力,这样不仅利在支那,而且也有利于日本自身。即支那增进国力,则可预防东洋动乱之危机,这必然带来商品购买力,进而可使我国贸易发达。⑤

在日俄战后的日本社会里,冈仓天心和大隈重信等鼓吹的日本文明论和使命论是具有普遍性的。

1905 年 1 至 7 月,《日本人》杂志连载了田中守平的《东亚联邦论》一文,建议成立"东亚联邦","拥戴我陛下为联邦首长"。文章写道:

> 观日本、支那及朝鲜现状,各自维护独立终究困难至极,加之受到白人各国对异种人的排斥,毕竟东洋各国需要东洋国家的联盟,黄色人种需要以自身的力量来构筑自身安全。依赖白人国家的同

---

① 《新日本》,第 1 卷第 2 号。
② 大隈重信:《经世论》,东京:富山房,1912 年,第 38 页。
③ 大隈重信:《国民读本》,东京:宝文馆,1910 年 3 月,第 194 页。
④ 渡边几治郎:《大隈重信》,昭林堂,1958 年,第 219 页。
⑤ 大隈重信:《东西之文明》,《新日本》第 1 卷第 2 号,1911 年 5 月。

情,或欲借其力以图安逸,绝非上策。①

总之,日俄战争进一步增强了日本国民在亚洲的优越感及其在世界面前的自信,其对中国的蔑视感则已发展到了不可动摇的地步。吉野作造回忆说:

> 我国已经没有惧怕支那的情况了。庚子事件后,日本看透了清朝的真实面目,开始与列强一起欺负清国。日本告别了甲午战争以后对清国复仇的担忧。……特别是日俄战争以后,日本产生了作为军国称雄世界的自负心理,视支那等为狗屁不如。现在日本关注的不是过时的支那,而是俄国这一强敌,并意识到必须应对俄国的复仇。②

三 辛亥革命时期的中国观

1911 年 10 月 10 日,武昌起义爆发,翌年,清帝退位,中华民国成立,孙中山领导的资产阶级民主革命初步取得了成功。但是,"路漫漫其修远兮",封建势力的反扑和帝国主义列强的介入,又使此后的中国进入了一个充满变数、在混乱中不断整合、在黑暗中探索光明的历史巨变期。

辛亥革命在策略上把推翻清政府、废除君主专制作为革命的首要任务,然而其最终目标无疑是在对内实现"民主"的基础上,对外实现"民族独立",这就势必要与鸦片战争以来攫取了巨大在华权益的列强产生冲突。因此,在辛亥革命时期革命新势力与封建旧势力殊死搏斗的天平中,列强的立场倒向何方举足轻重,其中日本的对华政策特别值得关注。

---

① 《日本人(第三次)》,第 414 号。
② 吉野作造:《吉野作造博士民主主义论集》第 6 卷,东京:新纪元社,1947 年,第 91—92 页。

迄今为止，围绕该时期日本的对华认识及其行动，中日学界的相关研究成果丰富。[①] 日本学界普遍注重史料发掘和个案研究，尤其强调各种人物、团体、党派乃至统制集团内部各种势力对华认识的差异性和对华政策的多歧性，然而其不容忽视的一种倾向是，在光怪陆离的种种"个别"和"差异"的重重包围下，"普遍"即日本对华认识的主流及其行动选择的不变原则，反而变得扑朔迷离了。相比之下，由于语言、资料等条件的限制，中国学界有深度的实证研究尚嫌阙如，深入细化的研究尚存一定空间。而要将研究推向深入，就需要在参考先行研究的基础上，挖掘和运用历史资料，通过对该时期日本朝野的各种对华认识、态度、对策和行动进行实证考察，确认其客观上是否存在着"差异"和"变化"；分析导致"差异"及"变化"的原因，进而通过综合分析，由表及里地提取该时期日本对华认识及其行动选择的最大公约数，阐明何为其对华认识的主流，何为其行动选择的表层特征及其内在本质。

在进行这一时期的日本对华认知研究时，以下问题值得关注。

第一，研究时限的设定。严格说来，狭义的"辛亥革命"至中华民国

---

① 例如，在辛亥革命研究方面，日本学界的相关著述有：臼井胜美《日本与辛亥革命——其中的一个侧面》(《历史学研究》第 207 号，1957 年 5 月)、《辛亥革命——日本的对应》(《日本外交史研究·大正时代》1958 年夏季号)、《中国革命与对中国政策》(《岩波讲座·日本历史》，岩波书店，1976 年)、栗原健《第一次、第二次满蒙独立运动》(《日本外交史研究·大正时代》1958 年夏季号)，增村保信《辛亥革命与日本》(《日本外交史研究·日中关系的发展》1961 年 3 月)、《辛亥革命与日本的舆论》(《法学新报》1956 年 9 月)、野泽丰《辛亥革命与大正政变》(《东洋史学论集第六·中国近代化的社会构造》)、大畑笃四郎《辛亥革命与日本的对应——以维护权益为中心》(《日本历史》第 414 号，1982 年 11 月)、池井优《日本的对袁外交(辛亥革命时期)》(《法学研究》第 35 卷第 4、5 号)、由井正臣《辛亥革命与日本的对应》(《历史学研究》第 344 号)、山本四郎《辛亥革命与日本的动向》(《史林》第 49 卷第 1 号)、野村浩一《近代日本的中国认识》(张学峰译，中央编译出版社 1999 年)等。中国的相关著述有：王晓秋著，中曾根幸子、田村玲子译《从鸦片战争到辛亥革命：日本人的中国观与中国人的日本观》(东京东方书店，1991 年 12 月)，俞辛焞《辛亥革命时期中日外交史》(天津人民出版社，2000 年)、《孙中山与辛亥革命关系研究》(人民出版社，1996 年)、《近代日本外交研究》(天津古籍出版社，2006 年)，李廷江《日本财界与辛亥革命》(中国社会科学出版社，1994 年)等。

建立及清帝退位即告结束,然而事实上"革命"还在继续。俞辛焞认为:"政治史上的辛亥革命作为历史事件,经过1913年的第二次革命已经基本结束,但从中日外交史和国际关系史的角度看,辛亥革命之际发生的各种外交和国际关系问题,并没有通过二次革命解决,而是一直持续到了1916年6月袁世凯死去。"①这一观点是可以成立的,因为旨在推翻封建君主专制、建立民主共和的辛亥革命不是一蹴而就,二次革命和护国运动就是要巩固共和制成果、反对帝制复辟,因此是革命的继续,是无法被割舍的辛亥革命历史过程的重要组成部分。同时,这样的"时空设定"所带来的视域扩大效果,有助于深入系统地辨明该时期日本对华认识及对策的全貌。

第二,关于"客体对象"的把握。对日本来说,孙中山及南方革命党、清政府、袁世凯及北洋军阀,都是其认知及对策的"客体",其对某一特定"客体"的判断和立场,总是与其对其他"客体"的态度紧密相关的。因此,只有把日本与不同客体的互动以及客体间互动对日本的影响统统纳入研究视野,才能从整体上认清日本对华观及其行动选择的特点。

第三,关于"主体"状况的分析。阐明该时期日本对华认识及其行动选择"怎么样"或"是什么"还不是研究的终结,深究其"为什么"当是又一重要命题,这就要求对日本这一认知及行动主体的自身状况进行考察分析。探讨这一问题时,同一时期日本国内蓬勃兴起的政党政治和大正民主运动、甲午战争后国民蔑华意识的泛化和大陆扩张思想的膨胀、"亚洲主义"旗号下东洋盟主论及日本使命观的抬头等动向是值得关注的,因为这些内在的思想和社会"状况"约束了日本对华认知及行动选择的能力和方向。

第四,关于"关联客体"的作用。该时期的中日关系不是单纯的中国

---

① 俞辛焞:《辛亥革命时期的中日外交史研究》前言,[日]东方书店,2002年。

与日本的关系,而是世界中的中日关系。同样希望维护和扩大在华权益的欧美列强所采取的中国政策对日本的影响和牵制是一种客观存在。在中国问题上,日本与列强狼狈为奸也好,殊死争夺也罢,总之是不可无视列强的存在而独往独来的。出于同样的理由,该时期中国各种政治势力的对外应对之策,无疑也进一步增加了日本对华认识与行动选择的变数。

1. 政界的判断与对策

辛亥革命初,孙中山等革命党人为了避免列强的干涉,提出了"驱除鞑虏,恢复中华,创立民国,平均地权"口号,将革命的首要目标明确为推翻满清封建王朝,建立民主共和国。武昌起义后成立的湖北军政府也宣布,承认以往列强与清政府签订的条约"继续有效"。因此,以英为首的帝国主义列强决定采取"中立"政策。

武昌起义爆发后,日本对起义的性质及其发展趋向缺乏总体的把握,在对华政策上内部意见不一。陆军省倾向认为起义是"叛乱",主张趁机出兵,占据中国领土;参谋本部和海军省认为形势尚不明朗,主张继续观察。结果,举棋不定的政府只能与列强保持协调,暂时采取了"中立"政策。10 月 24 日,西园寺内阁通过了《对清政策》文件,认为"清国事态极不稳定,今后发展难以预测",决定把"占据对清优势地位"和"长久保持满洲现状"作为日本对华政策的基本目标,等待有利时机,"从根本上解决满洲问题"。文件还决定"在清国关内培植势力,并设法使其他各国承认帝国在该国的优势地位"。"在满洲问题上,与俄国采取协同步调,以维护我国权益";"对英国要始终贯彻同盟条约精神,对法国及其他与清国本土有利害关系的各国则要探讨协调的途径,同时讲求方策,尽最大可能把美国也拉入我伙伴之中,以期逐步实现我国的目的。"① 文件

---

① 日本外务省编:《日本外交年表及主要文书》上,文书,第 356 页。

中没有说明对革命军的具体政策,表明西园寺内阁仍倾向于支持清王朝,对清政府扑灭辛亥革命抱有希望。

随着中国各地纷纷宣布"独立"脱离清朝的统治,英美等列强很快认识到大清帝国大势已去,并纷纷寻找新的代理人。日本驻华公使在给外务大臣的电报中也表明:"据本职浅见,人心所向和东亚大势业已不可阻挡,民意完全背离满清朝廷已确凿无疑,现今朝廷已完全丧失昔日统治四百余州的威信与实力,不论采取何种怀柔妥协手段,恐已无法平定目前时局。"

为了支撑摇摇欲坠的局面,清政府请出下野的袁世凯出山收拾残局。英美对袁世凯持支持态度,日本则非常讨厌袁世凯上台。袁世凯与日本结怨深久,早在领兵驻朝鲜的甲午战争之前就与日本针锋相对,甲午战争后执掌北洋军政期间与日本的关系有所缓和,但是随着日俄战争后日本侵略东北步伐的加快,袁采取了靠近英美牵制日本的"以夷制夷"的政策,策划引进英美资本修建与"满铁"并行的铁路,为日本修建安奉铁路设障,抑制了日本在东北的扩张,因此成为日本的眼中钉。1911年10月,袁世凯奉命北上进京掌清朝军政大权时,日本大陆浪人川岛浪速与日本驻华军官曾密谋刺杀袁世凯,阻止其北上。

11月1日袁世凯就任清内阁总理大臣后,日本曾试图改善与袁的关系,但袁在南北停战、废黜摄政王等一系列重大问题上只与英国商议,日本被晾在了一边。其后,袁独揽大权,施展了纵横捭阖的权术,北逼清廷,南御革命,并在"共和立宪"上与南方革命党达成妥协,于1912年2月15日当上了中华民国第二任临时大总统。

起初,日本的一些人对中国实行"共和制"甚为反感,寺内正毅表示:"清国共和论对我国人心影响极大,实为可惧。"[1]德富苏峰喧嚣"黑

---

[1] 信夫清三郎:《日本外交史》,东京:每日新闻1974年版,第249页。原载于《桂太郎文书》六二一二九。山县的这种担忧,参见德富苏峰编述《公爵山县有朋传》下,东京:原书房1969年版,第780页。

死病是有形之病，共和制却是无形之病"，担忧中国"建立共和制政体与日本帝国之国是的皇权主义发生冲突"，建议政府对中国的政体变更进行干涉。[①] 但是，老练的政治家山县有朋等对中国采取什么政治体制却不甚在意，山县认为，"不论中国成为共和或帝制，都无须过问"[②]，只要日本的在华权益能够得到保护和扩大，与袁世凯携手也未尝不可。

为了改变袁对日本的不好印象，日本政府决意在承认袁政府的问题上争取主动。1913 年 2 月 21 日，日本政府向俄、英、美等列强发出了关于承认袁政府的备忘录。3 月 23 日，又向袁世凯政府提出《关于承认中国新政府之条件细目》(草案)，要求其继承 1842 年《南京条约》以来与列强签订的所有不平等条约，以换取列强对新政府的承认。由于列强在承认新政府的时机上意见不一，日本等主张的"共同承认"方案一再拖延。5 月和 9 月，美国和英国先后宣布承认袁政府。10 月 6 日，袁正式就任中华民国大总统。同日，日、英、德等列强只得承认袁世凯的北京政府为合法政权。

日本虽然在承认袁世凯新政府的问题上最终慢了一步，但还是得到了丰厚的回报。立足未稳的袁世凯为了得到列强的支持，正式就职后即宣布："所有前清政府及中华民国临时政府与外国政府所订条约、协约、合约，必应恪守"[③]，同时满足了日本提出的在中国东北的筑路权要求，于 10 月 5 日与日本政府交换了《满蒙五路借款修筑预约办法大纲》。

还应指出，在剧烈动荡的辛亥革命初期，日本在密切注视中国政局变化并调整对策的同时，从未停止对华侵略及渗透的行动。继 1910 年 7 月 4 日日俄签订第二次《日俄协定》及其《密约》之后，1912 年 7 月 8 日，

[①] 周日论坛《对岸之火》，《国民新闻》1911 年 11 月 12 日。
[②] 北冈伸一：《日本陆军与大陆政策》，东京大学出版会，1978 年，第 92 页。
[③]《政府公报》第 615 号，1913 年 10 月 11 日。

日俄又在彼得堡签订了第三次《日俄密约》,背着中国私下划定了双方在中国内蒙古东、西部的势力范围,严重地损害了中国主权。我国学者指出:"日本政府通过签订第三次日俄密约,将其'利益线'着实地推进到了南满洲和东部内蒙古。"①此外,也是在这一时期,日本参谋本部还指使大陆浪人川岛浪速勾结蒙古王公贵族,策划发起了第一次"满蒙独立运动",公然进行分裂中国的活动。

2. 大陆浪人的认知与行动

辛亥革命时期,日本有不少大陆浪人同情和支持了孙中山领导的革命运动。与此同时,为清政府出谋划策而被奉为"上宾"的浪人也不乏其人。显然,辨明辛亥革命时期日本大陆浪人的立场和作用无疑是值得研究的一个问题。

大陆浪人亦称"支那浪人",是近代日本社会衍生出来的成分极为复杂的特殊群体。《角川日本史辞典》的解释是:大陆浪人是日本帝国主义侵略亚洲的尖兵,与日本的政、军、商界勾结,以朝鲜和中国大陆为活动舞台,其中有投身于革命者,有为军部刺探情报者,也有穷困潦倒的政治家、一诺千金的野心家和坑蒙拐骗的无赖。② 我国学者赵军则将大陆浪人分为五类,一是以岸田吟香和根津一③为代表的在经济和教育领域深入中国进行调研活动的先驱性人物;二是同情和支援中国资产阶级民主革命的大陆浪人,代表性人物有玄洋社的头山满、平冈浩太郎,黑龙会头目内田良平,在惠州起义中战死的山田良政,以及与孙中山关系密切的宫崎滔天、平山周、萱野长知等;三是以北一辉为代

① 沈予:《日本大陆政策史1868—1945》,社会科学文献出版社,2005年,第170页。
② 高柳光寿、竹内理三编:《角川日本史辞典》,角川书店,1984年,第588页。
③ 岸田吟香于1878年在上海开设乐善堂分店,通过贩卖眼药、杂货及出版等途径广交中国人;根津一开设汉口乐善堂分店,收集中国内地情报,并在上海开创日清贸易研究所,是东亚同文书院的创始人。

表的与"湖南派"革命党人具有密切关系的大陆浪人,宋教仁遇刺后回到日本而远离了革命党;四是以川岛速浪、佃信夫等为代表的反对辛亥革命、援助清政府的大陆浪人,武昌起义后支持宗社党开展"满蒙独立运动",企图将"满蒙"从中国分裂出去;五是混入中国民间的"马贼"或"胡匪"。①

辛亥革命爆发前,孙中山等革命派以日本为基地开展革命活动,结识大量民间及政、军、商界人士,赢得一批中国革命的同情者和支持者,俞辛焞将辛亥革命前孙中山结交的日本人士分为四类,即宫崎滔天等主张自由、民主和民权的民权派志士;头山满和内田良平等玄洋社、黑龙会系统的大陆浪人;犬养毅和尾崎行雄等主张立宪政治的政界人士;平冈浩太郎等商界人士。② 但这四类人中,宫崎滔天、平冈浩太郎等也是大陆浪人,犬养毅和尾崎行雄等政、军界要人则与浪人关系密切。革命爆发后,大陆浪人紧急行动起来,他们与民间人士和政党势力相呼应,通过友邻会③、"支那问题同志会"④、善邻同志会⑤和太平洋会⑥等政治团体开

---

① 赵军:《近代日本与中国的接点——以大陆浪人、大亚洲主义与中国的关系为中心》,《驹泽女子大学研究纪要》第2号,1995年,第63页。

② 见俞辛焞著《孙中山与日本关系研究》,人民出版社,1996年,第44页。

③ 友邻会是由内田良平和小川平吉倡议于1911年11月上旬成立的,会员有三和作次郎、宫崎滔天、福田和五郎、古岛一雄等。活动资金主要由玄洋社所在地的福冈在乡同志会和煤矿老板提供。

④ 支那问题同志会由新闻和司法界人士发起成立。1911年12月26日在东京日比谷的松本楼举行首次集会。主要成员有《东京朝日》的松山忠次郎,《万朝报》的有斯波贞吉、古岛一雄、岩佐溪龙,《太阳》的浮田和民、浅田工村,《东京日日》的相岛勘次郎,《日本新闻》的工藤日东,《日日新闻》的鹈崎鹭城,《报知新闻》的上岛长久,《二六新闻》的福田和五郎。《东京每日新闻》、《大阪每日新闻》、《日本及日本人》、《东洋经济新报》、《实业之日本》及《新日本》等报纸杂志也有代表参加。司法界人士有盐谷横太郎、平松市藏、上岛长久、斯波贞吉等。后来该会发展为有各团体和党派参加的联合组织。

⑤ 善邻同志会是在根津一(东亚同文会)、头山满、杉田定一、河野广中等的倡议下,于1911年12月27日在东京筑地的精养轩宣告成立的。成员有立宪政友会的小川平吉、立宪国民党的福本日南,商界名人白岩龙平等。

⑥ 太平洋会是推进大陆政策的团体,与军部及官僚往来密切。辛亥革命爆发后,大竹贯一、五百木良三、中野二郎等骨干决定"保全支那与援助革命军",并派遣法学博士寺尾亨到上海。

展各种声援活动①,派遣骨干成员到中国支援革命,同时在国内策动政府及军界、商界要人支持革命派。

但是,这些同情和支持辛亥革命的浪人思想动机颇有不同,甚至大相迥异。这可以从宫崎滔天、内田良平和北一辉的对华认知与行为动机中窥之一斑。

宫崎滔天(1871—1922),本名宫崎寅藏。其卓越贡献表现在:将孙中山的《伦敦遇险记》译成日文,在1898年5至7月的《九州日报》上连载,由此孙文在日本名声鹊起;将政治家犬养毅、大隈重信、尾崎行雄以及头山满、宗方小太郎等社会名流介绍给孙中山,扩大了革命派在日本活动的空间;为促成孙中山与康有为等改良派合作而积极奔走,为此曾在新加坡被捕,身陷囹圄;协助孙中山发动1900年的惠州起义,并具体负责在日本为革命派筹办军火;力促孙中山、黄兴、宋教仁等革命势力于1905年实现大联合,成立了中国同盟会,并将其东京的私宅提供给同盟会作为机关报发行所;1906年创办半月刊《革命评论》杂志,向日本人大力宣传中国革命;1911年10月武昌起义爆发后来到中国,伴随孙中山左右,是孙中山就任中华民国临时大总统的历史见证人。

宫崎作为孙中山的挚友,一生矢志不渝,为改变中国及东亚的命运倾尽心血。孙中山在为宫崎滔天的名著《三十三年之梦》作序时写道:"宫崎寅藏者,今之侠客,见识高远,抱负非凡。"②后又将"推心置腹"的匾

---

① 例如,1911年10月17日,头山满、内田良平等二百余人在东京日比谷公园的松本塾召开"浪人会",决定静观形势,"以期不误经由内外予以支持之机宜"(《日本及日本人》,1911年11月号,第10页)。1912年2月22日,由于清帝退位、袁世凯上台,犬养毅、尾崎行雄、冈崎邦辅、杉田定一、浮田和民、黑岩周六、花井卓藏等人召集各党派和团体联合举行"支那问题同志联合恳亲会",约300人与会,决议"贯彻民国革命,确定对华政策"(《支那问题同志会》,《时事新报》1912年2月24日)。伊藤知也、中西正树、佐佐木照山、古岛一雄等百余名"志士"集会,《东京朝日新闻》1912年3月12日刊登的其《浪人会决议》称:"吾人同志鉴于支那最近时局,否认伪革命,排斥伪浪人,为援助经世济民的真革命,先忧后乐的真浪人要奋起挽救支那危机,为东亚大局做贡献。"
② 宫崎滔天:《三十三年之梦》,东京:国光书房,1902年,第2页。

额赠与宫崎。吉野作造评价说："宫崎滔天是中国革命的真正援助者。所谓真正援助，就是没有私心、忠于中国同胞之意。"①我国学者王晓秋认为：宫崎滔天是"支持中国革命最真诚的日本友人"。②

宫崎滔天如此支持中国的革命运动是有深刻思想基础的。

第一，宫崎的近代文明观及其"世界革命"志向。

宫崎生于熊本县没落武士家庭，自幼深受自由民权思想熏陶，长兄八郎参加自由民权运动，后参加西南叛乱战死；二兄民藏和三兄弥藏也是对现实体制不满的民权主义者。这样的家庭和社会环境对宫崎思想性格的形成产生了重要影响。成年后的宫崎不满社会现状，他崇尚中国的世界大同说，在"人类同胞"、"世界一家"的观念下，反对帝国主义和殖民主义，憎恶国家间的压迫和战争，猛烈抨击近代文明是"骗人的谎言"。③ 他以犀利的笔锋写道：

> 人或曰，当今社会是文明社会。予亦承认现今比之过去文明。各种科学技术之进步，诸种机器之发明，电气铁道之广为利用，世界呈比邻之观，伟观则伟观矣。然此等科学技术、器械发明导致兵器新造、战舰升级、兵备日益扩张，战争愈加惨绝，壮观则壮观矣。然此壮观可称真文明乎？ 非也，以予观之，今之文明乃野蛮文明也。野蛮力随文明力进步。不！ 世界因文明而缩小，野蛮力恃文明力而膨胀。……日本乃新进国，过去三十年间之发达可称世界无双，殊见警察兵马之术，然则所谓野蛮文明之进步也。④

为了与包括日本在内的"野蛮文明"相对抗，宫崎树立了远大的人生理想和抱负，即：

---

① 宫崎滔天著、陈鹏仁译：《宫崎滔天书信与年谱》，台湾商务印书馆，1982年，第90页。
② 王晓秋：《中日文化交流史话》，山东教育出版社，1991年，第113页。
③ 宫崎龙介、小野川秀美编：《宫崎滔天全集》第1卷，平凡社，1971年，第217页。
④ 同上书，第474—475页。

> 余信人类同胞之义,故忌弱肉强食之现状。余奉世界一家之说,故憎现今国家之竞争。所忌不可不除,所憎不可不破。……故余遂至以世界革命者自任。[1]

由此可见,宫崎滔天之所以能成为"中国革命的真正援助者",正是以这种改变"弱肉强食之现状"的理想和"世界革命者"的胸怀为基础的。

第二,宫崎的世界革命"根据地"在中国的信念。

宫崎的三兄弥藏认为,日本的革命须首先在中国进行。中国若推翻清政府,建设新国家,收回被剥夺的权利,就会成为亚洲解放的根据地,进而号令世界。[2] 这一思想为宫崎滔天所继承,他也认为亚洲革命的重心在中国,日本难以进行新的革命运动,单靠日本的力量无法驱逐欧美势力,日本的解放只有依托中国驱逐欧美、解放亚洲来实现,届时"支那复兴,印度、泰国、越南随之复兴,亦可救助菲律宾、埃及"[3]。基于这种认识,宫崎在《支那革命与列国》一文中满怀激情地写道:

> 支那真乃具有左右世界命运之力量。革命成功,则可号令宇内,弘道于万邦;列国干涉,则将引发世界革命。呜呼! 支那国前途多望哉,生于支那之人真乃幸福! 余辈羡慕不已。[4]

对"世界革命根据地"的确认只是问题的第一步,要把理想变成现实,还必须在中国找到志同道合者,这一愿望是在宫崎结识孙中山、黄兴等革命家后实现的。1897 年 9 月,宫崎在横滨与孙中山初识,即为其"主义"和人格魅力所倾倒,他盛赞:

> 孙逸仙极为诚恳、坦率,思想高尚,见识卓越,抱负远大且情真

---

[1] 宫崎滔天:《三十三年之梦》自序,宫崎龙介、小野川秀美编《宫崎滔天全集》第 1 卷,平凡社,1971 年,第 12 页。

[2] 参见俞辛焞《孙中山与辛亥革命关系研究》第 40 页的相关论述(人民出版社,1996 年)。

[3] 参见赵军《大亚细亚主义与中国》,亚纪书房,1997 年,第 67 页。

[4] 宫崎龙介、小野川秀美编《宫崎滔天全集》第 2 卷,东京:平凡社,1971 年,第 608 页。

意切。我国人中无几人堪比，诚为东亚之瑰宝。①

从此与孙中山结为莫逆之交，全身心地追随孙中山投入到中国革命的洪流。

第三，宫崎的人类正义感超越了狭隘"国家利益观"。

甲午战争后，蔑视中国的心理和东洋文明国的优越感已经成为日本社会的普遍现象。对此，正直的宫崎怒斥日本人是世界上最具歧视性的国家和民族②，他感叹道：

> 一等国民呦，大和民族呦，君子国民呦，东洋日出国之国民呦，现在不反省，将来必后悔。物先腐而虫生，尸先存而鹫集。外患不足惧，可惧者唯国民性堕落、傲慢心之增长也。③

辛亥革命爆发后，宫崎站在革命的立场上，对日本政府和民众的对华态度进行了严厉抨击，其撰文说：

> 阻挠中华民国成立的不正是日本吗？虽不是全部日本人，至少政府当局，不管是什么政府，不都在阻挠吗？没有人为民国的成立填一篑土。内阁的对支外交，说透了是愚蠢的。在援助政策下借给钱、借给武器，让支那南北对立永久化，结果酿成了反日感情……一次革命时，一千五百万元借款契约已经签订了，日本中途又违约，导致南方政府中止北伐而不得不妥协。一旦妥协时，马上又恶骂革命党是懦夫，没志气，除了少数同情者外，没有人从内心为他们着想，没有人为他们洒上一掬同情之泪。如此叫喊日支亲善，即使反复叫上千万遍又有何用？我断言这种罪过都在日本及日本人身上。④

第一次世界大战爆发后，日本趁火打劫，出兵强占了德国在中国的

---

① 宫崎龙介、小野川秀美编：《宫崎滔天全集》第 1 卷，平凡社，1971 年，第 119—120 页。
② 宫崎滔天：《来自东京》，《宫崎滔天全集》第 2 卷，平凡社，1971 年，第 123 页。
③ 同上书，第 330 页。
④ 宫崎滔天：《熏笼中》，《宫崎滔天全集》，第 3 卷，平凡社，1971 年，第 244—245 页。

租借地胶州湾和山东铁路,随后于 1915 年向袁世凯统治的北京政府提出了旨在灭亡中国的"二十一条"要求。在巨大的国家利益诱惑下,当时日本的主流媒体一边倒地支持政府的主张,甚至大正民主运动的旗手吉野作造也认为"二十一条"是"最低限度的要求"。① 对此,宫崎滔天极为愤怒,在《广东行》一文中谴责大隈内阁的二十一条要求"太过无理"。② 俄国革命爆发后,再撰文要求日本政府放弃军国主义政策:

> 我等认为向来的对支政策及对台湾、朝鲜政策是不人道、非正义的,是军国侵略主义乃至利己主义的。原来说了为了对抗俄国军国主义还多少有些借口,但今日俄国军国主义已经与其帝政一起崩溃,新俄国绝对否认侵略主义,国际联盟亦禁止单独军事行动,故现今正是我国改变军国主义外交的最好时机。③

由此看来,宫崎滔天是带着一种为世界革命献身的崇高理想支持孙中山领导的辛亥革命的。他是一位熠熠闪光的卓越思想者,也是一位身体力行的革命实践者,但在辛亥革命时期日本的民间和大陆浪人中,又只能是极为特异的存在,正如其本人对孙中山的评价一样,在众多同情和支持辛亥革命的日本人士中,像宫崎那样具有崇高思想境界的"无几人堪比"。

内田良平(1874—1937)是右翼团体黑龙会的创始人(1901 年),是支持孙中山开展革命运动时发挥了很大能量的社会活动家。与宫崎滔天不同,在形形色色的支持革命派的日本民间人士和大陆浪人中,内田良平的中国认识及其行为动机具有普遍性和代表性。他客观上帮助过中国革命派,但骨子里想的是日本;他是个急欲扩大日本在华权益的国权

---

① 吉野作造:《日支交涉论》。见《吉野作造著作集》8,岩波书店,1996 年,第 152 页。
② 宫崎龙介、小野川秀美编:《宫崎滔天全集》第 1 卷,平凡社,1971 年,第 588 页。
③ 宫崎滔天:《来自东京》,宫崎龙介、小野川秀美编《宫崎滔天全集》第 2 卷,平凡社,1971 年,第 169—170 页。

主义实践者,而不是日本学者判定的"国权主义空想家"。①

甲午战争时期,内田因支持朝鲜东学党而得到日本统治阶层赏识。经宫崎滔天介绍结识孙中山后,开始与革命党人往来密切。武昌起义后,接受宋教仁的嘱托,一面派遣北一辉、清藤荣七郎、葛生能九等到中国与起义军联系并搜集有关情报;一面在国内组织各种声援活动,在政、军、商界上层周旋,力劝政府停止对清廷的武器支援,并成功地说服三井财阀为革命军提供 30 万两白银借款以购置军火。② 南北议和、袁世凯就任临时大总统后,内田逐渐疏远革命派,把精力投向了使"满蒙"从中国"分离"的工作。

内田作为打着亚洲主义旗号的国权主义者,客观上虽曾支持过孙中山领导的革命运动,主观思想动机却阴暗龌龊,是以扩大日本的在华权益为出发点的。这可从其 1913 年写下的《支那论》一书中得到证实。

中国社会的"三分结构"导致"中国畸形论"是《支那观》的要点。在内田看来,中国社会由政治社会(即"读书社会")、普通社会(即"农商工社会")和游民社会构成,"支那是个畸形国,政治社会与普通社会全然分离"。③

内田笔下的中国政治社会是:

> "三年清知府,十万雪花银",如实地描绘了这个社会的状态。彼等以贿赂及第,再以受贿而营私产,嫉贤妒能,排斥异己,除了谋求权势福利之外,不求国家之存亡、国民之休憩。废除科举制不过是改变了读书的形式。金钱万能主义是支那国民性的痼疾,政治家冠冕堂皇但言清行浊。……故辛亥革命临时共和政府成立之际,也是极尽党争排挤之丑态,最终导致南北倾轧、暗杀、格斗、混乱、亡命,内招土匪连绵,外致外藩抗命与列强逼压。这些皆因彼等恬不

---

① 野村浩一著、张学锋译:《近代日本的中国认识》,中央编译出版社,1999 年,第 52 页。
② 参见俞辛焞著《辛亥革命时期中日外交史》,天津人民出版社,2000 年,第 67 页。
③ 内田良平:《支那观》,黑龙会,1913 年,第 6 页。

知耻,源于国民性的恶根。①

其笔下的中国普通社会是:

> 农工商,只追逐个人利益生活。彼等是彻底的个人本位主义者,只要个人生命财产与安全有保障,则拥戴君主也行,不拥戴君主也可,对于其国土归属何国是不会刨根问底的。数千年来,国王姓刘、姓李、姓赵、抑或姓奇渥温、姓朱、姓爱新觉罗,皆与彼等无关,有朝一日改姓英、俄、法、德或日、美,彼等亦不会过问。彼等祖先留下的歌谣是:凿井而饮、耕田而食,帝力与我何干?这确实表达了彼等的性格。彼等唯望少纳税、少受些徭役之苦罢了。②

至于中国的游民社会,内田的描述是:

> 秦汉以来,彼等以豪侠自任,平生的职业就是打家劫舍、挖坟盗墓、悠哉赌博,眼中无政府、无祖国、无仁义、无道德,其理想唯以自己快活为满足,称分金银,绸棉加身,成瓮喝酒,大块吃肉,除此之外,再无理想,马贼与土匪属于此类。支那国民性的残酷狠毒实以彼等为代表。③

在对中国社会进行了如此描述分析后,内田得出了如下结论:

> 世界国民中像支那国民性情恶劣者稀少。彼等若非以自家为中心而逞其政权欲的凶汉,便是为自家私利私福而不辞忍受任何羞耻的险民。彼等既无政治机能,亦无国民精神,无敌忾自强的志气。在彼等面前,主义、人道、名分已失去本来意义。……彼等所谓共和政治的社会性创造,简直是缘木求鱼。④

---

① 内田良平:《支那观》,黑龙会,1913年,第13—16页。
② 同上书,第31—32页。
③ 同上书,第19—20页。
④ 同上书,第38—41页。

很显然,内田对中国社会的看法原本是极为蔑视的。既然如此,他又是以何种心态做出了支持革命党这一看似矛盾的举动呢? 问题的实质是,面对苟延残喘的清政府和蓬勃兴起的革命运动,国权主义者们在对华策略上不无分歧。内田良平所代表的一派人看好革命派,企图通过"预先投资"获得革命派好感,以便在革命派掌权后得到丰厚"回报"。事实上,内田在为中国革命奔走之时,就已经迫不及待地提出了确保日本在满洲的权益,扩大日本在华东、华中和华南地区经济利益,以及在政治、经济、军事和教育领域聘用日本人等要求。① 川岛浪速等一派人采取的策略则相反,他们认为支持摇摇欲坠的清政府才能事半功倍,更利于加强对中国的控制。二者异曲同工,所谓手段不同,目标一致。因此,当内田看到袁世凯夺取了辛亥革命果实、既往的通过扶植和掌控革命派来扩大日本在华权益的途径受阻后,便放弃了"曲线救国"路线,转而与川岛殊途同归,联手搞起了"满蒙独立运动"。

值得注意的是,在支持革命派的大陆浪人中,"内田现象"是"普遍"而非"个别",正如日本学者野村浩一所指出的那样:"对中国的这种认识方法,并不只限于内田一个人,毋宁说在日俄战争后几乎所有的中国认识中,多多少少都带有这种特征,这是一股时代潮流。"②

北一辉(1883—1937),又名北辉次郎,日本法西斯的教祖。23 岁自费出版《国体论与纯正社会主义》(1906 年),猛烈抨击资本主义弊端,公然对天皇制提出质疑;1919 年炮制《国家改造案原理大纲》,取"夺玉"之策,摇身变成尊皇派,将打击对象瞄向了财阀、党阀和军阀。1936 年"二二六"事件发生后被捕,翌年被政府以武装叛乱的思想教唆犯罪名处决。

北早年加入中国同盟会,并在宫崎滔天创办的《革命评论》杂志社工作,成为援助中国革命的日本"志士",此间尤与革命派领袖之一宋教仁

---

① 参见俞辛焞《辛亥革命时期中日外交史》,天津人民出版社,2000 年,第 71 页。
② 野村浩一著、张学锋译《近代日本的中国认识》,中央编译出版社,1999 年,第 57 页。

过往甚密,故武昌起义爆发后,应宋教仁之邀,被黑龙会舵主内田良平派往上海,担任宋教仁顾问,一面负责日方与革命党人的联络,一面搜集情报发回国内。1913 年宋教仁遇刺后,与革命派渐行渐远。

1916 年,北一辉在上海写下《支那革命外史》(1921 年出版)一书,集中阐述了对辛亥革命的认识,并袒露了中日"合作"的愿景。

第一,对辛亥革命性质的"洞察"。

辛亥革命爆发后,日本持有中国只是发生了"封建王朝更替"看法的人不在少数。川岛浪速在 1912 年 8 月口述的《对支那管见》中,否认辛亥革命是"民族觉醒"的产物,认为革命创建了"全新国家"之说是"极大的谬误"。① 内田良平在《支那观》(1913 年)中历数中国的劣根性,认为辛亥革命"形同昔日英法革命",但"若因其冠有革命之名便视若泰西革命,则是颠倒黑白"。② 海军兵学校文职教官酒卷贞一郎在《支那分割论》(1913 年)中,污蔑革命军是"无赖、流浪汉与苦力的集合",故所谓的革命"不过是骗人的"。③ 大隈重信则在 1915 年 7 月首相任职内写下的《日支民族性论》中断言,中国的"尚古陋风"④使其无法吸收新文明,辛亥革命"未能增添任何新的文明要素"。⑤

对此,北一辉写道:

> 当我现在回顾革命运动轨迹之时,首先要把我不同于支那轻侮论者的着眼点摆在前面。他们称排满革命名为革命战争却看不到值得一提的战斗,看不到胜负。于是便归罪于其民族性,嘲讽和谩骂(革命)是可笑的发火演习。我则相反,古今所有革命运动实际上都是思想战争,而非兵火战争。……今日之支那不是十年前的支

① 川岛浪速:《对支那管见》,1912 年 6 月,第 21—23 页。早稻田大学中央图书馆藏。
② 内田良平:《支那观》,黑龙会 1913 年版,第 6—7 页。
③ 酒卷贞一郎:《支那分割论》,启成社,1913 年 7 月,第 263—264 页。
④ 大隈重信:《日支民族性论》前编,公民同盟出版部,1915 年 7 月,第 33—34 页。
⑤ 同上书,第 31 页。

那。有些官僚与支那通用十年前看待支那的目光,先入为主地看待当今的支那,他们所接触的不过是支那的表皮,以及武人一拳便可打死的腐烂透顶的亡国阶级。他们视线中看不到剥落这层表皮后生长出来的新统治阶级——革命党及革命青年。因此,就连与革命党人有交往的人也误认为革命党是韩国的亡国亲日党,以为他们只有依赖日本、仰仗日本才能立国,为此而进行令人蹙额的援助者比比皆是。[1]

北接着写道:

> 那些爱国革命党要从累卵之危中挽救走向灭亡的祖国,其运动目标自然就集中到国家问题上来。他们欲挽救因积弱而面临被瓜分亡国危机的祖国,故可称之为爱国党,对于欲趁机凌辱其国、瓜分其国的列强来说当然也就成为排外党。……他们虽然倾听着同文同种、唇齿相依等腐臭纷纷的亲善论,但实际上早已觉醒了。对于习惯了凌驾胁迫亡国阶级、以习惯性轻侮观倡导亲善的日本人,他们是初始的爱国者。[2]

这里,北一辉把辛亥革命看做民族觉醒的产物,是一场破旧立新的"思想战争",是"爱国党"所代表的"兴国阶级"对"亡国阶级"的革命,其对事物的本质性把握可以说超凡脱俗,显示了深刻的洞察力。

第二,对中国实现统一的见解。

面对辛亥革命后中国南北对立、武装冲突不断的现状,日本某些人认为中国将走向分裂。但是,北一辉的看法正好相反。他说:

> 支那有史以来就是统一的,即使出现过群雄割据和两朝抗争。日本也有过元龟天正的分裂和南北朝争霸的时代。若说日本因有

---

① 北一辉:《支那革命外史》,《北一辉著作集》第 2 卷,MISUZU 书房,1967 年,第 27—29 页。
② 同上书,第 27—28 页。

这样的中世历史,帝国宪法就应输入美国的翻版来建立各藩联邦,岂不是可笑的史观?春秋时人们期待天下统一的来临,孔明的鼎立之策也是为统一做准备。统治者与民众的理想通常在于统一,分立抗争时代不过是统一的觉醒尚未普及的历史过程而已。只观察支那之皮毛者是不考察这种历史过程的。对于各省自身顽强的团结力量其实应从反面理解,它正好是国家统一的第一步。……赋予革命支那的《中华民国临时宪法》,是以中央集权的统一为根本的,与美国的带有分权恶臭的制度丝毫无关。①

这里,北一辉反对"中国分裂论"的态度是明确的,认为南北对立只是暂时现象,未来发展趋势必将是实现真正统一。这一判断无疑是正确的。但是,北对统一进程的长期性和艰巨性显然估计不足,也未展开深入分析。

第三,对中国共和政体的批判。

推翻清朝专制、实行民主共和是孙中山及其革命党人的远大理想,中华民国的成立正是实现这一理想的重要一步。汉学"泰斗"内藤湖南也认为,清朝灭亡后,中国不应实行中央集权,地方分权的"某种变态的联邦制"②更适合于中国。对此,北一辉持不同见解。北承认孙中山人格伟大,具有"超越利欲的美德和不计较个人得失的乐天派胸怀",但并不完全同意孙中山的政治主张,特别是在中国应实行何种政治体制的问题上,批评孙中山"照搬美国","在国家观念中有不能容忍的缺陷"。这里不妨引用长文,看一下北一辉的"见地"。

北美建国是基于脱离其母国也不能背叛自由的精神,他们是为了信仰和自由而不能容忍母国的移民子孙。自由之乡是美国国民

① 北一辉:《支那革命外史》,《北一辉著作集》第2卷,MISUZU书房,1967年,第8—9页。
② 陶德民:《明治的汉学者与中国——安释、天囚、湖南的外交论策》,关西大学出版部,2007年,第219页。

的骄傲,清教徒的血液随着移民的增多而混浊,但自由却是贯穿其历史的国民精神。支那则与之相反,其传统是与自由恰好相反的服从道德、服从父母、顺从君主,以忠孝、齐家、治天下为道德,历史上支那人民是只有统治道德得到显著发展的国民。……在这种历史中,他们成为鞭打了数千年的奴隶。……孙君的空想不必美国人说我们也都知道,那是觉醒了的革命党人的疾患。世界上的共和国中,只有美利坚合众国没有反动与革命的反复,这不仅是由于其国家建立在分离的革命基础之上,而是……由于他们的国民精神尊重反对党的监督自由。没有自由的觉醒,或正要觉醒但依然处于专制历史惯性中的国家,决不可能通过美国的制度来维护自由。这样的国家如果采用美国的两党对立制,反对的自由、监督的自由、批评攻击的自由、更替交迭的自由等反对党可以存在的一切理由,必然会遭到蹂躏,结果必然会出现一党专制政治,在野党会被当作"叛徒"。如果在支那的建国与历史当中无法发现保护在野党自由的精神,那么孙君对美国总统政治的翻译(照搬),反而会背叛其理想中的民主自由而成为专制。[1]

接着,北一辉谈到了东洋的政治传统,即除了君主专制外,其笔下的"东洋共和政治"要比美国式的共和政治好得多。他说:

> 所谓"东洋的共和政治"应该像列于神前的诸汗选出窝阔台汗成为终身总统那样,是享天命而成为统治元首的共和政体……黄人的共和国应该以中世蒙古建国为楷模。成吉思汗、窝阔台汗、忽必烈汗都不是世袭继承君位的君主,而是由一种名叫"库里尔台"的大会选举产生的恺撒。并且,他们比之于恺撒的罗马进行了更自由、更统一、更辽远的征服。从翻译(照搬)中解脱出来吧。黄人的总统

---

[1] 北一辉:《支那革命外史》,《北一辉著作集》第 2 卷,MISUZU 书房,1967 年,第 7 页。

不是美国开垦事业中的大村长。①

这里,北一辉明确地指出,国民传统和国民意识的差异,决定了中国的政治体制不可以照搬美国,而应从东洋特有的传统中发掘和继承,古代蒙元帝国诸汗推举终身大汗的"寡头政治"方式,正是近代中国实行"精英政治"的历史依据。同时,这种政治必须是中央集权的,其最高领袖应是"天命与民意"决定的精英中的精英。唯此中国才能强大起来,否则只能是一盘散沙。

第四,"中日军事同盟"的设想。

与一般意义上的"亚洲主义者"②及"国权主义者"相比,北一辉是最典型的"大亚洲主义者"、"亚洲门罗主义者"和"超级国家主义者"。其野心之大、"理论"之系统、言辞之"坦率",在同类"主义者"中,即使不是唯一也是极为罕见的。

在《支那革命外史》的后半部分,北一辉以大量笔墨论述了"中日军事同盟"的必要性和目标。北写道:

> 当窝阔台汗的共和军(中国革命军)驱逐英人、在讨伐蒙古的名义下对俄开战之时,日本北自浦港开进黑龙沿海诸州,南面夺取香港、新加坡,占领法属印度(支那),建立救应印度的立脚点。……进而挥动长鞭,跨越赤道占领黄金澳洲大陆,颠覆英国的东洋经略自不待言。……支那首先是为了存立,日本是为了使小日本变成大日

① 北一辉:《支那革命外史》,《北一辉著作集》第2卷,MISUZU书房,1967年,第158页。
② 笔者曾在《日本"早期亚洲主义"思潮辨析——兼与盛邦和、戚其章先生商榷》(与王美平合作,《日本学刊》年第3期)中指出,其"思想箩筐中存在着朴素、策略和征服三种类型。朴素型和策略型思潮形似而质不同,策略型与征服型思潮目标相似而手段不同。在三种思潮的人物及其群体之间,大量存在着既似前者、亦似后者、何者都不'纯粹'的'边缘人'和'边缘群体'。在近代极其复杂的国际关系、中日两国实力对比变化及其相互外交政策的影响下,早期亚洲主义的各种思潮又处在不断摸索和变动的'流动状态'。朴素型亚洲主义弥足珍贵,但策略型亚洲主义和征服型亚洲主义却是主导近代日本对外行动选择的主要思想源"。甲午战争以后,早期亚洲主义逐渐为大亚洲主义所压倒和取代。

本。……若此,日支同盟可成,两国亲善,天人共舞。①

北一辉为何会有这种"奇想",根据在哪里呢? 其心路历程可以在随后完成的《国家改造案原理大纲》(1919 年)中找到答案。

北一辉是社会达尔文主义的崇拜者,将阶级斗争理论扩大到国际关系中使用是其专利发明。北一再呼吁发动一场"世界革命",其依据是:既然现实社会尊奉弱肉强食、物竞天择、适者生存的原理,那么"国际无产者"日本对国际资本家的革命便是天经地义,这就如同英国独霸世界、俄国统治北半球一样具有正当性。"国家除为自身防卫外,还有为被不义之强力所压迫的其他国家或民族而开始战争的权利","有对于因国家自身之发达而另外不法独占大规模领土并无视人类共存之天道者开始战争的权利。"②对日本来说,"若有必要,应有夺取全地球之远大抱负,"③应以"革命之大帝国主义"的姿态,"挥动亚洲联盟之义旗,执应真正来临之世界联邦之牛耳"。④ 与中国军事结盟则是日本实现"远大抱负"所采取的必要"革命性对外政策。"辛亥革命初期,当北一辉看到留日学生是核心、革命党人思想及行动方式深受日本影响⑤时颇受鼓舞,相信中国革命成功后会出现一个亲日政权,进而在日本的主导下建立"中日军事同盟"。

但是,北一辉的中日合作及军事同盟设想是一厢情愿的,因为日本对华扩张的不断升级以及由此导致的中华民族危机,已经从根本上破坏了中日"合作"、"同盟"的基础。以五四运动为起端,在觉醒了的中华民族反对一切帝国主义侵略和压迫的斗争面前,北一辉终于发现"站在眼前所见之排日运动前列并宣传鼓动与指挥者,皆为十年间同生共死有刎

---

① 北一辉:《支那革命外史》,《北一辉著作集》第 2 卷,MISUZU 书房,1967 年,第 182 页。
② 信夫清三郎著、周启乾译:《日本政治史》第四卷,上海译文出版社,1988 年,第 147 页。
③ 野村浩一著、张学锋译:《近代日本的中国认识》,中央编译出版社,1999 年,第 39 页。
④ 信夫清三郎著、周启乾译:《日本政治史》第四卷,上海译文出版社,1988 年,第 148 页。
⑤ 参见林庆元、杨齐福《"大东亚共荣圈"源流》,社会科学文献出版社,2006 年,第 315 页。

颈之交的同志"。① 遂心灰意冷,结束了在中国十余年的"革命生活",返回日本指导"国家改造"运动,策动"直接行动"的"武力革命"。

通过对宫崎滔天、内田良平、北一辉等三人的实证考察和分析,可以认为辛亥革命时期各种大陆浪人对革命派的支持,客观上推进了中国革命。但是,在同情和支持辛亥革命的浪人中,既存在宫崎那样抛开国家观念无私援助中国革命的国际主义者,也更多地存在怀着扩大在华权益或将中国拉入日本主导的反欧美列强阵营动机的国权主义者。因此,宫崎对中国革命的支持表里如一且善始善终,而内田和北一辉所代表的机会主义者,在看到革命遭遇挫折、革命派掌握国家实权的希望渺茫时退出,也就不足为奇了。

3. 酒卷贞一郎的《支那分割论》

酒卷贞一郎于 1897—1911 年任海军兵学校文职教授,辛亥革命发生后赴中国大陆进行实地考察。1913 年写成《支那分割论》,强烈主张分割中国。其关于辛亥革命及中国的认识有如下几点。

第一,认为清政府已经腐败透顶,大小官员不思国事,只图荣华富贵、中饱私囊,因此已经处于无风自倒的状态。他写道:

> 清朝……贪官污吏接踵不断,大官小吏皆不思国事,以中饱私囊为唯一目的,为此不择手段。故上自军机大臣下至巡警狱卒,无不苛求收刮人民,几乎是在掠夺。他们又用收刮之钱财来贿赂上官以图荣升。荣升之后会进行更多的收刮与更多的中饱私囊,然后再送更多的贿赂,得到更高的荣升,这成为升官发财的捷径,故上下都被卷入这一邪恶的潮流当中。官吏越来越富,人民越来越疲惫,流贼蜂起,群盗横行,不平之徒组织秘密结社,革命之火点燃,导致清

---

① 信夫清三郎著、周启乾译:《日本政治史》第四卷,上海译文出版社,1988 年,第 145 页。

朝的覆灭。①

第二，认为辛亥革命不是真正的革命，革命军根本没有革命精神，战斗如同儿戏，因此辛亥革命不可能挽救中国的危亡。

酒卷笔下的战场情景是：

> 武昌革命初夜，士兵成群闯入城中，炮击官衙，却几乎没有死伤者，汉口之战也只不过是枪炮的乱射。汉阳附近的战斗，是此次革命中唯一的一场大战，是最激烈的。然而两军合起来的死伤人员不过五千。南京则是无刃陷落，徐州之战不过是学童的模拟战。两军的将校、士兵临战都想活下来，在战场上唯一的想法是保全自己，根本不想什么破敌杀贼之事。

> 汉口收复战是沿着日本租借后方的铁道线路进行的，租借里的邦人都站到台阶上或是房顶上观战，看到他们趴在铁道沿线的堤下，埋着头，只把手伸出来射击，根本就不进行狙击，枪弹很少打中敌人，而是从根本想不到的方向飞去，不但打不到敌兵，反而还造成很多无辜良民的死伤。

> 战胜者也不会暴露身体追击，只是伸出手来射击，当敌人的影子逐渐远去，从木偶大小变成鸟儿大小，再变成黑点，最后直到什么都看不到的时候，才匍匐到堤上左顾右盼，徐缓追击。一旦看到敌人在前方占据了障碍物，就不会前进一步。如果有可以隐藏的障碍物，就会藏起来，没有就会退却到以前的障碍物中。两军没有以散兵进行攻击的，在战斗中没有挖掘散兵壕，不进行任何活动，没有任何计划，即使有也没有实行的勇气，没有侦察，没有狙击，没有跃进，没有突击，没有追击，真是天下太平的战斗啊。

> 在构筑汉阳的防御工程时，让士兵们挖掘沟壕，士兵都说"我等是战士，只知道好好打仗。沟壕的挖掘是苦力应该干的事，与我等

---

① 酒卷贞一郎：《支那分割论》，启成社，1913 年 7 月，第 134 页。

无关",不肯作业,司令部只好招募挖掘,逐渐完成作业,让士兵以沟壕为掩护进行活动,可他们却以此为很好的便所,夜间拉屎放尿,耗费了莫大银两的重要散兵壕在一夜之间成为士兵的公用厕所,第二天早上兵火交接,战斗渐酣时,完全没抵上用。①

由此,酒卷得出的结论是:"革命战斗当中的两军,特别是革命军完全没有士兵的样子,是无赖、流浪汉与苦力的集合,他们毫无斗志,只是为趁势捞银而加入队伍",故辛亥仲秋的革命不是流血的革命,与历代的王朝革命相比,只不过是"儿戏的革命"②,是阴险、恫吓、虚伪、贿赂的革命③,而这种"革命"无法挽救中国的命运的。他写道:

> 仔细观察革命走到今天的过程,可以发现这只不过是欺瞒的革命。以此丝毫不能振奋中华民国国民的活力。他们呼号新政的刷

① 酒卷贞一郎:《支那分割论》,第253—256页。
② 同上书,第256—257页。
③ 其所谓"贿赂革命"的含义如下:"武汉举事之初,革命党的意气壮烈,其凛然精神可与法国大革命的志士相比,可与合众国独立战争的忧国之士相比,可与我国维新勤王志士相比,让人感到支那的兴隆可以期待。然而袁世凯的出现使革命从纯洁无垢转向肮脏污秽。他玩弄擅长的奸计,一方面与革命党相通,一方面勾结庆亲王,先卷走皇室的金钱,把政权掌握在自己手中,然后悬起两个天秤,而后收买南京政府,以皇帝退位为条件使自己成为大总统。岂不阴险乎?"(酒卷贞一郎:《支那分割论》,第257页)其所谓"恫吓革命"的含义如下:"袁世凯具有以官兵扑灭革命军的实力,特别是在汉阳陷落后,让官军渡江就可以扑灭武昌革命根据地,长沙、南京也会随之收复,然而袁却按兵不动,巧设辞令撤兵,表面上说革命军军势大振,天下呼应,官军不得前进。暗地里却一面煽动资政院,一面唆使张绍曹威逼朝廷,干涉皇族政务,又以南方革命党的电奏和唐绍仪的电奏逼迫皇帝退位,接着让段祺瑞诈写各地守备军将领联名要求皇帝退位的电奏,致使皇帝决意退位。接着他又用军队的威风与财力,压迫革命党,称日、俄、英、法、德将要分割支那,恫吓全国人民,将临时政府与重大职位轻易地收于掌中,结束革命,岂非恫吓的革命乎?"(酒卷贞一郎:《支那分割论》,第258页)其所谓"虚伪革命"的含义为:"革命党志士多年遭受清朝的压迫,倍偿流离困顿之苦,却没有屈服。松柏遭霜雪而更绿,他们勇气凛然,士气愈固,实乃让人感动。然而一朝武汉起事,进入革命初期,他们开始士气弛缓,看到官军的战斗力颇强不易攻破而感到恐惧,说彼有机关枪我们没有,以此为由不加战斗。当财政困难时,不知道想办法走出困境,而或筹措借款,或发行军票,以为一时弥缝之策,而借款不成,军票价格跌落,则几乎无所作为,不制定适宜计划,导致士气沮丧,勇气受挫,遂向宪政之敌、共和之敌、正义之敌、人道之敌、国家之敌、极恶无道的袁世凯投降,跪拜匍匐于其膝下,唯命是从,实乃天下之一场闹剧也。"(酒卷贞一郎:《支那分割论》,第259页。)

新,呼叫利权的回收,提倡排外,宣称共和,议论宪政,都只不过是虚张声势的痼疾,其活力与清朝的活力一样都沉没到了九泉之下。因此他们的人心日益浮躁,风俗日益败坏,道德日益松弛,留下的只有虚饰。此种状态继续下去的话,与唐末、宋末的支那一样,民国难免分裂割据。[1]

第三,认为中国人没有国家观念,从政治家、官吏、军人直到老百姓,中国人想的都是自己而不是国家。其笔下中国政治家的形象是:

> 他们没有自己铺设铁道的能力,没有开凿矿山的能力,却只拘泥于利权的文字,呼叫利权的回收,以为这关乎国家体面,而不仔细琢磨利益得失,无论什么事都要阻碍外国人的事业,而不考虑失去同情,招来反感。苏杭甬铁道、川汉铁道、粤汉铁道等,皆因他们反对借款而终止,至今没能开通一线。矿山亦然。他们呼叫不许给外国人采掘权,而要自己采掘,但支那除了外国人经营的矿山之外,至今还没听说过哪儿在采掘新矿。他们只以吐露豪言壮语为快,不考虑国家的利益得失,也并不徐徐策划。总之,他们作为个人,没有国家的观念,他们呼号只是为了让自己出名。既然没有国家的观念,当然就不会为国家效力,不会为国事效力。[2]

中国官吏的形象是:

> 支那官吏,上自朝堂大官,下至地方村落小吏,都不是以国家观念就任的,而是为了自己,为了金钱当官儿。故他们榨取人民的膏血温暖自己,又为飞黄腾达贿赂上官。人民极为贫穷而官吏富有。从行政到司法,都是以贿赂解决问题的。[3]

---

[1] 酒卷贞一郎:《支那分割论》,第263—264页。
[2] 同上书,第276—277页。
[3] 同上书,第280—281页。

中国军队的形象是：

> 支那的军队哪知道什么忠勇，也不解什么信义……有背着伞的，有腰下别着提灯的，有的在行军中站在路旁吃东西，有的人撒尿拉屎。还有抢掠民宅、富豪的，甚至还虐待老幼、强奸妇女。支那的军队是纯然的强盗之群。他们不是以国家的观念加入军队的，而是为了得到工资入伍的。故按时得不到工资就会暴动，拿起武器劫掠无辜的良民。……战时不顶用，平时却骚扰良民。他们不是国家的干城，而是国家的蠹虫。①

中国老百姓的形象是：

> 人民知道依赖官吏不利于自己，于是集结为乡党以自卫。故他们不管国君为何人，北人可以，南人可以，西戎可以，东夷可以，只要保护他们的利益，无论是谁做国君都会服从。故他们视王朝的隆替为过眼烟云，昨天的仇敌成为今天的国君，今天的国君成为明天的奴隶完全没有关系。他们的个人主义，是数千年来的遗传，是习惯，已经深深地根植在脑袋里，坚固得无法拔除，已经成为本能。要之，支那人与犹太人一样，作为个人勤勉忍耐、勇敢奋斗、励精图治、善于储蓄，具有优良的发展能力，但作为国家团体中的一份子，则是怯懦、怠惰、教条、虚伪、贪婪，充满了贼心。他们不忠、不义、不信、不勇，是完全没有国家观念的人民。这样的人民如何能够单凭自己的力量来建设健全的国家呢？②

据此，酒卷认为，中国人的自私和奴性，决定了只有专制政治适合于中国。中国人不能自主、自立，只能是被统治的对象，因此无论是清末推行的宪政，还是革命派力主的共和，都不过是"缘木求鱼"。他写道：

---

① 酒卷贞一郎：《支那分割论》，第279—280页。
② 同上书，第282—283页。

支那人民如此没有政治思想，没有自治观念，唯希望依赖圣主、贤相施良政，从中受益。他们依然是专制时代的人民，是应该接受压制的人民，不是可以发挥自由的人民；是被统治的人民，而非统治的人民。现在全国蔓延的政治倾向只不过是一时的流行而已。他们并不知道为何要立宪，为何要共和，为何要渐进，为何要急进，为何是国民党，为何是民主党，为何是统一党，为何是支那进步党。他们只是敷衍趋势、附和雷同而已。期待以此等人民完成共和政治，简直就是缘木求鱼。这种状况继续下去的话，支那难免会土崩瓦解，走向灭亡。①

第四，认为中国这一人民没有国家观念的国家必定被列强瓜分，日本应该提前做好准备，以便瓜分到更多的利益。对此，酒卷向日本政府提出了南北并进、分割中国的具体建议，即：

外蒙古与新疆已处于俄国控制之下，西藏实际上已被英国控制，支那处于分裂状态，且支那内部也出现了割据之势，支那的分割不可避免。因此，日本作为支那的邻国，应该瓜分到更多的利益。在北方，为了确保朝鲜与辽东成为日本的领土，需要与俄国协商，将南满洲、内蒙古一带与直隶的一部分划入日本的管辖范围；在南方，为了确保我国领土台湾与母国之间的联系，需要获得福建、浙江二省。特别是浙江的舟山列岛是大型舰队的根据地，可以扼制中央支那的大动脉——长江河口。福建是贫瘠之地，获取浙江可弥补福建的不足，还可以获得经济上的利益。同时还需要在与英法协商的基础上，获取江西的一部分。江西的赣江流域沃野千里，是所谓的天府之地。②

客观地说，酒卷贞一郎对当时中国社会腐败、衰落现象的观察和描

① 酒卷贞一郎：《支那分割论》，第286—287页。
② 同上书，第531—532页。

述不是没有根据的,对中国政治未来走向的判断也不能说是空穴来风。作为日本军事学校的教授,他通过课堂教育以及书籍传播等途径,对日本政府尤其是陆军的对华政策产生了不小的影响。事实上,他的南北并进分割中国构想与参谋本部的中国分治论是极为相近的。

四 北洋政府时期的中国观

1912 年 3 月,袁世凯以清帝退位、接受共和为交换条件,出任中华民国临时大总统。由此,中国政治进入北洋政府时期。此后,南方革命势力与北洋军阀、北洋军阀内部的武装争战不断,直到 1928 年底国民政府统一中国。

对中国来说,这一时期发生的第一次世界大战及其战后处理,是机遇也是挑战,如何应对将极大地影响自己的发展进程;对日本来说,窥测形势,抓住一切时机,利用列强之间及中国内部的矛盾,最大限度地维护和扩大在华权益,是其对华政策的不变主题。

1. 一战期间的对华政策

1914 年 7 月,第一次世界大战在欧洲爆发。由于德、俄、法、英等帝国主义列强先后参战而无暇东顾,日本发现了对华扩张的契机。

战争爆发后,元老井上馨即在致大隈首相的信中指出:"此次大祸乱对于日本的国运发展乃是大正时代的天佑。"日本应抓住机会,"确立我国对东洋的利权"。① 日本政府则认为:"与帝国有最痛切利害关系者,为邻邦中国问题……当今之急务就是排除阻碍我国在华发展的最大障碍——德国势力。"②

1914 年 8 月 1 日,日本政府以日英同盟条约中关于战时互助的约定

① 米庆余:《日本近代外交史》,南开大学出版社,1988 年,第 275 页。
② 日本外务省编:《日本外交文书》大正三年第 3 册,第 95 页。

为借口,向德国发出最后通牒:立即撤退其在日本及中国海上之一切德国军舰,9月25日前将全部胶州租借地无条件地交付于日本官宪。① 8月23日,日本对德宣战。9月2日,日本无视北洋政府发出的"限制战区,保全东方,劝告交战各国,勿及东方"的声明,5万日军在胶州半岛的龙口强行登陆,同时蛮横地要求中国将山东黄河以东的广大地区划为"中立外区域"(亦称交战区)。北洋政府拒绝了这一无理要求,但在日本的压力下,最后同意将龙口、莱州及连接胶州湾的地区划为交战区。中日双方约定,日军不得越过潍县车站西进。但是,日军根本无视约定,9月26日占领潍县车站后继续西进,相继占领了张店、济南等站,完全控制了胶济铁路西段。然后,日军回过头来攻打青岛。11月7日,青岛的德国守军投降。16日,日军占领青岛。日本对山东的出兵及其作战行动,给当地的中国民众带来了深重的灾难。青岛的工商业活动停顿半年以上,财产损失难以计算。

战事结束后,北洋政府外交部要求日本立即撤军,将青岛等占领区归还中国。但日本不仅不撤兵,反而在11月26日宣布成立青岛守军司令部,任命第十八独立师团司令官神尾光臣中将为青岛守军司令官,在占领区实施军政,企图长期占据青岛。1915年1月,中国政府宣布撤销战区,再次要求日本撤兵,而驻华武官町田敬宇少将却露骨地宣称:"日本既然用鲜血和巨大的财力夺取了青岛,那么将德国的既得权利作为战利品来享用理所当然。"②外相加藤高明也在议会上诡辩说:既然德国拒绝了日本的最后通牒,那么日本就不受通牒中关于将来把租借地归还中国的约束。③ 俨然摆出一副帝国主义无赖的嘴脸。

日本政府非但对中国提出的撤军要求置之不理,而且以占领胶东半岛及胶济铁路的既成事实相要挟,向北洋政府提出了更为苛刻的权益扩

---

① 日本外务省编:《日本外交文书》大正三年第3册,第159页。
② 鹿岛守之助:《日本外交史12·巴黎媾和会议》,鹿岛研究所出版社,1971年,第131页。
③ 白井胜美:《日本与中国——大正时代》,原书房,1972年,第51页。

张要求。1915 年 1 月 18 日,日置益公使越过中国外交部秘见了袁世凯,提出了史称"对华二十一条"的强硬要求,其主要内容是:

第一号,关于山东问题的 4 条,要求继承德国在山东的一切权利;中国不得将山东的土地让与或租与他国;允日本建造铁路;把主要城市开为商埠。

第二号,关于东北问题的 7 条,要求将旅顺、大连租借期和南满、安奉铁路的管理期均延长为 99 年,将吉长铁路委托日本管理 99 年;日本人在南满、东蒙享有居住往来和各种经营的自由,享有土地租借权和所有权;非经日本同意,中国不得允许他国人在该地区建造铁路或为此而向他国借款;不得在该地区聘请他国人担任顾问或教习。

第三号,关于汉冶萍公司的 2 条,要求公司由中日合办,未经日方同意,中方不得处理该公司的一切权利产业,不得准许他人开采该公司附近之矿山。

第四号,要求中国所有沿海港湾及岛屿不得割让或租借他国。

第五号,涉及中国全境的 7 条,要求中国中央政府聘请日本人担任政治、财政、军事顾问;在华的日本医院、寺院、学校等享有土地所有权;在一些地方由中日合办警察或中方聘用大量日本警官;中国所需军械半数以上向日本购买,或在中国设立中日合办的兵工厂;由日本建造武昌至南昌、南昌至杭州、南昌至潮州的铁路;日本对福建省内的筹办路矿船港等享有贷款优先权;日本人在中国享有传教权。①

对华"二十一条"要求严重损害了中国的主权,其根本目的是要在政治、经济和军事上牢牢控制中国,将中国变为日本的殖民地。对此,袁世凯的对策是,将"二十一条"的内容泄露出去,利用国内舆论和列强压日本。结果舆论一片哗然,民众强烈要求拒绝日本的无理要求,各省的将

① 王芸生:《六十年来中国与日本》第 6 卷,第 74—76 页。第五号虽为日本希望条款,但外务省并未指令日置益在交涉中与其他各号要求加以区别。

军也联名电告政府,表示愿率军以死力拒。西方列强为战争所困,一时无力对日本采取有效的反制措施,仅对日本的做法提出异议。

面对中国民众的抵制和列强的牵制,日本仅做出了删去第五号要求的让步。5月7日,日本政府以动用武力相威胁,向中国发出最后通牒,要求"中国政府至5月9日下午6时前做出同意的答复。如到期收不到同意的答复,则帝国政府将采取认为必要的手段"。① 5月9日,袁世凯无奈接受了日本的要求。5月25日,中日两国在北京签订了《关于山东之条约》《关于南满洲及东部内蒙古之条约》及关于汉冶萍公司、胶州湾及福建省等一系列换文。这些条约和换文通称为"民四条约",成为第一次世界大战期间日本企图独霸中国的重要标志。

根据这些条约,日本不仅继承了德国在山东的原有权利,得到了土地不租让他国、修筑铁路、增开商埠等具有排它性的权利,还进一步扩大了日本在南满延长租借地及铁路的管理期限,以及经营权、领事会审权、十处矿区开采权、借款权和聘用顾问、警察及课税须得日本同意等权利;获得了在内蒙古东部经商、开埠、领事会审、课税、借款等方面的特权以及对福建为日本的势力范围的确认等。②

对华"二十一条"极其严重地刺伤了中国人民的感情,中日关系恶化的前途已难逆转。

1916年袁世凯死后,中国军阀林立,混战不断,日本的对策是通过"日元外交"扶植亲日派军阀,维护和扩大在华殖民权益。臭名昭著的"西原借款"即是一例。

日本商人西原龟三是寺内正毅的密友和外交智囊,寺内执政后,采纳了西原提出的以经济手段扩大日本在华权益的一揽子计划。1917年9月,广州成立了以孙中山为首的护法军政府,与执掌北洋政权的皖系军

---

① 《日本外交年表及主要文书》,上卷,文书第403页。

② 王铁崖编:《中外旧约章汇编》第2册,第1100—1113页,

阀段祺瑞形成了南北对峙的紧张局面。梦想武力统一中国的段祺瑞与急欲扩张在华权益的日本政府一拍即合,以日本出钱支持段、段出卖中国权益达成交易,西原便是这场肮脏交易的中间穿线人。在寺内执政的两年内,西原经手的秘密对华借款有8笔,总额达1.45亿日元。[1] 作为对日本的回报,段祺瑞政府与日本签订了《吉会铁路借款预备合同》,允诺战后中日合办胶济铁路,还签署了中日《共同防敌军事协定》,使日军进出中国东北"合法化"。1920年,段祺瑞在直皖战争中失败下台,之后日本又把盘踞在东北的奉系军阀张作霖作为重点扶持对象。

1917年8月,北洋政府权衡利弊,决定参加第一次世界大战,加入到协约国一边,对德宣战。1918年11月,第一次世界大战以协约国的胜利告终。1919年1月18日,协约国在法国巴黎凡尔赛召开和会,讨论战后问题,中国和日本作为战胜国成员参加了巴黎和会。

中国希望通过巴黎和会收回德、奥等战败国战前在中国享受的特权,并取消日本的对华二十一条及领事裁判权、协定关税等。日本则要求和会承认其对战前德国享有的胶州湾租借地、胶济铁路及其他权益的全部无条件接收,并以不满足要求便退出和会相威胁。结果,"强权战胜了公理",列强偏袒日本,中国收回山东的外交努力归于失败。巴黎和会交涉失败的消息传来后,国内舆论哗然,1919年5月4日,声势浩大的"五四"反帝爱国运动爆发,"还我山东"、"废除二十一条"、"拒签和约"、"外争国权,内惩国贼"等口号震撼环宇。在民众的声援和舆论的压力下,中国代表团没有在6月28日举行的巴黎和约仪式上签字,近代以来首次在涉及国家重大权益的问题上对日本和列强说"不",日本通过和会取得山东相关权益合法权的图谋破产,山东问题成为中日间的悬案。

1921年11月12日至1922年2月6日,华盛顿会议在美国的主导下举行。美、英、法、意、日、比、荷、葡和中国九国参加,主要议题是限制

---

[1] 沈予:《日本大陆政策史1868—1945》,第222页。

海军军备和太平洋及远东问题。会议签署了《关于太平洋区域岛屿属地和领地的条约》(即"四国条约"),确认了列强对亚太地区实行集体安全保障体制,《日英同盟》由此废除;签署了《限制海军军备条约》(即"五国条约"),规定了美、英、日、法、意五国海军主力舰的比例;签订了《九国关于中国事件应适用各原则及政策之条约》(即"九国条约"),确认了缔约各国尊重中国的主权与独立及领土与行政的完整,中国对列强实行"门户开放,机会均等"原则。会上,由于列强各自心怀鬼胎且相互勾结,中国代表提出的取消领事裁判权、撤退外国军警、关税自主、取消租借地和势力范围以及废除日本对华"二十一条"等合理要求,均未取得明显效果。

会议期间,在美英的斡旋下,中日两国代表以"会外交涉"的方式,经过艰难谈判,于1922年2月4日签署了《解决山东悬案的条约》及其附约。该条约正文11节28条,附约及协定条件22条,其主要内容是:中国恢复对山东的主权,日本于条约生效6个月内将胶州湾德国旧租借地交还中国并从山东撤军,胶济铁路及其支线由中国以5340万金马克向日本赎回,中国将收回的胶州等城市全部开放为商埠,中国在收回山东后将尊重日本在该地区的既得利益。由此,法律上结束了日本对山东的军事占领和政治控制,中国收回了部分丧失的主权,但日本对山东的经济控制依然深固,以致其后不断成为中日矛盾冲突的导火索。

2. 内藤湖南的中国论

知识分子是人类精神财富的创造者和传承者,其见识和主张对国民观念的形成乃至国家内外政策的制定具有不可估量的影响。考察和分析日本知识分子如何看待辛亥革命及民国时期的中国,他们向本国政府和国民传递了怎样的信息,对于阐明当时的中日关系是非常必要的,而在众多可供研究的"人物"中,被誉为"支那学"泰斗的内藤湖南和"大正民主运动旗手"的吉野作造无疑具有典型意义。

内藤湖南(1866—1934),本名内藤虎次郎,战前日本著名汉学家及国策学科"支那学"①的创始人之一。1906年以前任《大同新报》、《万朝报》、《大阪朝日新闻》等多家报社的记者,期间于1905年接受外务省的"满洲占领地民政调查"任务到中国东北进行实地考察。1907年起任京都帝国大学教授。

与通常所说的汉学不同,战前日本的"支那学"有其特殊的历史语境,它是以现实"支那"(中国)为对象的对策研究,而不是一般意义的学术研究。当然,"支那学"学者一般都具有扎实的汉学功底,换个角度说,倡导经世致用的汉学家一旦将现实问题作为主要研究对象,也就自觉或不自觉地加入了"支那学"行列。作为汉学家,内藤湖南声名显赫,在中国古籍史料考据、历史分期与社会性质、文化发展与变动趋势等研究上卓有成就,其提出的"宋代近世说"、"文化中心移动说"在学术界影响不小。但是,本文的研究对象不是"汉学家"内藤湖南的学术造诣,而是1911年武昌起义至1924年国共合作的民国初期②"支那学者"内藤湖南的"支那论"。

在这一充满变数的特定时期里,内藤湖南多次到中国进行实地考察,就中国问题发表了大量专题论述,其中收入《内藤湖南全集》的便有《清朝衰亡论》(1912年3月出版)、《支那论》(1914年出版)和《新支那论》(1924年出版)等3部著作,以及在《大阪朝日新闻》、《外交时报》、《东方时论》、《神户新闻》、《青年》、《太阳》、《中央公论》等报刊杂志上刊载的时评43篇。本文拟以上述著作和时评为据,具体考察内藤湖南面对辛亥革命及民国初期的中国关注和思考了什么,对中国的社会状况和未来发展前途持何"见解",对日本统治当局提出了怎样的政策性建议,进而管中窥豹地揭示日本知识分子在当时的中日关系中扮演了什么角色及

---

① "支那学"即中国学。"支那"是战前日本对中国带有贬义的称呼。为保持历史语境感,本文引用原文时未改变原语。
② 这里的"民国初期",只是为叙述方便使用的时间概念,并不是严格意义的历史分期。

其发挥了什么作用。

第一,中国"统一论"与"分裂论"的本意

武昌起义后,中国一度出现革命派与清朝对峙的局面,政治前景不明。针对日本朝野出现的中国会出现"王朝更替"、革命派一事无成以及"南北分治"等各种争论,1911 年 11 月末至 12 月初,内藤湖南以"清朝的过去和现在"为题,在京都帝国大学连续发表三场演讲,通过分析清朝军事、财政经济和社会思想的变迁,做出了清朝必亡、革命必胜的准确判断。即:

> 今日支那的状态是大势的推移,自然的成行,眼下的官军胜、革命军败不会改变大局,革命主义、革命思想的成功无疑,此乃几百年来的趋势,今日非变不可的时机已经到来。[1]

内藤在分析清朝必亡的原因时指出,清朝在财政上已陷入窘境,新思想的渗入则使清军发生了"异化"。他说:

> 那些被派到日本或其他国家的留学生,在国外接受了各种教育,带着清朝所讨厌的知识回国,清廷已也有赴日留学生皆为革命党的议论。当然,到过日本未必会成为革命党,但留日学生多,自然数量上革命主义者也会多。结果,住在外国,读着新书,脑子里装的就不再是清朝。这是革命的基础。……那些在外国接受了新思想的军官,训练军队的同时也训练了革命思想,逐渐地制造了革命党。[2]

内藤认为,比之于财政崩溃和军队的"异化",人心相背更从根本上决定了清朝的命运。他写道:

> 清朝已是强弩之末,艰难地维持着形式上的向心力。此次变乱

---

[1] 内藤湖南:《清朝衰亡论》,《内藤湖南全集》第 5 卷,筑摩书房,1997 年,第 257 页。
[2] 同上书,第 214 页。

使向心力完全破坏,数百年来惯性发展而逐渐兴盛的离心力急剧膨
胀。……在宋以后形成的"君主专制"的王朝内部,皇帝构成了向心
力的原点,是绝对权威的体现者,传统主义的权威使皇帝成为绝对
的崇拜对象。然而清末人们对朝廷的尊敬之念已丧失殆尽。①

清帝退位、中华民国成立之后,袁世凯的独裁一再引起革命党人反
抗,"二次革命"和"护国运动"的接连发生表明,中国事实上仍处于分裂
状态,能否实现真正的统一前途莫测。在此期间,日本国内关于中国是
否会走向"南北分治"争论愈演愈烈,并影响到日本当局的对华政策。为
此,内藤在多种场合阐述了中国不会南北分裂并终将实现统一的见解,
他在 1911 年 11 月发表的《支那时局的发展》一文中,以经济上的依赖关
系为据,阐述了中国不会分裂的看法。

有人认为袁成为北京的中枢会造成南北分立的局势。但是,这
种南北分立的预测原本就是一大谬误。自古以来,支那发生在江南
的叛乱难以成功,这是地势使然。北方兴起的势力,在保持野蛮习
俗和简朴生活期间是会成功的,然而一旦天下太平,生活进步,北方
不依靠江南财富就难以维持独立。金延续百余年靠的是南宋的岁
币,元不堪于江南的叛乱而亡。元明以来,北京更是靠江南的米与
租税生活,故独立的北方经济上绝不允许江南的新立国存在。不懂
这一历史而梦想南北分立,又以此种梦想出发援助支持北方朝廷,
只会铸成大错。②

接着,内藤又在《清朝衰亡论》中写道:

支那国南有扬子江,北有黄河,两河之南为南方,之北为北方,
从地图看,于两河间划出一线的南北分立之说未为不可,但以地图

---

① 转引自池田诚《内藤湖南的辛亥革命论》,《立命馆法学》第 36 号,1961 年,第 292 页。
② 内藤湖南:《支那时局的发展》,《大阪朝日新闻》1911 年 11 月 11—14 日。

划线来轻率地考虑国家分合,是无视支那的历史,是尤其对支那近世历史全然无知者之言。①

从这些言论看,内藤湖南俨然是个中国统一论者,然而事实恰好相反,他是个不折不扣的中国民族分裂论者。

在前述的时评《支那时局的发展》中,内藤反对中国南北分治论,但同时又指出了中国存在着各种分裂因素。他说:

> 无论何方率先成立有实力的政府,列国都不会改变领土保全原则,亦不会有大规模介入的干涉。但是可以预测,不易解决的问题是,内外蒙古各部、西藏等将不归服新立国的共和政府。首先彼等显然不愿归服汉人,更何况共和政府不存在受命于天的天子,故也许不会被承认是国家。外蒙古等宁可接受俄罗斯保护也不会服从新的共和国,西藏法王肯定希望依靠露西亚或英吉利。如此一来,因内蒙古有与日本关系很深的王族,其最后选择也是问题。不过,新的共和国也许对这些塞外领土全无眷恋。甩掉这些棘手事物,经济上反而对支那有益。②

三年后,内藤湖南在自称"代替代支那人、为支那而写"③的《支那论》中,从民族感情、国家统一的经济成本和民主制的代价等三个相互关联的视角出发,更加彻底地阐述了中华民族分裂的必然性以及分裂对中国的诸多"益处"。

关于多民族统一国家的感情基础,内藤认为,满蒙回藏等民族历来不愿顺从汉人统治,清朝垮台后,这种离散倾向进一步增大,并已构成了国家统一的最大障碍。他写道:

---

① 内藤湖南:《清朝衰亡论》,《内藤湖南全集》第 5 卷,筑摩书房,1997 年,第 294 页。
② 内藤湖南:《支那时局的发展》(大阪朝日新闻 1911 年 11 月 11—14 日)。《内藤湖南全集》第 5 卷,第 449 页。
③ 内藤湖南:《支那论》自叙,《内藤湖南全集》第 5 卷,筑摩书房,1997 年,第 294 页。

汉人对自己的文明和能力过于自信,但纵令统辖五大民族,在五族平等上,是否能尊重各自的风俗习惯和文化、使之与自己同等也是疑问,说到底还是以汉人为中心、其他民族附属和被统辖的理想。①

以往的清朝时,蒙古、西藏以及土耳其种族服从于支那并感到头上的重荷有所减轻,生出独立之心亦属理所当然。原本蒙古人、西藏人服从支那是因为服从满洲的天子,是服从满洲天子的统一,从来就没想过服从汉人建立的国家。因此,满洲朝廷一旦倒塌,各异族的领土自然随之解体,蒙古人要求独立、西藏人依靠英吉利亦属当然。②

关于国家统一的经济成本,内藤认为,汉人维持对边疆地区少数民族的统治得不偿失。他说:

常言道,汉人的天下由汉人支配。若此,以支那本体的财力来统治支那应为根本,从财政的理想出发,把财政上看对支那有害无利的土地分割出去至为妥当。③

关于政治制度与国家统一的关系,内藤虽断然否定了中央集权在中国的可行性,但同时又认为民主共和制度对于维护多民族统一国家是软弱无力的,因为:

支那政府越是走向民主,就越会丧失对异族的统制力。④

基于上述三点理由,内藤得出的结论和建议是:

支那的领土问题,从政治实力考虑,今日应该缩小而不受五族共和之类空想左右。从实际实力出发,莫如暂时失去领土也要实现

---

① 内藤湖南:《支那论》,《内藤湖南全集》第5卷,筑摩书房,1997年,第338—339页。
② 同上书,第339—340页。
③ 同上书,第348页。
④ 同上书,第340页。

内部统一。①

乍一看来,内藤湖南一面说清朝灭亡后中国不会南北分治、势必回归统一;一面又力主中国领土应一分为五,分而治之。同一张嘴却唱出了"统一"和"分裂"两种论调,岂非逻辑混乱、自相矛盾?其真意究竟何在?

解开这个谜团并不困难。事实上,内藤的心中没有或根本不愿接受"中华民族"的概念和事实。他只承认传统的汉族集中居住和生活的区域是中国的"本土",并认为这个范围的"中国"必将统一而不会"南北分治"。反过来,他把满、蒙、回、藏地区排除在中国之外,认为这些地区从中国领土中分离,既能满足当地民族的独立要求,又能减少中国统治者的"负担"和"麻烦",五族分治取代五族共和才是明智之举。

对此,如果说内藤缺乏中国历史及中华民族形成史的基本知识,显然是对"汉学泰斗"的大不敬,倒是应该坦率而虚心地承认,内藤对中国历史上汉族与周边少数民族交流、对立、融合、共处的历史不仅清楚得很,而且不乏独到见解,其对清末民初政情民风的深入了解,在同时代的日本知识分子中亦属凤毛麟角。他指出的中国统一因素及分裂因素,某种程度上存在客观依据,对若干具体问题的分析也不无合理成分。但是,在对事物整体及其发展趋势的把握上,内藤显然低估了两千年来、特别是有清 260 多年来中华民族大融合所形成的雄厚基础和强大的内聚力。正因如此,清亡后民国初期的中国政坛虽然剧烈动荡,但无论出于何种理由,在领土和民族问题上,无论是袁世凯、黎元洪还是段祺瑞,中国还没有哪个当政者敢于铤而走险、拿原则做交易。内藤的"看法"从根本上就错了。

第二,中国"国际管理"及"放弃国防"论的荒谬

内藤湖南在作出中国久乱必治、"本土"势必统一的判断后,又花大

---

① 内藤湖南:《支那论》,《内藤湖南全集》第 5 卷,筑摩书房,1997 年,第 349 页。

力气论述了中国应采用何种政治统治方式、如何保障国家安全以及列强在"保全中国"上的作用问题。

首先,内藤认为,清朝灭亡后,传统的"家产国家"型君主专制体制已为时代的潮流所抛弃,不可能死灰复燃,而国民性和传统的社会结构,又决定了中国不宜实行中央集权,"联省自治"才是适合中国国情的最佳选择。

关于国民性,内藤认为,中国人没有国家观念和政治是非感,只考虑自身利益而不在乎谁来统治。在《支那论》中,他是这样描述中国的国民性的:

> 当下,我们对失败的革命党人表示同情。革命党人因为不了解支那的国民性,使得无限辛苦的成果归于泡影。支那的国民性是牺牲一切也要追求和平,兵荒马乱之际,看到桀骜的暴徒横行,代表良民的父老屏息以待,事态稍稳,则不得父老欢心就不能继续统治。革命党凭借新锐意气而未顾虑父老欢心,以致失去近来起事的地盘,遭受重大打击。其最初奋起的动机虽然堂堂正正,然而倏起倏灭状态的结果与李自成、张献忠诸贼无异。所谓收揽父老,就是不问其法制之美善、人格之正邪,此乃支那的成功秘诀。无论恶人恶法,得此秘诀,必可成功。作为成功的要素,于收揽父老之前,改革论也好,政治上的主义也罢,皆毫无用处。革命党不知掌握此秘诀之关键而失败。目下袁世凯在知县考试中只采用旧读书人等做法,乃颇得此秘诀之要领。当然,此秘诀对挽救国家灭亡不起任何作用。得到父老欢心而成功的君主、大总统绝不保证国家为外敌所灭。父老并不重视对于外国的独立心和爱国心,只要乡里安全、宗族繁荣、安乐度日,无论何国人来统治都会柔顺服从。①

---

① 内藤湖南:《支那论》,《内藤湖南全集》第 5 卷,筑摩书房,1997 年,第 296—297 页。

支那人本来无节操，见机行事，趋炎附势，缺乏定见。①

关于中国的社会结构，内藤认为地方自治的传统根深蒂固，只有顺应这种传统才能维持统治。在《新支那论》中，他对中国地方社会的"宗法传统"和"乡团自治"进行了以下描述：

> 支那民政的真正机能依然在于乡团自治，……无论是共同管理还是其他任何统治，只要不打破乡团自治，支那的传统政体就不会破灭。

> 地方上的乡团是由宗法即家族制度关系构成的。说到家族制度，日本人马上会想起封建时代的士族生活。但是支那的宗法并不那样幼稚，财产继承是分头的，中间还有家族公产与个人私产之别，是很调和的，此外还有家族互助、以家庙为中心的义田义庄，家族俨然是个小国家。非全部由家族组成的乡团，则是由几个家族集合，再吸收附属于家族的零散人员，依然与以家族为主的乡团组织无异。②

从中国当时的状况看，不能说内藤的见解毫无根据，有些看法甚至可以说一针见血。但是，要使积贫积弱的中国在弱肉强食的国际社会中生存，他所开出的"联省自治"药方果能解决中国问题吗？答案显然是否定的。正如我国学者指出的那样，如果按照内藤的"馊点子"做，中国只能是"各地方独立、以宗法制度来维持基层社会秩序的一盘散沙的社会罢了"。③

其次，或许是内藤湖南内心也清楚这种"联省自治"办法不会给中国带来长治久安，于是干脆抛出了中国由"国际管理"的荒谬主张，他在

---

① 内藤湖南：《支那论》，《内藤湖南全集》第 5 卷，筑摩书房，1997 年，第 305 页。
② 同上书，第 503 页。
③ 李少军：《武昌起义后内藤湖南、桑原骘藏之涉华议论评析》，《武汉大学学报》2011 年第 3 期，第 21 页。

1914 年的《支那论》中就写道：

> 北清事变（即 1900 年八国联军侵华镇压义和团运动）之际，天津曾出现过都统衙门，实行列国的联合政治。第二次大的都统政治应该为期不远。……如果抛却国民独立的体面，此种都统政治为支那人民所取是最幸福的境界。……支那的官吏由廉洁干练的外国官吏支配，可享受负担不增的较为善政的恩泽。①

之后，内藤更加坚定了这种看法，继续在许多文章中不厌其烦地兜售"国际管理论"，其蔑视中国的得意心态亦毫无保留地跃然纸上。且看 1916—1921 年间内藤发表的有关言论：

> 由数十年来的实绩观之，支那的政治交给外国人是成功的。财政上，海关交给外国人成功了，随后厘金和盐税等由外国人经手后余裕日增。今日，支那人无不承认财政委托于外国人给政府和人民带来的利益。支那的民政主要是裁判，支那人知道，居留地（租界）里外国官吏的裁判虽然也有某种让步，但还是要比依赖支那官吏的裁判幸福。警察制度上，也是依赖居留地警察远比本国警察为善。北京曾组织过以日本人等为主的警察，那是支那人民从未见过的值得信赖的警察。如果支那把全国的警察都交给外国人管理，便可以最小费用获得最大的安全。军备亦然。若将一个大队（营）的军队交给日本军官管理，其保安的效力将大于支那人组织的一个师团（师）的军队。②

> 若下定此决心（国际管理），支那的安全、东洋乃至世界的和平便可永久维持，此乃支那人最好把政治机关交给外国人的最大理

---

① 内藤湖南：《支那论》，《内藤湖南全集》第 5 卷，筑摩书房，1997 年，第 296 页。
② 内藤湖南：《支那国是的根本义》（《中央公论》1916 年 3 月号），《内藤湖南全集》第 4 卷，第 530—531 页。

由。若支那无此决心，则任何时候都难以享受真正和平和人民幸福。①

要使支那人安居于本国的城市或村落，暂用外国人做军队和警察的干部系属当然，经济机关、银行、公司等最好交给外国人经营。②

支那已不年轻，采用现今世界流行的民族自治方针，已不能救济其老朽国民的政治及其机关。如同老人需要年轻人搀扶一样，支那的国民应该考虑让外国人居于其统治者的中心。③

支那的政治改革，更确切地说政治复活，靠支那民族终究不会成功。外国人或支那人早晚会明白，依靠外国人是最便利、最经济的办法。④

支那归国际管理，绝非外部压力所致，而是自然的成行。⑤

把中国交给外国管理是不可抗拒的"自然的成行"，是"最便利、最经济的办法"，非此则中国在"任何时候都难以享受真正和平和人民幸福"，这就是内藤的看法。

再次，内藤的中国人没有国家观念、没有治国能力、应由"国际管理"的论调，又是与其中国"国防无用"论及"放弃国防"论"打包"推销的。在《支那论》中，内藤"苦口婆心"地开导中国说：

李鸿章是清楚自己实力的政治家，无论任何时候都把保证与外国和平放在首位，即使是付出领土缩小的牺牲。此深意即使张之洞、曾纪泽等年轻人物也不明白，对袁世凯那样年轻且长着猴脑子、

① 内藤湖南：《支那将来的统治》（《大阪朝日新闻》1916 年 2 月 28 日至 3 月 3 日连载）。《内藤湖南全集》第 4 卷，第 546 页。
② 内藤湖南：《支那如何可以存立》（《青年之日本》第 11 号，1917 年 10 月）。《内藤湖南全集》第 5 卷，第 13 页。
③ 内藤湖南：《支那政治的复活》（《中外》第三卷第三号，1919 年 3 月 1 日发行）。《内藤湖南全集》第 5 卷，第 51 页。
④ 同上书，第 52 页。
⑤ 内藤湖南：《支那的国际管理论》（《表现》第一卷第二号，1921 年 12 月发行）。《内藤湖南全集》第 5 卷，第 154 页。

不识大局、不知大计的机会主义政治家,更是不足与语。彼等不明白清朝灭亡的一大原因就在于收回利权。当今有真知灼见的政治家首先应该认识到,未来二十年左右,支那绝无国防的必要。即使露西亚、英吉利侵略蒙古和西藏也绝无兵力与之对抗。托列国势力均衡之福,支那即使完全废弃国防,其被侵略的土地也是有限的,绝不会有完全丧失独立的危险。再者,即便支那有四、五十个师团的兵力,其素质亦可知大方。若日本或俄国决心灭之,则根本无法抵抗。因有日、俄存在,其他列国还不敢对支那主体下手。故而对于外国,支那没有维持军备的必要。[①]

两年后的 1916 年 3 月,内藤在《大阪朝日新闻》连载的《支那将来的统治》一文中写道:

我曾屡屡对支那人说,今后三十至五十年里,支那人脑子里不要有一丁点国防的想法,脑子里装着国防反而是危险的。今日支那养着百万军队,但是像日本那样军队训练有素的国家若发动侵略,只需半年或一年时间。要想避免此类事态发生,就应为本国的利益着想,不让日本等强国出手。支那的国威和体面不是靠自己的国防,只能靠外国本身的利益及其对支那的德义来维持。[②]

1918 年,内藤又在《神户新闻》上撰文说:

强兵不是苦力有了枪就能马上实现的,真正强的兵靠的是国民性。国家观念是必须的。支那人整体上有国家观念需要几十年还

---

① 内藤湖南:《支那论》,《内藤湖南全集》第 5 卷,筑摩书房,1997 年,第 380—381 页。
② 内藤湖南:《支那将来的统治》(《大阪朝日新闻》1916 年 2 月 28 日至 3 月 3 日连载)。《内藤湖南全集》第 4 卷,第 546 页。

是问号,一百年或一百五十年也未必。①

　　显然,在中国要不要国防的问题上,内藤对中国的蔑视和自负已到了无以复加的程度,他以数学家的毋庸置疑的口吻,颐指气使地告诫中国"有真知灼见的政治家",必须认识到"未来二十年左右,支那绝无国防的必要",因为即使"有四、五十个师团的兵力",也根本无法与日本或俄国抵抗;告诫中国人民"脑子里不要有一丁点国防的想法,脑子里装着国防反而是危险的",因为日本要打败中国的百万军队,"只需半年或一年时间"。他为这种"计算"寻找的根据是:国家观念是强兵的前提,而没有国家观念的"支那人整体上有国家观念需要几十年还是问号,一百年或一百五十年也未必"。内藤的这种"量化"判断,不由得使人联想到1937年全面侵华前弥漫于日本全国的"三个月灭亡中国"论,原来二十年前的内藤湖南已经为日本人洒下了这一罪恶的思想种子。

　　对于"国际管理"和"放弃国防"会给中国带来怎样的后果,"中国通"内藤当然是再清楚不过的。为了使中国人民在心理上能够承受可以预见的后果,内藤又在1919年的一篇文章更直接且彻底地阐述了"国亡"、"文化在"的"道理",对中国人进行了"内藤式"精神抚慰,他以慰灵碑文式的笔法写道:

　　　　纵使支那国家灭亡,窃以为亦无过分悲哀之理由。若于支那民族之大局观之,所言支那灭亡,绝非侮辱支那之语,若高于民族之大局,立于世界人类之大处高处观之,其于政治经济之领域,国家虽濒于灭亡,然其郁郁乎文化之大功业则足以令人尊敬。与此大功业相比,国家之灭亡实无足轻重,毋宁说其文化恰能大放光辉于世界,支那民族之名誉,定于天地共存,传之无穷。②

---

① 内藤湖南:《支那的现状》(《神户新闻》1918年5月6、7、8日连载)。《内藤湖南全集》第5卷,第52页。

② 内藤湖南:《山东问题与排日论之根底》,《太阳》,1919年第9号。

先是劝告民族危机深重的中国接受"国际管理"并"放弃国防",继而劝慰中国人以"阿Q"精神,在政治、经济意义上的国家"灭亡"后不必"过分悲哀",而应从"世界人类之大处高处"着想,从而自我陶醉在"文化大功业"的"民族名誉"之中。至此,内藤的这些愈发离谱的"妙论",恐怕连白痴也不会接受,除了散发着小人得志般讽刺挖苦的酸气外毫无价值。

第三,日本对华"使命论"的诡辩

内藤湖南在连篇累牍地奢谈中国"怎么样"、"为什么"和"怎么办"时,从未忘记为日本出谋献策。确切地说,他的"支那学研究"本来就是为国家政策服务的,其本人也因此与纯正的知识分子划开了界限。

与一般政客或法西斯军人的"支那论"不同,内藤的"支那论"引经据典且自成体系。在中日关系问题上,他所鼓吹的日本对华"使命论",也是由"国家年龄论"、"异族刺激论"、"文化中心移动论"和"殖民开发论"等彼此呼应的论点"推导"出来的。

且看内藤如何运用这些"理论"来解析中国社会并阐述日本对于中国的"大使命"。

他在1919年发表的《支那政治的复活》一文中写道:

> 毫无疑问,支那是世界上最古老的国家,但国民的老衰征候与国家的古老相伴。数千年来,由于相对说来国民不与其他民族混杂,且几乎未与其他国家竞争而经受磨砺,因此像荒野中的大树一样自由生长,充分发展而未受到外部伤害。但是,树木到了寿命,树身就会枯干,支那即是此种状态。支那是长期孤立的国家,其内部产生的弊病使其逐渐衰竭,似此老衰是不能依靠树木自身活力的,拯救它的办法只能是依靠外力遏制其腐败,或剪掉其寄生的枝条。①

在内藤看来,中国这颗年轮久远的大树之所以青春常驻,靠的是外

---

① 内藤湖南:《支那政治的复活》(《中外》第三卷第三号,1919年3月1日发行)。《内藤湖南全集》第5卷,第155页。

力作用而非自身的活力。之后,他在《新支那论》中以两汉以来的民族关系为论据,不厌其烦地高度评价了各个朝代少数民族的"刺激"为中国不断注入"活力"的积极作用。然而其醉翁之意却在于:通过对"异族刺激"产生"活力"的肆意扩大的解释,为日本的对华殖民扩张寻找理论根据。他写道:

> 支那能够长期维持民族生活,全靠外族的不断入侵。成吉思汗说得好:"支那人民搞不好自己的国家,那就毁了它建成大牧场,为蒙古人的国家所用。"支那民族靠这种外族精神和耶律楚材那样深谋远虑的政治家恢复活力,是非常幸福的。在支那人看来,以往外族的努力完全是以暴力推行的政治,然而如今外族的努力是从经济上和平推进的。必须看到,东洋文化发展的时代正在变化,旨在改变支那现状,或许也是不自觉的日本的经济运动,对于延长支那民族将来的生命,实际上有莫大效果。支那民族若阻止这一运动,恐将自取衰死。
>
> 由此大使命而言,日本对支那实行侵略主义或军国主义之类的议论没有价值。讨论日本与支那关系时,单纯考虑侵略主义或军国主义是甚为不当的。……支那继承着祖宗留下的过多财产,又不为世界充分利用,正所谓暴殄天物,而其身旁的日本却为人口过剩苦恼,遇到了国民生存权问题却只能眼巴巴地看着邻国的继承权,此等现象甚是矛盾。①

这段引文清楚地表达了内藤的两层意思,一是日本可以像中国历史上的"异族"一样"刺激"中国焕发"活力",并且这种刺激不是通过"暴力推行的政治",而是通过"经济运动"来"改变支那现状",从而"延长支那民族将来的生命"并带来"幸福"的;二是既然中国"暴殄天物",守着祖宗留下的财产不为世界利用,那么遇到生存权问题的日本就不能"眼巴巴

---

① 内藤湖南:《新支那论》,《内藤湖南全集》第5卷,筑摩书房,1997年,第513页。

地看着邻国的继承权",改变这种"甚是矛盾"的"现象"正当合理。

内藤认为,中国的国情已经到了不依靠"外力"就无法改变落后面貌的危险境地,日本可以像中国历史上的"异族"一样,从外部为中国的再生提供"原动力"。他写道:

> 清末以来争论的问题是,支那的经济政策主要是收回利权,什么利权都不给外国人,只能由支那人独占。然而支那人收回的全部利权只能是白白浪费,不会给支那经济带来任何发展。支那利权为支那独占的结果,必然是其他国家大发展期间唯独支那毫无发展,支那在经济上的亡国惨状必至。要把支那从亡国惨状中拯救出来,除了开发支那的天然财富外别无他途。此即依靠外国解决本国缺乏的资本,向外国人学习本国无能力的工业技术,与外国人产生共同利益,同时发展本国利益。①

> 支那守着丰富的资源却根本没有开发资源的资本和经济机关的运转能力,必须从某处引进资本,经济机关运转的能力至少需要外国人训练数十年。但是,支那获得这种资本和经济机关运转能力的原动力来自何方?……简而言之,破坏支那传统政治组织、引导新的民众政治的原动力,就是日本国民在支那经济界的运动。②

> 业已取得革新旧组织经验的日本人,应该根据其经验,从支那经济组织的基础做起,日本人改革支那的使命即在此处。③

从这些引文中看出,内藤是主张通过"经济运动"为中国提供再生的"原动力"并同时解决日本的"生存问题"的,这或许也是他的首选意愿。但是,这并不意味力主对华经济扩张的内藤排斥使用武力,相反,他不仅为近代日本的侵华辩护,还抚慰日本国民不必因对华动武而自惭"自

---

① 内藤湖南:《支那如何谋求存立》(《青年之日本》第 11 号,1917 年 10 月发行)。《内藤湖南全集》第 5 卷,第 15 页。
② 内藤湖南:《新支那论》,《内藤湖南全集》第 5 卷,筑摩书房,1997 年,第 506—507 页。
③ 同上书,第 516 页。

贬"。在《新支那论》中，内藤煞有介事地写道：

> 日本与支那贸易的繁盛已有四五十年，此间也曾有过用兵，有
> 过参谋本部等以特别方针对支那施展的各种小伎俩。然而通观全
> 体，显然四五十年来日支两国关系逐渐由政治关系转向经济关系，
> 日清战争（甲午战争）和北清事变（1900 年八国联军侵华）用兵的结
> 果，也是打开了两国的经济关系，向着极为和平的方向发展。日俄
> 战争向满洲用兵的结果，不也是使日本的经济力进入该地、使大连
> 港升至支那第二大贸易港吗？满洲的财富由此增加是非常之事，美
> 国人故意阻碍日本的进步，只看到了一时用兵且无视由此带来的经
> 济上更大关系，但日本是不会有人持此错误看法的。当然，不能完
> 全否定有时动用了武力。为了开拓大片田地，需要挖掘灌溉的沟
> 渠，疏通沟渠碰到巨大岩石时往往必须使用巨斧或炸药，但是这样
> 做就是忘了开拓田地的真正目的并由此断定炸毁其土地是目的吗？
> 今天的日本国论忘记了本国历史和未来的前进道路，把作为一时应
> 急手段使用的武力说成了侵略主义或军国主义，这是自贬。①

至此，内藤湖南的殖民侵略卫道士嘴脸暴露无遗，并且已看不出这
个"文化人"的论调与战前日本法西斯的侵略理论有何区别。

不仅如此，如果进一步听听内藤采用"象形蚯蚓论"和"文化中心移
动论"进行的说教，则这个"支那通"的阴暗心态就更加令人发指了。

内藤对日本国民说：

> 如果日本与支那冲突而不幸用兵，致使支那土崩瓦解无法收
> 拾，日本岂非要负全部责任。……日本人的这种杞人之忧，源于对
> 支那国家的成立及其社会组织的历史全然不知。打个最简单的比
> 方，日本等国情如支那人的比喻，是"常山之蛇，打首尾至，打尾首

---

① 内藤湖南：《新支那论》，《内藤湖南全集》第 5 卷，筑摩书房，1997 年，第 515 页。

至",国民非常敏感,哪怕是小笠原被外国占领也必然会引起日本国民全体沸腾。支那则与此相反,犹如蚯蚓般低级动物,是切掉其一部分而其他部分无动于衷继续生活的国度。①

反过来又对中国人民说:

今天,日本成为东洋文化中心并构成与支那文化相抗衡的势力不足为奇。日本是比支那优秀的强国,支那人以狐疑的目光看着日本的强盛,但若某一天日本与支那在政治上形成一个国家,文化中心移到日本,日本人活跃于中国的政治和社会上,支那人也不要以为是非常怪异的现象。②

显然,内藤希望中日两国人民接受的思想是:对待蚯蚓般低级动物的中国,日本国民可以放心地宰割,因为"蚯蚓"即使被切掉一部分也不会反抗;中国人应以平静的心态接受可能出现的日本人君临中国的"现象",因为"文化中心"已经移到"比支那优秀的强国"日本。

一个无知的民族没有未来,而滥用"知识"的民族却会葬送现在;一个无知的学者误人子弟,而失去良知的学者却会误国误民。内藤湖南由造诣非凡的学者堕落为战前日本侵华"国策"的"智囊",其深刻的教训不只属于日本,而且属于世界。

3. 吉野作造的中国观

吉野作造(1878—1933)是战前日本东京帝国大学法学部教授,以研究中国革命史、西洋政治史和明治政治史闻名,第一次世界大战后期开始宣传日本政治民主化,并以"威尔逊主义"代言人身份活跃于日本论坛,被誉为"大正民主运动的旗手"。吉野一生关于中日关系的论著颇丰,其中介绍中国革命和中日关系的专著4部,中国时政评论文章162

① 内藤湖南:《新支那论》,《内藤湖南全集》第5卷,筑摩书房,1997年,第499页。
② 同上书,第509页。

篇,此外还与他人合著了一部中国革命史。①

二战以后,学术界关于吉野中日关系论的研究不断进展,但是相关评价却呈现两极分化现象。松尾尊兊和黄自进等正面评价者认为,随着民本主义思想的确立及其对中国革命认识的变化,吉野作造最终否定了"对华二十一条要求",是帝国主义政策的批判者和抵抗者②;小林幸南、宫本又久等负面评价者则认为,吉野的民本主义思想是向天皇制妥协的产物,其对外立场反映在默认了日本政府的侵华政策。③ 有鉴于此,应该以第一次世界大战后吉野作造对华权益观的演变为线索,对吉野作造的中国观及中日关系论进行深入考察。

第一,吉野在"对华二十一条"上的立场及转变

1915 年,大隈内阁以"最后通牒"的武力恐吓方式迫使中国政府接受了"对华二十一条"(其中"第五项"为暂时"保留")。对此,吉野明确表示:"我认为,此次要求是日本为了生存所不可缺少的最小限度的要求,(政府)删除第五项实在令人遗憾。"④这就是说,吉野不仅认为强化在"满蒙"和山东的权益,是帝国日本为了"生存"的"最小限度的要求",而且为旨在排斥欧美列强、将中国变为日本的"保护国"的"第五项"未能实现而"遗憾",可见其主张和立场与日本政府没有根本区别。

"对华二十一条"无疑是极其霸道的帝国主义主张,这样的主张站得住脚、行得通吗? 吉野是从两个方面阐释了其"合理性"的。其一,日英两国原本就有"同盟"之谊,欧战爆发后,英国要仰仗日本在远东牵制德

---

① 谷泽永一、田熊渭津子:《吉野作造博士论文随笔目录》,《国文学》(东京)第 44 号(1970 年 8 月),第 43—75 页。

② 松尾尊兊:《大正民主主义》,东京:岩波书店,1974 年;松尾尊兊:《民本主义和帝国主义》,东京:美铃书房,1998 年。黄自进:《吉野作造对近代中国的认识与评价:1906—19321》,台北:台北中央研究院近代史研究所,1995 年。

③ 小林幸男:《帝国主义和民本主义》,东京:岩波讲座《日本历史》19,岩波书店,1963 年。宫本又久:《作为帝国主义的民本主义:吉野作造的对中国政策》,《日本史研究》(东京)第 91 号,1967 年。

④ 吉野作造:《日支交涉论》,《吉野作造著作集》8,东京:岩波书店,1996 年,第 152 页。

国,所以英国的态度不足为虑;其二,美国倡导的"门户开放,机会均等"虽然名义上得到了各国的赞同,实际上列强均阳奉阴违,在中国大肆扩张势力范围,所谓"门户开放,机会均等"不过是一纸空文。既然帝国主义已经成为国际关系的基本准则,日本自然可以放手推行帝国主义政策,不必受"门户开放,机会均等"的束缚。[1] 可见此时的吉野作造是以帝国主义"弱肉强食"的原则来讨论日本在华权益的。

吉野 1904 年毕业于东京帝国大学法学部,明治政府的帝国主义教育和日俄战争中日本的胜利,无疑培养了他"弱肉强食"的帝国主义生存观。此外,这一时期吉野对中国政局的负面评价,也是他全面支持"对华二十一条要求"的重要原因。1913 年中国爆发了反对袁世凯的"二次革命",革命失败后孙中山等革命党人流亡日本组织"中华革命党"继续斗争。然而吉野认为袁世凯势力很大,革命党难以成功,因为中国要想成事离不开外国的经济援助,而列强支持袁世凯,故革命党没有前途。

然而,吉野在解读 1917 年日美间签署的《石井·兰辛协定》时,全面支持"对华二十一条要求"的态度发生了转变。吉野认为,根据协定,美国承认日本在"满蒙"的"特殊利益",而在中国的其他地区,日本则必须遵守美国提出的工商业"门户开放,机会均等"原则。这意味着日本在中国享有的政治上的"优先权"受到了更加严厉的限制,已无权要求中国中央政府聘请日本人担任顾问以及中日合办警察,不可能再提出中国政府必须从日本购买所需武器、中国兵工厂必须中日合办的垄断性要求。[2] 应该说,吉野的这种认识较其以前迈进了一步。

第二,吉野的中国观与日本在华权益观的"矛盾"现象

1919 年,中日两国在巴黎和会上围绕山东权益的归属和"对华二十一条"的存废问题展开了激烈较量,最后中国的正当要求被和会拒绝后,

---

[1] 吉野作造:《日支交涉论》,《吉野作造著作集》8,第 149、153、154 页。

[2] 吉野作造:《日美共同宣言的解说及批判》,《吉野作造著作集》5,第 251、253、257 页。

中国爆发了声势浩大的五四运动。在日本朝野对中国的一片责难声中，吉野作造与众不同地表达了对五四运动的同情和支持。他身体力行地组织了北京大学与东京大学师生的交流活动，成为近代中日文化交流史上的一段佳话。吉野关于五四运动的认识被誉为"日本侵略中国以来最具体的中日友好论的倡导，是永留历史的不朽记录"①，反映了近代日本知识分子的良知。

然而，仔细阅读吉野作造的当时言论却发现，在吉野的中国观及其日本在华权益观之间存在着看似"矛盾"的现象。

在巴黎和会上，中国代表团提出收回山东权益和废除"对华二十一条"的理由是："对华二十一条"是在日本的武力胁迫下签定的，严重背离了威尔逊"十四点和平条件"中尊重国家主权、维护国家平等的"民族自决"原则，是酿成中日两国纷争的祸根，因此，为实现东亚地区的持久和平应予废除。对此，吉野针锋相对地提出了反对意见。他认为，根据国际法，一国合法政府签署的条约即使是在他国胁迫下签订也是有效的；关于日本对德国在山东特权的继承，只要能取得新成立的国际联盟的认可便可，然后可有条件地将德国在青岛的租界归还中国，以打消美国的疑虑。② 吉野的这些观点较之其同情五四运动、将日本的军阀官僚批判为"侵略的日本"、将日本民众定义为反对侵略的"和平的日本"的言论，③几乎判若两人。

那么，吉野作造的国家权益观究竟是什么呢？

事实上，吉野的看法是，刚刚结束的第一次世界大战是人类历史上首次全球规模的大战，战争造成了巨大的破坏和牺牲，使战胜国和战败

① 松尾尊兊：《大正民主主义》，293、294 页。关于五四时期吉野作造倡导的中日青年交流的实证研究有：王晓秋：《近代中日关系史研究》，北京：中国社会科学出版社，1997 年，第 300—316 页。对吉野作造五四运动观思想根源的剖析参见黄自进：《吉野作造对近代中国的认识与评价：1906—19321》，第 170—186 页。
② 吉野作造：《山东问题》，《论青岛专管居留地》，《吉野作造著作集》9，第 276 页。
③ 吉野作造：《勿谩骂北京学生团的行动》，《中央公论》（东京）（1919 年 6 月）卷首语。

国两败俱伤,因此战争结束后维护世界和平,防止战争重演就成为了国际社会的共识,国际联盟就是这一指导思想下产生的国际维和机构;作为战后的世界五大国之一,日本必须审时度势,顺应时代潮流,放弃武力侵华和独霸中国的企图。① 然而,对于是否归还列强在中国已经享有的特权,给予中国以平等的国际地位,吉野持否定态度。他认为:其一,所谓"国家间的平等",是指各国在国际法面前的平等,而20世纪初期国际法所保障的"平等"并非国家无论大小、强弱的"绝对平等",现实国际社会中的民族平等,是以国家"实力"为前提的。因此中国要废除不平等条约,收回国家主权,就必须要有一个能够统一全国,充分履行国际义务的中央政府,在南北分裂、军阀混战的状况下向国际社会要求废除不平等条约属于"自不量力"的行为,是对国家平等观念的曲解;②其二,一战后威尔逊提出的"民族自决"并不意味着无条件地提升中国的国际地位,华盛顿会议上列强在中国关税问题上所做的让步以及会后英法向中国归还租借地的行为,表明今后列强对待弱小国家的态度已经由"瓜分势力范围"转变为给予弱小国家以自我发展的"机会",但要彻底废除不平等条约还取决于弱小国家自身的努力和实力,这一转变过程就是所谓的"国际政治的民主化";③其三,中国要提升"实力",实现民族平等,就必须打倒国内卖国求荣的官僚军阀势力,而中国的官僚军阀和日本的官僚军阀是相互勾结的,所以吉野提出了"两个日本"的理论,以便两国民众团结起来联合对敌。④ 以上就是第一次世界大战后吉野作造中日关系论的基本构造,在同情五四运动、倡导两国民间的友好"连带"和维护日本在华权益之间,吉野似乎在煞费苦心地寻找着平衡点。

第四,北伐革命时期吉野对华权益观所达到的顶点

① 吉野作造:《为何不积极参与世界改造问题》,《吉野作造著作集》5,第373页;吉野作造:《国际联盟是可能的》,《吉野作造著作集》6,第3页。
② 吉野作造:《支那问题概观》,《中央公论》(东京)1922年1月,第306页。
③ 吉野作造:《支那近事》,《中央公论》(东京)1922年3月,第193页。
④ 吉野作造:《勿谩骂北京学生团的行动》。

　　1926 年 6 月,广东国民政府任命蒋介石为国民革命军总司令誓师北伐,在苏联和中国共产党的帮助下,北伐军迅速推进至长江流域,10 月占领武汉。长江流域是中国的经济中心,也是列强在华权益的集中地,北伐军的军事行动因而引起了列强的高度关注。日本两大政党之一的政友会及陆军认为:北伐是苏联支持下的"赤化侵略",如果任由苏联借北伐之机在中国扩张势力,日本的在华权益将受到严重威胁,因此日本应联合英美列强对革命进行武装干涉。① 对此,吉野批判说:辛亥革命时期日本浪人企图通过援助中国革命党扩张日本在华权益,然而革命党人却并没有被利用,这一历史经验表明,中国人不会因为接受外国的援助而放弃原则,过去日本做不到的事,现在的苏联也同样做不到,北伐革命的实际指导思想是中国人自己的三民主义而非苏联的共产主义。② 接着吉野还专门写文章阐释三民主义的意义,认为三民主义中的"民生主义"和他亲自担任顾问的日本新兴政党——社会民众党的主张极为接近,以此表达他对三民主义思想的共鸣。③ 1927 年 1 月,吉野发表又文章,呼吁日本政府承认北伐军为"交战团体",公开支持国民党统一中国。④

　　与此同时,随着北伐军的节节胜利,英美列强也做出了反应:1926 年末和 1927 年初,英美政府先后发表"对华新政策宣言",宣布在进口关税税率和不平等条约谈判等问题上准备对中国做让步。⑤ 在此背景下,日本的对华政策若不做出调整,将在未来的对华关系上陷入被动。

　　中国政局和东亚国际形势的变化,是吉野的在华权益观发生变化的客观依据。从 1927 年 4 月起,吉野写文章表示,一旦北伐军进入北京,国民党统一中国,日本就应当同国民政府展开外交谈判,缔结符合两国

---

① 邵建国:《北伐战争时期的中日关系研究》,北京:新华出版社,2006 年,第 24—27 页。
② 吉野作造:《支那、俄国和日本》,《吉野作造著作集》9,第 332 页。
③ 吉野作造:《三民主义的解释》,《现代宪政的运用》,东京:美铃书房,1988 年,第 480、481 页。
④ 吉野作造:《请承认广东政府——其根据及态度》,《社会民众新闻》(东京)16 号,1927 年 1 月 20 日。
⑤ 臼井胜美:《日中外交史——北伐时代》,东京:镐书房,1971 年。

关系实际情况的新条约。① 这既是对中国统一的正确判断,也是对英美外交的顺应,符合历史发展的方向。1928 年 6 月北伐军进入北京,7 月 7 日国民政府外交部对外发表废除不平等条约的宣言,具体到日本则宣布即将期满的《中日通商航海条约》无效,在新条约缔结之前采用国民政府制定的《临时办法》。日本朝野认为,中国单方面制定《临时办法》并要求日本接受是"无视国际信义"的行为,对国民政府修改不平等条约的提议态度消极。② 针对这一情况,吉野在《中央公论》上发表了《支那形势》(1928 年 7 月)和《对支政策批判》(1928 年 9 月)两篇文章,表示今后的中日关系应当"将既往的条约归于白纸,在道义的基础上认真衡量两国间的利害制定新条约"③;对于《临时办法》,吉野认为国民政府的真实意图是藉此向民众表明政府修改不平等条约的坚定决心,以树立革命政党的威信,与其说是外交政策,不如说是为了满足国内政治的需要,因此在修约谈判过程中国民政府必定会采取稳健务实的态度。④

然而,中日关系还有着更为复杂的一面,通常所说的"不平等条约"指的是含有协定关税和治外法权内容的"通商航海条约",然而一战酿成中日之间无数纷争的主要症结却是日本提出的所谓"满蒙特殊利益"和"对华二十一条"。黄自进和松尾尊兊依据吉野"既往条约白纸化"的论述,认为此时的吉野作造已基本否定了"对华二十一条",与帝国主义思想做了决裂。⑤ 然而事实并非如此简单。

1927 年 4 月国民党要人戴季陶访问日本时,吉野谈了中国一旦统一后有关日本"满蒙特殊权益"的看法。他说:"在满蒙也不应继续维持特

---

① 吉野作造:《日本无产政党敬告支那南方政府代表》,《吉野作造著作集》9。

② 高文胜:《中日通商航海条约改正交涉和王正廷》,名古屋大学大学院人间情报学研究科《情报文化研究》(名古屋)17 号,2003 年 3 月。

③ 吉野作造:《支那形势》,《吉野作造著作集》9,第 355、356 页。

④ 吉野作造:《对支政策批判》,《吉野作造著作集》9,第 83—85 页。

⑤ 黄自进《吉野作造对近代中国的认识与评价:1906—19321》,159 页。松尾尊兊:《解说 吉野作造的中国论》,《吉野作造著作集》8,第 368 页。

殊地位"，然而"若是事关我国民众基本生活的重要权益，则无论其发生
原因为何，在对其进行调整时无论如何必须予以审慎的考虑"。① 从这段
表述看出，吉野对"满蒙特殊利益"的放弃是有所保留的。1927 年 7 月，
田中内阁就"解决满蒙铁道悬案"一事对张作霖政权施加压力，东北地区
因而发生了民众反日游行，以此为背景，吉野作造在《中央公论》上发表
文章，通过披露中国人"S 君"的来信阐述了他的"满蒙权益观"。"S 君"
在信中说，日本政府巩固中日双边条约（"对华二十一条"）所规定的政治
经济权益原本无可厚非，东北民众反日游行所针对的并非日本的"条约
权益"本身，而是"满铁"的垄断经营方式。在此基础上，"S 君"提议中日
两国共同经营"满铁"并将"满铁"的收益在两国间进行公正地分配。"S
君"是何许人吉野并未言明，但他表示完全赞同"S 君"的意见。② 吉野的
立场是：旅顺、大连租界地和在"满铁"沿线驻扎军队等中日双边条约所
规定的政治权益事关日本的国防安全和民众生活，因此必须保留；在"满
铁"的经营管理和收益分配等经济问题上则可以向中国做些让步。此后
直至"九一八事变"，吉野再无关于"满蒙问题"的具体言论。

可以看出，在北伐军节节胜利，国民党形式上统一中国，英美列强纷
纷对华让步的背景下，吉野主张日本也应审时度势，积极和中国展开修
约谈判，恢复中国的关税自主。对于日本的"满蒙特殊利益"，吉野认为，
中国统一后，日本在"满蒙"的"特殊地位"必将受到严重冲击，因而提出
了中日共同管理"满铁"、共享"满铁"收益的主张，希望以"满铁"在经济
上的让步，换取国民政府对日本在"满蒙"政治地位及经济利益的认可。
日俄战争以来，日本社会主流无不认为"满蒙权益"是日本人用鲜血和生
命换来的，其地位不容动摇，历代内阁，包括以"国际协调主义"著称的
"弊原外交"，在"满蒙问题"上毫无对华让步之意，坚定地维护"满蒙特殊

---

① 吉野作造：《日本无产政党敬告支那南方政府代表》，《吉野作造著作集》9，第 337 页。
② 吉野作造：《关于满洲骚乱的某支那人的来信》，《中央公论》（东京）1927 年 10 月，第 98—
　　102 页。

利益"已成为明治、大正、昭和时期日本人的普遍共识。[①] 在这样的历史语境下,吉野的思想立场虽然无法彻底脱掉帝国主义色彩,也无法根本解决近代中日关系中纠结的"满蒙问题",但在近代日本的整体对华认识中所显示的进步意义还是难能可贵的。

---

① 参见加藤阳子《战争的日本近现代史》,东京:讲谈社现代新书,2002 年。

第四章 从无视到敌视
——国民革命至二战结束时期的中国观（1924—1945）

1924 年开始的国民革命及其 1926 年发动的北伐战争,加快了中国统一的进程,也引起了日本的恐慌。关东军于 1931 年制造"九一八事变"得逞后,占领中国东北全境并建立伪满洲国,迈出了武力肢解中国的第一步。接着文谈武打,制造"华北危急",在华北扶植亲日傀儡政权,推行华北分离政策,迈出了肢解中国的第二步。1937 年 7 月,完全无视中国抵抗能力的日本军国主义彻底撕下一切伪装,发动了旨在灭亡全中国的侵略战争,走上了自取灭亡的不归之路。

一 对中国国民革命的知行

1924 年 1 月,中国国民党在广州召开了第一次全国代表大会,制定了联俄、联共、扶助农工的三大政策,决定对外废除清政府及军阀政府同帝国主义签订的一切不平等条约,取消帝国主义在中国攫取的特权,争取民族独立自主;对内反对封建主义,保障民权、民生。这次会议不仅实现了第一次国共合作,而且标志着工人、农民、城市小资产阶级和民族资产阶级联盟的形成。会后,全国工农运动的发展汹涌澎湃,收回国权、统一全国已成为不可阻挡的时代洪流。面对中国的革命形势,日本的对华政策一度出现了"币原外交"与"田中外交"的分歧,而后者实行的强硬外交,使本来紧张的中日关系进一步恶化。

1. 政界的国民革命观

1924 年国共合作后掀起的国民革命及其随后发动的北伐战争,既是一场对内统一的民主革命运动,也是一场对外争取独立的民族革命运动,革命的性质及中国的政治走向始终受到日本朝野的密切关注。

关于北伐是否会带来中国的真正统一,否定性看法占据主流。金崎贤认为:中国人"无国家观念",疆土太大,缺乏普通教育等,决定了中国政治难以统一。① 后藤朝太郎认为:"支那 4 亿民众只要不洗脑改变国民性,就永远无法作为国家而发达,这是所有识破支那者的共识。"②大西条认为:"支那的完全统一只不过是一种理想。"③松波仁一郎宣称:"直到吾人死后,支那也终究不可能统一"④,因为中国人不论哪个阶级,不论是军人还是政治家,都没有日本人那样的爱国心,而外国人也不希望中国统一。"四亿支那人不能统一为一个强国他们才会安心。为了阻止统一,甚至还公开提倡支那分割论。"⑤小川节则在其"中国三分论"中提出,最好是按照地理环境和政治情势,将中国划分为北方、长江、西南地区的三个国家。⑥

① 金崎贤:《祝福支那的现状——从太平洋上所看的支那》,《外交时报》第 531 号,1927 年 1 月 15 日。
② 后藤朝太郎:《弥漫在衰落时局中的迷离支那》5,《外交时报》第 543 号,1927 年 7 月 15 日。
③ 大西条:《支那革命的前途》,《外交时报》第 542 号,1927 年 7 月 1 日。
④ 松波仁一郎:《支那不统一论》,《外交时报》第 548 号,1927 年 10 月 1 日。
⑤ 同上书,第 49 页。
⑥ 即第一类是北方型,指"长江以北的北支与满洲、蒙古";第二类是长江型,指"中部支那";第三类是广东型,即"西南支那"。北方型的特征是保守、武力本位主义,以当时的北方军阀,特别是奉天军阀为代表,该地区荒地多,气候酷寒。长江型在政治上重视王道主义、和平主义,性情谨慎温和。广东型则气性荒蛮、勇敢、意气奋发。小川认为,上述的任何一种类型都难以支配其他两种类型,故中国应该按照上述分类分裂为三个国家。见小川节:《支那三分论》,《外交时报》,第 546 号。

外务省政务次官森恪在 1927 年 2 月考察中国后,阐述了对中国统一问题的看法。森恪认为:中国靠自己的力量是无法实现统一的,但是如果中国"＋X",即中国加上一个列强,就会在数年内"恢复秩序,统一在某种形式之下"。[1] 也就是说,与上述论者不同,作为外交家,他对中国在苏俄援助下实现某种形式的"统一"抱有强烈的危机感。

关于国民革命的性质,《外交时报》主编半泽玉城否定南方革命势力的进步性,认为"中国的军阀是绝不会断种的,因此支那的将来依然会反复出现军阀斗争"[2]。即:

> 支那军阀的实际行动里面没有任何赤白之分。现在所说什么讨伐赤贼,什么进行彻底的国民革命,都只不过是标语……只不过是语言游戏。例如,北伐在举起膺惩赤贼口号的同时,却频繁地增收苛税,威胁人民的生活,或是实施酷法强制发行纸币,或是掠夺人民产业及生产,垄断其利益,牺牲民众的生活以扩张自家的权势,为此不择手段……(广东政府)高唱进行彻底的国民革命,强调确立三民主义,然而却频繁地强募军队,不断地发动战争,专事扩大势力范围,并为此压迫人民苛求富豪,在本质上与旧式军阀相比有何差异?[3]

然而,政界的看法并非如此简单,并且,在判断中国的国民革命性质时,更多考虑的是这一"革命"对日本意味着什么、日本应该怎么办。

众议院议员松本君平在 1927 年 3 月 12 日的帝国议会演讲中,将北伐军进攻上海视为日本与列强的"严重危机"。他说:

> 辛亥革命以来,清朝的崩溃、袁世凯的没落、三次革命以后经过十几年的岁月,此间支那发生了很多令人惊叹的变化。但是,我国

---

① 森恪:《谈视察动乱中的支那》,山浦贯一编:《森恪》,第 539 页。
② 半泽玉城:《支那的实像与表象》,《外交时报》第 530 号。
③ 半泽玉城:《支那的实像与表象》,《外交时报》第 530 号,时论,1927 年 1 月 1 日。

还从未出现过现在这样的政治、经济上都面临的严峻的局面。

……

在租界问题上，观察现在南方革命军的主张，支那政府、支那国民是要夺回向来处于各国手中的所有租界的，这成为现在支那国民运动的要求。而这一要求，不仅是南方革命军的，而且北方也具有这一要求与国民愿望。现在南北虽然在争执，南方的思想，却已经弥漫到整个支那，成为支那指导性的精神……根据现在革命军之提倡以及革命政府之声明、宣言观之，他们的要求，是要将英国势力全部都驱逐出整个支那。……英国是帝国主义国家，是资本主义的巨魁。将此帝国主义、资本主义巨魁从支那彻底驱逐，是现在南方政府国民性运动的要求。他们主张将上海夺回到国民手里——南方政府的手里，他们认为上海是英国资本主义的巢穴，是帝国主义的牙城，夺取上海，就可以把英国的势力、资本主义、帝国主义的势力全部颠覆……俄国最高顾问鲍罗廷在汉口进行指导性演说时宣扬将颠覆英国作为先决问题，法兰西、日本等小帝国主义、小资本主义国家就会被全部打倒。只要打倒英国，日本等就自然会被扫除。支那以所谓豺狼当道、安问狐狸之势，现在要打倒英帝国主义、资本主义。①

显然，松平清醒地意识到中国人民收复国权的运动，不只是针对"帝国主义、资本主义巨魁"的英国，"小帝国主义、小资本主义"的日本也在劫难逃，革命迟早会影响波及到东三省。"英国在支那的势力被颠覆之际，对待英吉利的同一手法就会直接向日本袭来……那时，日本就是所谓狡兔死良狗烹。"②对此，他严厉指责若槻内阁没有采取保护日本在华经济权益及日侨安全的有效措施，抨击币原外交是无所作为的"灰色外

①② 松本君平：《直面支那的大动乱——我在若槻内阁时的不安》，《政友》第 315 号，1927 年
5 月。

交"。① 松平认为,面对中国的革命形势,日本要么与英美协调,共同"维持正在被破坏的支那现状";要么承认中国的新兴势力,接受不断觉醒的中国国民对民族主义、平等主义、国际的"民主主义"主张,同时与苏俄达成谅解。②无疑,他是力持前一种态度的。

外务省参与官植原悦二郎也是对华外交强硬论的鼓吹者。他认为国民革命及共产主义势力在中国的发展,已经对日本的在华利益及日侨的生命财产构成了严重威胁。他说:

> 南方派的军阀为了扩张势力,使用共产党及便衣队,在破坏社会秩序安宁方面,比北方势力还要严重。因此,假使南方的北伐成功,也难以想象中国会得到统一,在南方势力的统治之下,日侨的生命财产也难以得到保障。相反,在南方派的势力范围内,共产党的活动异常活跃,日侨的生命财产将陷入更为危险的境地。③

植原认为,日本的对华政策不外有两种选择,一是放弃日本在亚洲大陆的既得权益,对中国静观其变,若此则必须有"放弃在支一切既得权益"④的思想准备;二是奋起"自卫"保护既得权益,同时把中国"引导"到和平、稳健的发展道路上来。⑤作为"东方会议"的参加者和"田中外交"的支持者,植原的选择当然是后者。

外务省政务次官森恪是田中内阁对华强硬派的急先锋,其强硬度甚至超出首相兼外相田中。森恪就任后气焰嚣张,一面批判币原外交是"软弱"外交,指责币原在维护"满蒙特殊权益"上无作为,一面信誓旦旦地声称要刷新对华外交,对华实行强硬政策。他认为:

> 最近二十年来扬子江沿岸发展起来的日本人势力正在走向根本性消亡,日侨现在已无法生活下去。这并不是由劳资问题造成

---

①② 松本君平:《直面支那的大动乱——我在若槻内阁时的不安》,《政友》第 315 号。
③④⑤ 植原悦二郎:《我的对支政策基本观念》,《外交时报》第 565 号,1928 年 6 月 15 日。

的,而是在经济政治性的革命中,由一部分支那人进行的有计划的消灭日本人运动造成的,故现在日本人在支那已到了必须决定是前进还是后退的时刻,这是一个非常严重的困境。①

1927年2月,政友会总裁田中义一派遣该会干事长山本条太郎、森恪、松冈洋右一行考察中国,在华逗留的35天里,先后考察了上海、汉口、九江、南昌、青岛、天津、北京、奉天等地,会见了国民革命军总司令蒋介石、苏联顾问鲍罗廷以及外交部长陈友仁、孙科、冯玉祥等政要。山本条太郎得出的印象是:"南方的人心都在轻蔑日本"②,而陈友仁和孙科尤以为最。即:

> 他们认为:"日本开口就称日支亲善,提倡共存共荣,然而那并不是为支那,而是为日本的生存。日支经济关系如果断绝了的话,日本的经济就无法运行,日本离开支那就无法生存。现在日本的贸易十分之六都是对支那的,所以即使日支国交断绝,为难的也是日本,支那绝不会感到为难。"这是现在支那南方派共有的对日观念。③

山本更为担心的是,北伐军的反帝思想以及中国人民掀起的收复国权、废除不平等条约运动,都是在苏俄的共产主义思想引导、协助和煽动下进行的,国民党正在成为苏俄的傀儡和"分支"机构,中国有被"赤化"的危险。他在与国民政府最高顾问鲍罗廷会谈后写道:

> 孙逸仙在16年前兴起一次革命颠覆清朝,随后发动二次革命,不懈地致力于支那的革命工作,费尽心机,却难以实现。最后他认定支那革命不借助俄国就难以成功,于是在1924年1月与共产党联盟。支那南方派如果没有共产党的合作就不可能实现对长江一

---

① 森恪:《谈视察动乱中的支那》,山浦贯一编:《森恪》,第539页。
②③ 山本条太郎:《视察动乱的支那——为日支两国而忧心不止》,《政友》第325号,1928年1月。

带的占领。共产党在俄国革命以来致力于支那人的共产化。劳农俄国在欧洲方面的赤化工作失败,喀拉汉任北京大使以后强化了这一工作。喀拉汉使用的宣传费达到二千万卢布,用来收买北京大学的学生、教授以及新闻记者,并为政党出钱,北京国民大会的费用就是由俄国提供的。与此相呼应,共产党也向南方扩张,最初以记者身份来华的鲍罗廷用三年半时间占据了南方政府的政治顾问之要职,与北京的喀拉汉形成南北呼应扩张共产党势力的形势。军队的改善、宣传方法等,均令人惊叹。此间,又将冯玉祥等人派到俄国,让他们研究苏维埃制度,还在广东设置军官学校,在共产革命精神下实施军政教育,已有六千名速成毕业的学生。这些毕业生在仅仅 8 个月间就席卷了扬子江以南,成为革命军的骨干力量。俄国有苏维埃、第三国际、共产党之别,但这三者却在齐心协力地致力于支那的共产化。……支那的共产党事实上就是俄国共产党的驻外分支。所有的命令都是从莫斯科发出的,因此可以把他们视为一体。①

山本认识到,苏俄支持的中国国民革命一旦成功,势必从根本上改变中国的面貌,届时包括日本在内的列强在华权益亦势必随之土崩瓦解。他说:

　　俄国进行世界革命,为扩张俄国势力,首先采取了打倒英国的方针,为此赤化了的支那会将英国从支那赶出去,进而波及到印度。故现在他们让支那人高喊打倒帝国主义、废除不平等条约、打倒军阀三大目标。由于下层工人与农民都不懂这些大道理,所以为了实现上述目标他们诱导反英运动,进而转为排外运动。故在反英之后,接下来的必将是反日运动,这是不难想象的。进一步思考的话,不论南北实施何种内政方针,此三项目标会给日本带来何种影响

----

① 山本条太郎:《视察动乱的支那——为日支两国而忧心不止》,《政友》第 325 号,1928 年 1 月。

呢？撤离侨民、恢复关税自主权、废除治外法权,进而还会要求满洲,提倡废除对弱小民族的压迫,煽动朝鲜的独立,要求归还台湾。万一至此,我国的大陆政策就要完蛋了。①

山本还仔细研究了革命派组织结构和发动群众的手段。他发现:国民党由7名最高干部组成执行委员会,鲍罗廷为最高顾问,政府不过是党的执行机关,总工会和农民协会则是最基层的细胞组织。总工会旗下有400多个工会,晚上9点下达命令,第二天早上6点就能实行总罢工,其强大的动员力量不可小觑。

政友会也把国民政府视为"苏维埃政府的一个分支",其在第52次帝国议会的报告中有如下分析:

> 北伐军的成功令人惊叹,然而其成功很大程度上是靠劳农俄国的援助。这种精神与物质两方面的援助,是通过广东政府最高顾问鲍罗廷进行的,包括提供不少武器弹药,从政治与军事两方面训练军队,在思想、组织上以共产俄国的制度为精神模范。广东政府的组织内容,宛如苏维埃政府的一个分支,这是显著的事实。北伐军在越过长江的同时,建立了武汉政府,掌握其实权的是共产派,该派与以南京为根据地的国民党派之间发生矛盾,蒋介石将军遂镇压共产派,国民党派抬头,武汉政府瞬间屏息。虽有此种新事态的发生,然而以蒋介石将军为首脑的南京政府,其思想也是革命性的,其组织也是共产性的,在这一点上与武汉政府毫无不同。其最后的目的,在于完成所谓的国民革命,这是毋庸置疑的。②

那么,面对中国的革命形势和统一大势,日本执政当局如何应对呢?

---

① 山本条太郎:《视察动乱的支那——为日支两国而忧心不止》,《政友》第325号。
②《第五十二次帝国议会报告书》,《政友》第317号,1927年7月。

2. "协调派"的"不干涉"对策

第一次世界大战结束后,由于凡尔赛-华盛顿体系的建立,世界进入暂短的相对稳定期,这也决定了日本必须正视现实而不能逆时代潮流而动。"币原外交"便是 20 世纪 20 年代日本出现的对外协调外交的代名词。

战后,在世界和平主义与民主主义思潮的影响下,日本掀起了第二次护宪运动。1924 年 6 月,清浦奎吾内阁倒台,成立了以宪政会党首加藤高明为首相的宪政会、政友会、革新俱乐部护宪三派联合内阁。由此,日本进入宪政、政友两大政党轮流坐庄的"政党政治时代"。

在 1924—1927 年、1929—1931 年的宪政会、民政党(1927 年 6 月宪政会改称"民政党")执政期间,外相一职一直由币原喜重郎担任,此间日本实行的对外政策俗称"币原外交"。它以维护和扩大日本国家的利益为目的,以华盛顿体制及与列强的协调为"维权"的前提保障,以经济主义为原则,在对华政策上实施"不干涉内政主义"。其"不干涉"的内容包括:不援助中国的一党一派;中国不论谁来掌权,不论采取何种政体,日本都不予干预。

币原是日本承认凡尔赛-华盛顿体系的政治势力的代表人物之一,他认为华盛顿体系确立了列强建立的世界殖民统治体系,维护了列强在各殖民地、半殖民地国家享有的各种特权,因此也是日本维护其在朝鲜、台湾统治及在华既得权益的良好武器。1924 年 7 月 1 日,币原在第 49 次帝国议会众议院会议上发表了如下外交方针演说:

> 帝国外交的根本方针在于维护、增进我国的正当权益,同时尊重列国的正当权益,以确保远东太平洋方面的和平,进而维护整个世界和平。……事实上,帝国外交的所有政策及行动都是以此为出发点的。我们不能牺牲其他任何国家来满足没有道理的欲望,也不能被所谓侵略主义、领土扩张政策等事实上无法实现的迷梦所驱

动。与此同时,维护、增进日本的当然权益,是政府应尽的职务……至于对支问题,我们是极为重视的。毋庸赘言,向来日支两国在政治经济文化上的关系是最为密切的,当然,保证两国之间充分的理解也是非常必要的。……近年来,支那各地的外国人遇害事件频繁发生,为此,支那不能令人满意的政局问题更加引起外国人的密切关注。然而,支那改善一切施政是项困难的事业,我们必须深刻地认识到这一点。我们只能以同情与忍耐来观望支那国民的努力,祈祷他们的成功。支那需要我们的友好协作,我们在尽可能的范围内不辞给予帮助。关于支那的内政,不是我们应该干涉的。我们不能无视支那的任何合理立场,同时,我们也相信对于我国的合理立场,支那也不会采取任何无视的行动。[①]

1920年代,随着俄国十月革命的爆发及苏维埃政权的建立,世界出现了资本主义与共产主义的意识形态对立。日本作为帝国主义国家,其立场自然站到了资本主义阵营一边。1924年,中国发生北伐战争后,田中义一领导的政友会及军界都认为北伐是由苏俄鼓动、支持和掌控的,呼吁政府采取必要的反制措施。但是币原认为苏联对中国的影响是有限的。1926年2月16日,币原就中国发生收回汉口、九江英国租界的运动,致电日本驻英大使松井,电文说:

支那的反英运动是近来支那的全民性风潮,是收复国权运动的一部分。"苏维埃"方面在巧妙地利用此种风潮,还特别策划让支那充当反英的急先锋。另一方面,支那国民党特别是其中所谓的共产派出于利己的考虑而利用俄国,向奉天派以及其他反国民军派进行宣传,他们并非在根本思想上与"苏维埃"思想产生共鸣。因此,眼下反英运动的首魁即广东政府最近要罢免俄国人顾问,所谓反英运

①《第49次帝国议会众议院议事录》,币原和平财团编:《币原喜重郎》,第263—264页。

动是"苏维埃"策动的说法未必能够反映事物的真相。①

1927年2月,北伐军占领了长江流域的大部分地区。对此币原在帝国议会的演说中说:

> 无论是什么人掌握支那政权,其实施的国内政策对于支那来说是否健全妥当,当然是该国国民自身应该决定的问题。其政策如果是适合支那人的国民性,能够带来国内的繁荣与国际信誉的话,是会自然得势的。若反之背叛了这种期待,则会自然消亡。支那人的国家生活是在数千年的历史背景中受到其本国特有的环境刺激发展而来的。因此,无论哪个外国将本国本位主义的政治、社会组织计划强加给支那,都是永远无法成功的。支那国民也终究不会长期默认他国的干涉、服从于他国的指挥。②

币原本质上讨厌共产主义,但并不像一般的反共分子那样把问题绝对化。他讲道:

> 从支那国民政府以外的情况看来,我不相信共产主义会遍及全国。假使共产派取得天下,经过两三年之后,也不再会有外国人无法居住、通商的危险。例如俄国革命之际,欧洲列国极为担心它的威胁,但事实上日本在数年之前与俄国恢复国交以来,日本在共产主义的俄国居住、通商、设厂,没有任何危险。有鉴于此,支那亦同,不必过分担忧。③

20年代前期的中国,政治势力分合不定,各种军阀逐鹿中原,混战不

---

① 1926年2月16日币原外务大臣致电驻英大使松井:《关于中国反英运动与苏联之关系的答复》,外务省编:《日本外交文书》1926年第2册上卷,第209—210页。
② 币原喜重郎:《第52次议会上的外交演说》,币原和平财团编:《币原喜重郎》,第279—280页。
③ 1927年4月2日币原外务大臣与特里英国大使的会谈:《关于对中国选择强硬手段之效果问题的意见交换》,外务省编:《日本外交文书》昭和期Ⅰ第1部第1卷,东京:外务省,1989年3月10日,第543—544页。

断。以张作霖为首的奉系军阀在日本的支持下发展迅速。[1] 1921 年 5 月 17 日,日本政府决定对张作霖"应直接或间接给予援助","以便巩固我在满蒙的特殊地位"。[2] 用首相原敬的话说:"张想靠日本扩张势力,而我们为了在东三省的发展,也需要善待张。双方的利益不谋而合。"1922 年 4 月,张发动了第一次直奉战争,失败后重整旗鼓,并通过各种渠道争取日本的支持和援助。1924 年 9 月 17 日,直奉两军在山海关等地交火,第二次直奉战争爆发。战争爆发后,日本政府内及军部意见不一,但外务省根据币原的指示,决定采取不干涉方针。在 10 月 23 日的内阁上,币原仍坚持不干预立场,其三条理由是:援助任何一方都明显是干涉,会失去国际信义;即使直军占领满洲,也未必不会尊重我既得权益;北方形势存在变数,"张与吴在山海关之险生死决战一刻,即是冯起事的时机。"[3]在币原看来,以"不干涉"来维护日本在华权益才是上上之策。

3. "强硬派"的蛮横干涉

然而,军部及对华强硬派认为"币原外交"是"软弱外交",暗地里积极插手战争,直接或间接地援助了张作霖,以确保日本在"满蒙"权益"不受侵害"。在陆相宇垣一成的支持下,军方通过各种手段,秘密支援张作霖。在第二次直奉战争的关键时刻,军事顾问松井七夫大佐等赴山海关前线协助奉军指挥作战,并在奉军弹药告急时,补给大批枪炮弹药。[4] 松井等还劝说张作霖从"满铁"贷款 100 万元,经三井银行汇给天津的日本驻屯军司令官吉冈显作,吉冈再交给倒戈策划者之一的段祺瑞[5],段再派松室孝良少佐等转交给冯玉祥[6],使冯中途倒戈,直军惨败,北京政权落

---

[1] 原奎一郎编:《原敬日记》第 9 卷,福村出版 1965 年,第 136 页。

[2] 日本外务省编,《日本外交年表及主要文书》上卷,第 524 页。

[3] 币原喜重郎:《外交五十年》,第 100—101 页。

[4] 中国社会科学院近代史研究所:《日本侵华七十年史》,第 221 页。

[5] 同上书,第 222 页。

[6] 栗原健编:《满蒙政策史的一面》,原书房 1966 年版,第 218 页。

入冯、张、段之手。

1927 年 4 月若槻内阁因金融危机倒台后,政友会总裁田中义一受命组阁。田中是狂热的大陆扩张主义者,他批评币原推行的不干涉中国内政的方针"实属荒谬绝伦"。① 因此,田中一上台便改变对华不干涉政策,对华实行以武力为手段、俗称"田中外交"的强硬政策。

1927 年 5 月 22 日,南京国民政府派出的北伐军占领蚌埠,并向徐州挺进。28 日,田中内阁决定以保护侨民为名向青岛派兵。② 6 月 1 日,日军第三十三旅团 2000 余人在青岛登陆,随后不顾南京政府、武汉政府、北洋政府的一致抗议,从青岛进军至济南。

6 月 27 日至 7 月 7 日,在森恪的极力推动下,田中义一首相兼外相主持召开了有在华公使、领事及关东军长官等要员参加的"东方会议",集中讨论中国政局、日本在华经济权益、山东撤兵和中国的排日、抵制日货等问题。

上海总领事矢田在会上做了题为《南京政府与支那政情》的报告,给予国民党及国民革命军以否定性的评价。矢田认为:

> 支那问题必须综合其完全相反的两点。其一,名义上是共和国,实质上是通过武力争夺权力,与中世纪的封建时代无异。其二,在广东新出现的特殊分子,既没有统一,也没有节度,只不过是在空想乌托邦,是极为混沌的存在。③

参谋本部第二部部长松井石根在发言中预测:南京政府将逐渐强大起来,在北伐问题上,武汉政府、南京政府及冯玉祥三者有可能实现联合,但即便联合也不会有牢固基础。④

---

① 高仓彻一:《田中义一传记》下卷,田中义一传记刊行会 1960 年版,第 547—548 页。
② 参谋本部:《昭和三年支那事变出兵史》,岩南堂书店 1930 年版,第 24 页。
③ 矢田上海总领事:《以南京政府为中心的支那政情》,田中义一传记刊行会:《田中义一传记》下,第 635 页。
④ 田中义一传记刊行会:《田中义一传记》下,第 647 页。

驻华公使芳泽在《对于支那的一般局势特别是对于支那南北两大势力对立的预测》报告中,对中国的统一大势也不甚看好。其判断是:

> 南方派一致北伐时,其成败的预测是成功六成,失败四成。
>
> 即使南方派取胜,也难以断定支那因此而马上实现和平统一。
>
> 无论谁取得支那的天下,政情也不会稳定。①

田中在会上做了《对支政策纲领》的训示,其要点是:第一,当务之急是稳定、恢复支那国内的政局,然而其实现方法则以支那国民自己承担为最善。故在支那内乱政争之际,不偏于一党一派。第二,对于支那基于稳健分子之自觉的正当国民要求,以满腔同情,与列国协同,助其合理而逐渐地解决。世界都期望支那的和平与经济的发展,这需要支那国民的努力,但也需要列国的友好协力。第三,上述目的应通过具有巩固的军事能力的中央政府来实现,但从现在的政局来看,这样的政府难以成立,故当下只能与各个地方的稳健政权进行接洽,等待全国统一政府的出现。第四,日本政府对有可能出现的南北政权对立或各种地方政权的联合,当然应该采取相同的态度。届时,当在对外关系方面出现共同政府时,不问其所在地,日本都与列国共同欢迎之,表明愿意助其发展为统一政府的意向。如果说这四点还颇多外交辞令式的表述,那么接下来的第五点就毫无掩饰了,即:

> 此间往往有不逞分子趁支那政局不稳而猖獗横行,造成支那混乱,并有酿成不幸的国际事端之虞。……当帝国在支权益以及在留邦人的生命财产有受到不法侵害的可能时,在必要的场合,只能采取断然的自卫措施加以保护。②

根据这一方针,田中政府对蒋介石采取了打拉并举的策略。蒋于

---

① 田中义一传记刊行会:《田中义一传记》下,第648—649页。

② 《田中外务大臣的训示》,外务省编:《日本外交文书》昭和期Ⅰ第1部第1卷,第36页。

1927年下野后，于1927年9月至11月偕同张群等访问日本，争取日本政府支持其北伐。期间田中以私人身份与森恪一起在箱根会见了蒋介石。会谈中，田中对蒋的"清共"之举大加赞赏，同时要求蒋介石确保日本的"满蒙特殊权益"。田中说：

> 在列强中，与贵国利益关系最密切的是日本，日本对贵国的内争不加任何干涉，但对贵国共产党的跋扈断然不能旁观，在此种意义上，由反共产主义的阁下巩固南方，是日本极为欢迎的事情。为此，只要是国际关系所允许的，只要不牺牲日本的利权，对于阁下的事业我们就不惜给予充分的援助。作为我个人的意见，与三次革命当时没有任何区别，当时是以孙君为对象，而此次是以取代了孙君的蒋君为对象。……世间动辄说日本在援张，其实这完全不符合事实，日本绝对没有援张，当然也没有为他提供物资援助，就连建议性的援助都没有，日本所专注的只有满洲治安的维持。……日本共产主义的蔓延，原因在于支那共产党的扩大，日本之所以很厌恶贵国的赤化，毕竟无外是出于自卫的考虑。我等同情蒋君也正是有基于此，若阁下是共产党的同情者，我等则不会信赖阁下。确信阁下的共产观与我等相同。[1]

1928年1月，蒋介石重掌政权后准备继续北伐。为了防止日本再次干涉，蒋任命与日关系密切的黄郛为外交部长，负责与日沟通。4月7日，蒋介石发表"北伐宣言"，亲率第一集团军北征并进逼济南。然而事实并非蒋想像的那样简单，4月19日，田中内阁决定第二次出兵山东，大批日军进占青岛和济南。5月3日，日军在济南向国民革命军发动大规模进攻，同时杀害了国民政府山东特派交涉员蔡公时等中方十多名外交官员和千余平民，制造了震惊中外的"五三惨案"。其后日本继续增兵，兵力最高时达到1.5万人，战斗的升级又使中国数千军民死亡。结果，

---

① 田中义一传记刊行会：《田中义一传记》下，第741—746页。

蒋介石为避免与日军发生更大冲突,忍辱退避,命令国民革命军绕道北上。

日本出兵山东对中日关系产生了严重影响,"币原外交"时期相对稳定的中日关系跌到低谷。济南惨案发生后,中国各地爆发了大规模的抵制日货等反日运动,蒋介石也视济南惨案为国家和个人的奇耻大辱,由此与日本结怨,并立志"雪耻"。

北伐战争期间,田中内阁还软硬兼施,迫使张作霖于1927年10月承诺与满铁社长山本条太郎签订"新满蒙五铁路协约"。后来,当日本发现张有意推诿时,关东军中抛弃张的意见开始占据上风。1928年5月30日,国民革命军占领保定,张作霖决定退守东北。6月4日晨,张的专车驶至奉天近郊京奉铁路与南满铁路交叉点的皇姑屯车站时发生爆炸,张重伤身亡。这就是关东军高级参谋河本大作精心策划的"皇姑屯事件"。关东军本想通过这次事件换上一个完全听命于日本的傀儡,结果却弄巧成拙,事态向着与日本的愿望相反的方向发展。

二 占领中国东北的得逞

张作霖被炸死后的1928年7月2日,东三省议会一致推举张学良为东三省保安总司令兼奉天省保安令。12月29日,集国恨家仇于一身的张学良权衡利弊后通电全国,宣布承认南京国民党政府,东三省"易帜"悬挂起青天白日旗,中国实现了南北统一。

中国形势的巨变,引起了日本统治阶层的恐慌。在"满蒙危机"的一片喧嚣声中,关东军擅自行动,发动了"九一八事变",并在获得政府的事后承认后,迅速占领了中国东北全境;之后,日本为转移国际视线,又在1932年1月制造了"一二八事变",将战火烧到上海;3月1日,日本扶植的傀儡政权伪满洲国匆匆建立。

1. 甚嚣尘上的"满蒙占有论"

中国东北即日本所说的"满蒙"。日俄战争后,日本取代俄国,获得了租借关东州和经营南满铁路的各种特权,但是东北作为中国固有领土一部分的法律地位始终是明确的。

在日本方面看来,中国东北对日本有无比重要的经济和战略价值,是日本推行大陆政策的桥头堡。因此,面对中国的统一和收复国权运动,确保满蒙特殊权益成了日本对华外交政策的底线。按田中义一的话说,"过去二十年间一睹国运冒险发起两次大战,毕竟都是由于大陆发展是我们民族生存发展的第一要义";"吾人对于为南满花费的 20 亿国帑与留下的 23 万鲜血,无论如何都难以忘记"。[1] 外务省政务次官森恪也认为,在满洲问题上,"日本比支那更有发言权。"[2]

满铁总裁山本条太郎 1927 年访华时,会见了民国政府的多位要人。在与陈友仁会谈时,陈认为日本在东北的权益仅限于经济领域,两国摩擦的性质也是经济性的。对此,山本的态度极为蛮横,当即反驳说:

> 满洲倾注了日本人的十万鲜血,这是政治问题,单靠经济关系是无法解决的。不仅如此,满洲曾经是被俄国抢走的,将它归还到支那手里的是日本,因为日本把它争取了回来,所以日本有发言权。如果没有日俄战争,扬子江以北的地图将被涂成什么颜色还不知道呢! 支那人对满蒙问题说三道四真是令人震惊,以为靠经济关系就能解决那是外行话,满蒙问题的解决对于我国来说,在政治、经济、国防等所有方面都是重大问题。[3]

松冈洋右是"满蒙占有论"的代表人物。1929 年 10 月,时任"满铁"

① 田中义一传记刊行会:《田中义一传》上,第 554 页。
② 森恪:《谈视察动乱中的支那》,山浦贯一编:《森恪》,第 535 页。
③ 山本条太郎:《视察动乱的支那——为日支两国而忧心不止》,《政友》第 325 号。

理事的松冈在京都举行的第三届太平洋学会上,面对中国代表,煞有介事地列举了日本对中国东北拥有特殊权益的理由,即:第一,满洲自古以来就独立于中国其他地域;第二,中国无力驱逐俄国于领土之外,日本则为了自己的生存,也为了中国,进行了日俄战争,付出了巨大牺牲,因而在满洲拥有经济、军事、政治上的"特殊权益";第三,日本在满洲的开发经营,有助于满洲的发展;第四,中国无法抵御外敌,故在中国有充分实力防止外敌入侵以前,日本应保持在满洲的军事力量。① 这里,松冈不仅无视历史,而且颠倒黑白,把日本的侵略者形象打扮成了一个代表正义、值得中国感谢的救世主。松冈成为国会议员后,又在 1931 年 1 月的第59 次议会上发难,公然叫嚣"满蒙是我国的生命线",谴责民政党内阁实行的"币原外交"是"软弱外交",②在社会中产生了恶劣影响。

东北易帜后,日本社会中根深蒂固的"满蒙特殊论"、"满蒙生命线论",开始急剧地向"满蒙危机论"和"满蒙占有论"发展,进而成了关东军及其国内各种对华武力行动派的理论支撑。

在武力占领中国东北之前,日本也有极少数民主主义者提出过"放弃满蒙"的主张,其代表人物是《东洋经济新报》主编石桥湛山和大正民主主义斗士吉野作造。

早在辛亥革命爆发前后,《东洋经济新报》便在中国问题上显示了一种有别于其他报刊的善意倾向,其刊载文章中使用了"中国人有改革能力",辛亥革命是"国民性大运动"等语句。1912 年三浦铦太郎任主编后,该报开始公开主张小日本主义,提倡"满洲放弃论"。

石桥湛山于 1915 年进入东洋经济新报社,他认为日本不需要殖民地③,并且呼吁日本应"抛弃帝国主义"④。石桥在 1923 年 4 月的《东洋

---

① [日]《太平洋调查会相关资料·第三卷》,日本外务省史料馆藏。
②《帝国议会志(9)》,第 253 页。
③《首先成为功利主义者》,1915 年 5 月 25 日,《石桥湛山全集》第 1 卷,第 406—407 页。
④《日支亲善的方法如何?》,1915 年 6 月 5 日,《石桥湛山全集》第 1 卷,东京:东洋经济新报社,
　　1971 年,第 410—411 页。

经济新报》社论中写道：

> 吾辈认为，二十一条要求现在依然残存的条款，最后总得取消。
> 租借旅顺大连、日本经营南满安奉两条铁路及我国自由处理汉冶萍
> 公司等等，在国际关系上原本就是极不自然的事情。此前之所以能
> 够实行，是由于支那国民还没有觉醒。到他们觉醒的时候，终究不
> 能认可此等事情。现在支那国民已经觉醒。日本无论如何努力，也
> 难敌支那国民的觉醒。因此，日本应该早日改变向来的对支政策，
> 以打开新的局面。①

1923 年 6 月，石桥在谈到中国发生的回收旅大运动时说："这一呼声
现在已经几乎遍及整个支那。关于其原因……，归根到底是建立在年轻
人的国民自觉基础之上"②。他期待中国出现"足以代表国民觉悟的英
雄"③，并做出了中国将在凝聚了国民要求的民族主义政党领导下获得统
一的预见。

北伐后，石桥更加确信中国必将实现民族独立和国家统一，同时准
确地看到中国民族主义的发展势必集中到主权收复问题上来。他指出：
"中华民国自身的自觉与发展，导致列强在该国已经没有了争夺利权的
余地。而且，列强今后将被迫进入面对支那国民要求返还既得利权的阶
段。"石桥认为，中国统一的大势已是人心所向、不可阻挡的时代潮流，"南
方政府的统一是否能够得到巩固发展是今后的问题"，但即使南京的国民
政府倒台了，"那也毕竟只是一个诞生更为强大的统一政府的过程"。④

1928 年 12 月 1 日，石桥在《东洋经济新报》社论中，论述了在统一的
大潮下中国东三省的前途问题。社论说：

---

① 《所谓对支二十一条要求的历史与将来》，《石桥湛山全集》第 4 卷，东京：东洋经济新报社，
1971 年，第 159 页。
② 石桥湛山：《小评论》1923 年 6 月 23 日，《石桥湛山全集》第 5 卷，第 461 页。
③ 石桥湛山：《小评论》1923 年 6 月 23 日，《石桥湛山全集》第 5 卷，第 462 页。
④ 《我国应该采取撤废军备方针》，1927 年 2 月 26 日，《石桥湛山全集》第 5 卷，第 151 页。

从我国的传统对支外交来说,很不幸,南方政府的北伐成功了。满洲由于汉民族占居民的八成以上,毋庸赘言,他们也希望统一在南方政府之下,追随三民主义。①

石桥认为,"满蒙没有可以独立于该统一政府之外的空间"。东三省一旦归附于中央政府,就会与日本传统的对华政策发生冲突。中国的统一与日本对"满蒙特殊权益"的固执及其"满蒙占有论"是水火不容的。他认为,日本要想避免这一冲突,就应该尊重中国的立场,放弃东北,而不是固执地坚持"满蒙特殊权益"。

石桥还认为,田中内阁的对华强硬政策不是解决问题的根本办法,出兵山东是在重蹈西伯利亚出兵的覆辙,"若田中首相坚持贯彻此次采取的方针,那么只要支那的动乱不断,我国派出的军队就没有撤退的时期,而且只要其动乱扩大,我国还必须增兵。"②石桥相信,中国的混乱只是暂时的,是新中国诞生的序曲。③

吉野作造对国民革命的判断基本上也是准确的。他在1927年4月《中央公论》卷首语《代无产政党告支那南方政府代表》一文写道:原本在满蒙主张特殊地位的原因是"支那不具备一个独立国的条件",但是如今在南京国民政府的努力下,中国的新体制终于逐渐得到了整备,日本已没有必要固守特权,没有必要坚持"满蒙特殊权益"了。④

1928年皇姑屯事件发生后,吉野又在《支那的形势》一文中写道:

从南方国民军征服北支而看到汉土统一端绪的人,不会怀疑满蒙不久也会成为统一之民国的一部分。……不论谁取代张作霖成为霸主,他的使命不过是暂时控制满蒙的混乱局势,等待时机成熟,

---

① 石桥湛山:《所谓的对支强硬为何——危险的满蒙独立论》,《石桥湛山全集》第6卷,第236页。
②《啊,还是对支出兵了》1927年6月4日,《石桥湛山全集》第5卷,第160—161页。
③ 石桥湛山:《支那不可辱》1927年4月16日,《石桥湛山全集》第5卷,第156、159页。
④ 吉野作造:《代无产政党告支那南方政府代表》,《中央公论》卷首语,1927年4月。

逐渐完成投向中央政府怀抱的使命。①

石桥湛山和吉野作造对国民革命及中国统一大势的把握无疑是正确的,其"放弃满蒙"的主张无疑是进步的。然而,他们的正义之音毕竟微弱,"九一八事变"后很快被国权主义的巨大声浪所淹没。

2. 石原莞尔的战争论与"满蒙"策

石原莞尔(1889—1949)以战略理论家著称。日本陆军大学毕业后,曾赴德国学习军事理论。1928 年 10 月经关东军参谋河本大作推荐,奉调担任关东军作战参谋。1931 年与关东军高级参谋板垣征四郎一起策划并发动了"九一八事变"。

石原在陆大学习时对军事理论产生浓厚兴趣,20 年代写出了《现在及将来的日本国防》、《战争史大观》、《从军事上看日美战争》等论文。调任关东军后专研"满蒙问题",于 1929 年 7 月 5 日拟出一份《关东军占有满蒙计划》,1931 年 5 月写下《满蒙问题之我见》,由此形成了"石原构想"的基本轮廓。

石原认为:世界文明可分为东西两支,如今已形成隔着太平洋对峙的局面,这种对峙必将导致战争。"一战"只是欧洲民族间的决战,不是真正意义上的世界大战,下一次"以日美为中心进行的世界大战争"才是人类的"最终决战",那场持久战的结果将"创造最后且最高的文明"。为了准备与美国决战,日本必须对中国作战,而对中国作战首先必须占领满蒙,这样日本便可以依靠广大的战略腹地"以战养战",在持久的对美决战中取得最后的胜利。

对石原说来,调任于关东军正是其理论付诸实践的好机会。他在《关东军占有满蒙计划》中写道:占领中国东北,解决"满洲问题",是日本

---

① 吉野作造:《支那的形势》,《吉野作造选集》第 9 卷,东京:岩波书店,1995 年 6 月,第 352—353 页。

生存下去的唯一途径;而"解决满蒙问题的钥匙,掌握在帝国国军的手中";一旦下了解决满蒙问题的决心,就要有占领中国内地的准备,以便"以战养战",准备与美国进行"最终决战"。

在石原看来,一战后中国虽有进步,但中华民族尚缺乏建立近代国家的能力,军阀混战"犹如我国的政争"一样"无休无止","难以形成真正的国家武装力量,确立主权完全无望"。如果日本只是与"这样的支那人"为对手,可以采用"歼灭战而迅速屈服之"。① 石原认为,时下正是根本解决满洲问题的大好时机,"国家状况虽难望之,然若军部团结一致,制定战争计划大纲,依靠谋略创造机会,在军部主导下牵动国家亦未必困难"。② 而满蒙的归属问题一举解决后,则"满蒙的农产品足以解决我国民的粮食问题;鞍山的铁、抚顺的煤等资源,足以确立我国重工业的基础。满蒙的产业,可以帮助我解决失业,走出萧条"③。

在中国问题上,板垣征四郎与石原臭味相投,看法一致。其对华认识上完全是一副极端轻蔑的态度,认为"纵观中国四千年的历史,易姓革命不断,几乎就是一部战乱的历史"。老百姓只热衷于自然的部落经济共同体,只希望"安居乐业",政治、军事"只是支配阶级的一种职业而已","与近代国家相去甚远"。不仅一般老百姓缺乏国家意识,就连支配阶级也是"国家意识淡薄",热衷于"为了自己利益的权力争夺"。作为国家,"支那的将来……令人悲观"。④ 在"满蒙"问题上,板垣视满蒙为日本在大陆的"战略据点",认为如果控制了满蒙,则退可保卫朝鲜,进可牵制俄国向东发展,因此"彻底解决满蒙问题,将其纳入我领土,乃当前第一的紧迫任务"。⑤ 石原和板垣都是关东军中的中国通,其关于世界形势、

---

① 稻叶正夫、小林龙夫等编:《走向太平洋战争之路》(别卷资料编),朝日新闻社1988年,第78页。

② 石原莞尔:《满蒙问题之我见》,同上书,101页。

③ 角田顺编:《石原莞尔资料(增补版)国防论策篇》,第77页。

④ 稻叶正夫、小林龙夫等编:《走向太平洋战争之路》(别卷资料编),第103—104页。

⑤ 稻叶正夫、小林龙夫等编:《走向太平洋战争之路》(别卷、资料编),第102页。

中国及其东北地区政治、经济、社会状况的分析是不无客观根据的,正因如此,他们精心策划的武力占领东北计划才能得逞。

石原等以"下克上"擅自行动的"谋略"手段,实现了武力占领中国东北、彻底解决"满蒙问题"的目的,其思想和行动受到军界少壮派军官的追捧。但是与一般的法西斯军人不同,占领东北后,石原莞尔并未被"胜利"冲昏头脑,他认为占领东北不过是完成了其战略构想的第一步,日本至少还需要花费十年时间,首先在东北进行统制经济的实验,进而在国内推广,以便在建立适应"总体战"的牢固基础后,再实施灭亡中国、争霸世界的第二步、第三步设想。为此,石原调回陆军参谋本部后,曾组织"日满财政经济研究会"进行调研,并向参谋本部递交了《满洲产业开发五年计划案》、《帝国军需工业扩充计划》、《日满军需工业扩充计划》,为军部向政府提出的军备扩张及生产力扩充计划提供了蓝本。然而,让石原本人也无法想到的是,他的美妙"构想"竟然被他亲自点燃的全民性对华扩张之火所毁灭。1937年卢沟桥事变发生后,尽管石原莞尔认为准备不成熟、力主"不扩大"事态,但是已经没有人听得进他的忠告。在军国主义者的眼中,他已经由原来的刚猛勇士变成了没有血气的胆小鬼。

3. 民众对"九一八事变"的反应

1931年9月18日,关东军制造柳条湖爆炸事件后反诬中方所为,以此为借口采取了武力占领东北的行动,这一真相不仅日本国民毫不知晓,甚至连日本政府及外务省也被蒙在鼓里。

事变发生后,报纸和广播等新闻传媒真伪不辨,跟着军部发布的消息鹦鹉学舌,把事变的责任完全推给中方,不断煽动国民的反华、仇华情绪。结果,直到日本战败、真相大白之前,几乎所有民众都确信事变是因为中国军队炸毁"满铁"引起的,日本是受害者,正义在日本一方。于是,在全国范围内,上至年迈老人,下至中小学生,轰轰烈烈地开展了支持政府惩罚中国暴戾行为的各种集会和宣传慰问活动,战争狂潮一浪高过一浪。

日本进步学者江口圭一指出:日本民众对战争的支持有各种原因。其一是政府颠倒黑白的宣传;其二是出于对战场上日军官兵的同胞感情;其三是甲午战争以来形成的蔑华观;其四是日俄战争后日本人思想深处挥之不去的满洲情结。对此,江口分析说:民众支持战争的背后是"出于某种物质的、追求实利的动机"。当时日本受 1929 年世界危机的影响,经济萧条、失业现象严重,人们希望尽快摆脱生活的窘境,以致在占领东北后,出现了一股"暴风雨般的满蒙热"。[①]

事变期间,中央政府各部门及地方政府组织了各种支持战争的宣传活动,在乡军人会则在支前慰问活动中走在前头。资产阶级政党对战争表示支持,就连无产政党的右派社会民众党也表示与军部合作,并发表声明:"我等认为,为确保日本国民大众的生存权,我在满蒙条约上规定的权益不应受到侵犯",应该把满蒙"变成社会主义国家管理"。[②]

无产政党中间派和左派构建的劳农大众党反对战争和对华出兵,但是由于领导层意见不够统一,未能组织起有效的反战运动。只有被视为非法的日本共产党态度坚定,柳条湖事件发生的第二天便发出了反对出兵的檄文,之后组织了各种形式的反战、反军活动,甚至把反战传单发放到侵略上海的日军兵营之中。

事变发生之初,石桥湛山领导的《东洋经济新报》仍在坚持"放弃满洲"的立场,批评日本的政策是国家利己主义行径。但是当全国掀起了战争的狂潮之后,该报也不能无视现实,只能转向沉默。

---

① 江口圭一:《日本十五年侵略战争史》,天津人民出版社,1995 年,第 49—51 页。
② 大原社会科学研究所编:《日本劳动年鉴 1932 年版》,法政大学出版局,1968 年,第 475—476 页。

4. 橘扑的"满洲国建设"论

1932 年 3 月,伪满洲国成立。这个典型的傀儡政权,不仅政治上是日本人掌握实权,精神建设上也是由日本人全面掌控的,其建国精神的设计者便是在日本名声显赫、在中国却鲜为人知的橘扑。

橘扑(1881—1945)一生的大部分时间在中国度过,1906 年来到中国,直到 1945 年 10 月在沈阳病故。橘扑的足迹遍及中国东北、华北以及天津、上海、济南、青岛等地。他曾担任日本在华报刊《辽东新报》、《日华公论》、《支那研究资料》、《京津日日新闻》、《济南日报》、《月刊支那研究》、《调查时报》、《满蒙》、《新天地》、《读书会杂志》、《满洲评论》以及东方通信社的记者、主笔或特约记者,就中国政治、经济、社会、宗教等各方面的问题发表文章无数。因此,日本学界有人称橘扑是"昭和年间最自觉地将来自中国的冲击进行吸收、升华的人",其"思想与行动的变迁中几乎浓缩了明治、大正、昭和时期中国问题的原貌";[1]也有人说他是近代"日本关于中国(问题的)三大指导者"[2]之一,甚至连鲁迅也曾对橘扑赞赏有加。[3] 那么,橘扑的对华观如何,其在满洲国建设中扮演了什么角色呢?

"九一八事变"后,橘扑的身份变成了"满洲国自治指导部"顾问,"王道乐土""五族协和"等口号就是由他一手炮制的。他参与制定了"满洲建国"大纲,从而彻底地转变为一个为日本侵略"满洲"提供理论依据的"政治思想家"。橘扑的思想转变成了日本知识界的对华认识及战争观转向的一个缩影。

在"九一八事变"爆发前的 1931 年的 3 月,橘扑来到了大连。同年 8

---

[1] 野村浩一:《近代日本的中国认识》,研文出版,1981 年,第 209 页。
[2] 高桥彻:《矛盾的空想家—橘扑》,《别册经济评论》,日本评论社,1972 年 11 月,第 189 页。
[3] 曾田涉在《鲁迅印象》一书中这样写道:"鲁迅对中国(问题)研究学者橘扑赞叹道,那个人比我更了解中国的事情。"曾田涉:《鲁迅的印象》,角川书店,1970 年,第 39 页。

月 15 日,橘朴任主编的《满洲评论》创刊号出版。同年 10 月,橘朴专程到关东军司令部拜访了板垣征四郎和石原莞尔,事后橘朴坦言:"满洲事变给我的方向转变提供了一个机会"①,并欣慰地表示这种思想转变是"自己思想上的一大进步"②。此后,他接受了石原等人的构想并将其视为"可靠的同行者",积极投入到"满洲国"的建设之中,其特殊贡献是提出了《满洲新国家建国大纲私案》。

橘扑在这份"私案"中提出,为了"彻底保境安民",照顾"建国有功的日本民族的立场",应该在"王道政治"下对"满洲实行自治",并"在更广泛的范围内考虑建设王道国家的联合组织"。③

在橘朴的对华认识中,中国社会的阶级构成是官僚统治阶级与被统治阶级的民众相对立的二元结构④,关东军发动的事变,在打倒中国官僚军阀统治的效果上与橘朴的期望形成了契合点。因此,橘朴认为:"(9 月 18 日)爆炸的结果,使位于东北政治机构最上层的张家(张作霖)势力化为乌有,群龙无首的军阀机构纷纷崩溃,长久以来一直在乡绅及地主压迫之下的农村社会,终于从政治及经济的重压下得到了解放。"他还进而提出,东北民众应尽快完成以下政治任务:"第一,永久防止再次出现军阀统治的机会;第二,彻底与中国本部的循环性动乱绝缘;第三,堵塞国民党势力的侵入;第四,堵塞正在从中国中部不断北上的红色农民军运动的侵入;第五,为了实现上述目标,必须保境安民,以原来的东北四省为版图建设新的独立国家。"⑤

"九一八事变"两个月后的 1931 年 11 月,"满洲国自治指导部"成立,橘朴成为指导部顾问。"自治指导部"解散后,橘朴又担任了 1932 年

---

① ② 橘朴:《满洲事变和我的方向转变》,《橘朴著作集》第 2 卷,劲草书房,1966 年,第 17 页。
③ 橘朴:《作为国家内容的农民自治》,1932 年 7 月 16 日,《满洲评论》,第 3 卷第 3 号,原文为《关于满洲国协和会的考察三》;《橘朴著作集》第 2 卷,劲草书房,1966 年,第 87 页。
④ 张英波:《橘朴近代中国官僚阶级研究论述》,《郑州大学学报》(哲学社会科学版),2008 年第 3 期。
⑤ 橘朴:《回顾和展望》,1932 年 1 月,《满洲评论》,第 2 卷第 1 号,第 6 页。

7月25日成立的"满洲协和会"理事和特约顾问。橘扑在"伪满洲国"成立过程中扮演的政治理论家角色十分抢眼。

橘扑认为,面对东北沦陷后中国人民的激烈反抗,单靠军事镇压还不能从根本上维护殖民统治,必须辅以思想上的统治,"如果用强权压迫,只能是一时的顺从,只要民族不被灭绝,终究是会反叛的"①。因此,有必要以"民族协和"、"王道主义"、"建设王道乐土"等建国精神的招牌收服民心。关于这一想法,橘扑在1941年10月14日在日本东京银座举行的"大陆政策十年检讨"座谈会上有如下自白。他在回忆"满洲建设"理念出笼的过程时说:"在此之前,我们(指"伪满自治指导部")曾经多次商谈过民族问题,提出了王道概念。但石原(莞尔)中佐反问道,王道是什么? 如果用欺骗或恫吓是行不通的。我解释说,王道绝不是欺骗,而是怎么怎么一回事,是中国人马上会接受的非常有用的东西。不但有用,理论上也有相当的根据,因此,就决定用王道(来建设满洲)了。""王道是一开始就决定了的,民族协和的名称好像是此后加上去的。"②

关于"满洲协和会",橘扑也有其独特的解释,声称协和会具有"从资本主义、共产主义、西洋势力压迫下来保护自己的共同志向,将建设一种非资本家的——创造一种代替资本家的、由劳动者统治的——泛亚细亚的势力圈"③,其"最大目标是在满洲实现王道政治"④,即他早就提倡建立的"东洋的共同体社会"基地。

以橘扑提出的"王道"理念为基础,"王道乐土"、"五族协和"成了伪满洲国的"建国精神",日本对中国东北的侵略和统治,由此被披上了

① 满洲国史编纂刊行会,《满洲国史》分论上卷,东北沦陷十四年史吉林编写组译,1990年,第201页。
② 橘扑:《大陆政策十年的探讨》,《橘扑著作集》第3卷,劲草书房,1966年,第550页。
③ 橘扑:《变低调的建国工作》,《橘扑著作集》第2卷,劲草书房,1966年,第351页。
④ 伊东昭雄:《橘扑和满洲国协和会》;转引自山本秀夫《橘扑和中国》,劲草书房,1990年,第168页。

一层道德合理化的外衣。但是，满洲国的所谓日、满、蒙、汉、鲜"五族协和"是从来就不存在的谎言，关东军发给日本高级军政人员的《日本人服务须知》小册子里明确写道："满洲国的建立不是满洲民族的旧业复兴，而是日本王道精神的发展，日本民族是满洲各民族的核心，天生的指导者"；"日本人在满洲的地位，不是侨民而是主人，虽具有日本与满洲的二重国籍，但不是要使'日本人满洲化'，而是要使'满洲人日本化'"。①

"九一八事变"后的橘朴，不但从思想上完成了"转变"，而且身体力行地参加了"满洲国建设"的实践，将其丰富的中国知识，最大限度地运用于在思想和精神层面上控制沦陷区的中国民众，从而也使自己变成了一个为日本帝国主义献计献策的"右翼理论家"②，充当了日本侵华的"智囊"。

三　走向全面侵华的知行

日本武力占领中国东北后愈加一意孤行，1933 年退出国际联盟，继而在经济上采用封堵政策，千方百计地阻挠中国争取国际社会援助，破坏中国的税制改革；政治、军事上玩弄软硬兼施的手段，谈谈打打，不断对中国施压，力图使华北脱离国民政府而处在日本的实际控制之下，致使中日关系恶化到一触即发的紧张状态。

1. 国际"孤儿"的执拗

日本发动"九一八事变"后，国际联盟理事会于 1931 年 10 月 24 日，以 13 比 1（日本）做出了日本在中国东北限期撤军的决议。然而日本置

---

① 宋成有：《新编日本近代史》，北京大学出版社，2006 年，第 435 页。
② 判泽弘：《右翼运动家》，思想科学研究会编，《共同研究：转向》下卷，平凡社，1962 年，第
　　119 页。

若罔闻,反倒加快了占领东北全域的步伐,同时转移国际视线,于 1932 年制造"一二八事变",把战火烧到了上海,进而蒙蔽国际舆论,于 1932 年 3 月 1 日扶植建立了伪满洲国傀儡政权,制造了中国东北自主独立的假象。7 月 12 日,日本政府宣布承认满洲国。之后,面对国际舆论的谴责,外相内田康哉竟在 8 月 25 日召开的众议院会议上宣称,在承认满洲国问题上,日本"决心不惜把国家化为焦土也要贯彻这一主张,寸步不让"。① "焦土外交"由此得名。

　　1932 年 2 月底至翌年 7 月初,国际联盟派遣以李顿为首的调查团到中日两国进行实地调查,其 1932 年 10 月公开发表的报告书认为:"不能认为关东军的军事行动是合法的自卫行为"②;"属于中国领土的广阔地区是在没有宣战的情况下被日本军队强行控制和占领的,这一行动的结果是使中国的一个组成部分分离,并迫使其宣布独立"。③ 报告书同时认为:中国"在社会生活的所有方面都进行了恶毒的排外宣传"④、日本"比其他任何国家都更加体验了无法律状态的苦头"⑤。从而断定中国对事件的发生也有责任,可谓各打五十大板。对于如何解决这一纠纷,报告书提出的 10 条建议中强调了以下要点:第一,承认日本在满洲的特殊利益;第二,在保持中国对满洲行使主权的前提下,实行"满洲自治",第三,中日两国军队同时从满洲撤离;第四,在满洲的行政、警察和经济组织中聘用外国人并给予其广泛的职权。⑥ 显然,这个报告书明显在偏袒日本,试图通过解决事变,将东三省置于以日本为中心的列强共管之下。

　　尽管如此,日本不愿英美等国在自己已经获取的果实中捞取一杯羹,出席国联会议的日本代表松冈洋介态度骄横,扬言日本的立场绝不

---

① 社会问题资料研究会编:《帝国议会志(13)》,东洋文化社,1976 年,第 123—126 页。
② 外务省编刊:《日本外交文书　满洲事变(别卷)》,1981 年,第 137 页。
③ 同上书,第 243 页。
④ 同上书,第 36 页。
⑤ 同上书,第 44 页。
⑥ 同上书,第 358—359 页。

后退半步。1933 年 2 月 24 日,国际联盟以李顿报告书为基础,以 42 票赞成、1 票反对(日本)、1 票弃权(暹罗即泰国),通过日本军队从中国占领地区撤离的对日劝告案。松冈洋右率领的日本代表团恼羞成怒,中途退出国联会场以示抗议。三天后,日本政府宣布退出国联。

1933 年 9 月,打着"协和外交"旗号的广田弘毅替换了臭名昭著的"焦土"外相内田康哉。翌年 1 月,广田在《中央公论》上发表《日本的外交基础》一文,宣称日本对"满洲国"的未来"肩负着一种重大的使命","日本今后的对华、对俄、对美,对英的政策,决不能离开满洲这个中心"。①

1934 年 3 月,日本获悉国联代表拉赫曼正在制订国际援华合作计划,广田外相遂连续向日本驻华使节发出指令,其 4 月 13 日向驻华公使有吉明发出的训示内容是:第一,"维持东亚和平秩序乃自己责任,单独实现此目标势所当然,帝国决心全面担负此一使命";第二,"支那方面排日运动姑且不论,以夷制夷利用他国之策略须坚决打破";第三,"列强对支那采取共同行动,则不管其形式为财政、技术或其他任何名目,帝国原则上均须表示反对";第四,"即使各国系自经济贸易考虑与支那个别谈判",但"若具有扰乱东亚和平及秩序性质(如提供军用飞机、修筑飞机场、提供军事顾问、政治借款等),帝国则予以反对之";第五,"目前各国对支那之策动,共同动作自不待言,个别动作者亦以彻底粉碎为要"。② 4 月 17 日,外务省情报部部长天羽英二在记者招待会上披露了上述指令的主要内容,史称"天羽声明"。

"天羽声明"震惊了国际社会,引起美英等列强的强烈反对。4 月 23 日,英国驻日大使林德赛会晤广田,要求日本对"天羽声明"作出解释,同时声明英国不承认日本在中国问题上的独断行为。美国驻华公使詹森

---

① 《中央公论》,1934 年 1 月号。
② 《现代史资料(8)日中战争 1》,第 32—33 页。

认为，"天羽声明""直接违反了九国公约的精神"，国务卿赫尔也发出照会，指责日本政府企图在中国问题上"以自己的意志作为最后的结论"。[1]南京政府外交部在 19 日和 26 日两次发表声明，严正表示"中国主权与其独立之国格，断不容任何国家以任何藉口稍予损害"。[2] 胡适在《独立评论》上发表评论，尖锐地指出"'协和外交'原来还是'焦土外交'"，"天羽声明"是"日本东亚门罗主义的最新纲领"。[3]

面对国际社会的一片谴责，1934 年 10 月，日本政府召开了五相会议（首相、外相、陆相、海相、藏相），制定了旨在缓和对外关系的新《外交方针》，规定"当务之急，是满州国的健康发展"[4]，同时"注意同主要强国建立亲善关系"，以防将来中、苏、美联合起来"对付帝国"。[5] 在对华关系上，为"在帝国的指导下，实现日、满、华三国提携共助"的目标，对中国方面主动提出的改善关系意向要给予"好意的考虑"，同时注意为使日本在中日交涉中处于主动地位，不能给中国以"日本急于改善两国关系的印象"。[6]

但是，谎言无法掩盖现实。随着日本分离中国华北活动的加剧，中国出现了空前高涨的抗日救国热潮，英美对日本的戒心也在日益加深。

1934 年 12 月 9 日，日本宣布将不出席 1935—1936 年召开的国际裁军会议，并且在 1936 年华盛顿、伦敦海军裁军条约到期后退出条约，这等于宣布退出了规定战后远东及太平洋地区秩序的华盛顿体系，表明日本为了独霸中国和东亚，真的要甩开美英的牵制，甘冒国际孤儿的风险，要在东亚独往独来了。

---

[1] 洪育沂：《1931—1939 年国际关系简史》，三联书店 1980 年，第 67 页。

[2] 张蓬舟：《近五十年来中国与日本》，第 1 卷，四川人民出版社 1981 年，第 52 页。

[3]《独立评论》，第 98 期，第 4 页。

[4] 广田的"协和外交"与内田的"焦土外交"相比，表现形式虽然不同，但其实质是一致的，就是巩固伪满。

[5] 日本外务省编：《日本外交年表及主要文书》下，第 276 页。

[6] 同上书，第 275—276 页。

2. 得陇望蜀的"分离华北"

日本占领东北后并未停下侵略的脚步,而是面对中国政府的退让和欧美强国的绥靖政策得寸进尺,又把侵略的矛头伸向华北,意欲乘势将华北纳入日本的掌控之下,这一行动史称"分离华北",即将华北从中国中央政府的统治之下分裂出去。

1933年1月,日军制造了导致中日军队冲突的山海关事件。以此为借口,关东军大举向热河省进攻,3月占领省会承德及长城的5座重要关口,5月占领热河全境,直至距离北京30公里处。5月底,国民政府为了实现停战,被迫签订《塘沽协定》,接受了日方将芦台以东、长城以南的冀东地区划定为非武装地带的要求。日方认为,这一协定起到了在满洲国与中国本土之间设立缓冲带的作用,同时也意味着国民政府对满洲国事实上的默认。

《塘沽协定》后出现的"平静"没有维持多久。1935年5月,日本在华驻屯军参谋长酒井隆夫以天津租界2名亲日报社的社长被杀为借口,约见国民政府北平分会主任何应钦,指责国民政府破坏停战协定,并提出国民政府停止反满抗日宣传、在平津撤走军队、罢免河北省长于学忠等强硬要求。结果,国民政府签订了《何梅协定》,再次屈服并答应了日本的所有要求。6月,关东军又利用"张北事件"和"热西事件",迫使国民政府签订《土秦协定》,由此日本的势力进入察哈尔省。

"九一八事变"中关东军与国内统帅部、外务省的步调不甚统一,但此间在华日军的行动始终是在日本政府、特别是统帅部的指导下进行的。1935年8月,陆军次官向关东军及中国驻屯军发出的《关于对北支政策》指令说:"当今方针是消灭北支那一切反满抗日之策动,实现日满两国间经济文化之融通提携,平定日满两国国防上不安之地域。"为此,要使河北省"在对日满关系上成为特别和亲提携地带",在察哈尔省"宜承认诸般要求并与之合作",同时使山东、山西、绥远的"各地方政权更加积极地增进与帝国之实质性亲善关系",最终目标是使华北五省"不为南京政权之政令左右,以期成为自治色彩浓厚之亲日、满地带"。而在"分离"活动的策略上,"当避免急躁且露骨之工作,宜根据本军严正态度之黯然威力与适当开明之指导,诱导支那方面自发行动之"。①

政府和统帅部的支持,使在华日军的气焰更加嚣张。1935 年 9 月 24 日,中国驻屯军司令多田骏少将在声明中公然宣称:"为构成日满支基础之北支明朗未来,——从北支排除构成阻碍之国民党党部及蒋介石政权,行使武力亦属无奈。"为此,必须"彻底清除北支反满抗日分子"、"北支经济圈独立"、"北支五省军事协力、防止赤化"。② 在多田的眼中,中国不外是可以任由日本处置的对象。

根据上述方针,关东军于 1935 年 11 月策动了"冀东自治",殷汝耕为首的傀儡政权"冀东防共自治委员会"粉墨登场。翌年 2 月,关东军又在察哈尔东部扶植建立了以德王为首的傀儡政权内蒙军政府,11 月策动内蒙军进攻绥远,被傅作义领导的中国军队挫败后,暂时收住了侵略的脚步。

3. 国内政治的"转向"

1929 年发生的世界经济危机,激化了第一次世界大战后日本社会积累下来的各种矛盾,法西斯主义思潮乘机兴起,并最终左右了日本政治,把日本引上了十五年侵略战争的道路。

一战后的日本是一个自身充满矛盾的两面性帝国主义。③ 一方面,它已尾随美英之后进入世界军事三强;另一方面,它在资源、贸易和国际金融方面较之美英又处于明显劣势,因此无法摆脱对美英的依赖,而这种依赖又是其成为军事大国的必备条件。正因如此,在战后的 19 世纪

---

① 陆军省《昭和十年满受大日记(密)其五》,国立公文书馆藏。
②《东京朝日新闻》,1935 年 9 月 25 日。
③ 江口圭一:《日本十五年侵略战争史》(杨栋梁译),天津人民出版社,1995 年,第 11 页。

20 年代,日本基本采取了一条与美英协调的外交路线。用元老西园寺公望的话说:"只要与美英保持协调,东洋问题会自然解决。"①

20 年代的日本进入了其近代史上的所谓"政党政治黄金时代",政友会和民政党轮流坐庄,其背后都有大财阀支持的背景,世间流行的说法是"三井的政友、三菱的民政",政财界沆瀣一气。然而 20 年代又是个动荡的时代,日本连续发生了一次关东大地震和三次经济危机,政党内阁疲于应付,以至民怨沸腾。

经济危机导致了社会危机,社会危机则为法西斯主义的兴起提供了广阔的空间和土壤。早在 1916 年,国家主义者德富苏峰就曾鼓吹"日本帝国之使命乃彻底推行亚细亚门罗主义",应放弃对美英协调的外交路线,并"荡扫白阀之跋扈"。② 近卫文麿也曾在 1918 年召开凡尔赛会议之际撰文,声称日本应"排除美英本位"的国际秩序。被法西斯分子奉为理论鼻祖的北一辉则在 1923 年的《日本改造法案大纲》中喧嚣,"大日本帝国内忧外患,面临前所未有之国难",当此之际,日本只有仰赖天皇实行"国家改造"方能度过难关。他还主张对所有私有财产实行数量限制。③ 在 20 年代末 30 年代初的危机时期,这些论调不仅在城乡下层民众中颇受欢迎,而且在军队的中下级军官及士兵中也急剧地扩大着市场,一时间,"昭和维新"、"国家改造"成了最具蛊惑性的时代口号。

30 年代前期日本法西斯运动的主要力量来自民间右翼和军队中的中下级军官,当时最具影响的若干秘密法西斯组织有:井上日昭为首的血盟团,权藤成卿、孝橘三郎领导的爱乡塾,桥本欣五郎、大川周明为首的樱会等。这些法西斯势力在认识上的共同点是:政党无能,公卿无用,财阀自私,军部上层无作为,因此均在打倒或排除之列。但是在行动的策略和方法上,法西斯组织之间又有很大差异,血盟团的宗旨是直接行

① 原田熊雄:《西园寺公与政局》(2),岩波书店,1950 年,第 377 页。
② 德富苏峰:《大正青年与帝国之前途》,时事通讯社,1965 年,第 281 页。
③ 中村尚美等编:《史料日本近现代史》(2),三省堂,1985 年,第 172 页。

动,对公卿、元老、政党领袖、财阀首领实行"一人杀一人主义";樱会的策略则是,通过兵变,推举荒木贞夫等"皇道派"将军上台执政,进而一举废除政党政治,降服财阀,在军部的领导下推行"昭和维新"。至 1937 年日本发动全面侵华战争之前,法西斯势力先后制造了以下事件:

1931 年 1 月 14 日,爱乡塾的佐乡留塾刺杀内阁首相浜口雄幸,浜口重伤后死亡。

1931 年 3 月和 10 月,桥本欣五郎、大川周明领导的以校级军官为骨干的樱会两次策划兵变("三月事件"和"十月事件"),因被告发未遂。

1931 年 9 月 18 日,关东军在高级参谋石原莞尔等策划下悍然发动"九一八事变",开始武力占领中国东北,并迫使政府事后追认关东军的擅自行动。

1932 年 2 月 9 日,血盟团的小沼正枪杀前大藏大臣、民政党选举委员长井上准之助。

1932 年 3 月 5 日,血盟团的菱沼五郎枪杀三井合名理事长、日本经济联盟会会长、日本工业俱乐部理事长团琢磨。

1932 年 5 月 15 日,陆海军下级军官和农民敢死队袭击首相官邸,枪杀了首相犬养毅,袭击了警视厅、政友会本部、三菱银行、日本银行等中枢机构(史称"五一五事件")。

1935 年 8 月 12 日,皇道派军官相泽三郎中佐在陆军省办公室内挥刀劈死军部"统制派"领袖军务局长永田铁三少将。

1936 年 2 月 26 日,皇道派军官组织 1500 名官兵发动兵变,袭击首相官邸和政府主要机关,杀死前首相、内大臣斋藤实,前首相、大藏大臣高桥是清,教育总监渡边锭太郎,天皇侍从长铃木贯太郎重伤。

同一时期,法西斯思想统治骤然加强,大批共产党员和进步人士受到迫害乃至被捕入狱,京都大学的泷川幸辰教授因主张自由主义刑法学说被免职。在所谓的"国体明征"过程中,贵族院议员美浓部达吉的"天皇机关说"被取缔,本人亦被免职。

法西斯势力制造的一系列白色恐怖事件,结束了日本近代政党组阁执政的历史,吓坏了财阀,也动摇了许多革命志士的斗志,结果出现了一股各种政治势力屈服于法西斯压力而纷纷"转向"的风潮。

财阀的转向以三井、三菱最具代表性。团琢磨死后,掌握三井实权的常务理事池田成彬向军部靠拢,并为改变公司的社会形象,以支持社会公益事业为名,投入 3000 万日元基金,成立三井报恩会。还以国防建设、救济贫民、振兴文化、扶植教育等名义,在截至 1936 年的 4 年间捐款1260 万日元。此外,池田还经常与北一辉等民间及军部法西斯分子秘密接触,屡施贿赂,联络感情,从而得到了法西斯势力的信任,以至在战时出任了大藏大臣。三菱的做法则是,截至 1935 年的 4 年间,向社会捐款1763 万日元,竭力在社会中树立公司的新形象。①

法西斯的猖獗,不仅使资产阶级政党退出了政治前台,也使社会主义运动遭遇空前挫折。1932 年,号称无产政党的社会民众党和社会大众党先后在党的宣言中明确宣布,支持日本在 1931 年发动的侵略中国东北的战争。1933 年 6 月,日本共产党领导人佐野学、锅山贞亲在狱中发表"转向声明",承认以往反对天皇制是一种"错误",表示拥护现行体制,并支持日本对中国发动的所谓非指向中国人民的侵略战争。

民间右翼和军部皇道派通过"下犯上"、"下促上"的法西斯运动改变了日本政治,但是充分利用形势并尽享法西斯运动成果、最后切实掌握了国家权力中枢的却是军部上层的另一个法西斯派别统制派。统制派与皇道派虽然在军部夺取国家最高权力的目标上完全一致,但是反对皇道派"下犯上"的无法无天行为,主张在天皇的一元化领导下,实现政治、思想、文化、经济上的高度统一,以便最大限度地集中国力,实现日本的大陆扩张计划。

法西斯运动的兴起,改变了日本国内的政治格局,而在退出国联后,

---

① 有泽广巳监修:《昭和经济史》,日本经济新闻社,1976 年,第 97—98 页。

日本还必须面对退出海军裁军条约后很难避免的与美英强国对抗的事态,于是"1936年危机论"骤然兴起。法西斯分子们叫嚣,要度过即将到来的前所未有的危机,必须"举国一致"建设"国防国家",同时为了把国内矛盾转向国外,必须加紧对华侵略扩张,从根本上解决日本的生存空间问题。寺内陆相甚至公开放言:谁阻挡日本向大陆扩张的步伐,谁就是日本的敌人,"日本刀虽为人所嫌,然非拔不可之时必当拔之"。[①]

4. 无视型中国观的躁动

1935年后,由于日军步步紧逼,国民政府对华北五省的实际控制被严重削弱,举国上下发出了"华北危急"的呼唤。1935年8月1日,长征途中的中共中央和中华苏维埃政府发表《为抗日救国告全体同胞书》("八一宣言"),宣言说:"我国家我民族已处在千钧一发的生死关头。抗日则生,不抗日则死,抗日救国,已成为每个同胞的神圣天职。"1936年12月12日,震惊中外的西安事变爆发,蒋介石放弃了"攘外先安内"的反共政策,抗日民族统一战线开始形成,中国的抗日热潮空前高涨。

中国政局的变化,引起了日本的注意,军界的一些"中国通"开始正视中国的统一及国民党政府的正统地位问题。1937年2月,参谋本部派到驻华大使馆的楠木实隆大佐与驻华海军武官本田忠雄联名向军部提交了"对支政策意见",其中谈到了对中国时局的看法及其政策建议,即:

> 纵观中国现状,反中央各派虽尚存,但无论哪派都无法彻底颠覆现中央政府,各派在现任政府组织机构内安插自己一派的势力。因此,我方若徒劳地为推翻蒋介石、国民党或分裂华北五省等旧观念束缚,必将适得其反。深信应迅速改变旧式观念,堂堂正正地以中央政府为对象进行邦交。不以南京政府为对象,通过威逼利诱地方政权搭建日支邦交的外交政策,是只知日清、日俄战争时代的支

---

① 《东京日日新闻》,1936年12月9日。

那,而不知中国现状的表现。①

陆军省新闻班军官雨宫巽中佐根据自己的在华经历,也不无感慨地说:

> 很遗憾,现在的南京政府已经不是我们曾经想象的那样贫弱,无论是统制力还是军备都已不可忽视,而且这种状况还在日渐强化中,……蒋介石的人气也一天比一天增长,靠恫吓或口头威胁已经几乎不能胁迫南京政府。②

"九一八事变"的策划者石原莞尔此时已被调回参谋本部担任作战课长,从准备对苏作战的战略观点出发,他在1937年1月制定的一份文件中,也主张"改变对支政策","停止北支分治工作"。③

然而,石原等人的冷静分析和建议,已经不能为日本社会的主流所接受。日本决策层考虑的是不能再给业已实现统一的中国以时间,必须将其扼杀在强大起来之前。对此,连作为第三者的英美人也看得很明白。英美的评论说:

> 如果支那取得了与日本同样的进步,日本将一触即溃。深知这一点的日本,不可等闲视之。要么在支那进步之前尽快将其击溃,否则就必须尽量防止其进步,将其始终放置在从属自己的劣等国地位上。④

沿着坡路下行的战车一旦驱动是难以停止的。甲午战争、镇压义和团运动、日俄战争、出兵山东、占领东北、退出国联和海军裁军条约、分离华北,近代以来日本一系列对华侵略扩张行动从未失手,而中国的退让

---

① 岛田俊彦等编:《现代史资料8 日中战争(一)》,第389页。
② 雨宫巽:《赤裸裸地看日支关系》(1937年4月),外务省外交史料馆藏,日本亚洲历史史料中心网站(http://www.jacar.go.jp/)公开。
③ 参谋本部:《关于对支政策对陆军省的意向表示》。见《现代史资料(8)日中战争》,第384页。
④ 日本外交协会:《对支外交问题讨论摘要》(1937年3月25日),外务省外交史料馆藏,日本亚洲历史史料中心网站(http://www.jacar.go.jp/)公开。

以及国际社会的绥靖、放纵行为，不仅为日本国内日益激化的社会矛盾
找到了能量释放的出口，而且使日本国民由自信发展到狂妄，以致六年
前策划"九一八事变"时最为激进的石原莞尔，六年后已被视为胆小如鼠
的保守分子了。可以说，到卢沟桥事变爆发时，日本的中国观，已经由
"蔑视"发展到"无视"，只要"对华一击"，中国就会俯首称臣的认识，在目
空一切的日军乃至躁动不安的日本社会中，已经具有普遍性，这也正是
日本敢于发动全面侵华战争的思想基础。

四　鲸吞中国的孤注一掷

1937 年 7 月，日本悍然发动了全面侵华战争。同年 12 月占领国民
政府首都南京，1938 年 10 月占领临时首都武汉。1940 年 11 月扶植建
立汪精卫傀儡政权。1941 年 12 月对英美宣战，发动了太平洋战争。
1945 年 8 月 15 日接受《波茨坦公告》，宣布战败投降。

1. 全面侵华的妄断

1937 年 7 月 7 日，事出偶然而又必然的卢沟桥事变爆发。是夜，驻
守北京西南郊丰台的日军在卢沟桥附近举行军事演习时，二等兵志村菊
次郎走失并接近附近龙王庙的中国守军阵地，引起中方鸣枪示警。志村
归队后，指挥演习的一木大队长觉得不能给中国军队留下中方开枪射
击、日军就停止演习的印象，"日本军队不能有失体面"，于是便在次日清
晨向中国守军阵地发起了进攻。

日本战败 60 年的 2005 年，日本《读卖新闻》组织专门班子"检证"了
"九一八事变"后日本的战争责任，其中关于卢沟桥事变扩大为全面侵华
的理由只有一个，即"膺惩支那军的暴戾"。[①] 同时，大量的实证研究结果

---

① 读卖新闻战争责任检证委员会编：《检证　战争责任》Ⅰ，中央公论新社 2006 年，第 10 页。

表明,事变的发生具有偶然性,并不是日军事先计划好了的军事行动。

然而问题的实质在于,占领中国东北后,将华北变成第二个"满洲国"已经成为日本的既定国策,日本分离华北造成的华北危急,已经使中日之间的紧张关系发展到了一触即发的程度。因此,在华日军寻衅制造事端并非难事,中日小规模的武装冲突在任何时间和地点上发生,都是不足为怪的。因此,日本的海军统帅部在事变发生后立即断定:"很明显,陆军发动此次事变的真正目的,——在于把华北变成第二个满洲国。"①

但是,问题的复杂性在于,由于卢沟桥事变具有突发性,日本统治集团内部一时出现了"扩大"与"不扩大"事态的意见分歧,结果暂时决定了"不扩大事态,就地解决"的方针。

"不扩大派"代表人物参谋本部作战部长石原莞尔认为:立即出兵有陷入战争泥潭的危险,如果苏联出兵干预,日本将腹背受敌。其部下回忆说,卢沟桥事变发生后,石原"竭尽全力"向他的上级、同僚和部下解释不应扩大事态的原因,认为:

> 现在的支那不是以前的支那,国民党的革命取得了成功,国家实现了统一,国民的国家意识正在觉醒。如果走向日支全面战争,支那就会利用辽阔的领土进行持久战,而日本的力量是不能将其降伏的,日本会陷入战争泥潭动弹不得。日本的国力和军事力量都还贫弱,当前应绝对避免战争,努力增强国力和军事力量,以期国防国策的完成。②

但是,石原等人的"不扩大"势力非常弱小,军部的绝大多数人认为:"支那是个不可能统一的分裂的弱国,如果日本的态度强硬,中国就会立刻屈服。此时应该制服支那,把华北五省基本纳入日本势力之下,与满洲相结合,强化对苏战略态势。卢沟桥事件为实现这一目的提供了求之

---

① 岛田俊彦:《有关船津工作》,载日本国际政治学会编《国际政治》第 47 号,第 106 页。
② 武藤章:《军务局长武藤章回忆录》,第 96—97 页。

不得的好时机。"扩大派认为："派上三四个师团,进行一次打击,支那军队就得举手投降,随后便可刀枪入库。"①陆军省中国课课长永津得意洋洋地吹嘘："日本一动员就可登陆,只要把船一直开到塘沽附近,也就算到北京和天津了。"②对此,陆军省军务局长武藤章在后来的回忆中承认,这种思维是"满洲事变以来陆军领导层不变的对支观、对支方策"。③

参谋本部总务部长中岛铁臧回忆说,当时陆军的"扩大派"认为："日本的敌人是苏联和中国。现在正是各个击破、先打垮中国的最佳时机,此时务必要给中国以痛击。现在中国还没有像样的抵抗能力,只要拿下天津、北平,中国基本上就会认输。如果进一步拿下上海的话,本年12月蒋介石就会倒台。"④

陆相杉山元和参谋总长闲院宫是"扩大派"的后台,事变发生后,当昭和天皇在对华"战"与"和"的问题上犹豫不定之际,此二人在天皇面前夸下海口,声称："只要在天津一击,事件一个月内就会结束。"⑤遂使天皇下了对华一战的决心。

陆军的"支那通"铃木贞一(陆军中将,企划院总裁)在战后反思说："日本太轻视支那的军队了,其结果是导致了支那事变的发生。""支那事变……一言以蔽之,就是日本人小看支那的表现。"⑥

由于"对华一击"的主战派占据绝对优势,"不扩大"、"就地解决"一开始就是欺骗舆论的谎言。7月10日,日本陆军统帅部以中国中央军北上危及日本侨民及华北日军的安全为由,要求向华北出兵。11日,日本的五相会议及内阁会议一致通过出兵华北的决议,同时发表了《出兵华

---

① 小林龙男等编:《现代史资料(12)日中战争4》,褐竹书房,1965年,第418页。

② 同上书,第415页。

③ 武藤章:《军务局长武藤章回忆录》,第97页。

④《中岛铁臧中将回忆录》,见秦郁彦《卢沟桥事件研究》,东京大学出版会,1996年,第298页。

⑤《昭和天皇独白录》,《文艺春秋》1990年12月号,第105页。

⑥『铃木贞一谈话速记录』(下),木户日记研究会、日本近代史料研究会编印,1974年,第232、
　241页。

北声明》。随后,外务省配合军方的行动,命令日本驻华使馆参事官日高信六郎及陆、海军武官于次日约见中国外交部长王宠惠,要求中国军队停止北上,南京政府不得干涉华北地方谈判,日高甚至蛮横地提出,在日本向华北增兵期间,中国不得调动军队。

就在华北和南京两地的中日交涉同时进行的过程中,关东军2个旅团于16日抵达平津,朝鲜军第二十五师团也陆续开进华北,对宋哲元指挥的二十九军形成分割包围态势。17日,五相会议通过了对华最后摊牌的提案,即以19日为最后答复期限,要求中方的宋哲元正式道歉,罢免冯治安,中国军队撤出八宝山地区,否则将对二十九军进行"讨伐"。19日,国民政府华北当局接受了日方提出的条件,与日本签订了《细目协定》,但南京政府外交部复函日本驻华大使馆的答复是:中日同时撤兵;华北交涉方案须经中央承认;在日军大规模向河北派兵的情况下,中国不得不为自卫做准备。南京政府义正辞严的态度,终于使日本政府恼羞成怒。7月28日,准备就绪的日军在京津地区向中国第二十九军发起全面进攻。由此,"七七事变"演变为日本全面侵华的战争。

2. "以华制华"的"东亚新秩序"梦

日本全面侵华后,军事行动进展顺利,不到半年时间,便占领了包括首都南京在内的中国华北、华东及华中的大部分地区,由此产生了国民政府及中国人民的抗战意志已经崩溃的错觉,以为抛开国民政府而与自己扶植的亲日政权合作,也可以实现"以华制华",统治中国的目的了。

日军攻陷南京后不久的1938年1月11日,日本御前会议制订了《处理中国事变之根本方针》,决定"若支那现中央政府不求和,帝国此后则不期待以其为对手解决事变,将扶植建立新兴支那政权,与之协议改善、调整两国国交,合作建设新支那"。[1] 据此,1月16日,日本政府发表了

---

[1] 日本外务省编:《日本外交年表并主要文书》下,第385页。

第一次"近卫声明",宣布"帝国政府今后不以国民政府为对手",同时宣称"期待建立可以真正与帝国合作的支那新政权",与其"合作建设新支那"。①

事实上,扶植伪政权的活动从建立满洲国起就没有停止过。全面侵华后的1937年11月22日,关东军将此前建立的"察南自治政府"、"晋北自治政府"、"蒙古联盟自治政府"合并为"蒙疆联合委员会(后改称"蒙疆联合自治政府")"。12月14日,华北方面军在北平组织了以王克敏为首的伪政权"中华民国临时政府"。御前会议决定《处理中国事变之根本方针》之后的1938年3月28日,华中方面军在南京成立了以梁鸿志为首的"中华民国维新政府"。9月22日,日本的北平和南京两个伪政权成立"中华民国政府联合委员会"。在日本的全面掌控下,这些臭名昭著的伪政权毕竟忤逆民心,无法像日本期待的那样发挥作用。

1938年10月,日军攻陷临时首都武汉后终于发现,国民政府的抗战意志毫不衰退,其最不愿看到的对华持久战的局面已经到来,因此不得不调整以前的抛开蒋介石处理中国善后问题的对策。11月3日,日本政府为了诱降国民政府,发表第二次近卫声明,内称:在日军的打击下,"国民政府已沦为一地方政权。如该政府坚持抗日容共政策,则帝国决不收兵,一直打到其崩溃为止"。但如果国民政府"抛弃以往的一贯政策,更换人事组织,取得新生的成果,参加新秩序的建设,我方并不拒绝"。② 当然,这是一厢情愿的梦想。

值得注意的是,第二次"近卫声明"首次明确提出了建立"东亚新秩序"的对外目标。内称:日本此次征战的目的,是为了"建设确保东亚永久和平的新秩序",而"此种新秩序的建设,应以日满华三国合作,在政治、经济、文化等方面建立紧密相联的互助关系为根本"。声明还说:"东

---

① 日本外务省编:《日本外交年表并主要文书》下,第386页。
② 同上书,第401页。

亚新秩序的建设，渊源于我国的建国精神，完成这一建设，是现代日本国民的光荣任务。帝国必须在国内各个方面坚决进行必要的革新，扩充国家的整体力量，排除万难，完成这一事业。"声明同时要求中国"分担建设东亚新秩序的责任"。①

11月30日，第二次御前会议决定了《调整日中新关系的方针》。新方针规定：日中新关系是"日、满、华三国应在建设东亚新秩序的理想之下，作为友好邻邦而相互结合，并以形成东亚和平的轴心为共同目标"，为此实行的三原则是"善邻友好、共同防卫、经济合作"。可谓辞藻冠冕堂皇，祸心昭然若揭，用中国的俗话说，就是"既当婊子又要立牌坊"。

第二次近卫声明的目的之一是分化国民党政权，引诱国民党内的反蒋派脱离现政权而加入到"东亚新秩序"的建设之中，从而削弱中国的抗战力量，实现不战而屈人之兵的目标。声明发表后，果然收到了一定的效果。

国民党二号人物、副总裁汪精卫为首的一些上层高官对抗战前途悲观失望，形成了对日"求和"的一派。汪开始通过外交部亚洲司司长高宗武等人与日本秘密接触，11月20日，高宗武、梅思平在上海与日军方代表影佐祯昭、今井武夫密谈后拟订了《日华协议记录》和《日华协议记录谅解事项》，其主要内容为日华缔结防共协定，承认日本在华驻军，内蒙为防共特殊地区，为确保内蒙及其联络线而在平津地区驻扎日军；中国承认"满洲国"；日华经济提携，在开发和利用华北资源方面汲与日本特殊的方便；治安恢复后两年内日本撤兵。双方约定，在上述条件成立的前提下，汪精卫立即与蒋介石断绝关系，与日本共同发表日华合作和反共声明，出面组织"新政府"。② 之后，这一协议分别得到了日本政府和汪精卫的认可。

---

① 日本外务省编：《日本外交年表及主要文书》下，第401页。
② 今井武夫：《中国事变回忆》，美铃书房，1964年，第76页。

1938 年 12 月 19 日,汪精卫出逃河内。29 日,汪精卫公开发表支持"近卫三原则"("善邻友好、共同防共、经济提携")的"和平建议"(艳电)。1939 年 1 月 1 日,国民党中央决定永远开除汪精卫党籍,撤销其一切职务。6 月,国民政府又以汉奸罪通缉汪精卫。

日本在汪精卫投日后,集中力量扶植汪伪政权出台。1939 年 6 月 6 日,五相会议确定了《建立中国新的中央政府的方针》,决定扶植汪精卫、吴佩孚等组成新政权。12 月 20 日,在日本的威逼利诱下,汪精卫集团与日本签订了《日华新关系调整要纲》及《秘密谅解事项》,承认了日本对中国的政治、经济、军事、文化等方面的全面控制,其内容比当年的日本对华"二十一条"有过之而无不及,汪精卫由此成为名副其实的"卖国贼"。之后,在日本的"安排"下,汪精卫与王克敏、梁鸿志两伪政权首脑协商,决定成立新"国民政府",并于 1940 年 3 月 30 日上演了一出"还都"的闹剧。但是,汪伪国民政府成立后遭到了全国人民的强烈谴责,追随者寥寥无几,汪所期待的反蒋势力在西南"起事"也没有出现。汪伪政权除了日本主子的扶植外,不具备国内统治基础。

1940 年 7 月 18 日,第二届近卫文麿内阁成立。此时德国横扫欧洲,法国投降,英国败退,日本统治者受到巨大鼓舞和刺激,军部及社会舆论强烈呼吁日本"不要误了公共汽车",应该乘机夺取英法在东亚南及西南太平洋的殖民地。在这种气氛下,近卫组阁时特意安排东条英机为陆军大臣、松冈洋右为外务大臣,并在 26 日制订的《基本国策纲要》中提出"建立以皇国为核心,以日满华的牢固结合为基础的大东亚新秩序"。[①] 次日,大本营与政府联席会议通过《适应世界形势演变的时局处理纲要》等决议,决定尽快解决"中国事变",准备南下出击。由此,日本设想的"东亚新秩序"升格为"大东亚新秩序"。[②] 8 月 1 日,日本外相松冈洋右

---

① 日本外务省编:《日本外交年表及主要文书》下,第 437 页。
② 同上书,第 436—437 页。

会见记者时宣称,日本的外交方针在于"建立以日满华为其一环的大东亚共荣圈","大东亚共荣圈"概念首次登场。"大东亚新秩序"也好,"大东亚共荣圈"也罢,日本在侵华战争中"创造"出来的这些侵略扩张理念,无非是要为自己在东亚及西太平洋地区建立一个庞大殖民帝国披上一层华丽外衣。①

1940年9月27日,日本与德、意签署了《德意日三国同盟条约》。条约规定:日本承认并尊重德、意在欧洲建立新秩序的领导权,德、意承认并尊重日本在"大东亚"建立新秩序的领导权;三国保证如缔约国一方受到目前未参与欧战或中日冲突中的一国攻击时,应以一切政治、经济和军事手段相援助等。三国军事同盟的形成,为日本发动"大东亚战争"奠定了外交基础。此外,在多次试探进攻苏军失利的事实面前,日本政府放弃了"北上"战略,专注南下,于1941年4月13日,与苏联政府签订了《日苏中立条约》②,减轻了北方的压力,避免两线作战,为南下创造条件。

解决中国问题和南下出击是日本政府和军部的两难课题,只有彻底解决中国问题,南下方无后顾之忧;而不南下,中国问题又难以解决。近卫内阁和军部的对策是双管齐下,一面采用一切手段,尽快跳出侵华战争的泥潭,一面为南下作准备。10月1日,近卫内阁通过了《迅速处理中国事变的方针》。13日,御前会议通过《处理中国事变纲要》,提出了"竭力设法摧毁重庆政权的抗战意志,迅速使其屈服"的既定目标,其具体措施是:第一,对重庆的"和平工作"由政府进行,军部及民间的"和平工作"一律停止;③第二,和谈以蒋汪合作为前提;第三,和谈以11月底为限,如失败,则与汪伪政府签订新条约,转入长期战体制。11月30日,由于迫

---

① 关于"大东亚共荣圈"的范围,并无固定说法,随着时间的推移,逐渐扩大。详见臧运祜《近代日本亚太政策的演变》,第279—282页。

② 《日苏中立条约》还包含苏联保证尊重"满洲国"的领土完整和不可侵犯,日本保证尊重蒙古的领土完整和不可侵犯等损害中国利益的内容,遭到中国政府的反对。

③ 日本军部及民间一直通过各种渠道在香港、上海与重庆国民政府保持秘密接触,商谈"和平"问题。

降重庆国民政府无望,日本政府与汪伪政权签订了《日中基本关系条约》、《附属秘密协定》及《秘密交换公文》①,日本据此掌控了中国占领区的政治、经济、军事等各项大权。同日,日本、汪伪政府和"满洲国"签署了《日满华共同宣言》,日本在形式上实现了近代以来梦寐以求的夺取满蒙、征服中国、称霸东亚的大陆政策目标。对此,日本报界欢呼"从满洲事变到中国事变,帝国不变的国策实现了飞跃的发展","日满华三国完全融为一体,正朝着建设东亚新秩序的共同目标迈进"。②

进入 1941 年,为了准备南下与美英作战,日本在对华战略上做了依靠伪政权"以战养战"、进行持久战的调整。除继续对重庆国民政府进行政治诱降外,明显加强了对国际援助中国通道的战略封锁,强化对华北、华东、华中及华南占领区的"治安战"、"清乡战"。其对占领区的治安战,主要是针对敌后抗战的八路军和新四军。在"清乡战"中,日军大肆实行烧杀抢掠的"三光政策",对抗日根据地军民犯下了累累战争暴行。

3. 侵华时期的"支那抗战力调查"

日本全面侵华期间,除了在政治、军事上疯狂地搜集中方的情报之外,对中国社会、经济乃至思想文化方面的情报搜集也加大了力度,而后者的情报搜集往往又是通过有官方背景的民间团体进行的。这些民间"智囊"提供的信息对日本的对华决策起到的直接或间接作用,支持了日本的对华"总体战"。1939 年"满铁"调查部进行的"中国抗战力调查"就是一个典型例子。

"满铁"全称"南满洲铁路株式会社",是日本在日俄战争后的 1906年 6 月设立的在华最大"国策"企业,"具有浓厚的军事和政府支配工具

---

① 日本外务省编:《日本外交年表及主要文书》下,第 466—474 页。
②《朝日新闻》,1941 年 12 月 1 日(晚报)。

的性质"。① 是日本对华侵略扩张的尖兵。

满铁成立之初就特别重视情报工作,设有专门的"调查"机构,为满铁及日本政府的侵华政策搜集政治、军事、经济、社会等各方面情报并提出建议,因而某种意义上说,它是近代日本最大规模的对华情报搜集和咨询机构。

1939 年 4 月,为强化中国问题的调研,满足侵略战争的需要,在满铁总裁松冈洋右的策划下,日本政府批准满铁调查机构重组,满铁调查部规模达到空前的二千余人,在海内外建立了多处据点,从而进入"大调查部"时代,建立了"日本创造的空前绝后的'智库'"。②

同年 5 月,大调查部成立了"支那抗战力调查委员会",开始对"东亚新秩序的主要否定因素支那抗战势力的研究"。③

调查委员会以满铁上海事务所调查室为主,调动了在华各地派出机构及东京分社的骨干力量。满铁的调研人员形形色色,其中一些人"出身"特别,包括具有"左翼"思想和经历、在国内被捕坐牢后避难来到满铁的。当然,满铁不是"赤色分子"的避风港,而是认为有左翼倾向的人其"才"可用。

调查委员会确定的调查内容主要有两个方面,第一,中国抗日势力的研究,包括国民党及中国共产党的社会基础及其动向,蒋政权的政治、军事诸政策,抗日的中国战时经济重组,蒋政权的战时财政金融政策。第二,作为其背后势力的各国研究,包括各国在中国的经济势力,各国的在华权益,各国的远东政策。

经过 1939 年 6 月至 1940 年 6 月约一年的调研,调查委员会取得了大量的调研成果,最后汇集成《支那抗战力调查报告》,计 5 篇10 分册约百万字。从报告书中可以看出,与一般的只注重国家军事

---

① 满铁调查部编:《支那抗战力调查报告》解说,第 575 页。
② 草柳大藏:《满铁调查部实录》上,朝日新闻社 1979 年,第 14 页。
③ 满铁调查部编:《支那抗战力调查报告》总论,第 93 页。

力量的调研不同,此次调查注重全面把握中国社会,从国家总体战的角度分析中国的抗战能力。在调查方法上,采取了"支那社会本身的基础性调查研究与现实情势把握的统一",力求从根本上摸清中国抗战能力的产生、构成、制约因素及其发展变化,在中国社会结构的特质中探求"支那抗战能力的本质"。[①] 主要执笔者中西功认为,"日中双方的力量在战争初期差别非常大是此次战争的一大特点。这种力量对比的悬殊不仅仅是数量上的,更重要的是质量上的",而"质的差异"根源在于"支那是半殖民地国家,而日本是现代化的国家"。把握"半殖民地国家与现代化国家对抗"这一特质,是研究分析中国抗战能力的"大前提"。[②]

报告书认为,在日本对华战争面前,中国形成了包括民族资本家和地主阶级在内的"全民(民族)抗战"局面。与以往的军阀内战不同,这次战争将对落后的中国社会带来巨大冲击。为了抗击日军,中国社会需要"重组",而"重组的方向就是中国政治经济走向现代化";战争不仅使中国丧失了领土和经济最发达的区域,给中国的政治经济带来"深刻的影响",而且在"战争某一发展阶段"还会带来被占领区"非常复杂的政治经济战"。

调查报告的总论分析了以下四大问题。

第一,关于中国作为半殖民地、半封建国家存在的劣势。报告书认为:"支那社会自清朝崩溃以后,虽然变得非常复杂,但基本上是一个半殖民地状态下的半封建国家。"[③]中国是列强"共同"的殖民地,国家经济主要是"非常落后散漫"的农业经济,大部分商业城市寄生于农村经济。虽然有若干现代化的以工业为中心的大都市,但骨干产业多为外国资本

---

① 满铁调查部编:《支那抗战力调查报告》序,第1页。
② 满铁调查部编:《支那抗战力调查报告》总论,第10页。
③ 满铁调查部编:《支那抗战力调查报告》总论,第11页。一般认为,中西功对中国社会性质的这些精辟分析,源于他作为中共秘密党员,可以看到中共中央的一些重要文件,受到毛泽东关于中国社会性质论述的启发而做出的。

把持。沿海一带的民族资本基本上都以轻工业为主,与军事工业相关的重工业皆已丧失,这种经济状况在对外战争中是非常不利的。此外,中国的军队大多源于"私兵",缺乏现代国家军队的素质,难以统制,主要军备又受制于列强,加之"买办资本以及地主阶级"对中国政治的控制,中国的"军事水平低下",难以应对对外战争特别是与"现代化国家的战争"。①

第二,关于百年来、特别是近二十年来中国民族的发展。报告书认为,鸦片战争后的中国也在缓慢地向现代国家发展。特别是第一次世界大战后,中国的民族资本发展很快,并"开始维系这个国家独自的现代资本主义体系"。与此同时,中国工人阶级和小资产阶级也相伴而生,成为中国社会农民阶级之外的"新要素"。正因如此,才有了 1925 年国共合作领导下的工农革命,中国的政治、经济、军事也逐步走向统一和体系化,由此"形成了中国抗战能力的母体"。中国的现代政治势力将在动员民众投入战争的过程中提高治国水平。中国最大的政治势力国共两党目前暂且以"民族统一战线"的形式合作抗日,这两大严重对立的政党"将通过极为复杂的过程形成抗战能力"。② 应该说,调查报告对中国社会发展的正视和对国共既合作又斗争形成抗日核心能力的分析是比较客观的。

第三,关于地大物博的农业社会在抗战中的意义。报告书认为,中国农村社会虽然落后,但地大物博,人口众多,只要政治领导得力,就会成为抗战的依托。中国农村与城市的联系不像现代化国家那样紧密,"即使城市丧失了,农村依然有很强的自给自足能力"。也就是说,"尽管城市被占领,农村仍然可以作为抗日阵营的根据地存在,这也是由支那社会的特质决定的"。③这种独特的农村经济及内地经济的存在,成为中

---

① 满铁调查部编:《支那抗战力调查报告》总论,第 11 页。
②③ 同上书,第 12 页。

国"对日进行消耗战（长期抵抗）或'持久战'的经济基础"。① 应该说,这种对中日战争将成为持久战的分析是客观冷静、很有见地的。

第四,关于外援问题。报告书认为,国外的对华援助分为两种情况。一种情况是由中国的半殖民地性质决定的。列强为防止被日本排挤出中国而对中国进行了援助,"英美法等对华援助的本质是对日牵制和对华支配"。另一种情况是中国的抗战被视作世界革命的组成部分,以苏联为首的社会主义阵营会出手援助。"在牵制日本这一目的上,苏联与英美的援华政策完全相同,但无条件对华援助是苏联明确的国策。"② 报告书指出,日本虽然占领了沿海地区,切断了中国大部分外援的路径,加上欧洲战事吃紧,英国等难以援华,但是重庆政府还是会动员一切力量争取外援,因为它事关中国抗战的成败。

调查报告书总论还阐述了"支那抗战能力的阶段性问题",认为中国的抗战能力具有阶段性特征,这种特征"表现了中日双方力量对比"的变化。"支那事变的各个时期,军事与政治的重要性有所不同,它表现在支那抗战能力中军事与政治的不均衡发展。"③ 报告书指出:"武汉会战前是主力战阶段,此后则是政治、经济战的阶段。"报告还特别提到了"中共领袖毛泽东为便于实战而将之划为三个阶段"的抗战理论④,并对此进行了分析。可以看出,报告书已经意识到日本对华军事行动阶段已经结束,之后应该重点考虑如何政治解决的问题。

在中西功执笔的政治篇中,报告书写道:"在支那抗战力的形成中,政治的作用非常大",而成为政治中心的政党及其领导动员的民众力量,是中国抗战能力的核心,这是由军事和经济力量薄弱的中国国情决定的。中西功指出,如果把构成中国的抗战能力划分为"军事能力、经济能力、政

---

①②③ 满铁调查部编:《支那抗战力调查报告》总论,第 13 页。
④ 1938 年 5 月,毛泽东发表了《论持久战》的报告,指出抗日战争"具体地表现于三个阶段之中。第一个阶段,是敌之战略进攻、我之战略防御的时期。第二个阶段,是敌之战略保守、我之准备反攻的时期。第三个阶段,是我之战略反攻、敌之战略退却的时期"。

治能力"三部分,则政治能力起"决定性"作用。但他同时认为,"政治"恰恰是中国现实的抗战中"最动摇、最落后"的部分。如果中国的政治矛盾激化,必将失去对抗战的领导,"支那的抗战能力将丧失大半"。[1]

中西功还分析了战争前后国共等主要党派的社会基础,特别是国民党的性质和抗战态度,指出了"蒋介石个人作用的重要性"。[2] 他还注意到"民众动员与中国政治"的关系,指出"中国的民众动员存在着性质不同的两条路线",一条是国民党的动员路线,以强行"征兵"为特征;另一条是共产党领导的路线,把民众动员作为民众自身的运动加以引导和推动。[3] 这里,中西功已经看到了中国共产党提倡和领导的人民战争思想及其威力。

关于中国抗战的军事能力,报告书认为,经过华北、淞沪、徐州、武汉几大会战后,中国的军事力量遭受了重大打击,损失惨重,但仍保持相当的抗战能力,蒋介石领导下的国民军主力和八路军是中国"抗战派的军事支柱"。同时,蒋介石利用抗战,强化了中央对地方的军事控制。而在中日战争进入相持阶段后,"在日军占领区进行的游击战争将成为主要战斗","游击战将成为现在具有决定性的军事环节"。[4]

值得注意的是,战争爆发后,日本一直把国民党领导的正规军作为主要对手,对中共领导的军队不甚重视,满铁调查部最初的调查计划中也只是列上了"重庆政权抗战能力调查"项目,不包含中共领导的武装力量。但是,在中西功的建议下,此次调查追加了中共领导的武装力量调查项目,其调查结果汇集为第三分册的"八路军与新四军"。该分册从政治、军事、社会经济和活动区域的角度,介绍了八路军和新四军的活动,

---

① 满铁调查部编:《支那抗战力调查报告》政治篇(Ⅰ),第100—101页。

② 同上书,第108页。

③ 报告认为,国民政府战时新编的300万以上的新军,完全是强制性的和义务征兵的,加之其中有舞弊行为,容易招致民众反感,难以达到民众动员的效果。满铁调查部编:《支那抗战力调查报告》政治篇(Ⅰ),第112页。

④ 满铁调查部编:《支那抗战力调查报告》政治篇(Ⅰ),第136页。

认为八路军通过广泛的"独特的民众动员",坚持持久战,建立了敌后根据地,通过破坏日军后方兵站及交通通信设施等手段,扰乱了日军后方,牵制了日军进攻,打击了日本扶植的伪政权,破坏了日本的战争经济计划。①

在其他分册中,报告书以很大的篇幅,详细叙述了中国在战时实行的经济政策,以及内地经济中的交通、商贸、金融、农业、工矿业状况。例如,在考察中国的交通时,报告书认为中国的交通受到日本的重大打击,总体上运输手段不得不从以铁路为主转向公路为主。报告书还指出,重庆政府为了在西南站稳脚跟,正在克服种种困难,加强西南铁路建设,维系国外援华路线的畅通,"以维持和重建抗战能力"。②

关于日本今后的对华政策,报告提出了三个可供选择的方向,一是"全面进攻",二是"在德国中介下南京与重庆政府全面和平",三是"独自减轻部分负担",而报告倾向于第二个方向,即政治解决中国问题。最后,报告书提出忠告说:"很容易推断"日本"全面的军事攻势将比过去任何战役都规模巨大且困难",这种攻势"将给日本带来大量消耗,为此,除了非常有利的时机之外绝难进行"。③

客观地说,《支那抗战力调查报告》对中国的观察和认识大体符合中国的实际,其分析和评论具有较高的针对性和前瞻性,因此对日本执政当局产生了一定的影响。

有关资料表明,从 1940 年 1 月起,中期调查报告就已经作为"机密"材料呈送给日本政府及军方有关部门的极少数人参考。④ 除此之外,军

---

① 满铁调查部编:《支那抗战力调查报告》政治篇(Ⅰ),第 185 页。
② 满铁调查部编:《支那抗战力调查报告》战时经济政策篇(Ⅰ),第 271 页。
③ 满铁调查部编:《支那抗战力调查报告》总论,第 89 页。
④ 调查报告是分批提交、分发的。据大本营陆军部的安排,第一批(总论、政治篇、内地经济篇)报告于 1941 年 1 月送下发陆军省军务课等 12 个课,以及关东军、支那派遣军、朝鲜军、台湾军、各集团军、教育总监部、陆军大学等共 33 部(陆军省《昭和 16 年陆支密大日记第 16 号》,亚洲历史资料中心公开)。

政部门经常邀请调查员报告和座谈,仅在 1940 年 6 月至 7 月的 2 个月内,有关报告会和座谈会就举行过 14 次,参加者除了调查员外,还包括满铁总裁大村卓一、上海海军武官府岩村清武官长、中国方面舰队司令官嶋田繁太郎、联合舰队司令官山本五十六、日本驻华大使阿部信行、中国派遣军总参谋长板垣征四郎、华北方面军司令官多田骏、关东军参谋长饭村穰以及参谋本部以及陆军省、海军省的重要官员。

4. 走向战败的挣扎

日本发动的全面侵华战争,不仅是对中国主权的肆意践踏,也是对第一次世界大战后形成的国际秩序及人类文明的公然挑战。对此,美、英、苏等强国虽然制度不同,动机各异,但在遏日援华的立场上相似,这就引起了日本的嫉恨。日本统治集团清楚,要想粉碎中国的抗战意志使其屈服,必须彻底斩断国际援华通道,由此便产生了是先"北进"进攻苏联、还是先"南进"占领美英荷在东南亚及西太平洋地区殖民地的战略选择难题。

抗战爆发后,苏联向中国提供了武器和贷款,并派遣飞行员支援抗战。对此,日本恨之入骨。1938 年 7 月,驻朝日军在中苏朝三国边界的张鼓峰寻衅,引发大规模武装冲突,在苏军的反击下,日军第十九师团遭受重创,首次"武力试探"告败。1939 年 5 月,关东军又在中蒙边界制造诺门坎事件,在苏军的强大火力和机动力面前,日军败得更惨,伤亡近 2 万人,从此断了"北进"的念头。

日本侵华直接侵害了英美的在华既得权益。1937 年 10 月 5 日,美国总统罗斯福在芝加哥发表"防疫隔离"演说,不指名地谴责日本。1938 年以后,美国和英国先后向中国提供了多笔贷款。1939 年 6 月,美国宣布废除《日美通商航海条约》,日美矛盾日趋激化。

日本对美英援华极为不满,除了不断抗议外,一度采取过封锁天津的英法租界措施。二战爆发后的 1940 年 9 月 23 日,出兵占领了法属印度支那北部。

从 1941 年 3 月 8 日开始,日美为缓解矛盾开始谈判。日方的提案要求美国承认近卫对华三原则,承认日汪《基本关系条约》和《日满华共同宣言》。美国国务卿赫尔则提出反方案,要求日本事实上放弃三国同盟条约,日本向中国提出条件前应同美国协商等。[1] 由于分歧严重,谈判陷入僵局。

1941 年 7 月 18 日,第三届近卫内阁成立。10 天后,日军强行进驻印度支那南部。对此,美国立即做出强烈反应。7 月 26 日,罗斯福总统宣布冻结日本在美资产;8 月 1 日,又宣布停止对日石油出口,日美矛盾进一步激化。此后,随着对美作战准备进展,日本在谈判中态度越来越强硬,而美国也针锋相对,不愿后退半步,谈判破裂已成定局。

1941 年 10 月 18 日,主战派首领东条英机上台。11 月 2 日,大本营、政府联席会议正式决定以 12 月 1 日为限,届时美国若仍不接受日本的要求,则同时对美、英、荷开战。美国方面则在 11 月 26 日向日方提出"赫尔备忘录",其内容包括:否认"满洲国"和汪精卫政权,放弃在华治外法权,日本无条件从中国和印度支那全面撤军。[2]

12 月 1 日,日本御前会议决定对美开战。12 月 8 日,日本海军偷袭美国海军基地珍珠港,太平洋战争爆发。由此,中国的抗日战争与太平洋战争结合为一体,成为世界反法西斯战争的重要组成部分。

偷袭珍珠港后的 12 月 10 日,日本大本营、政府联系会议决定将对英美及中国的战争统称为"大东亚战争",战争的目的是建立"大东亚共荣圈"。

战争初期,由于日本准备充分,日军很快占领了东亚南和西南太平洋的广大区域。1943 年 11 月,以"大日本帝国"为家长的"大东亚会议"

---

① 美国国务院编:《美国外交文件(日本 1931—1941 年)选译》,第 538—539 页。
② 同上书,第 566—568 页。

在东京召开,包括伪满洲国和汪伪政权在内的 6 个傀儡政府代表出席。会议通过了"大东亚共同宣言",宣告"大东亚共荣圈"正式形成。

虚张声势的"大东亚会议"闹剧收场后,美、英、中首脑举行了开罗会议,征得苏联同意后,共同发表了"开罗宣言"。四国宣布:对日作战到底,日本必须把窃取的满洲、台湾、澎湖列岛等归还中国,恢复朝鲜独立。"开罗宣言"的发表,是对日本虚构的"大东亚共荣圈建设"的有力回击。

进入 1944 年后,盟军在西太平洋上的反击,迫使日本在军事上收缩战线,中国战场成为其重点固防基地。但是,同年 4—12 月,日本动员 50 多万军队进行了旨在打通中国大陆南北交通线的"一号作战"后,已经疲态尽显,不得不再次拾起"和平诱降"的把戏。9 月 5 日,日本最高战争指导会议制定了《实施对重庆政治工作文件》,对重庆的国民政府开出了如下和平条件:承认蒋介石返回南京并组织统一政府;废除日汪《日华同盟条约》,缔结日中新的和平条约;汪精卫、共产党政权及军队的处理为中国内政,日本不加干涉;英美撤军后,日本也完全撤军;"满洲国"维持现状。① 从这份"和平订单"看,日本的立场几乎回到了全面侵华前的原点,已经不像迫蒋求和,而是带有对华求和的味道了。

对于此次求和的"政略",不仅日本政府和军部重视,而且天皇也亲自过问并下达指示。陆军次官柴山兼四郎、前外相宇垣一成、中国派遣军司令官冈村宁次、副参谋长今井武夫等通过不同渠道与重庆政府沟通,首相小矶国昭在 1945 年 3 月还亲自主持了"缪斌工作"②,一再向重庆方面抛出了橄榄枝。

但是,时过境迁。到了这个时候,中日讲和、保住"满洲"的如意算盘已经不灵。1944 年 7 月 9 日,当日本的中国派遣军代表今井武夫向中国

---

① 日本外务省编:《日本外交年表及主要文书》下,第 605 页。
② 缪斌(1902 年—1946 年),江苏无锡人,曾任江苏省政府委员兼民政厅长等职务。抗日战争爆发后投日,任"华北新民会"副会长。汪伪政权成立后,出任立法院副院长、考试院副院长,但暗中与重庆国民党政府保持联系。1946 年 5 月 21 日被国民政府处决,成为战后第一个以汉奸罪处决的罪犯。

第十战区副司令长官何柱国提出希望与重庆政府直接进行和平谈判时，何明确表示：在《开罗宣言》发表后的今天，日中单独讲和"已绝不可能"；日本从满洲等占领地全面撤兵，交还台湾、朝鲜等条件"没有更改的余地"。今井听罢顿觉"如五雷轰顶"，"不寒而栗"。金井开始意识到"数年来忧虑的不祥预感正在变成事实"，中日谈判的立场和角度与几年相比"正好换了位置"，从而为"历史车轮转动之快和现实世界的严酷"①而感叹不已。

1945 年 5 月，法西斯德国战败投降。6 月，美军占领硫磺岛和冲绳，逼近日本本土，中国军队也开始了全面反攻，收复大片失地。7 月 26 日，中、英、美三国发表《波茨坦公告》，促令日本无条件投降。8 月 6 日，美国在广岛投下第一颗原子弹；8 月 8 日，苏联对日宣战。8 月 15 日，天皇裕仁发表《终战诏书》，日本宣布投降。9 月 2 日，日本政府代表在美国密苏里号军舰上正式向盟国递交了降表。至此，日本的鲸吞中国、称霸东亚之梦彻底毁灭，近代以来屡遭列强侵略和欺凌的中国，首次取得了一场反侵略的全面胜利。

---

① 今井武夫：《中国事变回忆》，第 210—211 页。

第五章 从敌视到正视

——二战战败至复交时期的中国观(1945—1972)

第二次世界大战结束后不久,国际社会进入东西方两大阵营长期对立的冷战状态。日本在美国的庇护下加入西方阵营,并发展为世界经济强国;中国则于 1949 年出现政权更迭,中华人民共和国成立后,加入到社会主义阵营。因此,在 1945 年日本战败投降到 1972 年中日邦交正常化的 27 年间,日本与台湾保持着"国家关系",与新中国则始终处于无邦交的敌对状态。日本如何看待新生的中国及其发展和变化,在什么条件下选择了与中国恢复邦交,将是本章重点探讨的课题。

一 战后初期中国认知环境的变化

在甲午战争后至战败投降的近代社会,日本的中国认识展现了一种由蔑视到无视直至敌视的线性发展特征。战败不仅给了日本重新认识自己的机会,也成为其重新认识世界和中国的契机。而在其中国认识的影响"因子"中,战后中国对日本战俘及在华日侨的善待及新中国的成立,都是对日本社会产生深刻影响的新事态。

248

1. 对中国"以德报怨"的感恩

日本投降伊始,国民政府主席蒋介石即在重庆中央广播电台发表《对日抗战胜利告全国军民及世界人士书》,其中阐述的对日基本政策是:

> 我们中国人民在最黑暗和最绝望的时代都秉持我们民族一贯的忠勇仁爱、伟大坚忍的传统精神,深知一切为正义和人道而奋斗的牺牲必能得到应得的报偿……我中国同胞须知"不念旧恶"及"与人为善",为我民族传统至高至贵的德性。我们一贯声言,只认日本黩武的军阀为敌,不以日本的人民为敌。……我们并不要企图报复,更不要对敌国无辜人民加以污辱。……要知道,如果以暴行答复敌人从前的暴行,以奴辱来答复他们从前错误的优越感,则冤冤相报,永无终止,决不是我们仁义之师的目的。①

蒋介石的这一"不念旧恶"、"与人为善"的讲话,成为"以德报怨"对日政策的依据。对此,日本裕仁天皇也很感动,曾对首任驻台"大使"芳泽谦吉说:

> 日本军队在中国大陆战败时,由于蒋总统对部下发出"以德报怨"的命令,我不能忘记我数十万军民得以平安回国的事实,在会见蒋总统时,望代为转达深深感谢之意。②

当然,蒋介石"以德报怨"政策的背后还隐藏着的不可告人的目的。日本学者卫藤沈吉指出:"这种'以德报怨'的目的毋宁说在于以日本牵制苏联和中共,所谓施德政于日本,实际上另有深远的战略意图。"③这一见解已为其后事态的发展所证实,蒋介石对日本的"以德报怨"政策,在

---

① 吴相湘:《第二次中日战争史》下册,综合月刊社 1973 年版,第 1185 页。
② 芳泽谦吉:《外交六十年》,[日]中央公论社 1990 年版,第 252 页。
③ 转引自吴学文等《当代中日关系(1945—1994)》,时事出版社 1995 年版,第 28 页。

为国民党谋一党私利的战略安排上不能不说取得了"成功",它使日本感恩于蒋介石和台湾国民党政权,保持了与"国府"的外交关系,使中日关系脱离了应有的轨道。

在日俘、日侨遣返问题上,中国政府的态度相当明确,即必须全部遣返。当时日本国内形势混乱,物资极度匮乏。许多日侨已在中国拥有产业,他们既不愿意因被遣返而丧失产业,又害怕回国后生活没有着落,因而想方设法留在中国。许多日本妇女为了能继续留在中国,采取"突击寻夫"和"火速结婚"的办法。据统计,这类日本妇女就约有 10 万人以上。针对这种情况,中国有关当局规定,东北地区凡"八一五"之后与中国男性结婚的日本妇女,一律遣送回国。

据中国有关记录,战后初期滞留中国的日本技术人员有 2 万余人,他们大都集中在中国东北和台湾地区,上海也有一部分。这些人一般都在 1947 年以前回国,也有不少人暂时留在了中国的解放区。

中华人民共和国成立后,日侨、日俘的遣返工作继续进行。在中国红十字会和日本赤十字社、日中友好协会、日本和平联络委员会三团体的共同努力下,截至 1958 年 7 月,又有 3.5 万名日侨分 21 批次归国。中国方面承担了日侨登船前的一切费用,并为日侨携带物品、兑换外币等提供了方便。

1956 年 4 —6 月,中国政府分批处理了在押日本战犯,17 名罪行特别重大的战犯得到从轻判决,335 名次要的或悔罪表现较好的日本战犯免予起诉并立即释放回国。至此,在押的 1062 名日本战犯被全部处理完毕。中国政府对日本战犯的处理方针,既明确了日本军国主义者在侵略中国时所犯的罪行,又体现了中国人民宽大为怀的气度,赢得了日本广大社会阶层的称赞,对增进中日两国人民的理解和友谊起了积极作用。

中国对日本战俘与侨民的大遣返,成为东亚历史上的一道奇特风景。据日本方面估计,当时,在海上交通设施遭到严重破坏的情况下,只靠日本的力量把数以百万计的海外侨民全部撤回,至少要用十年的时间。中国把日本在华侨俘大部分遣送回国只用了一年多时间,并且整个过程没有出现大的人为事故。对此,国际舆论赞声一片,连战时中国派遣军总司令、战后担任"中国战区日本官兵善后联络总部"部长的冈村宁次也不得不承认:中国人是友好的,没有歧视和报复。

日本在二战中给中国造成巨大灾难,中国却以德报怨,这种做法感动了日本各界人士,产生积极影响。协助日本侨俘回国的三团体成员通过各种形式对中国表示感谢,愿意"进一步加深中国和日本的友好关系","坚信中日两国人民一定会借此机会紧紧地团结起来"。他们以其亲身感受,热情介绍新中国经济建设成就、社会风尚良好、人民生活改善、各级官员公正廉洁、文化卫生事业发展等各方面情况,更加深了日本人民对新中国的向往。学界、财经、劳工、农业、渔业、海运等方面的组织和人士纷纷表示,感激中国人民对日本国民的情谊,要求建立联系,互相往来。宗教界也行动起来,佛教联合会提出"中日友谊的基础是心灵上的一致",并立即着手将"花冈事件"中死难的中国战俘骨灰送还大陆。农民佐藤茂一在《朝日新闻》上发表读者来信,认为中国农民生活很好,愿意"听到更多的关于中国农民生活以及北京土地改革方案的消息";一位与归国日侨同乘火车的普通国民看到归侨不乱扔果皮纸屑,并得知这些习惯是在中国养成的以后,无限感慨地说:"中国从前是肮脏得出名的国家",这几年"在中国共产党领导下,街道都变得想象不到的干净了","中国共产党好不好,从今后回国侨民的举动和谈吐中也可以了解"。日本海外撤侨对策特别委员会委员长大久保传藏则认为,它"不但带给败战的日本一线光明,并且从深渊中拯救了破碎的日本,是使日本从虚脱与混乱中站起来的最大力量"。在中国东北从事文化美术工作的木村庄十二,1953 年 3 月回国后,接受记者采访,在《中央公论》(1953 年 5 月号)上发表了题为《在中国很愉快》的访谈录,内称,在日本的日本人不了解中国的真相,日中间的状况又不同,所以很难正确理解中国,从而双方看法产生隔阂。他谈到,在中国,卫生运动和学习运动正在贯彻进行。人的品质发生了变化,有着高度的纪律性,人们充满着希望。并且说:"在遣返的问题上,中国很尊重我们本人的意愿,工作单位还发给我们每人80万元(旧币)的津贴。"①

1953年日本出版了两部有关归国者的书,一部是朝日新闻社和在华同胞归国协力会合作编辑的《新中国——归国者的体验》,一部是日本儿童保护会编辑的《归国的儿童们——中国归国儿童作文集》。书的作者包括技术人员、工人和与中国人结婚的日本妇女等各种经历的日侨。他们回国后发表的谈话和手记,大都对在中国的生活状况感到满足,对中国政府的政策多有好评。

另一方面,在归国者发表的谈话和记事中,也有一些负面的反映,诸如日本人的伙食不好、工资低,行动受限制,中国的贪污腐败严重(当时正值"三反""五反"运动),土改运动杀人过多,知识分子改造运动过于严酷等。阿部良之助是工学博士、煤炭液化方面的权威,日本战败后,从伪满应聘到山东的某大学教书,他在日本的《文艺春秋》1949年8月号上发表的《中共的科学技术见闻》一文中说:在任何事情上,政治家都是万能的,科学技术人才不受重视,强调马克思主义,轻视自然科学的学习,只要求学生死记硬背公式而不重视化学实验,"在中国共产党人的思想里,过分强调忠诚老实,因此,自我束缚了中国科学技术的进步发展"。② 还谈到,留在中国的日本科技人员及其家属,由于遭受冷遇而流露出失望的情绪。

纵观中国遣返日本战俘与侨民的全过程,基本上达到了"只认日本黩武的军阀为敌,不以日本的人民为敌"、"我们并不要报复"的目的。这对于化解战后两国的民族矛盾、解决两国间的诸多问题,有积极的

① 马场公彦:《战后日本人的中国像》,[日]新曜社2010年9月版,第140页。
② 同上书,第79页。

作用。

2. "冷战"下对华行动选择的约束

战败后的日本,名义上是盟国占领,实际上是美国的单独占领,这一占领政策早在日本战败前就已确定下来。美国总统杜鲁门曾说,"我决定,对日本的占领,不能重蹈德国的覆辙。我不打算分割管制或划分占领区"。由于各种原因,日本投降后盟国的对日共同管理机构迟迟未能建立,也为美国单独制定和推行对日占领计划创造了客观条件。结果是,《波茨坦公告》所申明的日本非军事化和民主化,基本是按照美国的想法实施的。

1945年8月12日,杜鲁门任命西南太平洋方面盟军总司令道格拉斯·麦克阿瑟为"盟国最高司令官",盟军总司令部的官员也全部由美国派人充任。在《初期对日方针》中规定:"天皇与日本政府的权力,须受盟军最高统帅之支配……最高统帅在圆满推进美国目的之限度内,将利用包括天皇在内的日本政府机构和各机关行使自己的权力。"①麦克阿瑟抵日后,为顺利实施对日占领,需要利用天皇的传统权威,于是接受了日本政府的要求,决定取消军管而采取间接统治的方式。《初期对日方针》规定,"日本国政府在最高司令官的指示下,有行使国内日常行政事务的政治机能。但是,如果不能满足最高司令官的要求时,最高司令官则有权更换政府机构或人事,或者依据直接行动的权利和义务加以限制"。美国当局通过这种方式达到既能控制日本政府,又能统治日本人民的目的。

1945年12月,在莫斯科召开的美英苏三国外长会议上决定,在华盛顿和东京分别设置由美英中苏法荷等11国组成的"远东委员会"和美苏英中组成的"对日理事会",但两者实际权限很小,对日政策的实际控制

---

① 王振锁:《日本战后五十年:1945—1995》,世界知识出版社,1996年,第21页。

权掌控在麦克阿瑟手中，美国居主导地位，实现了单独占领日本的意图。"盟总"成了战后初期日本实际上的最高统治机构，盟军最高司令官麦克阿瑟成了日本事实上的"太上皇"。麦克阿瑟放弃了对日本的军管方式，而是保留日本政府，由"盟总"对其指导，实施"间接统治"。

战后初期，美国基本遵循盟国的意图和《波茨坦公告》的精神，对日本实施"非军事化"和"民主化改革"，以期彻底清除日本的军国主义、法西斯主义和封建主义，促使日本实现比较全面的社会民主改革，通过修改宪法、农地改革、解散财阀以及劳动改革和教育改革等，建立了资产阶级民主政治体制。1947 年 5 月 3 日正式实施了在美国主导下的《日本国宪法》。

美国和苏联在战后由盟友关系，逐步演化为敌对关系，双方开始争夺世界主导权，形成以美国为首的资本主义世界阵营和以苏联为首的社会主义阵营。两大阵营的尖锐对立，给世界政治格局带来巨大冲击，直接影响到美国亚太政策，并对中日关系形成了带有根本性的前提制约。

1946 年 3 月，英国首相丘吉尔在美国密苏里州的富尔顿发表了著名的"铁幕演说"，宣称"从波罗的海的什切青到亚德里亚海的里雅斯特湾，一幅横贯欧洲大陆的铁幕已经降落下来。这张铁幕后面座落着所有中欧、东欧古老国家的首都……这些著名的都市和周围的人口全都位于苏联势力范围之内……"，从而拉开了战后东西方"冷战"的序幕。

1947 年 3 月，杜鲁门总统在国情咨文中，宣布向希腊、土耳其提供 4 亿美元的紧急援助，声称"美国的政策必须是支持各国自由人民，他们正在抵制武装的少数或外来压力所试图的征服活动"，为此对苏联采取"封锁政策"。这篇咨文被称为"杜鲁门主义"。"铁幕演说"和"杜鲁门主义"的出笼，标志着美苏两极对峙的冷战体制的初步形成。

这一时期，由于日本处于美国的单独占领之下，因此日本政府没有独立的"外交权"，在对华政策上，因循盟总指令亦步亦趋，外交回旋余地有限。随着冷战的日趋炽烈，美国的对日政策逐步发生转变，由初期的推行"非军事化"和"民主化"改革，转向扶植和复兴日本。1947 年 5 月，美国副国务卿艾奇逊提出："欧洲和亚洲的复兴,就要重建作为其工厂的德国和日本。"①这表明美国统治集团为适应形势的变化,意欲将德、日两个法西斯战败国的恢复与重建纳入到美国的全球战略之中,使美国力图主导其变成美国称霸世界的大工厂。

从1948年起,中国革命形势发生巨大转变,美国的"扶蒋反共"政策逐步破产,美国力图主导的由蒋介石集团统治中国的期望破灭。因此,美国国务院政策计划部部长凯南预言:美国对压制中国的革命形势已无能力,在东方除扶植日本之外将别无选择。面对这种形势,美国统治集团被迫调整亚洲战略,把亚洲的反苏、反社会主义的战略据点由中国转移到日本,日本在美国亚太战略格局中的地位日益上升。1948年1月6日,美国陆军部长罗亚尔在旧金山发表对日政策演说,标志着美国对日政策转变的基本完成。内称新的对日占领政策的目标是"要使日本在今后对付可能在远东发生的新的极权主义的战争威胁,能够充分起到强有力的、稳定的防波堤的作用,并且在日本建立稳定的民主主义。""日本必须成为远东的工厂。"②

1949年和1950年,远东发生了一连串足以改变亚太政治格局、甚至影响世界发展进程的重大事件:1949年中国革命取得胜利,中华人民共和国宣告成立;1950年《中苏友好同盟互助条约》签订;同年朝鲜战争爆发。在美国的战略视野中,这一系列事变是共产主义势力在亚洲的蔓延,是苏联为首的社会主义阵营的扩张和向"自由世界"的挑战。正如当时台湾国民党当局"驻美大使"顾维钧所作的判断,由于美国已经失去中国大陆,日本在其远东战略上的地位凸显重要。"无疑,美国人对中国混乱局势的反应是:作为其在远东新的依靠,日本是一个可以选择的对象。并且,依我看来,美国急于要使一个重新整顿过的日本,同印度一起参加

---

① 原荣吉:《战后日本的外交史潮》,庆应通信株式会社1984年版,第25页。
② 藤井松一、大江志乃夫:《战后日本的历史(上)》,青木书店,1972年,第103页。

一个集团,以阻止共产主义威胁的进一步扩展。"①于是,美国加紧了对日本缔结和约的步伐。

中国在和苏联缔结了《中苏友好同盟互助条约》、推行了对苏"一边倒"的外交政策后,引起了美国为首的西方阵营的警觉。1950 年 6 月朝鲜战争的爆发,则对美、苏、中、日等国家间关系带来了更为直接的影响,甚至可以说由此界定了战后美国亚太政策的走向和战后亚太地区的战略格局。二战期间和战后初期,美国遵循"雅尔塔协定",极力保持中国作为一个独立主权国家在国际舞台上发挥作用,通过中国维持亚洲地区的稳定,对台湾也不进行军事上的干预,对日本实施彻底的非军事化和民主化改革。朝鲜战争爆发后,由于中国参战,与美国展开直接的军事对抗,美国的亚太政策发生转变,开始实施敌视中国的政策,这一敌视政策同时也锁定了日本对华政策的方向。在当时的背景下,急于在美国的庇护下实现媾和、恢复国家独立地位的日本,在台湾和北京之间,几乎没有选择的余地。这就是战后初期日本对华行动选择时所面临的客观而严酷的现实。

二 敌视型对华知行的表与里

1952 年 4 月,《旧金山对日和约》生效,日本结束占领状态,恢复主权独立。同月 28 日,吉田茂政府与台湾国民党政权签订《日台和约》,正式恢复"外交关系",从而使日本与中华人民共和国处于敌对状态,并一直持续到 1972 年复交。

1. 吉田茂政府选择"台湾"的心路

在美国对日单独占领的战后初期,战败国日本的"外交权"已被剥夺。而在 1951 年对日媾和正式成为联合国讨论议题时,中华人民共和

---

① 中国社科院近代史研究所译:《顾维钧回忆录》第 9 分册,中华书局,1989 年,第 2 页。

国已经成立,日本面临着选择和北京或台北的哪一个政权复交的难题。

当时,朝鲜战争尚在进行,东西冷战演化成世界战争的危险也未排除。时任自由党总裁、内阁首相的吉田茂认为,要想在冷战下通过全面媾和来调和东西两个阵营的关系,不过是一种理想主义的国际政治论,如作为对外政策加以实施,必无果而终,只会招致美军占领延长而推迟日本独立这个最为不利的结局。[①] 并且,从长远的国家利益考虑,日本除了与政治经济实力最强的美国保持高度的一致以外,其实根本就不存在其他的选择。[②]

新中国成立前夕的1949年8月9日,吉田茂写信给美国占领军最高司令官麦克阿瑟,信中说:"邻国(指中国)实现共产化,日本也将岌岌可危。"因此,日本在"政治上必须阻止现今席卷亚洲大陆的共产主义潮流","从日本的地理位置和国民性来说,这个国家将成为共产主义的防波堤和东方的稳定力量"。[③] 朝鲜战争爆发后,吉田茂极力倡导所有资本主义国家实行合作,共同对付中国。基于意识形态的考量及来自美国的压力,吉田政府最终选择与台湾当局缔结和约。吉田声称:"只要中共不改变目前的做法,就不能建立条约关系。"

吉田茂是一位老练的政治家和外交家,签订"日台和约"时,他是经过深思熟虑的。他在回忆录中说,美国主导的旧金山媾和会议是日本获得独立的绝好机会。对当时的日本来说,与世界上大多数国家实现媾和,使日本获得独立,才是最紧迫、最重要的"国家利益"。在中国问题上,日本也必然遵从美国的旨意而同台湾搞好关系,但也不愿采取过分加深同台湾的关系而否认北京政府的立场。[④] 吉田的基本想法是,既要与同属资本主义阵营的台湾当局"建交",以符合美国的意图,又不想得

---

① 吉田茂:《世界和日本》,[日]中央公论社,1992年,第154页。
② 猪木正道:《评传吉田茂4——山巅卷》,[日]筑摩书房,1995年,第332页。
③ 猪木正道:《吉田茂的执政生涯》,江培柱等译,中国对外翻译出版公司,1986年,第314页。
④ 吉田茂:《激动的百年史》,[日]白川书院,1978年,第159—164页。

罪英国及其承认的中华人民共和国,以失去中国大陆这个诱人的大市场。吉田茂还认为,中华人民共和国虽然与苏联关系密切,"但中华民族在本质上与苏联人是水火不相容的。文明相异、国民性有别、加之政情亦不同的中苏两国,总有一天会产生隔阂的"。①

基于这一考虑,吉田茂就中国问题频繁与美国沟通,仅1951年就给美国总统特使杜勒斯写过4封信,其中最重要的是1951年12月24日的《吉田书简》。《吉田书简》的主要内容包括:第一,日本政府愿意与中国大陆在政治上和平相处和通商,但目前则希望与台湾当局建立关系,因为它在联合国中有席位,有发言权和投票权,并且与联合国大多数成员国保持着外交关系;第二,日本政府准备与台湾当局缔结条约,重建双方政府间的正常关系,这个双边条约的条件将适用于现在、或以后可能属于台湾当局管辖的全部领土;第三,中国共产党政府已被联合国谴责为"侵略者",联合国因此已经对它采取了某些措施,日本现也正在协助执行这些措施;第四,1950年的《中苏友好同盟互助条约》实际上是针对日本的一个军事同盟条约,有理由认为中国共产党政府正在支持日本共产党进行旨在以暴力推翻日本立宪制度和现政府的计划,故日本政府无意与中国共产党政府缔结双边条约。②

《吉田书简》的核心内容,是日本政府向美国保证只与台湾的国民政府缔结条约,而不与中华人民共和国政府发生政治关系,从而确定了日本与中国大陆及台湾关系的基本构架与路径。《旧金山对日和约》、《日美安全保障条约》和"日台条约"签订后,美、日、台三方关系便有了法律的依据,同时也意味着日本与中华人民共和国的敌对关系确定了下来。

1952年4月28日,即旧金山对日和约、日美安全保障条约和日美行政协定生效的同一天,日本和台湾当局签订了《日本国和中华民国之间

---

① 吉田茂:《回想十年》第三卷,[日]新潮社,1957年,第72页。
② 《吉田茂致杜勒斯的信》,田桓主编《战后中日关系文献集(1945—1970)》,中国社会科学出版社,1996年,第117页。

的和平条约》(即"日台条约")。

关于签约时的心境,吉田茂在回忆录中写到:

> 当时日本政府和台湾加深友好关系和经济关系,固然出于本意,但同时也不愿因此而走到否认北京政府的地步。然而,事实上,国民政府是日本最初的交战对象,且其在联合国所占地位亦极重要,况且在日本投降时,国民政府又有使日本军民平安撤退回国的恩谊,日本自不能否认其为一媾和对象国家。更何况美国上院担心日本与中国大陆之关系,若因此而导致和约批准受到影响,则更不堪设想。当时,因有迅速表明态度之必要,所以,为了立即决定媾和对象,日本遂不得不选上了国民政府。①

"日台条约"的出笼,意味着日本政府将中日关系正式定格在敌对状态,从而拉开了敌视新中国的帷幕,在其后的 20 余年里,日本政府始终以"日台条约"为挡箭牌,阻止了中日邦交正常化的实现。

2. 自民党政权敌视中国的共识

1955 年以后,随着左右两派社会党的统一,自由、民主两党合并为自由民主党,由此日本进入"五五年体制"时代,也即自民党长期执政的时期。自民党长期政权对外政策的核心是"以日美关系为基轴",无论是1950 年代的鸠山内阁和岸信介内阁,还是 1960 年代的池田内阁和佐藤政权,在对华关系上,皆恪守着吉田时期规定的框架,延续着对华敌视政策,区别只在于柔和一些或强硬一些而已。

自民党政权的敌华政策,是由其政权性质所决定的。自民党党章开宗明义规定:"我党是一个捍卫基本人权和民主、积极贡献于世界和平和人类繁荣、并与国民一道面向未来不断推进改革的自由主义政党。"显

---

① 吉田茂:《十年回忆》,转见司马桑敦《中日关系二十五年》,(台北)联经出版事业有限公司
1988 年版,第 4 页。

然,这样一个资产阶级政党与以"无产阶级专政"为宗旨的中国共产党政权在理念上是势不两立的,是敌对的。这不是政治家个人的对华观问题,而是执政党的基本理念、阶级立场的不同。而且,政治家即使有自己的想法,也必须受其党规、国法的约束,说话要为党和国家利益负责。这种不同的政治体制,就注定彼此视对方为敌人。这一立场和意识形态的不同,当时是被视为"不可调和的",是"你死我活的",从而导致彼此之间的不可沟通性和不可相容性。当然,这种状况在当时并不仅限于中日之间。

继吉田政府之后的鸠山内阁是自民党政权的起始内阁,鸠山政权的最大业绩是不顾党内反对,毅然实现日苏邦交正常化。中国政府看到这一变化,便通过各种渠道试探日本政府的对华政策,并表示出希望中日邦交正常化的极大诚意。但鸠山内阁对中国政府三番五次的积极呼吁置若罔闻,甚至公开否认中国政府的努力。外务大臣重光葵在1956年2月3日的众议院外务委员会会议上说,"日本政府从来没有从共产党中国接到任何要求恢复外交关系的正式建议"。[①] 就连时任经济审议厅长官、中国视为"朋友"的高碕达之助,在1955年万隆会议期间与周恩来总理密谈时也认为,"日本已经和台湾方面缔结了和约,建立了外交关系。日本不能单方面废除这一和约",所以"这是一个很大的障碍"。[②]

1950年代中后期,中国进入"反右运动"和"大跃进"时代,对内对外政策急速"左转"。恰逢此时,战前对中国犯下种种罪行的日本战犯岸信介取代鸠山一郎上台。岸信介上台不久便访问台湾,并在国会声称,"由于国际信义的关系,要始终尊重台湾政府,这是日本的外交路线",并且说,"为了日本的安全,台湾不落入共产党之手是绝对必要的"。[③]

面对新中国在亚洲的影响不断扩大的情况,岸信介说:"亚洲处于混

①《众议院外务委员会记录》,1956年2月3日。
②[日]冈田晃:《水鸟外交秘话—某外交官的证言》,中央公论社,1983年,第50—53页。
③《人民日报》,1959年2月16日。

乱状态,从自由主义各国来说,如果受到共产主义的侵略,这将是个严重的问题",同时对日本来说,由于日本人对中国有亲近感,所以"共产主义对日本的渗透,来自中国比来自苏联更可怕"。[①] 1957 年 6 月,岸信介访美时又说,"中共要向整个亚洲渗透",中国已成为世界和亚洲的"威胁"。[②] 充分暴露出其反共敌华的本来面目。"长崎国旗事件"[③]就是在这一背景下发生的。

其实,"长崎国旗事件"只不过是一个导火线。在此前的一年间,中国方面已经蒙受了不少屈辱。先是预定在名古屋、福冈举办中国展览会的先遣人员因指印问题而被阻滞香港,随后在代表机构问题上日本政府又吹毛求疵进行阻挠。在这种情况下,又发生了侮辱国旗的事件,正如外交部长陈毅所说,"岸信介政府敌视中国的态度已经到了令人不能容忍的地步"。[④]

岸信介内阁因修改日美安保条约而被迫下台,有"岸亚流"之称的池田勇人取而代之。池田内阁一改岸政权"政治主义"的强硬路线,一方面以"宽容与忍让"的低姿态,修复国内政治关系,一方面推行颇得民心的"国民收入倍增计划",从而使日本经济驶入高速增长的快车道。与此同时,中国国内也开始实行"调整、巩固、充实、提高"的八字方针,停止了给人民带来重大灾难的"大跃进"运动,国民经济开始好转。在此背景下,中日两国的民间经济交流逐渐恢复,并最终确立了"LT 贸易"[⑤],两国的

---

① 富森睿儿:《战后日本保守党史》,上海译文出版社,1984,第 127 页。

② 日中友协中央本部(正统):《日中友好运动史》,商务印书馆,1978 年,第 58 页。

③ 1958 年 4、5 月间,日中友好协会长崎支部主办中国邮票剪纸展览会。其间,两个日本人闯入展览会场,扯下悬挂着的中国国旗,长崎市警察局以没有损坏器物(非国旗)为由,将肇事者释放。中国认为这是损害中国国家尊严的严重政治事件,乃向日本政府提出严重抗议。日本政府则认为,损坏无外交关系国家的国旗不适用"侮辱国旗罪",只能以弃损器物罪论,未接受中国的主张。这就是酿成令舆论大哗并导致中日关系急剧恶化的"长崎国旗事件"。

④ 田桓主编:《战后中日关系文献集 1945—1970》,中国社会科学出版社 1996 年版,第 370 页。

⑤ 1962 年,廖承志和高碕达之助签署了"LT 贸易",即"中日备忘录贸易",开拓了 1960 年代中日经贸关系的新途径。中日双方通过"LT 贸易",互设了常驻事务所,并互派记者,从而打破了当时互不来往的不正常局面。

经贸关系有了较大发展。

但是,池田内阁的对华政策在政治上是消极的,与岸信介时代并没有本质区别,只是手段较岸柔和而已。池田上台伊始,谈及对华政策时说:"对华政策不一定与美国采取同样的态度。……但是,外交首先必须提高自由主义国家间的信赖,而不仅仅是对华政策。……既要被自由主义国家信任,又要不被中共愚弄和操纵。像中共那样时不时诽谤别国首相的行为,对和平推进外交有害无益。"①在对华关系问题上,池田的基本想法是,"必须从调整东西方关系的角度来对待,而不能仅作为日中关系来处理"。② 所以,在 1960 年秋季的联合国大会上,对中国代表权问题,池田内阁与岸内阁一样,同美国一道同意采取"搁置方式"处理,目的在于阻止中国恢复在联合国的合法席位。

所以,正如周恩来总理说,池田内阁的对华政策,"与岸政府没有本质的区别,但量上有所不同"。③《人民日报》也指出,"池田政府所采取的追随美国、敌视中国、企图复活军国主义的政策,与岸信介政府没有任何本质的区别"。④

佐藤荣作长期政权(1964.11.9—1972.7.7)是中日两国敌对时期的最后一任政府,其任内的大部分时间与中国"文化大革命"的前半期相重合。佐藤荣作在中日关系方面,与吉田茂、其兄岸信介一脉相承,上台伊始,便拒绝了以彭真为团长的中国共产党代表团入境去参加"日共九大"。1964 年 10 月,中国成功爆炸了第一颗原子弹,日本对此反应极为强烈,1965 年 1 月,佐藤在访美时指出:"我们对来自中国的侵略威胁,与美国一样,或者说比美国还感到不安。中国进行核试验,使我们对中国的政策更加不安。"⑤随后在中国恢复联合国合法席位问题上"维持既往

① 古川万太郎:《日中战后关系史》,[日]原书房,1988 年,第 187 页。
② 同上书,第 188 页。
③ 同上书,第 189 页。
④ 同上书,第 199 页。
⑤ 同上书,第 239 页。

态度"，与美国一道投了反对票。

3. "政经分离"的盘算

纵观中日复交前日本历届政府的对华政策，其特点是，并非采取直出直入、咄咄逼人的敌视态度和行动，而是往往以守势和辩解的姿态出现，看似审慎实则固执地坚守着对华政策的"底线"，这条底线就是始终恪守吉田时期规定的框架，这一框架的基本点就是："希望同台湾搞好关系，但也不愿过分加深同台湾的关系而否认北京政府的立场。"①也就是"与国民政府保持外交关系的前提下，和中国大陆发展经贸关系"。

"政经分离"原本是日本经济界一些人的想法，他们认为在当时情况下与中国进行经济交往与政治无关。对此，中国也希望通过政经分离来打破西方国家的禁运封锁。

日本政府将政经分离作为一种对华政策的方针源于何时尚不可考，但从吉田内阁到佐藤内阁，日本政府在处理对华关系时，基本上都是遵从了这一方针。1952年4月日本与台湾当局缔结了"日台条约"之后，吉田内阁开始以政经分离作为处理对华关系的基本方针。吉田政府的态度是，政治上坚持《日华和平条约》，与台湾保持稳定的政治外交关系，在此前提下，对民间经济团体与中国大陆的贸易活动，一般不予干涉。

岸信介内阁时期是中日关系交恶最深的时期，但在"政经分离"的前提下推进对华贸易方面，岸信介并不消极。他曾在解释同中国发展经贸关系时表示："日本需确保在不损害自由世界安全的前提下，扩展对中共的贸易。日本作为自由世界的忠实一员，历来遵守对中共战略物资出口所实施的国际制裁，将来也会同样地忠实执行。日本增加同中共的贸

---

① 吉田茂：《激动的百年史》，[日]白川书院，1978年，第159—164页。

易,除经济因素的考虑外没有其他理由。"[1]这反映了日本对中国推行"政经分离"政策的真实意图,岸信介的中国观是基于意识形态因素考量,而又注重现实主义的结合物,这从其既主张亲美反共、又力图在与中国的贸易中捞取实惠的举动中可以窥见一斑。事实上,岸内阁在与美国反复协调的基础上,默认和支持了日本财界与中国签订的第四次中日民间贸易协定。1958 年 3 月中旬,日本已就民间贸易协定的处理召开了主要阁僚参加的政府首脑会议,最后议决的结果是政府基本上同意该协定,但公开时则称政府对此予以"协助或支持",除了明确不给予通商代表部成员以外交特权之外,其他则由日本政府根据情况"妥善处理"。[2]

池田内阁时期,中日之间开展了"半官半民"的"LT 贸易",较之过去前进了一步。但是,实际上池田内阁的对华政策仍然始终恪守着"政经分离"的原则。"政府认为,继续维持与国民政府间的正常外交关系,同中国大陆在政经分离的原则下,维持贸易等事实关系是最切合实际、可以维护日本国利益的政策。"[3]

佐藤荣作与吉田茂一脉相承,在中日关系方面,声称"政府历来是在维持与中华民国政府之间的正规外交关系的同时,与中国大陆之间,以政经分离的原则,继续进行着民间的贸易以及其它事实上的接触"。[4]"日中间的贸易、人事交流等,并不应该像现在这样仅仅依靠民间,政府也有必要扩大与中国接触的渠道展开对话"。[5]

总之,敌对时期自民党政权的对华政策,基本上没有实质上的变化,始终都是遵循着在"与国民政府保持外交关系的前提下,和中国大陆发

① 古川万太郎:《日中战后关系史》,[日]原书房,1988 年,第 105 页。
②《日中贸易协定/政府事实上趋于同意》,[日]《朝日新闻》1958 年 3 月 13 日。
③《日本外务省关于中国问题的统一见解》(1964.3.5),田桓主编《战后中日关系文献集(1945—1970)》,中国社会科学出版社 1996 年版,第 715 页。
④《第四十七届国会(临时国会)信念表明演说》,[日]内阁资料保存会编纂:《历代总理大臣与内阁》,内阁资料保存会 1980 年版,第 598 页。
⑤ 黑柳明:《公明党的中国政策》,[日]亚洲调查会:《亚洲季刊》,第 2 卷第 2 号(1970 年 4 月),第 34 页。

展经贸关系"这一"政经分离"的原则。

三　社会团体的中国认知

日本是一个政治多元化的民主政体国家,以日本社会党为主的革新政党,以在野党的身份,在议会政治中长期发挥着制约自民党政权的作用,在对华认识方面,代表亲华和友好势力,是复交之前中日民间交往的主要支持者和推动者,为中日邦交正常化发挥了"掘井人"的作用。但是,1960 年代以后,由于社会党内部左右两派对华政策的分歧,以及中国国内的"文革"动乱,社会党的对华关系长期处于停滞不前和无所适从的状态。

日本共产党和中国共产党是一种"兄弟政党"的关系,不属于一般意义上的"对华认识"范畴,但由于日共党内斗争、国际形势以及意识形态等原因,两党关系处于时好时坏甚至一度交恶的微妙而错综复杂的状态。

"日中友好协会"等社会团体,在中日关系处于敌对状态的形势下,从其各自的立场出发,在发展中日民间经贸关系和文化交流等方面起了一定的促进作用,为中日关系正常化奠定了社会基础。

1. 日本社会党的中国知行

日本社会党是战后日本最先建立的政党,其纲领是:作为"劳动阶级的联合体,确保国民政治自由,谋求建立民主体制","排除资本主义,实行社会主义","反对一切军国主义思想及其行动","实现持久和平"。归纳起来,社会党的纲领就是"政治上的民主主义、经济上的社会主义,国际上的和平主义"。①

---

① 富森睿儿:《战后保守党史》,日本评论社,1977 年,第 6 页。

中华人民共和国成立后,日本社会党一直致力于"日中友好",早在50年代初期,许多社会党朋友就为日中友好、发展日中关系而奔走。铃木茂三郎、佐佐木更三、八百板正、河野密、杉山元治郎、黑田寿男、冈田春夫、佐佐木良作、佐多忠隆、胜间田清一、田中稔男、穗积七郎等很多老朋友,都是当之无愧的中日关系正常化的"掘井人"。后来脱离社会党、另立民主社会党(民社党)的朋友们,也为日中邦交正常化做出了可贵的努力。①

1955年社会党统一后,"政策大纲"中提出了对华政策基本方针:"从根本上谋求与人民政府之间实现邦交正常化,促进通过对话和平解决围绕台湾的国际局势。"②随后提出了"关于与中华人民共和国建立邦交的方针",内称:"(1)鉴于中华人民共和国已经在中国大陆建立了坚实稳固的政权这一现实,日本政府与该政府之间应当为缔结建立正常邦交的总体性条约而尽快开始交涉。与此同时,实现在华日侨归国,并在贸易、技术和文化交流等方面,谋求签订政府间协定以及相互设置政府代表机构。(2)在中华人民共和国的统治尚未到达台湾地区的现状下,事实上我国与在台湾的国民政府之间的现存关系继续维持下去。(3)围绕着台湾的国际局势紧张问题,期待在主要利害关系国之间排除行使武力,通过协商来和平解决。"③从上述条文看,日本社会党是"一个中国、一个台湾"的立场。事实上,这是在社会党右派势力掌权时提出的对华方针。当然,中国不接受这一方针。1957年以后,日本社会党左派提出了修正案,主张尽快与中华人民共和国邦交正常化,明确了"一个中国"的立场。

1955年以后,随着左右两派社会党的统一和自由、民主两党合并为自由民主党,日本进入"五五年体制"时代。在"五五年体制"下,长期在

---

① 孙平化:《中日友好随想录》,世界知识出版社,1986年,第35页。
② 古川万太郎:《日中战后关系史》,[日]原书房,1988年,第162页。
③ 古川万太郎:《日中战后关系史》,[日]原书房,1988年,第162页。田桓主编:《战后中日关系文献集(1945—1970)》,中国社会科学出版社,1996年,第277页。

野的社会党利用议会这个政治舞台,在对内对外政策方面与自民党唱对台戏,在对华关系方面,起到了揭露和制约自民党政权敌华政策的作用。

日本社会党同中国政府间单独正式的交往始于 1957 年。是年 4 月,日本社会党向中国派出了以该党书记长浅沼稻次郎为团长的第一次访华代表团,访问期间,浅沼稻次郎发表讲演,阐述日本社会党的对华政策,认为台湾问题是中国内政问题,应由中国政府与台湾当局直接谈判解决。在发表的《共同声明》中,再次表明了不承认"两个中国"、"台湾是中国的内政问题"、应当将联合国代表权归还给中华人民共和国的立场。① 浅沼对随团记者表示:"我党将进一步展开国民运动,为恢复日中邦交而努力。"②

对长崎国旗事件,社会党发表《关于打开日中关系的声明》,认为这是日本政府"不顾大局和舆论而倒行逆施的政策,破坏了发展至今的日中关系"。社会党"将追究政府的责任"③,要求自民党取消岸信介等人敌视中国的言行。

1958 年 8 月,日本社会党为打开日中关系僵局、探寻缓和日中关系的途径,派遣多次访华的原国际局长佐多忠隆等人非正式访华。佐多访华期间,中国政府提出改善中日关系的前提:(1) 岸信介内阁必须立即停止并且保证不再有敌视中国的言论和行动;(2) 立即停止制造"两个中国"的阴谋;(3) 保证不再阻挠中日邦交正常化。这就是后来被定为发展中日关系的"政治三原则"。为此,社会党制订了谋求打开日中关系的活动方针:一方面要求岸政府改变政策,一方面发动恢复日中邦交的国民运动。根据这一活动方针,1959 年,日本社会党先后派出以"总评"事务局长岩井章为团长的访华团和以该党书记长浅沼稻次郎为团长的第二

---

① 田桓主编:《战后中日关系文献集(1945—1970)》,中国社会科学出版社,1996 年,第 304—305 页。

② 吴学文:《风雨阴晴——我所经历的中日关系》,世界知识出版社,2002 年,第 284 页。

③《日本社会党关于打开日中关系的声明》,参见田桓主编:《战后中日关系文献集(1945—1970)》,中国社会科学出版社,1996 年,第 377 页。

次访华代表团。访华期间,浅沼发表了"美帝国主义是日中两国人民的共同敌人"的著名论断,并对当时中国轰轰烈烈的"大跃进"运动赞美有加:"现在中国已解决了一切矛盾,并集中与大自然进行斗争。从这里我们可以想象社会主义国家的前进情况。……跃进中国的社会主义万岁。"浅沼对中国的溢美之词,表明他对中国的了解还只是止于表面。

日本社会党访华的目的是想通过国民外交打开日中关系之路。中日关系中断后,浅沼代表团显然是在国民外交的口号下,试图通过在野党的努力,改变陷于困境的日中关系。然而,中国方面由于对岸信介任内改善两国关系不抱有期望,所以提出"政治三原则"和"政治经济不可分的原则",也没有接受社会党提出的重新开展贸易和人员交流的方案。周恩来总理在会见浅沼稻次郎时指出:"中国从这件事情(长崎国旗事件)上学到了不少东西,知道了通过日本国民与中国人民友好往来,推动日本政府这条道路走不通,至少在岸信介的政策下面不行。通过民间贸易,不可能恢复两国关系,建立政府间的联系。应该由两个国家、政府间做的事,必须在政府间进行。"①日本社会党的这次访华,没有能够恢复中断了的各种交流。

浅沼的反美亲华主张招致日本右翼势力和自民党的攻击,在一次演讲时,被一名右翼分子刺杀。浅沼被害后,周恩来总理致电日本社会党本部吊唁,称浅沼稻次郎"是日本卓越的爱国政治家,也是中国人民尊敬的朋友"。②

1960 年代以后,社会党内部斗争激化,中苏交恶,加之中国走向"文革"时代,所以,日本社会党自 1964 年派遣第四次访华代表团以后,与中国的交流基本中断,直至 1970 年 4 月社会党大会召开时,决定设置"日中国交恢复国民会议",负责开展日中复交运动。但由于党内意见相左,

---

① 古川万太郎:《日中战后关系史》,原书房,1988 年,第 167、168 页。
② 田桓主编:《战后中日关系文献集(1945—1970)》,中国社会科学出版社,1996 年,第 527—528 页。

这一机构形同虚设。

社会党内部围绕中日关系问题展开激烈论争。左派领袖佐佐木更三(前社会党委员长)提出一个"国民大联合"构想,主张最大限度地团结同意中日邦交正常化的一切力量,与反对日中友好和复交的敌对势力作斗争。这里所指的"敌对势力"包括四大敌人:"美帝国主义、苏联修正主义、佐藤反动内阁和日共修正主义。"[①]该大联合的原则是:(1)支持反美统一战线,(2)反对复活日本军国主义,(3)粉碎日美安保体制,(4)打倒美帝国主义和佐藤政府及其追随者。[②]"佐佐木构想"得到时任日中友好协会全国(正统)本部会长黑田寿男的支持,但社会党右派领袖江田三郎(时任书记长)予以激烈批驳,他认为,"佐佐木构想"及其"四大敌人论",是在与社会党大会决定的"国民会议"构想唱反调。

不过,准确地讲,社会党这次围绕日中复交的政策之争,其实是党内左右两派的权力之争。社会党在1969年12月的大选中惨败,围绕党的重建和党首选举问题,以佐佐木为核心的左派和以江田为首的右派之间的对立激化。1970年10月,以社会党委员长成田知巳为团长的社会党第五次访华团出发前,左右两派对立中的社会党中央执行委员会通过了一个两派妥协后的折中产物《推进日中友好及复交运动的基本方针》。

社会党这次访华受到中方高规格接待,并本着"求大同存小异"的精神发表了"共同声明"。声明中社会党提出了"日中友好运动和恢复日中邦交运动"的四项原则:(1)同亚洲各国人民的反帝力量团结起来,反对美帝国主义和日本军国主义的复活,争取废除日美"安全条约";(2)同一切敌视中国的政策进行斗争,站在一个中国的立场上,要求废除日蒋"条约",按照和平共处的五项原则和政治三原则,为恢复日中邦交而斗争;(3)站在真正的日中友好和政治经济不可分的立场上,发展日中两国人

---

① 古川万太郎:《日中战后关系史》,[日]原书房,1988年,第313页。
② 同上书,第312页。

民在贸易、文化等各个方面的交流;(4) 广泛团结日本国内真正期望日中友好和恢复日中邦交的力量,组织联合战线。① 这四项原则实际上是社会党中央执行委员会此前通过的《推进日中友好及复交运动的基本方针》相一致。1971 年 2 月 26 日,《日中邦交恢复国民会议》正式成立。

2. 日本共产党的中国知行

严格说来,日本共产党和中国共产党是一种"兄弟政党"的关系,不属于一般意义上的"对华认识"范畴,由于意识形态及外部环境等原因,两党关系长期处于微妙而错综复杂的状态。

日共和中共的关系,大体可分为四个阶段:第一阶段,新中国建立之前;第二阶段,建国后至 1960 年代之前;第三阶段,1960 年代之后至1990 年代末;第四阶段,1990 年代以后。

第一阶段,新中国建立之前。

成立于 1922 年的日本共产党,战前一直处于"非法"状态,遭到多次残酷镇压。日共创始人之一野坂参三,1940 年来到延安,参与中国人民的抗日战争。野坂在延安工作的五年半期间,积极投入到组织在华日本人进行反战运动中,组织和领导了中国抗日根据地日本人民反对日本帝国主义侵华战争的一系列活动,并担任以日军战俘为主体的特殊学校——日本工农学校的校长。其间,成立"在华日本共产主义者同盟",为战后重建日本共产党作组织准备。可以说,野坂参三在华期间,为协助中国人民打败日本帝国主义侵华战争,为准备回国后的斗争,做出了重大贡献。

日本投降后,野坂参三回国参与日共的重建工作,日共"五大"确立了德田球一、野坂参三、志贺义雄"三头政治"体制。新中国成立前夕的1949 年 6 月 13 日,处于被镇压状态之下的日共发表了《日本共产党关于

---

① 田桓主编:《战后中日关系文献集(1945—1970)》,中国社会科学出版社,1996 年,第 428 页。

促进日中贸易的声明》,内称:"中国革命的大局已定。任何国家均不能
忽视人民解放军已取得伟大的军事胜利这一事实,而且,同中国开展贸
易正在成为各国关心的重大问题。""只有中国才是以正当的价格确保向
日本提供其所需原料和燃料的国家,也是大量需要日本工业以正当价格
提供工业产品的国家。""日本共产党提倡的促进中日贸易的运动,在全
国范围内,不仅引起工人、农民、中小企业家的关心,也唤起了非垄断的
民族资本家的巨大关心。"①

　　第二阶段,新中国成立后至1960年代之前。

　　中华人民共和国成立时,日本共产党中央委员会向中国共产党发出
贺电,向中国共产党和中国人民表示热烈的祝贺,称这一"历史性事件不
仅使中国获得解放,而且是对包括日本在内的世界资本主义和反动的军
国主义势力的沉重打击,在人类解放的伟大事业中,正将做出仅次于俄
国革命的伟大贡献"。②

　　但是,这期间,围绕欧共情报局的评论和党的路线问题,日共领导人
野坂参三、德田球一和宫本显治等人之间发生分歧,最终导致党的分裂。
1950年8月,德田、野坂等人来到北京后,成立了日共中央"北京分部",
"该机构按照斯大林的指示精神,把苏联和中国武装斗争方针照搬到日
本,成了干涉和分派活动的工具"。③ 同时,野坂在北京发表了《共产主义
者和爱国者的新任务》的署名文章,提出了要在日本开展武装斗争的理
论。在日本国内,宫本显治、藏原惟人等7名中央委员则在1950年9月
组成"全国统一委员会",从而日共陷于分裂状态。这就是日共党史上所
说的"50年问题"。

　　当时的日共中央认为,斯大林等人企图把中国式的武装斗争强加给

① 田桓主编:《战后中日关系文献集(1945—1970)》,中国社会科学出版社,1996年,第59、
　60页。
② 日本共产党中央委员会编:《日本共产党七十年》,新日本出版社,1994年,第199页。
③ 日本共产党中央委员会编:《日本共产党八十年》,日本共产党中央委员会出版局,2003年,第
　108页。

日本共产党,是对日共内部事务的干涉。日共中央也因此而导致分裂。"50年问题"的发生,日共的分裂,与斯大林以及中国共产党的干预和影响有关。宫本派认为,德田、野坂派的武装斗争方针和分裂主义完全脱离了日共的正确路线,破坏了党和革命运动。① 另一方面,德田、野坂派也于1951年2月召开"第四次全国协议会",通过了《军事方针》的决议,该决议主张"发动以罢工和武装起义为主的民族解放战争"。1951年10月,以德田球一为首的一派召开第五次全国协议会,通过了《五一年纲领》和武装斗争方针。随后,宫本派成立"全国统一会议",并在党的机关刊物上公开批判德田等人的解散党中央、分裂党的错误。②

1953年6月德田因病赴北京治疗,不久患脑溢血抢救无效在北京病逝,但德田去世的消息至1955年才对外公布,9月13日在北京召开了3万人参加的追悼大会,毛泽东亲笔题字:永垂不朽。关于德田的病情和迟发死讯一事,1955年8月专程前来北京接运德田遗骨的日共中央委员志贺义雄表示,德田在日本国内无法安心治病,不得不到国外去。由于中国共产党中央委员会充满国际友谊的援助,他来到中华人民共和国,得到现代医学最好的治疗。遗憾的是,由于日本"还存在着妨碍恢复中日两国国交的反动力量,中国共产党和日本共产党不能直接联系,所以关于德田同志逝世的详情,一时也无法知道。这次我们到了中国,得到了一切方便,因此,我们准确地知道了他的逝世的时日、病情经过以至临终的情况"。③

1955年7月,分裂的双方共同召开第六次全国协议会,批判了分裂时期的错误,选出了统一的中央委员会,基本结束了分裂状态。1958年

① 日本共产党中央委员会编:《日本共产党八十年》,日本共产党中央委员会出版局,2003年,第101页。
② 同上书,第107页。
③ 田桓主编:《战后中日关系文献集(1945—1970)》,中国社会科学出版社,1996年,第223页。

召开七大,野坂参三当选为主席,宫本显治为总书记。1959 年 1 月,以宫本显治总书记为团长的日共代表团出席了苏共第 21 次大会,回国途中访华并发表了《共同声明》,声明指出,"会谈是在极其热烈友好的气氛中进行的。双方在讨论和交换意见中,对于所谈的问题都取得了完全一致的意见"。"恢复中日邦交是日本和中国国民亟待解决的共同课题"。"中国共产党和日本共产党都是马克思主义的政党,有着共同的理想和共同的目标。""为了进一步加强两党间的兄弟般的团结,两党代表团认为,必须加强两党之间的往来,以利于增进中日两国人民的友好和合作。"①毛泽东主席出席了两党共同声明的签字仪式并会见了日共代表团,毛泽东在会见时谈到,"中国共产党在'50 年问题'上采取了错误的态度"。他还谈到了对日本共产党进行内部干涉的问题。他说,各国的运动,应该独立自主,犯了错误也应该是自己主动纠正,这也是中国革命中对苏关系的教训之一。② 但是,日共中央认为,"毛泽东没有遵守当时所表明的反省态度,7 年之后又对日本共产党开始了粗暴的干涉和攻击"。③

第三阶段,1960 年代至 1990 年代末。1961 年 7 月,日共"八大"召开,大会提出"争取'和平革命'"的"61 纲领",确立了之后日共发展的总体方向。1966 年中国"文革"爆发,对日本左翼势力影响很大,也激起了日本国内反抗帝国主义、官僚主义和垄断集团的高潮。1966 年,日共"十大"确立了宫本显治领导权,与中国共产党断绝关系,引起其内部严重分裂。1960 年代中期以后,日共和中共两党走向公开决裂。

1966 年 3 月,以宫本显治为团长的日共代表团访华,会谈时,中方主

---

① 田桓主编:《战后中日关系文献集(1945—1970)》,中国社会科学出版社,1996 年,第 429、430 页。
② 日本共产党中央委员会编:《日本共产党八十年》,日本共产党中央委员会出版局,2003 年,第 143 页。
③ 同上。

张,美苏是我们的共同敌人,武装斗争是革命运动的唯一道路;日方则坚持要团结包括苏联在内的全世界反帝势力,明确表示决不再重犯极"左"冒险主义的错误,双方意见不一致,会谈无果而终。但日共代表团访问朝鲜回国途经中国时,中日双方又签署了一个共同声明,在某些问题上达成共识。随后在北京举行的欢迎日共代表团集会上,宫本显治发表了长篇讲话,说"中国共产党同日本共产党之间,有着长期的斗争烈火中锻炼出来的坚强的传统友谊"。① 并赞扬了中国在社会主义建设和国际上反帝反修斗争的伟大成就。

但是,毛泽东在上海会见日共代表团时,以"中日共同声明没有点名批判苏联"为由,要求重新修改,日共方面予以拒绝,因而在北京签署的共同声明流产。不久,"文化大革命"开始,中共和日共的政策分歧越来越大,越来越公开化。1967年1月,"北京红卫兵写的大字报,指名攻击说日本共产党在去年的中日两党会谈时日共拒绝毛泽东的修改方案"。② 在日本国内,又发生了华侨学生袭击日中友好协会本部事件。从此,日共开始点名批判毛泽东等中国领导人,全面批判中国的"文化大革命",认为"文化大革命与科学社会主义的文化革命毫无关系"。同时,对日本国内"否认议会作用的反议会主义立场以及将中国式'人民战争'论机械地引入日本的极左冒险主义的企图"也进行了批判。③

第四阶段,1990年代以后。日共与中共在隔绝近30年之后重新握手。1998年6月,日共领导人不破哲三委员长访华,双方就实现两党关系正常化问题举行了会谈。在会谈中回顾了两党关系的历史,从中日友好的大局出发,本着结束过去、开辟未来的精神,抱着真诚的、实事求是的态度,就实现两党关系正常化问题认真地交换了意见,并达成了共识。

---

① 田桓主编:《战后中日关系文献集(1945—1970)》,中国社会科学出版社,1996年,第822页。
② 日本共产党中央委员会编:《日本共产党八十年》,日本共产党中央委员会出版局,2003年,第191页。
③ 同上书,第193页。

中方对于两党关系中由于受 1960 年代国际环境和中国"文化大革命"等因素的影响而出现的不符合党际关系四项原则,特别是互不干涉内部事务原则的做法,做了认真的总结和纠正。日方对中方的真诚态度表示赞赏。

双方确认,通过这次会谈,两党之间存在的历史问题已经得到基本解决。双方一致同意中国共产党与日本共产党实现关系正常化。双方将在中方主张的独立自主、完全平等、互相尊重、互不干涉内部事务的党际关系四项原则基础上和日方主张的自主独立、对等平等、互不干涉内部事务的三项原则的基础上,开展两党之间的友好往来。双方认为,两党关系的发展将对增进中日两国人民之间的相互了解和友谊,促进中日睦邻友好合作关系长期、稳定、健康发展做出积极的贡献。

3."日本中国友好协会"的对华文化交流

新中国成立伊始的 1949 年 10 月 10 日,日本有识之士 2000 余人在东京召开了日中友好协会筹备会议,由以内山完造[①]为首的召集人小组发起。与会者包括日本政党、文化界、贸易界以及旅日华侨总会的代表。"参加会议的人们可能有各种各样的思想倾向,但是,他们都为人民当家做主的新中国的诞生而感到由衷的高兴,一致希望永远与这个邻邦保持和平友好。"[②]

1950 年 1 月 12 日,参加协会创建的发起人召开大会,决定把筹建中的协会正式命名为"日本中国友好协会",简称为"日中友好协会"。会议

---

① 内山完造 1917 年在中国上海开设了内山书店,1927 年结识鲁迅认识,成为鲁迅的挚友,给鲁迅的文艺活动提供过很多方便。1947 年回国后,在东京开设内山书店,随后积极参加和推动日中友好协会的创建工作,献身于日中友好运动。
② 日本中国友好协会(正统)中央本部编写:《日中友好运动史》,1979 年 8 月日本青年出版社出版,第 7 页。

通过了《筹备会纲要》,并制定了 6 点工作计划:(1) 在全国举办座谈会,扩大、发展中央和地方的组织;(2) 发行机关报、杂志和小册子等出版物;(3) 放映中国电影;(4) 向协会会员分发有关中国的资料;(5) 举办中国语文讲习会;(6) 争取获得中国文学作品的翻译权。[①] 会议决定把日中友协的机关报定名为《日本与中国》,于同年 2 月 20 日发行创刊号。3 月 20 日,在东京举办了首次"日中友好周"。

《日本与中国》在日本舆论界大力歪曲、中伤新中国的报道声中,坚持实事求是的原则,以极大的热情介绍新中国、赞扬新中国。各地友协分会也积极展开活动,以多种方式宣传新中国,推动日中友好运动的发展。各地会员主动散发中国出版的《人民日报》、《大公报》、《文汇报》、《文艺报》、《人民中国》(英文版)和《世界知识》等资料,日本人民由此了解到新中国政府的内外政策。

当时日中友好运动的一项重要内容是,揭露日本军国主义强掠、奴役中国劳工,致使约 7000 中国劳工惨死在日本的罪行,并搜集中国劳工的遗骨送还中国。[②] 4 月 8 日,日中友协筹备会发表《关于花冈事件[③]的声明》,严厉谴责日本政府对日本军国主义的野蛮罪行放任不管的行为,并与华侨总会等组织共同派人去花冈收拾整理中国劳工遇难者遗骨,在东京举行了中国殉难者慰灵祭。

1950 年 6 月朝鲜战争爆发后,日中友好协会筹备会与华侨总会在参议院议员会馆会议室联合召开了"日中友好会议"。政界、经济界、文化界、劳工界和华侨的代表 200 名与会,参议院议员大山郁夫做了政治报告,强烈谴责了吉田内阁追随美国、为美军侵朝战争效力的行径,强调指出把中国排除在外的媾和不是真正的媾和。

---

① 日本中国友好协会(正统)中央本部:《日中友好运动史》,1975 年版,第 8、9 页。
② 据日方统计,战争中日本强掠中国劳工 38935 人,其中死在日本的 6830 人。
③ 又称花冈矿山事件。日本法西斯残酷镇压中国战俘抗暴斗争的事件。1945 年 6 月 30 日,日本军国主义在秋天县花冈矿山血腥镇压不堪残酷奴役压迫而暴动的中国劳工、杀害 418 人的事件。

1950 年 9 月,日中友好协会筹备会在日本全国各地相继建立了日中友协的支部,随后,日中友好协会宣布正式成立。协会理事会由 74 人组成,包括了日本政界、学界、产业界、劳工界等主张日中友好的知名人士以及旅日华侨的代表,协会的宗旨是反对重新复活日本军国主义,立即建立两国人民之间正常的关系。协会的四条纲领是:(1) 深刻反省日本国民中存在的关于中国的错误观点,并努力予以纠正;(2) 为建立日中两国人民的相互理解与合作,努力从事两国的文化交流;(3) 为了有助于日中两国的经济建设与提高两国人民生活水平,努力促进日中贸易;(4) 以日中两国人民的友好合作为基础,谋求相互安全与和平,从而为世界和平作贡献。[1]

协会规定:"我们的友好运动是中国与日本两国国民的友好运动,意即全民规模的友好运动,是不通过彼此国家机构的人民友好运动。""我们现在开展的友好运动,是不依赖于国家或政府的自发的国民运动","它决不是偏向于一党一派,在少数国民小范围内活动的运动。凡是对日本过去所犯下的帝国主义侵略罪行进行了深刻的反省,并在相互尊重和平等的立场上赞成两国人民应该紧密合作的人们,不问其阶级、职业以及政治信仰如何,各界各阶层的人士都可以成为本会的会员"。[2]

协会的 8 项工作方针是:(1) 开展友好运动;(2) 纠正关于中国的错误观点;(3) 文化交流活动;(4) 宣传和促进中日贸易;(5) 与旅日华侨合作;(6) 与和平运动取得联系;(7) 运动形式多样化;(8) 组织工作的方针是:对于积极赞成友好活动的人士,均可吸收为会员,壮大协会组织。[3]

由于协会的宣言及活动方针符合当时日本的实际状况,故而在日本

---

[1] 日本中国友好协会(正统)中央本部编写:《日中友好运动史》,日本青年出版社,1979 年,第 11 页。

[2] 同上书,第 12 页。

[3] 《在创立大会上确立的日本中国友好协会工作方针》,见《日中友好运动史》,日本青年出版社,1975 年,第 253—256 页。

人民中产生的影响越来越大,日中友好运动在日本各地很快发展起来。日中友好协会成为当时日本国民了解新中国的重要窗口。日本外务省等政府机关、新闻通讯社、大学、学术团体、贸易商社等所订阅的《人民日报》、《世界知识》等报刊杂志都是经过日中友好协会办理的。

1953 年 10 月,日中友好协会号召全国开展一个以争取实现中国代表访日的"日中友好月"运动。友好月的中心活动是 10 月 1 日在东京召开的"庆祝中华人民共和国建国四周年中央大会",有各界代表 1000 人参加。这一年的友好月,日本北起北海道、南至九州都举办了盛大的活动。全国 18 个府、县的 34 处地方举办了介绍新中国的展览,约有 12 万人参观。全国 27 个府县放映了中国电影 221 场,约有 14 万人观看。有 29000 人参加了在全国 12 个府县 50 处地方举行的庆祝中国国庆节大会。

1954 年,超党派的日本国会议员代表团、日本学术文化考察团和日本妇女代表团为庆祝中国国庆五周年应邀访华,参加了中国国庆五周年的庆祝典礼。周恩来总理与国会议员代表团及学术文化考察团的全体成员举行会谈,为开辟后来被称为日中关系"累积方式"的经济、文化友好交流道路奠定了基础。从 1955 年到 1958 年中日关系中断前的 3 年多时间,以争取日中邦交正常化为目的、不断扩大经济与文化交流的所谓"累积方式",就是这样开始的。

日本学术会议中国考察团一行 15 人,应中国科学院院长郭沫若的邀请于 1955 年 5 月访华,并与许多中医科学家进行了学术交流,从而开创了日中学术交流的道路。1955 年 11 月,日本医学代表团应中国医学界的邀请访问了中国,缔结了两国医学界的交流协定。此外,日本土木水利学会、日本考古学考察团、物理学访华代表团、电气通讯技术代表团、农业技术代表团也先后访问了中国。

在文化交流方面,1950 年代中期,日本歌舞伎剧团、日本新闻通信广播界代表团、日中出版交流代表团、日本文化代表团、日本文学代表团、日本体育协会代表团等也相继访问中国。此后,由于长崎国旗事件的发生,一切往来断绝。1959年9月,日中友协副会长兼理事长内山完造访问中国,到达当天,不幸突发脑溢血去世。依其生前意愿,葬于上海万国公墓(今宋庆龄陵园)。1980年8月,位于上海四川北路的内山书店旧址定为上海市级文物纪念地。

进入1960年代,池田内阁成立之后,中日关系有所缓和,文化交流活动又开始活跃。1960年8月16日,日中文化交流协会和中国人民对外文化协会在北京签署了《关于日中两国人民间文化交流的联合声明》。9月18日,日中友好协会和中国人民对外文化协会在北京签署了《关于日中两国人民间的友好关系和文化交流的共同声明》。这两项声明标志着打破了中日两国两年半来友好往来和文化交流的停滞局面,展示了要大力开展交流的计划。

在1965年一年中,日本有185个团体、3800人访问了中国,并接待了中国的55个团体、397人的访日代表团。① 这其中,具有划时代意义的是中日青年友好大联欢。

日中友协接受中日友好协会、中华全国青年联合会和中华全国学生联合会三团体的邀请,由协会下属的日本各地青年组成代表团,总数达41个团体、500人于1965年8月和11月分别到达中国,与中国的各地青年,开展了一次空前绝后的"中日青年友好大联欢"活动。这次活动受到日本政府的百般阻挠,但中国方面以极大热情和精心安排,组织中国青年和他们开展了各式各样的活动。这次颇具政治意义的活动给日本青年留下了极其深刻的印象。

日中友好协会除了从事政治上的友好合作之外,还特别强调,"本协会为了有助于日中两国的经济建设与提高两国人民的生活水平,努力促

---

① [日]日本中国友好协会(正统)中央本部编:《日中友好运动史》(汉译本),第90页。

进日中贸易"①,为此设立了经济贸易委员会,专门从事两国民间经济交流活动。在日中友好协会的努力下,1955 年 4 月签订了《日中民间渔业协定》,5 月,中国与日本国际贸易促进协会及促进日中贸易议员联盟签订了第三次日中贸易协定。1962 年 11 月促成签订了关于日中贸易的高碕达之助廖承志《备忘录》。12 月,日中贸易促进会理事长铃木一雄、日本国际贸易促进协会副会长宿谷荣一、日本国际贸易促进会关西总部专务理事木村一三访问了中国,并同中国国际贸易促进委员会主席南汉宸签订了《关于扩大日中贸易的议定书》。

日中友好协会的成立是战后中日关系史上具有深远意义的事件,是日本人民克服种种困难,为发展日中关系进行不懈努力的结果,该协会对以后日中友好运动的发展有十分重要的指导和推动作用。日中友好协会的各项活动,冲破了日本政府的阻挠,沟通了两国民间友好往来的渠道,为发展中日两国关系做出了重要的贡献。

四 经济界的中国知行

在中日两国没有邦交的情况下,经贸交流不仅是维系和扩大两国共同利益,增进民间感情的重要渠道,而且具有"以民促官"、推进中日关系正常化水到渠成的积累效果。

1. 经济界代表人物的中国认知

日本经济界人数众多,企业或团体规模不等,各种人物的身份和阅历亦不尽相同,因此在推进对华经贸关系问题上,认知取向或立足点也不尽相同。基于历史、现实经济与政治的不同视角出发的中国知行论,大致有以下几种情形。一是基于赎罪、感恩的情感,二是基于对中日传

---

① [日]日本中国友好协会(正统)中央本部编:《日中友好运动史》,青年出版社,1975 年,第 252 页。

统文化的认同,三是基于合作有利于和平的理念,四是中国的资源与庞大市场的魅力。试从以下数例中管中窥豹。

事例 1:大原总一郎的赎罪报恩观

在东西冷战,西方世界对中国实行经济封锁的环境下,仓敷人造化纤公司总经理大原总一郎面对美国、台湾和日本亲台势力的压力挺身而出,坚持推动维尼纶成套设备出口中国,其行动的思想和信念很大程度上就是基于对日本侵华战争的反省和对中国人民补偿、赎罪意识。

大原总一郎(1909—1968)生于冈山县仓敷市,1932 年东京帝国大学经济系毕业回乡后,29 岁出任仓敷绢织公司总经理。1949 年,公司更名为仓敷人造化纤公司。

1958 年 1 月,侯德榜率领中国化学工业考察团赴日参观仓敷人造化纤公司的工厂后表示,希望能进口日本的维尼纶成套设备,用维尼纶制造衣料,如能实现这一愿望,就可以相应减少棉花种植面积,增加粮食产量,解决中国面临的粮食不足问题。大原听到这番话后深受促动,决定鼎力相助。他说:

> 当年蒋介石总统说"以德报怨",表示不追究日本天文数字般的战争赔偿。这种态度给我和许多日本人留下了深刻的记忆。我们期待或希望现在的中国政府也采取同样态度。对于如此的宽宏大量,我们深感愧疚。在这些事实面前,我们甚至难以抬得起头。这些我们不可忘记。
>
> ……我们感到,为了赎罪,必须对那些努力忘记过去仇恨的人们做点什么,这是理所当然的,至少我认为应该这么做。
>
> ……日产 30 吨维尼纶对中国的 6 亿 5 千万人口来说不过是一年仅能为每个人提供 0.017 公斤化纤。然而,我的愿望是:对于缺少衣料的中国大众,哪怕能为日常生活换取些许粮食,也算是替过去的日本人,为因侵略战争造成巨大精神损害和物质损失的中国人

民,进行某种程度的补偿。①

正在双方准备就此问题商谈时,发生"长崎国旗事件",谈判中断。1960年池田政府上台后,对中日贸易的态度积极,但是由于来自美国的牵制,以及日本国内亲台势力和台湾方面的反对,促成此事绝非易事。大原清楚,成套设备出口在性质上不同于普通商品,涉及到知识产权,还需要长期延期付款的条件,没有国家低息资金的支持是不行的。为此,大原利用私人关系,先后拜访了前首相吉田茂和慎重派代表佐藤荣作,征询了有关意见。1962年9月,大原派遣副总经理丰岛武治等人赴华谈判,因双方提出的条件差距悬殊无果而终。同月27日,大原专程赴美参加了第一届日美民间会议,就对华出口成套设备问题与美方人士交换了意见。同年10月,大原再次派遣丰岛武治和董事赤星通次郎参加了赴华准备缔结"LT贸易协定"的高碕达之助代表团,继续就成套设备出口问题与中方协商,经过艰难的谈判,双方达成初步协议。

1962年11月,大原亲自向池田首相汇报了成套设备出口的交涉情况。同时还拜访了吉田茂、佐藤荣作、通产大臣福田一、大藏大臣田中角荣、外务大臣大平正芳、经济企划厅长官宫泽喜一、官房长官黑金泰美以及有关负责官员,要求政府批准对华出口成套设备。但是,自民党政府相关人士态度暧昧,无人愿意承担责任。在长时间的等待中,大原甚至感到了绝望。

1963年1月14日,在哥伦比亚大学教授的建议下,大原拜会了美国驻日大使赖肖尔。赖肖尔说:"如果是巴统限制之外的贸易,相信日本政府的常识,美国政府无意干涉。"之后,大原又让负责对外联络的常务阿部守忠会见了到访日本的英国外交大臣霍姆,征求了英国方面的意见。同年5月17日,大原派出以常务董事矢吹修为团长的第三次代表团赴

---

① 大原总一郎:《对中成套设备出口》,《大原总一郎随想全集4》,[日]福武书店,1981年,第174—176页。

北京商谈,终于签订了正式合同。大原感慨地说:"到最终达成谅解,相互间显示的善意和忍耐精神,值得特别铭记。"①

　　然而,合同签订后,有人责难利息4.5%的条件是援助共产主义,有人指责出口成套设备是为中共军队提供军服布料的军事援助,右翼分子还打电话或寄信威胁大原。然而,在松村谦三、高碕达之助等各界人士的支持下,8月23日,池田内阁批准了通过进出口银行融资出口成套设备。这是战后日本对华出口的第一套成套设备,也是中日建交前唯一的一套。其后,由于佐藤政府顽固坚持"吉田书简"的立场,两国关系恶化,中方与日纺、日立等公司的出口合同被废除,40项成套设备的对华出口的谈判也半途而废。

　　事例2:稻山嘉宽的贸易和平论

　　在战后东西对立的时期,日本经济界先是开拓东南亚、美国市场,不久将目光投向毗邻的中国大陆。号称"钢铁天皇"的稻山嘉宽则可以说经济界"正统派"中率先与中国接触的重量级人物。

　　稻山嘉宽(1904—1987)东京帝国大学经济系毕业后,1928年进入八幡钢铁厂工作,1950年任该厂常务董事,1962年升任董事长、总经理。1980—1986年担任日本经团联会长。

　　稻山第一次访华是在1958年2月。当时的日本还是个与"共产圈"国家接触被视为异端的年代。作为在实业界有着举足轻重影响的钢铁业巨头,稻山之所以毅然迈出访华的重要一步,先是1956年中方已经通过日本国际贸易促进协会的铃木一雄邀请其来访,再就是进入1957年后日本国际收支恶化,经济陷入不景气,面对疲软的西方国际市场,调整贸易结构,扩大对华贸易,已经成为日本走出衰退趋势所不能不考虑的问题。对此,稻山对访华的目的也直言不讳。他说:

---

① 大原总一郎:《对中成套设备出口》,《大原总一郎随想全集4》,[日]福武书店,1981年,第171—173页。

难道就没有摆脱萧条的途径吗? 反复考虑后,认为要扩大出口,其中中国这个新市场令人瞩目,要设法向中国出口钢铁。当前摆脱不景气的一个对策,是稳定钢铁的销售价格。实现两个构想的一环是,下决心访问中国。①

就中日贸易的内容和形式,稻山在谈判中也讲得很清楚。他指出:

据说你们中国有资源,但是,资源没开采出来就没有价值。你们开采资源出口给我们,我们使用资源制造钢铁,然后出口(给你们)。我认为这是真正的交换、贸易。②

1957年2月,稻山访美时,会见了美国总统顾问谢尔曼·亚当斯,并被亚当斯的"钢铁与和平"论深深打动。亚当斯说:"我们必须要消除世界上的贫穷,创造一个和平的世界。日本是美国的盟友,请予以合作,不断地生产钢铁,促进经济发展,以消除世界贫困。"③1958年2月,刚刚访朝归国的周恩来会见稻山时也表明:"战争再不会打了。战争是破坏生产,和平是创造财富。我们自己现在从朝鲜撤兵了。朝鲜的钢铁厂,由于战争遭到破坏,如今沐浴着和平的阳光,正干劲十足地恢复生产。我们必须创造世界和平。包括美国,因为美国很强大,你们也受了欺负吧。但是,美国是世界上最诚实的国家,就是有些任性。"④归国后,稻山作为国会参考人,出席了当年7月2日的众议院工商委员会,明确地阐述了自己的观点。他说:

总之,我认为,日本与中国的贸易本身非常重要,同时,如上所述的那样,这事关与亚洲各国的关系,大而言之亦关系着世界的和

---

① 稻山嘉宽著:《我的钢铁昭和史》,[日]东洋经济新报社,1986年,第103页。
② 同上书,第106页。
③ 同上书,第102页。
④ 名和太郎著:《稻山嘉宽评传》,[日]国际商业出版株式会社,1976年,第263页。

平与稳定。因此,我们不允许徒然静观,对此必须深思熟虑。①

　　基于发展钢铁贸易,促进中日关系以及地区和平的想法,1958 年 2 月 26 日,日方以稻山为代表,通过与周恩来直接会谈,最终与中国公司缔结了一项钢铁长期易货贸易。协议规定由中方出口铁砂和煤为主的矿产品,日本出口各种钢材,从 1958 年到 1962 年的 5 年间,交易金额为 1 亿英镑。长期钢铁协议的签订,本身标志着中日贸易的一个新发展。然而,由于“长崎国旗事件”的干扰,钢铁协定最终未能履行。稻山认为“再过十年,一切都会改变的”,提议钢铁协定“不叫废弃,而是停止”,以便将来形势变化,重新开始。

　　1962 年 5 月,稻山升任八幡钢铁厂总经理后,遂向池田政府外务省事务次官武内龙二提出申请,要求使用延期付款重开中日钢铁贸易。7 月 31 日,外务省审议官岛重信主持会议讨论决定,“不同意稻山通过铃木一雄(日中贸易促进会)和中共进行商谈,但如果冈崎(松村)构想近来能够落实的话,希望将稻山总经理的申请纳入冈崎构想付诸实施”。② 于是,中日之间虽没有单独重开钢铁交易,但“LT 贸易”中将钢铁列为重要的交易项目。1964 年中日双方分别在东京和北京互设廖承志办事处和高崎办事处,孙平化出任首席代表。据中日友好协会会长孙平化回忆:“其间同稻山先生常有接触。当时他已身居八幡钢铁厂总经理的要职,对中国的客人依然十分热情,平易近人,我们有事求见,有求必应,并可登堂入室。那时不比现在,我们作为中国的一般民间常驻机构代表,想接触日本财界巨头并非易事。”③

　　在中日复交前的 1972 年 8 月,稻山作为中国亚洲贸易结构研究中

---

① [日]第 29 届国会众议院工商委员会会议录第 7 号,1958 年 7 月 2 日,国会会议录检索系统。
② 中国科、东西通商科:《关于中日贸易》,1962 年 7 月 31 日,[日]外务省外交史料馆,CD 号 16,编号 04 - 598 - 2。
③ 孙平化:《惊闻稻山嘉宽先生故去》,“稻山嘉宽回忆录”编辑委员会编《稻山嘉宽回忆录》,大日本印刷株式会社,1988 年,第 673 页。

心访华团团长访问北京,当即同意接受中国钢铁技术考察团访日,日方进行技术合作,以支援中国武汉钢铁厂的建设。1973 年 9 月,中日双方正式签订合同,新日本制铁和川崎制铁两家为合作单位。不料同年 11 月第一次石油危机爆发,物价暴涨,川崎制铁因考虑到不合算而取消了合同。新日铁内部也几乎一致反对正式订货,但是稻山下定决心,坚持履行合同。他说:

> 中国是信守承诺的国家。一旦签订合同,不能因为我方的原因就取消。若因为眼前的赤字,造成与伟大的邻国不睦,就不是为了日本经济的将来。从战前到战后,中国向日本提供了铁矿石、煤炭等重要的原料,日本钢铁业才有了今天的繁荣,现在正是回报的时候。①

稻山遵照合同,出口相关设备,接受中方技术研修人员,结果造成高达 30 亿日元的赤字,公司内批评声迭起,称这次交易为"缺乏经济观念的买卖"。就此,中国合作部长水田的一番话,也应该反映了稻山本人的认识。水田表示:

> 眼前是 30 亿日元赤字,但将来,投产指导费、技术提供等预计将会是黑字。稻山会长看问题的视野,比常人要开阔得多,考虑的是将来的将来的买卖。新日铁赤字的事,中方非常清楚。因此中方对我公司非常信赖,总之对我们信守约定评价很高。这样,不难想象,将来中日贸易会有相当程度的发展。②

不久,在日本国内市场不振,欧美和其他发展中国家钢铁市场萎缩的情况下,中方从 1975 年到 1976 年的不到半年内,连续向日本追加了 400 万吨钢材的订货,被称为"重振日本市场状况的神风"。在钢铁贸易

---

① 名和太郎著:《稻山嘉宽评传》,〔日〕国际商业出版株式会社,1976 年,第 114 页。
② 同上书,第 115 页。

的基础上,稻山说服日本有关部门,中日双方又于 1976 年签署了为期 10
年的石油长期贸易合同。担任日中经济协会会长、钢铁联盟会长、国际
石油株式会社总经理的稻山,从 70 年代后期到 80 年代前期,还推动了
中日和平友好条约的签订,援建了中国的宝钢。据中国原石油工业部部
长唐克回忆:"在稻山的组织和推动下,日本石油界参与了中国海域的石
油勘探和开发。从中国的渤海湾到中国南海和北部湾,日方参与合作的
区块日益增多。在合作过程中,每当出现曲折时,稻山先生总是亲自过
问,从中斡旋,使合作顺利进展。"①毋庸置疑,稻山嘉宽是一位开拓当代
中日贸易关系的先驱,也是当之无愧的中日关系的"掘井人"之一。

事例 3:冈崎嘉平太的亚洲睦邻论

经济界人士积极拓宽中日贸易渠道,有的是出于对过去历史的认识
和反省,更多的是面向未来,为了尽快实现中日邦交正常化,改善两国的
政治关系,谋求地区的长治久安。冈崎嘉平太就是这类代表人物。

冈崎嘉平太(1897—1989)生于冈山县,1922 年东京帝国大学法学部
毕业后担任银行职员。1939 年出任日伪上海"华兴商业银行"理事。
1942 年 11 月回国出任大东亚省参事官。翌年 5 月,转任日本驻汪伪政
权大使馆参赞。1945 年日本战败投降后,留在上海负责处理战败事务,
与当地负责接受日军投降的汤恩伯将军斡旋,帮助在华日本人遣返。
1946 年 5 月,冈崎回国后辞去外交官职务,投身实业界,1949 年出任池
贝铁工总经理,1951 年就任丸善石油公司总经理,1961 年担任全日空总
经理。同时,1954 年担任日本国际贸易促进协会常任委员。

冈崎在中学时代就开始与中国留学生接触,加之战前在华活动的经
历,加深了对中国的了解和亲近感。他亲眼目睹了战争期间日本侵略中
国的罪行,也见证了战争结束后中国政府善待日本军民并顺利遣返的过

---

① 唐克:《钢铁、石油、围棋、友谊——悼念稻山嘉宽先生》,"稻山嘉宽回忆录"编辑委员会编《稻
山嘉宽回忆录》,大日本印刷株式会社,1988 年,第 681 页。

程,从而产生了深刻的自责心理和反省意识。

1949年中华人民共和国建立后,冈崎一时曾产生过悲观的想法,认为"也许不能同共产党的中国友好"。但1951年左右,他通过与来访的新华社干部接触,感到中国的共产主义与苏联是不同的,遂下决心再次研究中国问题。他认为:

> 我不是学者,但喜欢读历史。从经验对照进行观察中国共产主义是中国式的,不是照搬苏联式的共产主义,而是经过改造的、适合中国的历史和民族性的中国式的共产主义。……
>
> 为了研究新中国,最重要的是必须亲眼看一看中国。也有必要同中国的要人见面,听听他们的谈话。①

有鉴于此,战后弃政从商的冈崎,积极主张发展中日贸易,以改善中日两国关系。1958年众议院大选前,冈崎与松村谦三接触频繁,在谈话中,冈崎认为:"我很早以前就认为必须同中国友好,并应尽早开始同中国进行贸易。为了跟共产党各国进行贸易,我认为有必要拉住政府,让其给予合作","日本不和中国建交能行吗?我想必须想方设法建交"。②对此,松村对冈崎说:"你能不能为我想一个能经常会见中国要人的方法。"1962年6月,在池田首相的授意下,冈崎提出了"LT贸易"的原型"冈崎构想",其背景是"响应从根本上促进中日关系的松村构想(从农业部门的中日经济合作开始,逐渐扩展到一般性的经济合作关系,渐次打开中日关系的僵局)……"③同年10月20日,冈崎在访华前会见了日本外务省亚洲局局长伊关佑二郎,就中日问题阐述了自己的看法。冈崎认为:

---

① 冈崎嘉平太著,陈耐轩、骆为龙译:《寄语二十一世纪》,人民出版社,1992年,第156页。
② 冈崎嘉平太著,陈耐轩、骆为龙译:《寄语二十一世纪》,人民出版社,1992年,第158页;冈崎嘉平太传刊行会编《冈崎嘉平太传——信为经,爱为纬》,行政株式会社1992年版,第350页。
③ 中国科:《冈崎构想及其问题》,1962年8月6日,[日]外务省外交史料馆,CD号16,编号04-598-6。

首先，我一贯认为日本的对华关系比较特殊，不同于英美等国的对华关系，坚信日本民族必须与汉族维持睦邻关系，这是一种宿命。

其次，有必要从根本上去相互正确认识、理解对方。在这一点上，军部曾经犯下大错，以致误国。我在上海亲眼目睹他们依据片面情报，独断专行，不听其他正确意见，于是造成相当程度上缺乏对对方的认识和理解。自己切望今后日本对中共不要再犯类似错误。

再次，我不是不知道共产主义的危险性，但是不能坐待中共崩溃，甚至数十年束手无为。当前需要正确把握共产主义中国的实际状况和动向，在此基础上制定大政方针，并付诸实施。

最后，从这种意义上，我高度评价松村和高崎的访华。这几年来，访华的日本人总体倾向是或者左倾，或者迎合中方。重开的中日贸易中的友好商社，也是些变态的团体。为了打破这种局面，确立先前的构想，我坚持自己的立场，考虑与中共直接做些生意，于是就此拜托了松村。所有这些都是出自于为了正确认识、理解中共的考虑。如今通过松村访华，前路业已开辟，因此对高崎访华寄予期待。这绝非只为了扩大贸易。我决心加入高崎一行，就是出于以上考虑。①

1962 年 10 月 26 日，冈崎嘉平太以日方代表团副团长的身份随高碕达之助访华，这是他战后首次访问中国。周恩来在会谈中指出："自甲午战争以来，日本侵略了我国。特别是东北事变（"九一八事变"）以后，长期侵占了我国大片土地，给我国人民生命财产造成了重大损失。我们认为这是深仇大恨。但是，这充满仇恨的 80 年与中日友好的两千年的历史相比，还是短暂的。我们正在努力忘掉这种积怨。今后要加强同日本

---

① 中国科：《冈崎嘉平太关于高崎访华等的见解》，1962 年 10 月 20 日，[日]外务省外交史料馆，缩微胶卷 E'0212。

的友好,要共同努力来提高亚洲的文化、经济水平。……"①这一发言让冈崎深受感动。冈崎表明,这一想法与他学生时代曾经有过的主张、愿望是相同的。青年时代的冈崎就是一位"亚洲主义者",希望亚洲各国紧密团结,不进行争斗与战争,共创现代文明。②

1965年4月,冈崎作为国会参考人出席了日本众议院工商委员会的会议,再次表明了自己的观点。他指出:

> 周恩来总理会见我们时说过这样的话。不只是周总理,战败时……负责接管的汤恩伯上将也这样说。而且,蒋主席也是这种想法。绝不怨恨日本,打算与日本握手,振兴亚洲……

> 不论对方是什么制度,或是何种想法,重要的是,我们要提高自身所处的亚洲的文明,消除贫困。中国共产党建政后,最初我很担心,但是,正在研究的时候,有了访华的机会,会见了周总理。他说了同样的话。所以,关于亚洲问题,国民政府的领导层也好,当前共产主义的北京政府也好,想法都是一样的。我感觉这是身居亚洲的人士的真实愿望。

> 关于贸易问题,南汉宸、周总理、廖承志都曾说过,如果可能,尽量从日本买,特别是成套设备。……但是,我确信对方不是那种吝啬小气的想法,不是说无论如何,忍受多少屈辱,也要从日本买。他们不事张扬,发自内心地想振兴自己国家的那种精神状态,不亲自前去一睹,实难明白。

> ……利用这个机会,我想说,在考虑上述问题之前,要考虑亚洲问题、整个亚洲落后于世界的问题,这样亚洲内部相争,生活愈加贫穷,文化愈加落后,亚洲民族会怎么样? 在思考这些问题的基础上,必须重新认识日本的亚洲政策。关于这些问题,日本人没考虑,而

---

① 冈崎嘉平太著,陈耐轩、骆为龙译:《寄语二十一世纪》,人民出版社,1992年,第174页。
② 冈崎嘉平太:《备忘录贸易期满之前所感》,[日]《世界》1971年第1期,第205—210页。

对方国民政府的人在考虑,共产主义的北京政府现在也在考虑。日本人就此必须进一步认真反省。①

冈崎通过与中国的接触,坚定了为恢复中日邦交和加强中日友好而奋斗的决心。1963 年他出任高碕达之助事务所代表,负责处理"LT 贸易"事务。1964 年任日中综合贸易联络协议会会长。60 年代后期,佐藤内阁追随美国,中国又发生了文化大革命,中日关系严重恶化,中日备忘录贸易一度步履维艰,几乎到了难以为继的境地。作为备忘录贸易主要负责人之一的冈崎,顶住各方压力,终于使备忘录贸易这条渠道维持下来。

60 年代末 70 年代初,随着国际形势的变化,冈崎明确要求佐藤政府改变对华政策,推进两国邦交正常化。就承认中华人民共和国的问题,冈崎表示:

> 日本政府认为加拿大、意大利等国承认中国的积极态度不是国际形势变化的征兆,我对政府这种僵硬的论断感到吃惊。谈论该问题之前,我国政府、国民必须注意的是,我国的对华外交关系与其他各国明显不同。
>
> 对其他各国而言,是否与中华人民共和国建交,只是单纯的是否承认 1949 年除了台湾之外统一了中国大陆的北京新政权问题。然而,对于我国来说,却并非那么简单。我国 1952 年与台湾的国民政府缔结了和平条约,考虑因此也就了结了所谓的"九一八事变"、"七七事变"。
>
> ……
>
> 但是,这个媾和谈判,是与在台湾的国民政府之间进行的。事实上,对于其支配之外的中国大陆,没有实际效力。因此,只要国民

---

① [日]第 48 届国会众议院工商委员会会议录第 26 号,1965 年 4 月 8 日,国会会议录检索系统。

政府没有再次复归大陆,恢复全中国的统治权,我国与中国大陆在邦交关系方面就没有效力。换言之,现状下不与中华人民共和国缔结和平条约,我们就与占全国95%的中国大陆之间没有正常的邦交关系。……

我们不是仅仅承认新政权就行的问题,所以,我国与中国恢复邦交,不能落后于他国。何况,考虑到上述情况,我担心,现在我国政府采取的这种消极态度,或许会成为日本、或是亚洲和平的祸根。

……日本与中国(包括台湾)的问题,不是当权者是谁的问题,整个民族相互敌视对立的话,本国自不必说,亚洲的和平与发展也难保证。

今后经过多少世纪,这也不会变。我切望认真考虑这一问题,为了正确把握事态发展,寻求切实解决之策,必须平日付出功夫,诉诸实践。①

对于横亘在中日之间的台湾问题,冈崎批评了佐藤政府的台湾政策,认为"中日关系的难点就是台湾问题",而这个问题是"中国国内的问题"。冈崎认为:佐藤政府以来,日本政府追随美国,继续坚持吉田书简的宗旨;单独访问台湾;在与约翰逊总统签署的共同声明中宣传中国是威胁;在与尼克松总统签署的共同声明中认为台湾关系着日本的安全;在日华合作委员会的共同声明中,默认了反攻大陆。如此等等,都是不识大局、逆潮流而动的表现。他说:

关于台湾问题,中国一贯认为是国内问题,与台湾保持邦交关系是干涉内政。然而,最近我国有人认为中国与德国、朝鲜、越南同样,是分裂国家,主张与双方建交。但这完全是错误的。原因在于,德国、朝鲜、越南其双方的主权,得到了国际上的承认,而中国是内战的结果,现在的状况,绝对不是两个国家的性质。因此,现在的中

---

① 冈崎嘉平太著:《解决中国问题之道》,春秋社1971年版,第242—244页。

国表明,将来必定要解放台湾。

　　承认中国已经是世界的大潮流,其必然性要求我国向前看,以解决该问题。尽管如此,我国的现状正好相反,可以说是真是逆历史车轮而动。

　　当下,我们必须回到20年前缔结日台条约的原点,谋求解决之道。纽扣系错了,必须得从开始重新系。①

冈崎还指出:"我们总是过分拘泥于日常的小矛盾,现在是拘泥于台湾问题。而且,这是美国强加于日本的错误判断,日本只守着这个,就作为仁义的全部,我认为是过分拘泥于小矛盾","还有一个大的信义……只守着与台湾的信义,不是问题的全部。大小矛盾对立时,首先必须解决大矛盾。不从这种想法入手,中国问题不可能解决。""只是原封不动地继承日台条约,中日邦交正常化就不可能自然实现。"②

1972年中日复交后,备忘录贸易完成使命,冈崎出任同年新成立的日中经济协会常任顾问。1979年冈崎设立日中青年研修协会,接受中国研修生,继续为中日友好事业贡献力量。在冈崎看来,"加强合作,是为了日本的明天",援助中国进行经济建设,有利于"日本安全"的事业。③

1984年,88岁高龄的冈崎在与原书房总经理成濑恭交谈时,就中日经济合作的现状指出:

　　如果日本不改变只重视营利的态度,将会重蹈以前日本对东南亚经济合作的覆辙,日本对东南亚进行了各种各样的援助,发挥了一定的作用,然而,几乎各国都不承认日本的贡献,反而认为是遭到日本的剥削和经济侵略。因此,以过去一样的态度协助中国进行"四化"建设的话,很可能会光留下负面印象。④

---

① 冈崎嘉平太著:《我的想法——日本的课题》,[日]读卖新闻社,1972年,第215—217页。
② 冈崎嘉平太:《希望改变对华政策》,日本记者俱乐部,1970年12月23日。
③ 冈崎嘉平太:《永无止境的日中之旅》,[日]原书房,1984年,第39、69页。
④ 同上书,第277页。

在对中国及中日关系发展前途的认识上,冈崎嘉平太也颇具远见,他曾大胆地预测,"50年后,中国也许会超过美国,成为世界第一",因为"中国有很大的潜力","从历史上看,中国人曾独自创造了高度的文化……而日本虽拥有消化文化的能力,但没有创造文化的经验。"总之,冈崎认为:"为了自身的稳定与发展,日本必须维护世界和平、特别是亚太地区的和平,为此,必须要与中国共同负起责任,相互合作,促进经济发展。……进而,在21世纪前半期,日本与中国应该携手,为整个亚洲的文化与民主的发展做出贡献。"①

2. 经济团体"以民促官"的经贸活动

在中日关系正常化之前的20多年里,日本民间团体为开拓和促进中日两国友好关系发挥了重要作用。战后初期,民间团体的主要目标是促进中日经贸关系的发展,并以此带动两国政治关系的改善。当然,这些民间团体在中日两国官方关系尚未打开的情况下,能够同中国方面进行频繁的友好往来,有赖于中国政府的"民间先行,以民促官"的中日民间外交政策。

从事中日民间贸易的日本财界团体主要有:中日贸易促进会②、国会议员促进中日贸易联盟③、中日贸易协会等,均成立于新中国建国前后。

中日贸易促进会的核心成员是社会党、共产党有关人士及进步学者、文化人、工会代表、企业主等,其宗旨是,为复兴日本经济,"同新中国在贸易和其他各个方面的合作都是绝对必要的,甚至可以说日中合作能否成功是关系我国存亡的大事也不为过分"。④

---

① 冈崎嘉平太著:《永无止境的日中之旅》,[日]原书房,1984年,第274、275、46页。
② 1955年1月28日至1958年4月22日称中日贸易会,此后改称日中贸易促进会。
③ 1953年5月改称国会议员促进日中贸易联盟。
④ [日]促进恢复日中邦交议员联盟编:《恢复日中邦交有关资料集(1945—1972)》,日中邦交资料委员会1972年版,第151页。

　　中日贸易促进会的宗旨中还谈到,新中国在不久的将来就会诞生。"特别是推进大规模建设工作的新中国急需日本的各种建设物资及有关技术,只有对应这种需要,日本才能在复兴和平产业、繁荣民主经济的同时,对新中国的建设有所贡献,对亚洲经济甚至世界的和平有所贡献"。①日中贸易促进会至 1967 年解散的 18 年间,为推动中日贸易和两国间友好事业发挥了积极作用。

　　《国会议员促进中日贸易联盟》是日本国会中的一个超党派团体,由日本参众两院约 90 名议员发起,1949 年 5 月成立,主要负责人为民主自由党的志田义信、民主党的苫米地义三、社会党的和田博雄、共产党的野坂参三、绿风会的帆足计、劳农党的堀真琴等国会众参两院议员。当时加盟的国会议员达 310 余人。该联盟具有各党派联手共同促进日中贸易、发展日中友好的超党派色彩。

　　中日贸易协会也是一个致力于日中贸易的团体,1949 年 6 月成立,由以日产重工社长箕浦多一为中心的日本经济界人士组成。该团体的成员担心与左翼人士一起会引起美国占领军的不快,或为避免政治上有反体制之嫌,所以没有与社会党、共产党或工会组织等革新阵营采取共同行动。这是一个纯产业界的团体,其宗旨是,"1. 中日贸易协会是不问大中小企业的、直接进行与中国交易的实业家团体;2. 中日贸易协会是决心打破过去日中关系史上形成的既成观念,不再进行经济侵略的实业家团体;3. 中日贸易协会是把日本经济与新中国的工业建设相结合、以此来加深日中两国民族友谊的实业家的团体"。②

　　中日贸易协会的成立宣言指出,"没有同邻邦中国的贸易,就不可能建设和平的日本。现在,三年的中国内战终于接近尾声,领导新中国的联合政权的诞生迫在眼前……因此,我们主张应立即进行日中两国间的

————————
①② [日]促进恢复日中邦交议员联盟编:《恢复日中邦交有关资料集(1945—1972)》,日中邦交资料委员会 1972 年版,第 151 页。

贸易,这对于实现日本经济的自立是个极好的机会。也就是说,以两国国民的要求为基础的互通有无的过程无疑可以打开全日本工商企业者的生存之路"。① 从该宣言不难看出,中日贸易协会过分拘泥于经济上的往来,未能像中日贸易促进会那样注重与中国建立关系,所以实际活动未能充分展开。

从事日中间经济交流的这些民间经济团体,一般总部设在东京,各主要城市设有办事机构。在当时日本约 260 多个市中的 104 个市都成立了这类贸易团体。

1952 年 4 月,为打破西方封锁,促进东西方贸易,苏联政府决定在莫斯科举办国际经济会议,我国应邀派团参加。日本参议员高良富、帆足计和众议员宫腰喜助也绕道第三国辗转到莫斯科参加会议。中国代表团邀请他们访华。高良富等三人在中国访问了近两个月,并签署了第一次中日民间贸易协议。

帆足计、宫腰喜助和高良富回日本后,受到各方面的邀请,介绍了新中国的真实情况,对发展两国民间经济外交,加深相互理解发挥了积极作用。此后,日本各界人士又先后成立了日中贸易促进会议(1954 年该会改名为日本国际贸易促进协会)、关西日中贸易促进会议(1954 年该团体发展为日本国际贸易促进协会关西本部,1985 年改名为日中经济贸易中心),这些团体为促进中日贸易的开展起了重要作用。

战后初期,处于被占领状态的日本,与国民政府的贸易甚微。国民党政权退居台湾之后,日本继续维持对台贸易。但是,日本经济界人士普遍认为,"日本的景气始于日中(大陆)贸易","日中贸易是拯救中小企业之道"。② 新中国成立初期,以美国为首的西方国家对苏联、东欧、新中国及朝鲜等实行了严厉的"封锁禁运"政策。朝鲜战争爆发后,西方阵营

---

① [日]促进恢复日中邦交议员联盟编:《恢复日中邦交有关资料集(1945—1972)》,日中邦交资料委员会 1972 年版,第 151 页。
② 平井博二:《日中贸易的基础知识》,[日]田畑书店,1971 年,第 67 页。

各国更对中国和朝鲜实行了全面封锁禁运,所以,中日之间的经贸活动只能通过民间渠道进行。

日本与中华人民共和国的贸易始于1950年。1949年底,日中贸易促进会致函中国的贸易部部长,要求与新中国开展贸易。1950年3、4月间,中国与中日贸易促进会属下的日本商社缔结了出口东北大豆1.5万吨和开滦煤的协定。这对正苦于燃料和粮食不足的日本来说,稍解燃眉之急。4月,参议员帆足计等20人向参议院提出《关于促进日中贸易决议案》并获多数通过,这是日本参议院通过的关于日中关系的第一个决议。①

1952年4月28日,《旧金山对日和约》生效,美国对日占领时期结束。日本在政治、经济和外交上都进入了一个新的历史阶段。于是,有的日本人提出,“对中国经济来说,日本比哪个国家都重要,同样对日本来说,中国也是比哪个国家都重要”,“日本最必然的市场是中国”。“为了世界的和平,为了改善热爱和平的日本人的生活,日本必须振兴与中共的自由贸易”。② 基于这样的认识,日本民间促进中日经济交流的运动得以发展起来。6月,中日两国民间贸易协定签订,开始了两国民间经贸活动的最初尝试。负责中日经济交流的民间团体,主要有中日贸易促进会和国会议员促进中日贸易联盟、中日贸易协会和日中友好协会等20余个。中国政府积极推动民间交流,欲通过“以民促官”的方式,促使日本政府与中国实现邦交正常化。

但是,朝鲜战争的爆发为刚刚起步的中日经济交流泼了一瓢冷水。美国政府制定的全面禁止向中国输出物资的方针,通过“盟总”通知日本政府。吉田内阁据此开始实行全面禁止对华出口的政策。刚刚起步的中日贸易因此而中断了两年之久。朝鲜停战协议签订后,日本众议院和

---

① 古川万太郎:《日中战后关系史》(改订增补版),[日]原书房,1988年,第27页。
② 大内兵卫:《日本经济的独立与中共》,[日]《世界》1952年10月第82号,第46—51页。

参议院先后通过了由部分国会议员提出的《关于促进日中贸易的决议》,要求政府"应尽速采取妥善措施促进日中贸易,放宽互相通商的出国限制等"。①

日本政府虽然在对中国禁运问题上与美国保持一致,但在三权分立的政治体制下,政府必须遵从国会的决议。根据国会决议,日本通产省从 1953 年 1 月至 1954 年 9 月,先后 13 次解除禁止出口中国的商品项目,后来这样的解除禁运的活动越来越频繁。

1954 年 8 月,在北海道函馆召开了"促进日中、日苏经济交流全国大会"。② 会议决议案指出,"产业界、贸易界和一般国民都强烈希望紧急重开与新中国的直接贸易",这是振兴贸易和国内景气的根本政策,因此要求政府"抛开政治问题和意识形态问题,从纯经济的观点出发,确立和实行与新中国相互交换经济使节,尽快重开直接贸易的积极方策",③中日贸易遂正式开始启动。

随着中日关系的缓和,国会议员促进日中贸易联盟和一部分工商界人士组成了通商视察团,正式对中国进行访问。视察团成员包括自由党、改进党、左右社会党、劳农党和社会党的国会议员以及产业、贸易、银行界的代表。这是战后日本第一个由各党派和实业界代表组成的大型代表团,也是日本外务省批准直接赴中国的一个代表团。通商视察团参加了中国的国庆活动,并签订了《第二次中日贸易协议》。协议签订后大约一年半的时间里,两国的民间经济交流和其它方面的交往比较顺利,后因"长崎国旗事件"而全面中断。

1960 年 8 月,中国提出了有名的"中日贸易三原则":1. 缔结完全的政府协定,使协定有所保证,2. 条件成熟时签订民间合同,3. 对有困难

---

① [日]促进恢复日中邦交议员联盟编:《恢复日中邦交有关资料集(1945—1972)》,日中邦交资料委员会 1972 年版,第 4 页。

② [日]日本国际贸易促进协会:《国际贸易》总第 82 号,1956 年 9 月 15、25 日。

③ [日]促进恢复日中邦交议员联盟编:《恢复日中邦交有关资料集(1945—1972)》,日中邦交资料委员会 1972 年版,第 3 页。

的日本中小企业个别照顾。此后,通过日本友好商社重开民间贸易。此后,中日贸易不断增加,到 1961 年底,友好商社增至 102 家,到 1971 年 7 月增加到 300 家。①

友好商社在政治上积极主张实现中日邦交正常化,明确表示支持中国提出的政治三原则、中日贸易三原则以及政经不可分原则,对这三大原则的态度以及他们在安保斗争中的立场,是当时衡量他们是否可以参加友好贸易的主要标准。从这个意义说,友好贸易是在特殊的历史条件下政治色彩比较浓厚的一种特殊的经济交流方式。

1962 年以后,在松村谦三、高碕达之助和冈崎嘉平太等人的积极努力下,中日之间达成了"LT 贸易"这一新的贸易方式,双方签订了《中日长期综合贸易备忘录》,并在中日两国分别设立了"高碕事务所"和"廖承志办事处",作为中日贸易的联络窗口。"LT 贸易"的最大意义在于,作为联络日本财界、政界与中国的"总联络窗口",发挥了重要作用。

对于"LT 贸易"的政治和经济意义,当时日本的舆论有过较公正的评论。《朝日新闻》曾发表评论说,这次贸易协定,从政经两方面看,中日关系的局面都有了新的变化。从经济上说,它比目前友好贸易的范围与内容扩大了,延期付款的适用,打开了长期交易之道与综合贸易之道;从政治上说,日本与中国的关系也向改善的政治方向前进了。②

中国"文化大革命"开始以后,起初,日本友好贸易的经济团体对这场"大革命"的真正意图并不了解,他们普遍认为,"中国如此做了,这是中国的事情,与日本没有关系。我们只要表示支持它,日中两国的经济交流就可以进行,贸易就可以继续"。在这样的思想指导下,日本友好贸易团体为迎合中国,不断发表共同声明、议定书或会谈纪要,以表明其政治见解和政治立场与中国保持一致。但 1967 年以后随着"文化大革命"

---

① 日本贸易振兴会编并发行:《日中贸易手册》1971 年版,第 288 页。
② 《朝日新闻》,1962 年 11 月 9 日。

的全面展开和中国共产党与日本共产党关系的恶化以及日本国内日中友好运动的分裂,辞退友好贸易的商社和企业大量增加。

1971 年 7 月,美国总统尼克松发布将访问中国的消息,10 月,联合国恢复了中华人民共和国的合法席位。面对这一国际形势的重大变化,日本经济界反应强烈。宣布尼克松访华的第二天,新日本制铁社长稻山嘉宽就宣布"今后不再参加日华协力委员会和日韩协力委员会的各种会议,决定接受周恩来提出的中日贸易四原则"。① 日本商工会议所董事长、新日本制铁会长永野重雄在听到尼克松计划访中的消息后即判断"胜负似乎已定"②,遂开始避而不出席将于 7 月 27 日在东京举行的日华(台)协力委员会会议。此后,日本经济界几乎是向着完全支持与中国复交的方向倾斜。12 月 16 日,在经团联评议员会上,会长植村甲午郎致词说,"既然中国加入了联合国,那么我们期待着尽量加快与中国的邦交正常化"。③ 这样,到了 1971 年末,日本经济界关于实现中日关系正常化的舆论和意见几乎完全一致了。

接着,经济界开始了接近中国的复交行动,纷纷组团访华。1971 年 9 月至 1972 年上半年形成一个访华高潮。有很大影响力的财界重要人物中,有近 70％的人希望访问中国。先后来华的有关西经济界代表团、东京经济界代表团、三菱企业集团代表团、日本经济界代表团等。

---

① 中国提出的中日贸易四原则是,第一,如果日本有的厂商要和中国做贸易,同时又有援助台湾蒋帮反攻大陆、援助南朝鲜侵犯朝鲜民主主义人民共和国之事,我们就不同他做买卖;第二,在台湾、南朝鲜有大量投资的厂商,我们也不同他行经济往来;第三,为美帝国主义侵略越南、老挝、柬埔寨提供武器弹药的企业,我们绝对不同他们往来;第四,关于在日本的美日合资企业以及美国的子公司,我们也不同他做买卖。也有人把"中日贸易四原则"称为"中日贸易四条件"或"周恩来四条件"。
②《朝日新闻》1971 年 7 月 23 日。
③《迎来动荡时期的日本经济的进路与当前的课题》,《经团联月报》,第 20 卷,1972 年 1 月号,第 5 页。

五 民众中国观的嬗变

进入近代以后直至第二次世界大战结束,日本人的中国观经历了由尊崇到蔑视的演进过程。战败则给了反省侵华战争和重新认识中国和世界的机会。"负罪意识"与加入西方阵营后意识形态对立所产生的"有色视角",加上战前遗留下来的对中国传统文化的尊崇以及对现实中国的蔑视,诸多因素混杂一起,形成了战后日本人中国观的底流。①

概言之,战后日本人的对华认识为四个方面的因素所"纠结":承认中国文化是日本文化的源头,因此对中国传统文化怀有尊崇之情;战前残留下来的"蔑视"贫穷、落后的中国的思维惯性;基于对侵华战争的反省而形成的"负罪意识"及中国善待日本侨俘的感恩意识;基于意识形态不同而对社会主义中国的困惑、不解甚至敌视。

1. 普通民众的中国认知

战后初期,由于中国和日本之间处于隔绝状态,日本国民的对华认识存在一种理想化的想象状态,也即对中国传统文化的尊崇和中国社会主义革命的憧憬情感相交织。竹内实写道:"新中国的成立,使日本与中国之间出现了隔阂。这种隔阂并不能以多少米来计算,而是从零距离走向了另一个极端,也许可以用符号∞(无限大)来表示。"②但是,有时有少数人从中国回来的和到中国访问者那里得到的"没有苍蝇的国家"和"赤脚医生"等消息,便将中国想象为一个理想国家。这反映了当时日本国民由于中日双方隔绝而处于一种"隔着纱窗看晓雾"的状态。

从战败到1972年中日复交期间,普通日本人与普通中国人很少接触,加之长期受美国反共意识形态的宣传和影响。"战后日本的文化论

---

① 安藤彦太郎:《日本人的中国观》,[日]劲草书房,1971年,第7—8页。
② 竹内实:《回忆与思考》,程麻译,中国文联出版社,2002年,第241—242页。

和社会思潮主流最终还是以欧美为基本的依据标准,中国只是作为欧美的反命题而获得它的存在意义"。① 战后初期,在美军占领日本的情况下,日本人全盘接受美国的意识形态,包括美国人的中国观。战后初期出生和成长的日本人,大多受美国意识形态的影响,并把台湾当局看作是中国的正统政府。在这种背景下,日本国民对中国的好感度也很低。一部分日本人仍对中国存有蔑视感,而且缺乏对战争进行反省的意识。1945 年日本战败伊始,日本内务省收集的《关于民心意向的内部调查》资料收录在《街声》中。《街声》的一篇文章写道:"即使不得不对美英低头,也不能容忍对中国低头。"②可见并没有对战争失败进行认真的反省。

由于意识形态不同,受冷战格局的约束及固执于日美同盟体制,形成了一种新型中国观。坂本义和说:"在持有同文同种意识最浓厚的老年阶层中,他们对中国文化的亲近感仍然被反共意识所压倒,这样的现象大量发生。"③

根据日本报纸的调查,在新中国成立后不久的 1950 年,喜欢中国的日本人仅为 0.5%。④ 其后,随着中日两国之间往来的逐渐增多,喜欢中国的日本人略有上升,1957 年为 2%⑤,到 1960 年代基本上达到 4% 以上。1960 年代后期,受中国文化大革命的影响,日本人对中国的厌恶感曾一度超过苏联。1971 年以后,由于受"尼克松冲击"和中国恢复在联合国合法席位的影响,日本各界普遍掀起了要求实现中日邦交正常化的热潮。田中首相积极推进日中邦交正常化并决定访华的 1972 年 8 月,日本国民中喜欢中国的人第一次超过讨厌中国的人。田中访华之后,前者

---

① 徐静波、胡令远编:《战后日本的主要社会思潮与中日关系》,上海财经大学出版社,2003 年。
② 李玉主编:《中日相互认识论集》,香港社会科学出版社有限公司,2004 年,第 313 页。
③ 屈彩云:《从〈中央公论〉看中日邦交正常化前后日本人的中国观》,《中共山西省委党校学报》,2008 年第 1 期。
④《读卖新闻》,1950 年 8 月 15 日。
⑤ 日本中央调查社受日本新闻舆论调查联盟委托于 1957 后 11 月进行的调查。

进一步超过后者。10 月,日本国内喜欢中国的人急增到 18％,而不喜欢中国的人则骤减至 4％。①

当然,还有一部分日本人从意识形态上对新中国感到亲近。也不乏以日本知识分子为首的精英阶层对共产主义给予了高度评价,部分日本国民也对中国和苏联充满向往和憧憬之情。

1954 年对日本精英阶层所进行的一项调查,大体反映出这一情况。被调查者中,支持与中国大陆保持紧密联系的,实业家为 62％,政府高级官员为 76％,学者和工会运动领导人则高达 90％。这些人主要出于经济上的利益或政治上的需要。他们的理由多半是"与所有国家和平共处"或"促进中立主义",而并非意味着接受"一个中国"的概念。实际上,在新中国成立初期来中国的日本大部分保守派实业家,很少有人主张只保持与北京的关系,大都试图在"政经分离"的原则下,一边与台湾保持正式的外交关系,一边与中国大陆进行最大限度的贸易。

日本学者浦野起央在分析中日关系中的意识形态因素时指出:"日本人为何要用西欧的武器武装起来对准中国呢? 主要就是由于日中战争中两国对西欧文明采取的鲜明的对立态度,而加深了相互之间的不信任。其后的战争遗留问题又形成束缚日中相互之间理性认识的'结构'。同时,从意识形态上的思考方式和行动上看,战后日本与美国结成同盟关系,而中国共产党将美国视为第一敌人,日中的相互认识转化为高度的敌对意识,并进一步强化。"②

但是,在战后初期,中国对战败国与战争的发动国日本采取了迄无前例的宽大政策,不带歧视和报复,把中国境内的 370 余万日俘、日侨大部分遣送回国。1953 年 3 月,又有近 5000 名日本在华遗留人员回国。随后,技师和工人等民间日侨也陆续返回日本,1956 年 4 月,中国政府决

---

① [日]NHK 舆论调查所编:《图说战后舆论史》(第二版),日本广播出版协会,1982 年,第 181 页。
② 浦野起央:《日中韩的历史认识》,[日]南窗社,2002 年,第 221 页。

定宽大处理在押的日本战犯,到 1964 年,被关押在抚顺、太原等地战犯管理处的日本战犯全部获释。① 他们回国后积极撰文报道中国的实际生活状况,总体上说对中国政府的建设事业给与高度评价。回国后的士兵组织了"中国归还者联络会",他们出于侵华直接加害者的自责和赎罪意识,感恩于被拘留期间中国方面的温情宽大处理,强调侵略加害者的责任,从而成为支持中国及恢复中日邦交主张的一支强大力量。多年来他们在各自岗位上发挥了很大的作用。在日本,长期活跃在日中友好运动中的元老和知名人士、积极分子,很多就是当年的日侨和日俘。

在战后初期的 20 年间,在以知识分子为代表的日本上层社会中所表现的"反省的和原罪的中国观念"还是比较强烈的。这主要表现为以知识分子主流为代表的社会群体对于战争罪恶的反省和追究。这种原罪和反省的中国观主要表现在三个方面:一是他们的原罪意识,他们承认自己是有罪恶的;二是谢恩意识,他们感谢中国保存了他们的民族;三是追求的意识,即以新中国为日本未来的榜样。这三种意识是互相融合在一起的。

反省中的日本知识分子,表现出可贵的觉醒,实藤惠秀在 1960 年访问中国时,把当年从中国强行取走的文献书籍归还了中国。他写道:"日本侵略军以查禁'危险文书'为借口,从中国沦陷区各大学抢走大批图书杂志,运回日本。我以整理为名,接受了一些资料。今日细想起来,真是无法无天的罪行啊!"实藤以实际行动表示自己的真诚的忏悔反省之心。这一举动,显示了一个抱有正义感的日本知识分子的真诚忏悔之心。

这些情况表明,在战后的最初 20 年间,一部分日本国民一直在与中国人民一起努力推进中日友好,这在当时美苏对立的冷战格局中,是难能可贵的。所以虽然当时政府之间没有正常的关系,但民间友好的渠道

---

① 有关中国处理日本人战犯的经委,可参见新井利男资料保存会编《中国抚顺战犯管理所职员的证言》(梨木舍,2003 年);杨正光主编、张喧编著《当代中日关系 40 年》(时事出版社,北京,1993 年,1956 年项)。

还是越来越宽广的。

1960 年代以后,随着日本经济的高度增长和中国国内政治经济形势的多舛,中日之间的经济差距在明显拉大,在重新评价日本经济奇迹的同时,中国社会无序论以及中国能否实现近代化论的观点随之出现。但是,进入 1970 年代以后,随着国际局势和中国国内政局的变化,日本民众的对华认识也有所改变。1971 年"尼克松冲击"之后,日本各大报纸在不到 1 个月的时间内收到近 200 封群众来信,内容包括以下四个方面:第一,要求佐藤内阁赶快辞职;第二,日本政府应反省并立即改变其对华政策;第三,要求独立、自主,停止追随美国的外交政策;第四,中日关系首先应肩负起道义的责任等,对于台湾不要仅以"利益本位"来考虑问题,不应该"无视信义道义"。① 一位 64 岁的公司职员给《朝日新闻》(西部版)来信说:随着乒乓外交的展开,美国与中国建立正常关系的期望将在两国首脑的会谈中实现。佐藤荣作虽然常说对中国问题要慎重,但直到最后还在支持台湾的恐怕只有日本一家了,如此日本将成为"世界孤儿","那么,当前日本的立场是什么? 那就是我国已处在必须尽快改变对华政策的紧要关头"。② 这时,日本民众的普遍看法是,希望政府从尼克松冲击中接受教训,"从对美一边倒的政策中脱离出来"。③ 一个月后,《朝日新闻》的调查结果表明,日本有 63％的人认为佐藤荣作应该去访问中国。④

2. 媒体的中国认识

战后日本的中国认识是历史上日本人的中国观的发展和延续。一般说来,中华人民共和国的成立对日本社会,尤其是知识阶层的震动是

---

① [日]中国之会编集:《中国》,1971 年 10 月号,第 32 页。
② 同上书,第 30 页。
③ 同上书,第 31 页。
④ [日]总理府部广报室编:《舆论调查》,1971 年 11 月号,第 84 页。

很大的,但就日本的舆论界来说反应并不强烈,当时日本的媒体对中国事态的发展是比较冷漠的。而且,战后初期的日本媒体正处于美军的占领之下,报纸和广播很难正确地报道中国革命的真实情况,甚至散布诸如"用人民的审判进行大屠杀"、"血腥的清洗"、"共产共妻"等谣言,把中国共产党和人民解放军妖魔化。

对新中国的成立,《读卖新闻》的观点是,从世界的发展潮流来看,新中国不可能成为世界社会主义运动的一个组成部分,而且在社会主义阵营内部,其分裂的趋势是显而易见的。在1949年10月4日的社论中,《读卖新闻》称:"由于中国人具有根深蒂固的强烈的个人主义精神,人们大都认为'铁托化'的可能性将会日益增强。"而且《读卖新闻》认为尽管中国共产党在力图杜绝这种事态的发生,但由于历史的和文化的原因,中苏的决裂是不可避免的。这一观点可以说是代表了当时西方社会的一般舆论。

《每日新闻》在1949年10月1日,也没有把新中国的诞生作为重要新闻来报道,仅在报纸的左下角对中华人民共和国的成立进行了简单报道。3日发表的社论指出,中国的新政权将与苏联联盟。10月4日的《时事新报》社论的题目是《中国人民政府的成立》。该社论称中华人民共和国政府"只是名义上的联合政府,实际上中国共产党在独揽政权"。而且"新共和国的基本性质是······人民民主专政的国家。······地主、官僚资产阶级和反对分子被称为人民以外的国民,对人民给予民主,对国民则施以专政,对国民只给予生存权,要求其从事强制性劳动等国家规定的苦役,以对其进行改造"。

在日本四大报纸①中,《朝日新闻》被认为是具有"革新"特色的媒体,在对待中国问题上也比较客观,《朝日新闻》对当时新兴的社会主义运动是持赞同态度的。但是,中华人民共和国成立时,《朝日新闻》仅在其晚

---

① 系指《朝日新闻》、《朝日新闻》、《读卖新闻》和《产经新闻》。

刊版面的左下角刊登了一条只有 6 行字的新闻报道。翌日，10 月 2 日，《朝日新闻》虽然在其版面左侧刊登了一条以《主席毛泽东，中华人民共和国成立》为题的有关新中国建国的报道，但也并不属重要新闻，而是一篇非常简单的报道，对毛泽东的个人情况也没有做介绍。

10 月 3 日《朝日新闻》发表了《中华人民共和国的性质》的社论，扼要介绍了新中国的性质。但介绍的内容大都是依据中国方面的解释，诸如中国革命的性质是新民主主义革命，中国政府是人民民主专政的政府，这种专政是工人和农民的联合专政等。社论强调，这种专政尤其有利于以无产阶级专政为特征的社会主义，并说，"中国革命的胜利被称为各民主阶级统一联合战线的胜利"。社论认为，这种"由不同阶级组成的统一战线隐含着不可避免的弱点"。

总之，从这篇社论来看，《朝日新闻》在新中国成立这一问题上，态度是较为积极的，这也反映了该报立场比较中立的总体观点。在美国占领和控制这一政治形势下，《朝日新闻》的社论还是比较客观的。

1960 年代以后，对法国 1964 年承认中华人民共和国，并与台湾断绝了"外交"关系一事，《朝日新闻》发表了《国府（台湾当局）与法国断交引起的波澜》的社论。指出："统治中国的政府只能有一个的议论，理论上讲是正确的，但现实中却存在北京和台北两个主张对中国拥有统治权的政权。即使因国府与法国的断交，'两个中国'论破灭了，也很难说'一个中国'论就畅行无阻。现实来说，国府没有统治大陆是事实，而中共没有统治台湾也是事实……日本与法国不同，同国府之间有着特殊的关系，特别是 1952 年缔结《日华和平条约》，承认（台湾）是现在支配和将来应该支配的领土上的中国的正统政府，与其建立正式邦交。因此，不能马上采取像法国那样同国府关系比较淡薄的国家类似的想法。"①

由此看出，《朝日新闻》是主张日本应重视与台湾国民党政府关系

---

① 《朝日新闻》，1964 年 2 月 12 日。

的。然而,从 1960 年代末开始,《朝日新闻》的立场开始发生变化。1969
年 11 月 14 日发表的社论《中国代表权问题上体现出的新潮流》指出:
"过去一连 3 年对'接纳中国,驱逐国府'决议案的支持减少,对'重要事
项'决议案赞成增加的倾向明显发生了逆转。……日本充当'重要问题'
决议案的共同提案国应以今年为最后一次。……日本继续充当旨在将
中国排出在联合国之外的决议案的倡导者,就是过分逆时代潮流,过于
缺乏先见之明。"

    《朝日新闻》是中国"文化大革命"期间唯一被准许向北京派驻特派
员的日本报纸,受到中国方面的好评。"文革"稍一平息下来,1970 年 3
月《朝日新闻》社社长广冈知男便亲自访问中国,加快向中国"倾斜"的步
伐。这前后《朝日新闻》所发表的社论十分关注中国问题。1970 年 4 月
29 日,《朝日新闻》发表《逆日中友好潮流的自民党声明》的社论指出,"许
多舆论调查显示了国民希望早日实现日中邦交的事实"。1971 年元旦,
《朝日新闻》又发表题为《向日中邦交迈进》的社论,大力开展宣传活动,
积极营造恢复日中邦交的氛围。

    日本舆论界认为,佐藤内阁已呈日薄西山之势,自民党内无论谁取
代佐藤,都必须考虑如何解决日中关系问题。正如《读卖新闻》一篇报道
指出的那样:"打开日中关系是自民党政权面临的最大外交课题,尤其在
佐藤下台以后执政的人,日中关系是必须首先加以解决的问题。"[①]

    总之,进入 1971 年以后,随着围绕中日两国国际形势的变化,恢复
中日邦交已成为日本面临的头等政治课题,成为不可抗拒的历史潮流。
对此,日本的舆论界更是起到了推波助澜的作用。特别是各大报纸,大
量报道有关中国的消息,并且接二连三地发表社论,为恢复中日邦交开
展宣传活动,营造舆论氛围,从而对实现日中邦交正常化态度消极的佐
藤政府形成了强大的压力。据统计,仅 1971 年,日本《朝日新闻》发表的

[①]《日本经济新闻》,1971 年 9 月 1 日。

有关中国问题的社论就达 57 篇,《每日新闻》为 48 篇。①

　　1972 年 1 月,日本的报纸更是争相刊登了要求早日实现日中邦交正常化的社论,催促政府下大决心。其后,随着尼克松访华、佐藤引退、田中内阁成立,恢复日中邦交的时机日益成熟。在这种形势下,日本的各大报更是抓住机会不放,均大量报道中国问题,一再发表社论,呼吁早日恢复日中邦交。"田中首相将访华、实现日中邦交正常化"一时成为日本报纸电视的热门话题和评论的中心,当时出现日中邦交正常化的强烈"旋风"。

　　对田中访华并签署了具有历史意义的《中日联合声明》,日本舆论界普遍表示欢迎。10 月 1 日,日本各大报纸竞相发表社论,盛赞田中首相访华取得的成果。归纳起来,这些社论的内容主要有三个特点:第一,认为中日邦交正常化的实现,标志着一个"新时代"的来临。第二,强调"自主外交"或"自主性"。认为通过中日邦交正常化的谈判,使日本外交第一次具有了"主体性"。第三,中日两国邦交正常化,有利于缓和亚洲紧张局势。第四,把中日邦交正常化的实现同废除《日美安保条约》等相联系,认为后者正在动摇和崩溃。总之,日本的大众传媒尤其是作为其主体的报纸对中日邦交正常化的实现给予了积极肯定的评价。

3. 右翼势力的对华动向

　　日本右翼势力这个"政治癌瘤"的存在,迄今已逾百年。它不仅在战前将日本民族拖进了灾难的深渊和给亚洲邻国造成了亘古未有的民族灾难,而且在战后半个多世纪中仍在不断恶化着日本社会的"肌体"和与亚洲邻国的关系,对中日关系走势和东亚和平构成了潜在的威胁。

　　战后初期,美国占领当局为了"保证日本不再成为世界和平与安全之威胁",尤其为了"确保日本今后不再成为美国的威胁",于 1946 年 1

---

① 森山昭郎:《日中复交问题与报道》,[日]《国际问题》杂志 1974 年 11 月号。

月 4 日,颁布了解除公职和解散右翼团体的指令。根据解除公职指令,大日本赤诚会等 119 个右翼团体被废止。随后又指定 45 个右翼团体解散,75 个团体禁止再结社。到《旧金山和约》签订的 1951 年末,共有 233 个右翼团体被解散;另据统计,在被解除公职的 21 万余人中,极端国家主义团体、右翼暴力主义团体以及秘密爱国团体的主要人物 3381 人,其他右翼、军国主义者以及极端国家主义者 46276 人。①

但是,由于冷战时期的过早到来和日本政府试图利用右翼残余势力挽救天皇制国体,即使在战后初期的整肃期间,被勒令解散的右翼团体成员也并没有完全销声匿迹、停止活动,甚至还孳生出一批以全新面孔出现的新右翼团体。

战后最早出现的右翼团体是 1945 年 9 月 3 日小川友三的亲美博爱勤劳党。不过这时登场的右翼几乎都是些无名青年,并且其中多数带有"暴力团"的色彩。这与战败之初经济混乱、恶性通货膨胀以及大批军人复员和高达 1000 万人失业等社会秩序的混乱有关。他们的宣传口号有维护天皇体制、反共亲美等。右翼这时放弃了一贯的排外主义而主张亲美。因为他们一方面基于对共产党的强烈反对,另一方面他们也知道如果不迎合美国占领军就根本不可能存在。这类具有暴力团性质的右翼团体主要有日本天狗党、新日本义人党、日本反共联盟大鹤青年部等。②

战前,中国是日本右翼势力为祸的最大受害国,战后,右翼势力仍然把主要矛头直指中国。日本的战败,虽然宣告了日本战前反动的中国观的"破产"。但是,新的中国观并没有为日本国民普遍认知,相反,战前日本人的中国观仍在很大程度上残存着,而且受意识形态的影响,许多人是戴着有色眼镜看中国,右翼势力更是如此。

这一时期,中日关系的焦点集中在历史认识问题、台湾问题、钓鱼岛

---

① 崛幸雄:《战后的右翼势力》,[日]劲草书房 1993 年增补版,第 9 页。
② 同上书,第 11 页。

问题等三个主要问题上,而在战后初期,则主要表现在台湾问题上。

战前,日本对台湾实施了长达50年的殖民统治。战败后,右翼势力始终没有放弃重新染指台湾的打算。战后初期,右翼势力就是"台独"怪胎的卵翼者和首开"台独"运动先河的罪魁祸首。

右翼势力和"台独"势力常常把甲午战后台湾人民为反对日本"割台"而建立"台湾民主国"的义举歪曲为"台独"运动的首次实践,这充分昭显其阴险用心。因为"台湾民主国"成立于中日"交割"仪式完成之后,其成立目的并不是要将台湾从中国分裂出去,而是要从日本的殖民统治下"独立"出来,然后再回归祖国。

日本战败后,以少壮军人中宫梧郎、牧泽义夫等人为首的驻台日军主战派,勾结台湾少数亲日派人士在台北召开紧急会议,决定在中国政府接管之前,以滞留台湾的17万日军为后盾,宣布台湾"独立",号称把台湾变成"第二个满洲国",作为日后复兴"大日本帝国"的战略基地。由于中国政府和台湾同胞的坚决反对而流产。这一事件不仅表明包括这些旧军人在内的战后日本右翼势力是"台独"运动的始作俑者,而且预示着这股势力日后成为支持"台独"的主要外部势力之一。冷战期间,日本民间右翼势力对逃亡日本的"台独"分子给予了全面的支持。

台湾"独立自治"运动流产后,原驻台日军被遣送回国,与国内右翼势力合流;台湾的少数亲日"台独"分子也因台湾当局采取了坚决取缔、严厉打击"台独"活动的政策而逃亡海外。日本右翼势力大力支持逃亡日本的"台独"分子,使日本成为"台独"分子的"避难所"和"台独"运动的大本营。在1940年代末至1950年代中期,在日本先后成立了"台湾再解放同盟"、"台湾民主独立党"、"台湾共和国临时国民议会"、"台湾共和国临时政府"等"台独"组织,这些组织都得到了日本右翼势力的全面支持,这主要表现在以下几个方面:第一,由日本政、军、财界右翼分子成立专事支持"台独"运动的"台湾独立后援会"等右翼团体,不遗余力地公开支持这些"台独"组织的运动;第二,培植"台独"骨干。诸如"台独领袖"

廖文毅、"台湾青年社"头目兼"台独联盟"中央委员王育德、"台独联盟"副主席黄有仁、"台独联盟"日本本部委员长许世楷等人,都是由日本右翼势力一手培植起来的"台独"骨干分子;第三,向"台独"势力提供活动经费。在日"台独"组织"台湾共和国临时政府"的活动经费,来自于日本的"台湾独立后援会"等右翼团体,而该后援会的最大赞助商,则是在日据时期出任台湾银行董事长的右翼财阀古贺三千雄;第四,派遣骨干分子直接参与"台独"组织及其活动,成为"台独"势力的"外籍军团"。1955年9月1日,廖文毅纠集一批"台独"分子在日本东京举行"台湾共和国临时国民议会"成立大会。在与会的百余人中,日本右翼分子达60余人。日本右翼分子宗像隆幸除经常化名"李春阳"在报刊上鼓吹"台独"外,还被选为"台湾青年社"的"中央委员",成为"台独"势力的骨干和领导人。

右翼势力支持"台独"和阻挠中国两岸统一的原因是多方面的。首先是历史的原因,即日本对台湾殖民统治的影响。这包括两个方面,一方面,日本对台湾长达50年的殖民统治特别是日据时期日本推行"皇民化运动",在台湾豢养出一批具有"皇民意识"和浓厚"日本情结"的"台独"分子;另一方面,日本从台湾获取巨大的殖民地收益的既得利益者在战后日本国内形成了具有浓厚"台湾情结"的"台湾帮"。

"台独"分子的共同特点是,一般都有着浓重的"皇民意识"和很深的"日本情结"。日本割取台湾和澎湖列岛后,设总督府对台湾进行殖民统治。为了使台湾永远脱离大陆,日本政府在台湾曾长期推行"去中国化"的"隔离政策"和"怀柔政策",并且从1940年起又在全岛掀起所谓"皇民化运动"。他们所主张的"台湾化"、"去中国化",实质上都是"日本化"。

右翼势力的"台湾情结",首先来自于亲情关系的纠葛,日本对台湾50年殖民统治造成彼此的很多亲戚居住在对方,形成了一种千丝万缕的连带关系;同时,日本割占台湾后,台湾不但成为日本工业品的主要供应地和销售地之一。日本从台湾获取的巨大收益,使得日本右翼势力在内心深处滋生浓厚的"台湾情结"。正如周恩来所说："日本有一部分人对台湾有感情";这是一种"殖民主义的感情,……今天日本仍有一部分人抱有这种殖民主义的思想,他们希望台湾从属于日本,认为台湾既然没有直接在中华人民共和国管辖之下,就应该仍然回到日本的手里"。① 正是在这种对台湾的"殖民主义感情"即"台湾情结"的驱动下,日本右翼势力始终对台湾有一种难以割舍的眷恋。日本国会议员中的"台湾帮",有时多达三四百人。这表明,浓重的"台湾情结"已植根于日本右翼分子的内心深处,这是诱发其支持"台独"、阻挠中国两岸统一的内在心理驱动力。

当然,日本右翼势力支持"台独"的更为现实的原因是:这一势力仍然把台湾视为关乎日本"生存"和"发展"的战略要地和"生命线",并把支持"台独"作为谋求日本政治大国地位的有效途径和遏制中国发展的主要手段。

一些在战时与日本军部或国民党合作、从事破坏中共工作等特殊经历的人,战后进入民间研究机构或大学从事中国研究。他们对中国社会和历史都有一定的了解,虽然感受到了中国人民的恩义与亲切,但却坚持反共立场,对中国共产党(更直接的是毛泽东路线)的评价极其尖刻,同时具有强烈的支持台湾国民党政府的倾向。特别是在"文革"时期,他们对文革展开了猛烈的批判,其舆论阵地主要是右派杂志《日本及日本人》、《自由》②,主要撰稿人有桑原寿二、草野文男、小竹文夫、上别府亲志、吉田东佑等。此外还包括锅山贞亲、佐野学等日共的变节分子。

---

① 《周恩来外交文选》,中央文献出版社,1990 年,第 342 页。
② 除了《日本及日本人》以外的右翼杂志,还包括拓殖大学海外事情研究所在 1955 年 10 月创刊的月刊杂志《海外事情》。投稿的是研究院和以拓殖大学教授为中心的执笔者。他们大多有丰富的在中国战争的经验,持有反对现代中国和反共的立场,并且都认同独特的批判中国政府的倾向。

六 正视中国的复交

70年代初期,中国先是在1971年10月恢复了在联合国的合法席位,台湾被赶出联合国;接着尼克松在1972年2月访华,中美签署"联合公报",美国首次承认世界上只有一个中国,台湾是中国的一部分,这意味着中美建交已经是时间问题。而"中美接近"的一大背景是,两国在抵制苏联推行霸权主义方面有共同利益。

中国国际地位的提高及美国对华态度的转变,增强了日本政府改变对华政策的紧迫感,而在这一政策转变过程中,田中角荣为首的自民党"知华派"人士起了关键作用。

1. 自民党"知华派"的知行

总体上说,战后以来,日本政府的对华主流认知基本上是敌视的。尽管如此,在执政的自民党内,"知华派"政治家也不乏其人。所谓"知华派",是指对中国有比较客观、理性的理解,相对比较友好的日本保守党体系内的政界人士,而不是指吉田茂和岸信介等战前久居旧中国的"支那通",也不包括日本社会党和日本共产党等革新政党的亲华派人士。"知华派"在日本执政党内虽处于非主流地位,但一般都在政府或执政党内任过要职,有一定的社会地位和发言权,对政府决策能产生一定的影响。他们或出于对日本国家长远利益的考虑,或出于自民党内的派别之争,与自民党的对华主流认知存在分歧。他们在修复中日关系方面做出了力所能及的努力,功不可没,客观上促进了中日关系的向好发展,起到了中日关系正常化"掘井人"的作用,但他们对中国的"友善"和"示好"并非意识形态上的"共鸣",因此只能称他们为"知华派"而不是"亲华派"。代表人物有石桥湛山、松村谦三、高碕达之助等人。

"知华派"的对华示好工作主要体现在以下三个方面。第一,在政治方面,作为中日敌对状态下的"窗口"和"桥梁",通过访问、会谈、写文章等形式,起到相互沟通和"释嫌"的作用,一定程度上缓解了两国间的紧张关系;第二,在经济方面,疏通财界与政府的关系,促使签订民间经贸协定,开展中日民间贸易往来;第三,通过议会斗争和组织社会团体等形式,采取针锋相对的政策,制约政府的敌华政策和行为,避免中日矛盾进一步恶化。

新闻记者出身的石桥湛山早年就写过大量反对日本军国主义侵略扩张的文章和经济评论,二战后转入政界,曾在吉田内阁和鸠山内阁任职并一度出任首相,不久因病辞职。石桥内阁时间短暂,在内政外交上来不及有何举措,但他始终扮演着中日关系正常化先驱者的角色,致力于改善中日关系。

在中日关系因"长崎国旗事件"进一步恶化的情况下,石桥主动致信周恩来总理,信中提出中日关系"三项原则",即:(1)中日携手,共建世界和平;(2)实行政治、经济、文化等方面的自由交流;(3)相互尊重对方业已建立的外交关系。

他试图以这三原则作为打开僵局的钥匙。1959年石桥应约率自民党议员代表团访华,这是战后日本第一位曾任首相的政界人士访问中国。在"周恩来总理和日本前首相石桥湛山会谈公报"中,强调两国人民应以"和平共处五项原则"及"万隆会议十项原则"为基础,努力促进两国人民的友好,加深相互信任,改善两国目前的关系,为早日恢复两国关系而合作;公报还载明石桥同意周总理提出的"政经不可分离原则",即"中日两国政治和经济关系的发展,必须结合起来,不能予以分割"。石桥建议:"中日两国的政治家和各界人士应该增加接触,坦率地交换意见,以增进彼此的了解和友好。"①

石桥的对华认识可以归结为两点:第一,日中间因意识形态而对立

---

① 《人民日报》,1959年9月21日。

是一种不幸,但两国将来的命运是要加强合作,发展日中外交关系可以渐进的方式进行,但不能把政治和经济关系断然分开,而应把两者结合起来加以推进。第二,日本为了改善对华关系,有必要调整现有的日美关系,虽然不必急于修订日美安保条约,但应该留意不让中国方面感到维持这个条约体制是一种敌对行为。^① 在此认识的基础上,石桥提出了"日美中苏和平同盟"的构想。他在国内外的各种场合,不断地强调、完善这一构想。但在世界冷战格局下,石桥的政治理念最终沦于理想主义的悲剧命运。然而冷战结束后,石桥的"理想主义"的构想反而越来越接近现实了。可见石桥的思想具有穿越历史、超越时空的前瞻性。

松村谦三也是一位资深政治家,1928 年起当选众议员。日本投降后,松村在东久迩内阁、币原内阁、鸠山内阁和改进党、民主党任要职,后因人事问题党内发生纷争而急流勇退,是自由民主党的三木·松村派领袖之一。

早在新中国成立之前,松村谦三就十分关注中国。1950 年代中期,松村开始与郭沫若、廖承志等人接触,此后松村一直专注对华关系。松村认为:"和中共的关系不只是从经济方面,而是作为两千年来有着共同文字和文化的两个民族,应该共同实现繁荣。"1959 年 10 月,松村一行访华,访问团包括古井喜实等 3 名自民党众议员,在华逗留一个半月,历访10 多个城市。

松村谦三在第一次访华报告中写道,"'中国人'视我为友邦,为将民族的生活建设好而忘我工作,这就是爱国心,以此为定义,进而作为口号而实践。与其视为共产主义,莫如应看作是民族运动的一大口号,这正是'今日中国'律动之本源。"^②从中可以看出,松村主张应该抛开意识形态因素观察中国。松村深信:中美关系之改善是必然趋势;如果美国改

①《石桥氏强调打开日中/当然"政经不可分"》,[日]《朝日新闻》1959 年 9 月 29 日;《石桥湛山、周恩来联合声明》,[日]增田弘编:《小日本主义石桥湛山外交论集》,第 243 页。
② 松村谦三:《中国帰来(1959 年)》,收录于木村时夫 1999 年资料编,第 214 页。

变外交路线,而使中美关系得以改善,那么,一直追随美国的日本"也不能再沿袭过去的方向"而敌视中国。他指出:"日本既能理解中国,又精通美国的外交政策。为了捍卫、发展亚洲和世界和平,难道日本不应该做美中两国关系的调解人吗?"①

松村回国后就此次访华向岸信介首相作了长达两小时的汇报,其要点有三:第一,中国的经济发展迅速,可见其中央集权的国家统一正在强化,民族意识高昂,同样位于亚洲的日本不可无视。第二,日本必将面对承认中国的问题,不解决中国问题,难以维护世界和平。因此,日本需从长计议,不要只着眼于中日贸易这一狭隘的视点,而应基于和世界及亚洲整体的平衡这一开阔视野来制定对策。第三,中国方面已经认同在相互尊重对方的政治体制、互不干涉内政的基础上发展两国的经济文化交流,但各自尊重对方国家的政体,需要有一定的相互信赖,现在双方存有不少误解,今后要设法把增进相互信赖作为对华政策课题,积极谋求解决对华关系问题。②

这三点可以看做是松村通过访华形成的对华观的核心内容。它虽没有直接言及有关邦交正常化的具体日程及进行方式,但却明确把这次访华定位为复交交涉过程的起点;并确立了具体通过开诚布公的对话形成相互信任这一为实现两国邦交正常化的初期阶段的操作路线,这也为日后复交交涉的顺利展开设定了一个比较现实的途径。

松村回国不久,即在自民党国会议员中发起成立了"中国问题研究会",该会吸收自民党内的三木·松村派、池田派的部分议员参加,活动的内容主要是探讨在政经分离的前提下如何打开两国关系。例如,当时岸信介首相把新安保条约中的所谓远东范围扩展至金门和马祖岛,松村等人认为岸信介政府关于远东范围的见解容易让人生疑,远东范围在条

---

① 远藤和子:《松村谦三》(汉译本),三联书店,1987,第218页。
②《松村氏向首相报告/中国认可经济交流》,《朝日新闻(晚报)》,1959年12月15日。

约性质上应是抽象的空间,故不应该揭示具体的地域,岸信介这样做对"打开日中关系并非得策",因此展开了反对活动。

自 1959 年后,松村不顾日本自民党内外的阻挠和敌视,以七八十岁高龄先后五次访华,被誉为日中关系正常化的"掘井人"。1962 年 9 月,松村第二次访华时,双方就"采用渐进的和积累的方式,把两国的政治和经济关系发展起来,以利于促进两国关系的正常化"这一原则达成共识。1964 年 4 月,松村再度访华商谈互设备忘录贸易机构时,双方还就互派记者达成了协议,这是中日民间协定从经济领域扩大到文化领域的又一重要步骤。松村为此竭尽全力,功不可没。

高碕达之助是日本知名实业家,三次当选众议院议员,曾在鸠山内阁和岸信介内阁任职,晚年致力于中日友好事业,积极促进中日贸易。早在 1955 年万隆会议期间,高碕作为日本政府代表团的首席代表,与周恩来总理就有所接触,周总理的风度和表现给高碕留下了深刻的印象,他衷心佩服周恩来的高尚品德和卓越的外交智慧。高碕回日本后,运用他的地位和影响,如实报告了亚非会议情况,在日本政界产生了一定影响。1957 年石桥湛山内阁期间,高碕因支持该内阁大力发展对华贸易,为此得到了希望打开大陆市场的日本企业家的拥戴。第二次岸信介内阁成立时,因发生"长崎国旗事件",中日经济及文化交流完全中断。高碕辞去通产大臣职务后,以大日本水产会会长、东洋制罐公司顾问的身份,接受周总理的邀请,率领日本产业界人士访问中国。对当时中国方面批判日本政府敌视中国,要求结束两国不正常关系的呼吁,高碕指出:两国关系的现状令人遗憾,两国关系不正常的问题责任不在中国,也不是日本国民的责任。高碕达之助是战后日本对华交流事业的开拓者之一,在两国关系极其困难的环境下,坚持展开对华交流活动。1962 年率代表团访华并签订了发展两国民间贸易的《关于发展中日两国民间贸易的备忘录》(简称《备忘录贸易》或"LT 贸易")。1964 年 8 月在北京和东京分别设立高碕达之助事务所和廖承志办事处,由他亲自开创的中日备忘录贸易这一重要经济交流通道为后来中日关系的发展奠定了基础。高碕达之助虽然置身于保守阵营，却是一位堪称开创对华交流事业的先驱者。尤其是备忘录贸易体制的确立，在当时具有重大意义，它不仅使中日两国经济贸易关系在平等互利的基础上有了一个良好开端，而且成为恢复中日邦交的巨大纽带。高碕为了落实和实施中日贸易活动，作为日方的窗口，在设立高碕达之助事务所的基础上，又成立了"日中综合贸易联络协议会"，并亲自出任会长。在当时中日两国尚无正式邦交的状况之下，"备忘录贸易体制"除了在经贸领域发挥了重要作用外，还在两国高层间起着沟通政治意图的管道功能。在自民党体系内，"知华派"重要人物还有藤山爱一郎、宇都宫德马、田川诚一、古井喜实、冈崎嘉平太（财界）等人。自民党"知华派"政治家长期作为自民党内的非主流派或反主流派，始终坚持以改善执政党的对华政策为其开展对外活动的旗帜和政策目标。为此，他们不断要求党内主流派转变追随美国、敌视中国的外交姿态及立场，利用各种场合对自民党高层尤其是国会议员广泛开展劝说工作，促使他们改变对华政策，在一定程度上起到了在内部动摇执政党改变对华政策的作用。

2. 田中角荣的"决断"

佐藤荣作长期政权是中日两国敌对时期的最后一任政府，其任内的大部分时间与中国"文革"十年动乱的前半期相重合。佐藤的反华政策加上中国国内政局的"乱象"，使中日关系的敌对态势雪上加霜。但是，进入1970年代，国际形势和中国国内政局接连出现微妙而巨大的变化。其中三件大事为中日关系带来了"峰回路转"的前景。

第一件大事是中国发生了"林彪叛逃事件"。1971年9月13日，"副统帅"、"毛泽东的接班人"林彪驾机企图外逃，飞行途中在蒙古人民共和国温都尔汗草原上机毁人亡。这一极具讽刺性和震撼性的事件，事实上宣告了"文化大革命"理论和实践的失败，震惊了全世界，引起各国政要的广泛关注,明智的政治家开始重新审视中国。

第二件大事是中国恢复了在联合国的合法席位。"林彪叛逃事件"一个多月之后的 1971 年 10 月 25 日,第 26 届联合国大会以 76 票赞成、35 票反对、17 票弃权的结果,通过了"两阿"等国的提案,中国恢复了在联合国的合法席位。

第三件大事是美国总统尼克松访华。1971 年 7 月,美国国务卿基辛格秘密访华,并就尼克松访华一事达成协议。随后,中美双方同时发表公报,宣布了基辛格访问北京和中国邀请尼克松总统访问的消息,震惊世界。1972 年 2 月,尼克松一行对中国进行了为期 7 天的历史性访问,并发表了"中美联合公报"。美方在"中美联合公报"中表示:它认识到在台湾海峡两边的所有中国人都认为只有一个中国,台湾是中国的一部分,美国对这一立场不提出异议。①

中国恢复在联合国的合法席位已经让日本吃惊不小,尼克松访华更在日本国内引起轰动。由于日美之间早有对中国采取行动须事先"知照"的默契,因此美国单独行动的做法被日本舆论批评为无视日本存在的"越顶外交"("尼克松冲击"),一向紧跟美国推行反华政策的佐藤政府丢尽了脸面。由于中美建交已是大势所趋,此后佐藤政府不得不调整对华姿态,佐藤甚至在国会答辩时称:如果日中关系实现正常化,"台湾就成为中华人民共和国的领土"。随后,佐藤首相又在国会答辩时表示,赞同中国提出的包括"日本不追随美国制造'两个中国'的阴谋"在内的对日政治三原则,"愿意在任何时候、任何地点"与中国进行"大使级会谈",会谈的议题可以扩大到"包括日中关系正常化的所有问题",还指令日本各驻外使馆抓住机会,直接或间接造成与中国使节接触的既成事实。

1972 年元旦,佐藤在施政演说中表示:改善日中关系是当务之急,

---

① 田桓主编:《战后中日关系文献集(1971—1995)》,中国社会科学出版社,1997 年,第 72 页。

"去年联合国解决了中国问题,今年日中间必须建交。……越快越好"。[1]
同时,佐藤设法将这一意图转告中国。据说日本驻巴基斯坦大使曾经将
佐藤的演说报告的抄件当面交给中国驻巴大使,以示要求改善关系的诚
意和寻求谅解的途径。日本政府还秘密托人给周恩来带口信说,佐藤首
相"要求亲自访华"。但是,此时的中国掌握着主动权,已经不打算把复
交的"成果"交给长期为中日关系设障且行将下台的佐藤及其政府享
受了。

佐藤内阁这次外交上的失利遭到国内舆论的猛烈攻击,甚至成为加
速佐藤内阁倒台的重要原因,同时也促成了的田中角荣的上台。

田中早在上台之前,就与大平正芳、三木武夫达成了一个政策协议。
其中,第三点是专门谈实现中日邦交正常化的:"鉴于世界已进入'后冷
战时代',将在和平共处的精神下,积极地致力于国际紧张形势的缓和。
日中邦交正常化现在已是举国上下一致的舆论。我们将通过政府谈判,
与中华人民共和国之间缔结和平条约。"[2]

7月5日田中当选自民党总裁后会见记者时又说:"战后四分之一世
纪的日中关系,在长达2000年的历史中,不过是短暂的一瞬。为了不再
发生纷争,要以认真的态度着手(日中)关系正常化的工作。以往我们单
方面地给中国添了麻烦。但是,我认为关系正常化的时机已经成熟。"[3]

7月7日,54岁的田中角荣取代连续执政8年之久的佐藤荣作,正
式就任首相。在他就任首相的当天又发表了这样一番话:"在动荡的世
界形势下,应该加速实现同中华人民共和国的邦交正常化,强有力地开
展和平外交。"[4]这可以视为田中内阁拉开中日复交序幕的开端。田中
的这一表态立刻受到了中国方面的积极回应,两天之后,周恩来在公开
场合表示:"田中内阁7日成立,在外交方面声明要加紧实现中日邦交正

① 《朝日新闻》,1972年1月1日。
② 刘德有:《在日本采访中日复交》,人民网日本版,2005年3月11日。
③④ 古川万太郎:《日中战后关系史》,原书房,1988年,第367页。

常化,这是值得欢迎的。"周恩来的反应之快以及态度之明朗出乎田中的意外,从此,情况急转直下,在日本,争取田中首相访华,以实现中日复交的热烈气氛,顿时高涨起来。

7月20日,藤山爱一郎在新日本饭店安排了一次酒会,欢迎备忘录贸易办事处驻东京联络处首席代表萧向前和正在日本访问的中国上海舞剧团团长孙平化,外相大平正芳、国务相三木武夫、通商产业相中曾根康弘、参议院议长河野谦三、自民党干事长桥本登美三郎、总务会会长铃木善幸、政务调查会会长樱内义雄以及社会党委员长成田知巳、公明党委员长竹入义胜、民社党委员长春日一幸等到会,酒会气氛十分热烈。中日关系正常化以前在日本举行的欢迎中国客人的类似活动,一次能有这么多现职内阁成员出席,还是破天荒第一次。

藤山爱一郎在酒会上即兴致词说:"今天,日本的政界、经济界人士来了很多,从大阪和名古屋也来了不少朋友。""这次聚会,可能会对日中两国的友好关系开辟道路。特别是,今天大平外相出席了酒会。现职的大臣,而且是外务大臣出席,这是划时期的。我想,今天将成为两国关系进一步前进的日子。从这个意义上,今天的聚会又增添了新的意义。"会上,大平外相对孙平化、萧向前二人说:"我和田中首相是一心同体的盟友,他委托我全权处理外交事务。田中首相和我都认为,当前日本政府首脑访华、解决邦交正常化的时机已经成熟。"①另外,田中还把政调会所属的"中国问题调查会"改组为"日中邦交正常化协议会"。新的机构越过政调会和总务会,直接对党总裁负责。

8月20日傍晚,来自日本全国各地的工人、农民、青年、学生、妇女、中小企业者、宗教界人士共6000多人,在东京日比谷露天音乐堂举行集会,表示支持田中首相早日访问中国,谈判并解决日中邦交正常化的问题。

1972年9月,田中首相访华前,日本正式派出"亲台派"自民党副总

---

① 刘德有:《在日本采访中日复交》,人民网日本版,2005年3月11日。

裁椎名悦三郎作为首相特使访问台湾,并向台湾当局提交了田中首相的亲笔信。信称:日本着手与中国政府展开复交谈判,并非如台湾当局所斥责的日本方面为私利而采取所谓"亲媚北京之短视政策",而是因为:第一,联合国已经承认中国的代表权;第二,美国通过尼克松访华已开始转变对华政策;第三,日本"一般国民对于中国的敬爱之情异乎寻常",所以对华谋求邦交正常化实乃民主国家不得不为的选择。

大平正芳外相是一位头脑缜密、虑事周到的政治家,有一股"一事既决,宁死不回"的劲头。他与田中共同做出同中国复交的决断,并为田中访华做了具体周密的安排。为了实现日中复交的宏伟目标,甚至将自己的生命置之度外。大平来华前曾写下遗嘱,放在书房的保险柜里,内容是如果完不成邦交正常化的任务,誓不还家。直到他从北京胜利归来,才向家人谈到这份遗嘱,并当场打开保险柜,取出遗嘱毁掉。

田中访华期间,中日首脑级会谈共举行了四次。会谈结束后,田中召见了官员们,对他们说:"你们各位受过高等教育,是很有学问的,不要钻牛犄角尖,请你们提出一些能解决问题的见解来,责任由我负。"

经过艰苦而明智的谈判,中日双方就联合声明达成七项协议:(1)建立外交关系;(2)邦交正常化的意义;(3)根据和平共处五项原则处理中日关系;(4)不在亚洲太平洋地区谋求霸权;(5)中国方面放弃对日本国的战争赔偿要求;(6)通过谈判缔结和平友好条约;(7)通过谈判签订贸易、航海、航空、渔业等协定。这一协议为两国邦交正常化铺平了道路。

从总体上讲,在中日关系问题上,虽然复交条件日趋成熟,但自民党内的反对势力还相当强大。作为自民党总裁的田中角荣,面对党内"台湾邦"的阻挠,还是需要费一番口舌的。当时,岸信介、滩尾弘吉、椎名悦三郎等人百般阻挠,自民党重臣福田纠夫也认为中日复交为时尚早,甚至外务省官僚对田中的复交决定也采取拒不配合的态度。在自民党内讨论田中访华时发生激烈争论,日本右翼势力的反对和阻挠更是气势汹汹,在宣传车上贴满"国贼！田中角荣！"的标语,甚至扬言要杀了田中。可见,"田中下决心访华,既要有勇气,也要敢于冒风险"①。

田中角荣的女儿真纪子2007年曾对《世界新闻报》特约记者说:"父亲常说世界上最聪明的就是犹太人和中国人。犹太人和中国人都很会赚钱,世界上每个角落都有中国人的足迹。父亲认为,不能因为不了解就不去接触,这也是父亲的世界观。父亲临行前对我说,将来,日本和中国的年轻人可以进行体育交流、贸易交流,为实现这个目标,爸爸要去中国。"真纪子又说,35年前,日中两国几乎没有任何交流和联系。战后日本政界以自民党为中心,"亲台派"是主流,他们反对和中华人民共和国建立外交关系。在阻力很大的情况下,父亲主张与台湾断绝关系,承认中华人民共和国是代表中国的唯一合法政府。因此,父亲受到日本政界、特别是来自自民党的非难。他们要求父亲辞掉首相职务,甚至连国会议员也不要他干了。那时候,谁想和共产主义国家建交,就是"卖国贼"、"国民公敌"。当时,右翼的宣传战车天天在田中家周围吵闹,直升机没完没了地在房顶上转。为阻止首相访问中国,右翼团体的"暗杀计划"也搞得很明目张胆,恐吓电话不断打过来,紧张的气氛让家人连门都出不去。②

总之,对日本来说,中国"意外地"回到联合国,"意外地"发生"林彪叛逃事件",美国总统尼克松"意外地"访华。三个"意外"加在一起,成为中日复交的外在因素,构成田中"决断"的外在合力,尤其是在尼克松"越顶外交"的刺激下,田中决意要在"建交"这步棋上走在美国前面,以争回外交脸面。

可以设想,如果接替佐藤的不是田中角荣而是其他人,中日复交的日程很可能还要推迟一段时间。所以,从这个意义上讲,中日邦交正常化虽然不能完全归功于田中个人,但是,中日复交这一久拖不决的日本

① 高锷:《前事不忘、后事之师——回忆中日邦交正常化谈判》,《和平与发展》2002年第3期,第25页。
② 凤凰网:《田中角荣之女披露"中日复交"内幕》,2007年10月17日。

最大外交课题,在田中就任 84 天之后就得以实现,也不能不说明田中角荣的确具有超乎常人的远见和"决断力",这也正是田中角荣在中日关系正常化问题上的关键作用所在。

中日关系长期处于敌对状态,从外交意义上讲,关键因素是"台湾问题"的纠结(这其中当然也包括意识形态因素),但更本质的东西还是国家利益使然。对任何一个国家来说,外交的最高原则永远是国家利益。当客观形势"重新洗牌"的时候,作为执政的日本自民党政权,理所当然地首先必须权衡国家的利弊得失,其他因素就都不重要了,以往声称绝对不可改变的东西也就不得不"与时俱进"地让位。这就是日本政府在中日关系问题上,从敌视走向正视的漫长道路上看似复杂实则简单的真谛。田中角荣首相果断地解决了中日邦交正常化问题,但归根结底是出于其国家利益的考虑。同时,作为政治家,创造"业绩"并载入史册完全是一种惯常的行为。在这一点上,田中与鸠山一郎首相当年果断解决日苏邦交正常化问题并无大异。

3. 社会各界对中日复交的反响

中日恢复邦交后,日本社会的反应总体上是积极的。具体说来,肯定论者列举了以下理由。

第一,日本国民普遍认为中日邦交正常化是成功的,由此也带来了对华认识上带有根本性的转变。据产经新闻社的调查,国民认为日本政府首脑与中国的邦交正常化谈判成功的占 98%[1],时事通信社的调查表明,认为中日实现关系正常化是件好事或大好事的占 85%[2]。因此,田中访华回国后,人们对田中内阁的支持率明显上升,时事通信社的调查结果显示,内阁支持率由成立时的 56% 上升到 61%[3]。

---

[1]《今天的舆论》,[日]总理府广报室编:《舆论调查》第 4 卷第 12 号,1972 年 12 月,第 84 页。

[2]《时事舆论》,[日]总理府广报室编:《舆论调查》第 4 卷第 12 号,1972 年 12 月,第 82 页。

[3]《时事舆论》,[日]总理府广报室编:《舆论调查》第 4 卷第 9 号,1972 年 12 月,第 94 页;《舆论调查》第 4 卷第 12 号,1972 年 12 月,第 80 页。

　　中日复交的实现,使日本国民对中国的感情发生了根本性的变化。1972年8月,自民党在积极推进中日邦交正常化并作出田中访华的决定后,日本国民中喜欢中国的人第一次超过了讨厌中国的人。但日本国民对中国的感情真正发生变化是在1972年10月实现中日邦交正常化之后,喜欢中国的人猛增至18％,讨厌中国的人骤减至4％。[①] 因此,在邦交正常化之后的相当长一段时间里,日本社会中"日中友好"的气氛相当浓厚,甚至形成了所谓的"中国热"。

　　第二,关于中日复交得以实现的原因,日本学界普遍认为,主要源于中美关系的缓和。也就是说,中日恢复邦交的契机,与其说是来自日本内部的国民运动的成果,毋宁说外发契机即尼克松访华与中国恢复在联合国的合法席位的作用更大。[②] 之所以如此,是因为日本所坚持的"外交三原则"[③]的国际背景发生了变化。当中美关系缓和,以及美国和日本促使台湾继续保留其在联合国合法地位的努力失败后,日本意识到了中国国际地位的提升,特别是意识到中国在美国对外战略地位的上升和台湾地位的下降。日本作为美国的同盟者,不与中国复交就意味着被国际社会孤立,特别是在美国全球战略中的地位下降。因此,从这个意义上说,"1972年的中日邦交正常化是中美接近的副产品","没有中美接近就没有中日关系正常化"。[④]

　　与中美关系缓和相关,日本学者注意到日美安保体制与中日复交关系的变化。若月秀和认为,在中日复交前,日本政府与美国进行沟通,并得到了美国的理解,因此中日间的复交实际上是日美安保框架下的对华

① [日]NHK广播舆论调查所编:《图说　战后舆论史》(第二版),日本放送出版会,1982年,第81页。
② 黄大慧:《日本对华政策与国内政治——中日复交政治过程分析》,当代世界出版社,2006年,第224—225页。
③ 1957年日本政府发行第一本外交蓝皮书,提出了日本外交的三项原则:以联合国为中心、与自由民主国家的协调、坚持亚洲一员的立场。
④ 毛里和子:《中日关系——从战后走向新时代》,徐显芬译,社会科学文献出版社,2009年,第68、72页。

邦交正常化。① 添谷芳秀则提出了与之不尽相同的观点,他认为中日复交对于战后日本外交具有划时代的意义。对于国内政治而言,日美安保关系与中日邦交正常化长达 20 多年的两个不相容的目标,由此"和谐"起来了。从外交层面看,在继续维持对美关系的同时,面向中国,扩展外交的范围,通过既对美"协调"、又和亚洲地区构建多边关系,中日邦交正常化成为日本展开"自主外交"的开始。②

第三,从实现中日邦交正常化的目的来说,中国最重视的是政治意义,而日本则有所不同,在重视政治意义的同时还重视经济利益。根据日本媒体的舆论调查,人们对中日复交后的两国关系发展期待最高的是开展经济合作,繁荣中日贸易,其次是文化、体育交流。安全与外交方面的调查选项较多,合计为 28.1%,但没有超过对经济利益的追求。复交后,日本相机成立了日中经济协会、日中原油进口协议会(1973 年)等经济组织,对中国开始了内容丰富、形式多样的各种经济活动。事实证明,经济往来是复交后中日关系发展中最显著的领域。

第四,日本认为中日复交的实现,是对战后日本外交理念的重新阐释。日本认为,战后以来,在日本政府没有越过美国对华封锁政策一步的情况下,先于美国,迅速与中国实现了邦交正常化,使日本外交第一次具有了"主体性",这是日本"多边自主外交"战略的一次成功表现,增强了日本对外自主外交的信心。

第五,从中日复交的结果看,日本学者不仅认为具有双边意义,而且还认为日美两国对华政策的转变,使世界的两极格局发生了重大变化,演变为中美苏三大战略格局或多极世界,并在东亚区域开始出现日美中三国关系,使日本开始追求自立的、多样性的外交路线。③

---

① 若月秀和:《"全方位外交"的时代——冷战变容期的日本与亚洲 1971—1980 年》,日本经济新闻社,2006 年,第 44 页。
② 添谷芳秀:《日本外交与中国 1945—1972》,[日]庆应通信,1995 年,第 213 页。
③ 绪方贞子:《战后日中·美中关系》,添谷芳秀译(日文),[日]东京大学出版会,1992 年,第 187 页。

值得注意的是,对于中日复交,日本学界一开始就出现过不同的声音。特别是近年来,批评当年日本在复交过程中缺乏战略性和国际视野的意见正在增多,有人认为复交时留下的问题直接影响了当今中日关系。例如,毛里和子认为,中国的对日复交在外交上具有战略意义,"是中美接近的延长线上的一环",其主要动机首先是出于对苏战略的考虑,其次是力图利落地切断日本与台湾的政治关系。这种战略,大大提高了中国在国际政治上的战略地位,同时,也使得中国对日本作出了很大的让步。此外,中国的对日邦交正常化还特别强调道义性。对日本,中国政府将军国主义与人民区分开来,明确提出是为了不给日本国民增添负担而放弃战争赔偿。对于这种道义性,日本应该深深地表示感谢。相反,日本在中日复交问题上缺乏战略性,是以国内政治为首要目标,外交感和历史感贫乏。"从当时日本的外交当局那里,基本看不到对这种道义的理解、考虑乃至敬意"。① 添谷芳秀认为,在中日复交上,日本缺乏国际秩序观,②是因为"受到中美接近的刺激才迅速倾向于要实现邦交正常化的"。

对此,绝大多数中国学者坚持认为,1972 年体制是中日关系深入发展的根本基础。③

---

① 毛里和子:《中日关系——从战后走向新时代》,徐显芬译,社会科学文献出版社,2009 年,第 74—75 页。
② 添谷芳秀:《日本外交与中国 1945—1972》,[日]庆应通信,1995 年,第 212 页。
③ 金熙德:《中日关系:复交 30 周年的思考》,世界知识出版社,2002 年,第 88—89 页。

第六章　从正视到"竞合"
——复交以来的中国知行(1972—2011)

中日复交以来,日本逐步摆脱双方未恢复邦交时期敌对的中国认识,开始全方位、多角度、广渠道地接触和认知中国,力争通过尽可能客观的视角正视中国国内的发展变化,积极探索深化中日两国关系的有效途径,这也正是 20 世纪七八十年代两国维持友好关系的重要因素之一。20 世纪 90 年代,随着冷战的结束,中国崛起的态势日渐引人瞩目,中日两国呈现出前所未有的"两强并存"格局,从而给日本各界的对华认识带来前所未有的冲击,积极与消极的对华认知并行交错,与其说日本仍像以往那样把中国视为友好合作的伙伴,不如说更倾向于把中国视为值得警惕和防范的"竞争对手"。

一　复交初期的中国认知与实践

战后初期,日本和中国基于自身条件及国际冷战环境的影响,分别倒向了以美国为首的自由主义阵营和以苏联为首的社会主义阵营,形成了敌视对峙的状态。在美国的策动下,日本选择与台湾缔结《日台条约》,对中华人民共和国采取拒不承认的态度,中日两国一直到复交始终处于敌对状态,日本的对华认知属于建构主义中的"霍布斯文化"状态。

20 世纪 60 年代末,中美接近,日本的对华认知逐步发生转变,在自民党内部出现了关于"中国问题"的争论,在野党势力也加大了推动复交的步伐,经过朝野各界的多方博弈,最终推动中日复交的一方占据了上风,实现了中日关系正常化。

1. "亲华派"与"亲台派"的论争

中日复交后,自民党内部的"亲华派"与"亲台派"围绕中国问题、尤其是与台湾当局关系的处理上展开了争执,鉴于国内外形势的发展,"亲华派"的主张逐渐占据上风,"亲台派"的观点则日趋式微。但在围绕与中国缔结和平友好条约的问题上,"亲台派"依然肆意阻挠。随着各方面条件的日益成熟,与中国保持友好合作的认知极大地影响了日本的对华决策,"亲台派"势力逐渐淡出历史舞台。

1972 年 5 月 8 日,大平正芳在首次参加自民党总裁竞选提出的政策建议中强调:亚洲地区局势不稳定,"日、中两国应当致力于创造该地区的和平","为了完成对亚洲和平负有责任的日中两国的永久和解,我们必须迅速实现两国邦交正常化。但是在这件事上我们不能有任何私心和幻想,虽说还有困难,但我想终究是不容回避之事。而且这项事务早就经过了民间协调时期,现在已到了由政府承担责任负责处理的阶段。我再次迫切期待政府应该倾注诚意抓住这个问题,致力于邦交的恢复。"[1] 6 月,大平对中国问题的态度更加明确:"我认为与中国建交的时机已经到来,为此,首先应统一国内认识,现在是下决心的时候了。"[2] 对于成为复交焦点的台湾问题,大平明确指出:"日中邦交正常化之后,日台条约旋即不复存在。实现中日复交,意味着同北京之间寻求一种新的协议……从政治上来说,实现日中邦交正常化,日台关系就终止了。"[3] 大

① 大平正芳回忆录刊行会编:《大平正芳回忆录》,鹿岛出版会,1982 年,第 215、219 页。
② 大平正芳纪念财团编著:《大平正芳》,中国青年出版社,1991 年,第 352 页。
③ 同上书,第 361 页。

平正芳的对华认识在当时的自民党内较有代表性,表明中日复交问题的解决已"箭在弦上"。基于这种认识,大平正芳担任外相后,更加明确了立即恢复日中邦交的外交方针,和田中角荣首相一道作出了艰辛的工作,最终实现了田中访华和日中复交。

当时自民党内的亲华派代表人物主要是松村谦三及田川诚一等。1972 年 6 月,在田中政权成立之前,为缅怀松村谦三先生,出版了《松村谦三与中国》(读卖新闻社)一书,卷末收入了田川诚一撰写的《日中问题的基本立场》的论文,通俗易懂地阐述了日中邦交正常化的理由,其主要内容为:

> 从法律上讲,与中国的战争状态还没有结束。有人主张战争状态由于《日华和平条约》已经结束,但这个条约是在新中国成立两年半以后与逃亡台湾的蒋介石政权缔结的,并不是与中国缔结的。在《旧金山和约》缔结之后,日本迫于美国的压力选择了与台湾缔结《日华和平条约》,但日本政府并没有将台湾政权视为代表全中国的政府,条约的内容是有限制的。蒋介石已经失去中国领土和国民,因而对中国的处理没有发言权。战争结束后"以德报怨"的声明并不是蒋介石个人的,而是代表了中国人民。对日本军人采取宽大态度反映了中国的道义,确实蒋介石很了不起,但不能仅仅向蒋介石个人而是要向中国人民感恩。有人说日中战争的对手是蒋介石政权,但是难道忘记了日本政府在战争期间曾发表声明,不以蒋介石政权为对手,并且扶植了傀儡政权的历史了吗? 中国政府已经暗示放弃战争赔偿,没必要担忧新的赔偿。①

田川论文对"亲台派"进行了严厉批评,指出"亲台派"在"感情上厌恶中国,也不想了解中国,反对与中国恢复邦交,笃信反共主义,仅仅因为中国采取社会主义的体制就忌避中国,害怕同中国交往而使日本赤

化。而且,这些人不仅用战前同样的尺度来衡量中国,对包括中国在内的亚洲人始终有一种优越感。相反,他们中大多数人对欧美各国都有一种劣等感。"①田川的这一观点在亲华派中很有代表性。

1972 年 7 月 14 日,自民党"亲台派"的代表性人物贺屋兴宣向自民党外交问题恳谈会提交了题为《日中邦交正常化对策纲要》,其中体现了"亲台派"势力在中日恢复邦交上的代表性认识。主要内容为:

（1）努力实现邦交正常化和政府间谈判;（2）邦交正常化的内容、条件和手续等须按正常程序进行;（3）即两国以对等的立场和无条件的方式进行谈判;（4）日本方面基于国际间的惯例、信义及国家利益,确定邦交正常化的内容、条件等原则,并征得国民的一致意见;（5）急于实现正常化,不能屈服于对方所提出的不正当要求。内容若有勉强之点,会丧失相互间的信赖,并可能遗留隐患;（6）不正当内容不予承认,对日本而言,即便邦交正常化推迟,无论是防卫上还是经济上都无任何危险,也不会有任何不利之点,没必要焦灼不安;（7）对正常化抱有焦灼感,甚而采取迎合和屈从的态度都会给我方带来不利;（8）日本方面的原则是和平共存、不干涉内政、相互尊重领土主权,不行使侵略方式、国际纠纷通过协商的方式加以解决、承认集体防卫等联合国宪章精神等。日本方面的原则从文字上看与中共的和平共处五项原则是一致的,但中共事实上却屡屡违反自身的五项原则,直至目前依然固执地宣称支援他国的国内革命。需要保证不再出现这种情形;（9）中共策划离间日美,通过进行日本军国主义化的宣传等,企图弱化日本的自卫力,同时也不乏具有实现日本共产化革命的潜在意图。针对这些事实,在谈判的同时,日本也有必要整备国内体制;（10）中共主张的所谓三原则,以台湾是中华人民共和国领土的想法为核心,这是不能承认的。日华和平条约

---

① 若宫启文:《和解与民族主义》,朝日新闻社,2006 年,第 155 页。

当然有效,单方面变更、废止是非法的、不合理的;(11) 对于台湾问题在日中谈判中加以处理的看法,是非法的、不正当的大国主义,是否认台湾的存在;(12) 关于台湾的领土权等问题,在日美之间出现处理方针不同的情况下,将会引发日美安全保障条约适用范围等重大问题,系事关我国国防之根本的问题;(13) 日本承认台湾为中共领土的情况下,中华民国可能对日本采取报复措施。对此有必要加以充分认识;(14) 至于有关对于中共进行谢罪、赔偿的议论,其根据难以获得承认。这是有关事实的确认,从国家利益和国际间义务的角度上有必要进行慎重的讨论,不应一味停留在口头上。过去,日本曾一时受国内情绪的控制,也由于政府懒于慎重考虑,从而进行的日德合作、日苏中立条约等,经历过重大的战略失误,给日本的前途命运带来极为巨大的危险,在对中国问题上也有必要进行深刻反省。上述备忘录式的要点是我国在日中邦交正常化上应采取的态度和方针,有关事关紧要之点几乎毫无遗漏地加以记述。①

由于中日复交在朝野上下已呈大势所趋,"亲台派"势力也不得不赞同复交。但是,"亲台派"代表人物贺屋兴宣依然坚持认为,日中邦交正常化最终应该体现如下要点:

第一,与中共重新缔结邦交(不承认台湾、澎湖岛、金门、马祖等中共统治未及区域为其领土);第二,与台湾的邦交一如既往地维持(日华条约将来依然有效);第三,日本与中共的邦交原则依据联合国宪章精神(因此,对和平共处五项原则不持异议,只是应明确写明承认集团防卫构想);第四,中共应保证今后严格遵守和平共处五项原则,不支援他国革命、干涉他国内政的行动(对于中共、台湾双方真实的统一愿望,日本表示充分理解)。②

---

① [日]贺屋兴宣:《战前战后80年》,经济往来社,1976年,第323—325页。
② 同上书,第354页。

　　"亲台派"的主张仍然是在继续同台湾维持外交关系的状态下与中国恢复邦交，显然这是不能获得中国承认的。"亲台派"势力反对抛弃台湾，不承认台湾是中华人民共和国的领土，认为废弃"日台条约"是非法的、不合理的，而其立论的主要依据大多是蒋介石对日本的恩德，日本不应背信弃义。"亲台派"的主张是想既同中国建交，又继续和台湾保持官方往来，实质是想制造两个中国。这种逆时代潮流而动的对华认识及其一系列举措虽然给中日复交设置了诸多障碍，但历史的车轮还是无情地将这种难以立足的奇谈怪论碾得粉碎。经过自民党内的反复权衡，最终作出了"选择中国"而"抛弃台湾"的决策，暂时给自民党内有关"中国问题"的论战画上了句号。

　　田中和大平在决意开展中日邦交正常化的谈判后，新设一个直属总裁的党的机关——自民党日中邦交正常化协议会，由前政调会长小坂善太郎任会长。由这一机构着重开展统一全党在中国问题上的思想协调工作，设法在日中邦交正常化问题上使党内意见趋于统一。经过协议会一个多月的协调工作，自民党内在日中关系正常化问题上的消极派人数大减，仍在发表"亲台"言论的自民党议员已不足10人。即使是这些人，在作"亲台"发言时，也首先说明"不是反对正常化"，而后才是"但是……"。①应该指出的是，周恩来委托竹入义胜带回中国的方案，为田中、大平做党内统一思想的工作起到了积极作用。

　　这样，在8月22日自民党总务会议上，尽管仍有"亲台派"总务委员激烈反驳和质问，但在表决时，却一致通过了协议会长小坂善太郎就协议会日中问题的讨论所作的小结报告。报告内容为：（1）进行日中邦交正常化；（2）为此田中首相访华。当自民党干事长桥本登美三郎提出田中访华前先派党的代表团访华时，全场一致表示同意。② 自此，自民党内

---

① 《参考消息》，1972年8月28日。
② 《参考消息》，1972年8月24日。

就田中访华问题达成一致,并同意自民党组团访华。

2. 围绕反霸条款的战略之争

《中日联合声明》发表后,缔结和平友好条约成为摆在日本政界人士面前的重大课题。由于中苏对立加剧,苏联因素在日本政界人士的对华认知中有很大影响。日本对中苏奉行"等距离外交"和"全方位外交",在缔结和平条约问题上,"慎重派"肆意阻挠,"亲台派"横加干预,导致中日之间和日本国内围绕反霸条款展开了激烈的战略之争,致使缔约过程一波三折、步履维艰。

中日间缔约的预备性谈判共进行 5 轮,1975 年 1 月,中国驻日大使陈楚和日本外务次官东乡文彦举行第二次预备会谈。会谈结束后,外务省发表简短消息称:"日方就日中条约阐明了基本看法。"但并未披露具体内容。根据参加会谈的人士事后介绍,日方当时主要谈了两点:(1) 条约内容首先应该确认日中联合声明第 6 条(和平共处五项原则)的精神,继而列举了条约目的、条约期限及条约生效手续等内容;(2) 去年 11 月举行预备性谈判时,中国外交部副部长韩念龙曾表示:"条约的基本内容必须包含霸权条款。"但是,"霸权"这一词汇过去很少作为条约术语使用。而且,条约本来是规定权利和义务的。因此,日方反对把霸权条款写进日中和平友好条约。①

在涉及反霸条款问题上,日本政界的看法主要包括外务省当局和政治家两个层面,综合当时日本方面的报道、言论及国会答辩,其主要反对理由大致有如下几点:

(1) 由于共同声明是当时表明对国际形势的认识和政治态度,当国际形势变化后,加入"反对霸权条款"约束缔约国,不符合国际条约惯例;(2) 根据对霸权的不同解释,虽然认可日美安保条约等美

① 永野信利:《天皇与邓小平的握手》,行政问题研究所,1983 年,第 138 页。

国对亚太地区的霸权，但今后中国方面也有可能谋求解除。可以预计，在他国建设军事基地，用武力干涉民主运动，美军对越南的干预，对台湾问题的介入，根据中国方面的解释，这些也许就会包含在霸权行为之列；（3）在认定第三国霸权的情况下，中国有可能运用武力予以排除，这有违日本宪法的方针；（4）日本以善邻友好及全方位外交为方针，若单方面加入反对霸权条款，第三国有可能认定日本有某种特定企图；（5）日本在海外进行的经济活动也可能会包含在霸权行动中。根据对霸权的不同解释，甚至对日本在东南亚的经济活动，也许会成为受中国方面牵制的理由；（6）甚至会出现如下顾虑，日中和平友好条约可能不仅拥有和平友好条约的性质，而且还会具有军事同盟条约的性质。①

中日双方在有关缔约的事务性谈判中各执一端，谈判陷入停滞状态。1975 年 9 月，中国外长乔冠华与日本外相宫泽喜一在纽约会谈。宫泽要求乔冠华外长对日方提出的所谓"四项原则"予以答复，其内容为：

（1）不仅在亚太地区，在世界任何地方都反对霸权主义；（2）反对霸权不是针对特定的第三国；（3）反对霸权并不意味着日中采取联合行动；（4）不得与联合国宪章的精神相违背。②

"宫泽四原则"的实质是把反对霸权限定为一般的国际原则，而不特别针对苏联。乔冠华表示："没有必要对霸权的含义进行解释，日本方面认为有必要那是日本方面的问题。双方各作解释就会使其支离破碎。"进而指出："作为中国而言，希望尽早缔结条约，日本方面若存在诸多困难也可以再等一等，即便没有条约，由于两国系一衣带水的关系，依据共

---

① 《第 75 届国会众议院内阁委员会会议事录》，第 11 号，1975 年 4 月 3 日；［日］《第 75 届国会众议院外务委员会会议事录》，第 15 号，1975 年 4 月 23 日。
② 田中明彦：《日中关系（1945—1990）》，东京大学出版会，1991 年，第 95 页。

同声明也能够使两国的友好关系得到发展。"①乔冠华表示不能同意日方的主张,外长会谈无果而终,中日间的分歧和对立使缔约谈判实际上处于中断状态。

自民党内的"亲台派"以苏联反对为由,反对在中日和平友好条约中加入反霸条款。滩尾弘吉公开声称:"条约中写进反霸权条款与迄今的日中是日中,日苏是日苏的主张相矛盾","日本卷入中苏对立将导致亚洲的紧张和不稳定"。②

与此同时,日本国内的亲台势力也与台湾当局遥相呼应,极力阻挠中日缔约谈判。日本的亲台组织"日华(台)关系议员恳谈会"和"青岚会"成员与社会上的右翼势力串通一气,多次发动遏制缔约谈判的运动,向积极从事日中友好事业的人士施加压力。他们甚至扬言,如果大平正芳不改变其对华政策,他们将提出对外务大臣的不信任案。在阻挠中日缔约谈判的活动中,"青岚会"起到了"急先锋"作用。它不仅联络自民党内及社会上的亲台势力进行各种抵制中日缔约的活动,甚至举行全体会议,提出了允许日本政府进行缔约谈判的四项条件,扬言如果这四条得不到满足,就不承认缔约谈判是外交谈判。"青岚会"提出的条件如下:

(1)谋求保全台湾的地位;(2)在"反霸条款"问题上,要确立日本的立场;(3)要确认尖阁列岛(钓鱼岛)是日本领土;(4)要确认《中苏友好互助同盟条约》在形式上和实质上都已经消失。③

从自民党内部"亲台派"的对华认识和举动中可以看出,三木内阁之所以在缔约谈判问题上裹足不前,与自民党"亲台派"的干扰有着直接关系。邓小平在谈到这一点时指出:"谈判拖延的原因,不是由于我国,也不是由于日本人民。至于田中首相和大平外相所作出的努力,我们予以

---

① 若月秀和:《"全方位外交"的时代》,日本经济评论社,2006年,第108页。
② 徐之先主编:《中日关系三十年》,时事出版社,2002年,第75页。
③ 田桓主编:《战后中日关系史(1945—1995)》,中国社会科学出版社,2002年,第307页。

积极的评价。困难是由一小撮人造成的。他们是岸信介、佐藤荣作、椎名悦三郎以及青岚会等这些鹰派和'台湾帮',他们从台湾得到好处,死抱住台湾不放。此外还有那些仍然抱着军国主义思想的人。"①

由于三木内阁在自民党内处于非主流地位,三木上台主要得到"亲台派"势力的支持,尽管三木首相拥有与中国缔结和平条约的意愿,但由于受"亲台派"势力的掣肘,迫使三木在外交政策上不得不做出调整,即对田中、大平的亲华路线加以修正,因此对于宫泽修复与台湾和韩国关系的政策采取默许的态度。在与苏联的关系上,三木也与宫泽态度一致,对日本有可能卷入中国的对苏战略中抱有强烈担忧。

在中日缔结和平友好条约的过程中,苏联因素对日本政界的对华战略认知有不可低估的影响,由于过多地顾及苏联方面的恫吓和威慑,因此在反霸条款上顾虑重重。

中日联合声明发表后,苏联针对即将开始的日中友好和平条约谈判采取了软硬兼施的手法:葛罗米柯外长质问大平外相说:"'两国任何一方都不应在亚洲和太平洋地区谋求霸权,每一方都反对任何其他国家和国家集团建立这种霸权的努力'。这'任何其他国家和国家集团',究竟指的哪个国家? 如果将第六条和第七条联系起来考虑,苏联只能认为日中两国结成了某种以苏联为对象的同盟关系。"

三木首相提出争取早日缔结日中和平友好条约后,苏联驻日本大使特罗扬诺夫斯基便匆忙会见日本自民党副总裁椎名悦三郎并威胁说:"日本打算缔结日中条约,不会给日苏友好关系带来好结果"②,言外之意是让日本打消缔结日中条约的念头。不久又向三木首相递交了勃列日涅夫的亲笔信,提出一面进行日苏和平友好条约的谈判,一面缔结睦邻合作条约。

---

① 张香山:《中日关系管窥与见证》,当代世界出版社,1998年,第73页。
② 永野信利:《天皇与邓小平的握手》,行政问题研究所,1983年,第143页。

1975 年 6 月 17 日,苏联政府就有关日中条约谈判问题向日本政府发表了如下声明:

> 苏联政府希望日本国政府在发展与第三国之间关系之际,不要做任何有可能给苏联与日本之间关系发展带来损害的事情。……日本和苏联为维护共同的利益,对于第三国依循自己的一孔之见试图给苏日关系设置障碍而采取的任何举动,理所当然要予以反击。苏联已经采取这一方针,希望邻国日本也采取同样的态度。①

声明警告日本不要同意霸权条款。这里的"第三国"显然是指中国。该声明发表两天后,日本政府通过驻苏大使重光晶向苏联政府表达了如下见解:"(1) 促进与苏联的善邻友好关系是日本政府的一贯政策;(2) 日本政府关于日中条约的立场不面向第三国。"②

1976 年 1 月,葛罗米柯外长访问日本,要求日本就日中和平友好条约谈判经过做出解释,就霸权问题阐明苏联立场。他挑拨中日关系说:"日中如果缔结条约或协定,苏联对它的内容非常关心。中国领导人是想把敌对苏联的路线强加给日本,使日本屈服,中国才是谋求霸权。现在是日本显示外交自主的好时机。"葛罗米柯还威胁日本说:"日本如果屈服于中国的压力,就必须重新考虑日苏关系。"③

苏联牵制和干扰中日缔约的意图十分明显:回避领土问题,绕开和约问题,但又能发挥政治功能,平衡中日关系。在遭到日方婉拒后,苏联继续努力说服日本退出中日谈判,苏联媒体不断警告中日条约将使苏日关系复杂化。苏联因素在影响日本政界人士的对华认知中发挥了重要作用,成为中日谈判延宕 6 年之久的原因之一,最终迫使日方在条约中加入有关第三国条款,从而使反霸权的条文意义淡化。不过,中日和约

---

① 平野实:《外交记者日记——宫泽外交的两年(上)》(资料编),行政通信社,1979 年,第 292—293 页。
② 同上书,第 293—294 页。
③ 徐之先主编:《中日关系三十年》,时事出版社,2002 年,第 75 页。

的缔结使苏联遏制中国政策的企图遭受重大挫折。

3. 福田内阁的缔约认识及决断

福田赳夫政权诞生后的一年时间内,主要优先致力于调整和修复日苏关系,关于日中条约缔结问题并没有显著动向,但作为开展"全方位外交"的重要一环,也对重新展开中日缔约谈判问题进行了布置。1977年1月18日,福田在首相官邸召见竹入义胜,委托其向中国方面传递如下讯息:(1)我认为自邦交正常化以来,日中关系发展顺利;(2)将忠实地履行中日联合声明;(3)关于和平友好条约,如果日中双方互相理解对方立场,意见取得一致的话,将早日推进缔约。针对构成中日缔约谈判障碍的"宫泽四原则",园田直官房长官告诉竹入,"福田内阁一概不承认这种条件和原则",同时还说,"福田内阁说话是算数的"。①

1977年2月,福田在国会答辩时称,"中国方面了解日本的和平宪法,尤其是宪法第九条所规定的内容,因此也可以在条约的前言或正文中写进反霸权条款"。这一发言的背景是,1975年11月,三木政权已经向中国提交了明确写有反霸权条款的条约草案,日本政府同意写进该条款的态度已为中国知悉,为保持这一政策的连贯性,福田重新确认了这一看法。福田认为:

> 霸权条款的本质,实际上并非要不要写入霸权条款,而是如何认识其背后的国际形势,采取何种外交基本方针的问题。中国当时的意图显然是想通过让日本方面接受明确记有反霸权条款的条文,在日中间构筑反苏同盟。因此,日中和平友好条约的缔结工作迟迟未有进展。就我个人而言,是不能接受以敌视特定国家的形式建立同盟关系的。当时中国的意图是"设法将日本拉入反苏同盟",针对中国的尝试,日本表示拒绝,日本方面的立场是站在日中长远未来

①《参考消息》,1977年1月20日。

之上考虑如何构筑友好关系的。而且,同时发展与中国和苏联的关系是全方位和平外交的具体体现之一,日本要明确展现的姿态是,绝不会做通过日中谈判以一方为敌、而与另一方保持友好关系的事情。①

福田就任首相之初,由于自民党内"慎重派"和"亲台派"的阻挠,因此对重新展开日中缔约谈判表示谨慎,但自 1977 年秋季以后对重新进行日中缔约谈判态度转向积极,永野对其原因作了如下分析:

> 第一,是由日本财界的主流派派出访华使节团,同中国缔结长期贸易协定引起的。为了扩大日中贸易,财界希望日中两国政治稳定。因此,许多人迅速改变态度,支持同中国缔结日中条约。自民党内多数人靠财界的政治捐款过日子,支持缔结日中条约的人越来越多,也就不足为奇了。福田首相对财界的意向自然也不会视而不见;第二,福田首相当时可能已经暗下决心,背弃与大平达成的默契,参加翌年 11 月的自民党总裁预选。既然要参加下一次总裁选举,福田内阁就必须亲手缔结日中条约,争取党内亲华派的支持;第三,1976 年,中国的周恩来、毛泽东相继去世,"文革"派"四人帮"被捕,当时的政治权力正转移到务实派邓小平手中,这就为恢复日中条约谈判创造了条件。②

总之,福田更多地出于内政方面的考虑,终于下定决心,通过佐藤驻华大使和韩念龙外交部副部长的预备性会谈推进缔约谈判进程。

1978 年 3 月 27 日,福田首相在自民党领导人会议上,为统一党内思想,对缔约的必要性作了如下说明:

> (1) 中国是我国的重要邻国,同其保持稳定的关系对于进一步

---

① 福田赳夫:《回顾九十年》,岩波书店,1995 年,第 298—299 页。
② 永野信利:《天皇与邓小平的握手》,行政问题研究所,1983 年,第 340—341 页。

加强我国的外交地位很重要;(2)这有助于日中之间就悬而未决的问题和国际问题坦率地交换意见,并能为进一步巩固亚洲的和平与稳定做出贡献,使我国的亚洲外交取得更大进展。……要坚持我国同任何国家保持和平友好关系的基本外交政策。要始终遵循日本国宪法,维护国家利益,以这样一种冷静的态度去对待。①

对于当时美国对日中缔约所持态度,福田赳夫在回忆录中写道:"5月份我第二次访美的时候,卡特总统预祝我'获得成功'。5月末,总统安全顾问布热津斯基在访问中国回国途中顺访日本,传达了中国方面'积极予以期待'的意向,同时建议'不要过多顾及美国,劝诫日本通过自身判断尽快推进事情的进展'。我很理解美国对缔结日中条约表示欢迎的原因,其中明显反映了美国为牵制苏联而打'中国牌'的意图,而支持日中和平友好条约的签订就是这种考虑的重要因素之一。总之,谈判的时机逐渐成熟。"②

事实上,中国国内形势的一系列变化,也对日本缔约产生了影响。日本学者渡边昭夫分析:"福田之所以对条约中加入反霸条款表示理解,是由于中国方面采取了灵活的对应策略。其背景在于,由于美军撤退,出现了统一的越南,这种带有亲苏反华性格的政权引发了中国的担心。针对苏联运用'霸权'势力制造南北夹击的战略形势,迫使中国缔结日中条约。另一个因素是,邓小平当时正在确立领导权,中国政治上出现了强化日中关系,谋求中国经济发展的明晰的战略认识。"③

福田的"全方位外交"思想具有鲜明的理想主义色彩,并深刻地影响了其对苏观与对华观的形成,勃列日涅夫的亲笔信击碎了福田对苏联的幻想,中美和解冲破意识形态的"樊篱"之后,为日本同意识形态迥异的国家建立外交关系提供了契机。日本既要与中国及苏联等解决悬而未

---

① 永野信利:《天皇与邓小平的握手》,行政问题研究所,1983年,第220页。
② 福田赳夫:《回顾九十年》,岩波书店,1995年,第301—302页。
③ 渡边昭夫:《战后日本的宰相们》,中央公论社,1995年,第294页。

决的课题,又想置身于中苏对立之外,这种外交姿态在当时仍处于冷战格局的国际背景之下是根本行不通的,福田的"全方位外交"及其改善对苏关系所遇的挫折即是明证。由此,福田的对苏观发生转变,开始把精力集中到缔结《中日和平友好条约》上来。

4. 经济界对中日缔约的推动

根据《中日联合声明》第 9 条的规定,中日复交后,两国政府应立即着手谈判签订有关的政府间协定。从 1973 年 5 月起,两国相继签订了海底电缆协议以及贸易、海运、航空、渔业等协定。在此期间,日本经济界也在思考新的历史时期如何进一步推动两国的全面关系。对此,日中经济协会理事长、小松制作所社长河合良一指出:

> 日中之间,正常化之前已经有了政治三原则、贸易三原则和日中贸易的四个条件等原则与条件,我认为这是在承认中华人民共和国是中国的唯一合法政府的基础上,从两国关系正常化这一政治视点出发的。作为田中首相访华的结果,这些都吸纳到了日中共同声明之中。并且,这一共同声明强调了战争状态的结束和邦交正常化,为了发展和扩大今后的友好善邻关系,和平友好条约的缔结和航空、贸易、海运等各种政府间协定的缔结也已明文化。上述所有的内容目前还未实现,作为日中经济协会,经济活动是单纯地扩大贸易好呢,还是在政治层面也为经济层面多考虑一些呢?这是协会必须思考的问题。①

可见,在新的历史时期,日本经济界在思考今后的对华关系时,除了单纯的经贸关系外,开始更多地考虑了政治层面的问题。

经济界的大部分人士都希望尽早缔结中日和平友好条约。东京银

---

① 稻山嘉宽等:《关于日中民间经济交流》,日中经济协会编:《日中经济协会会报》创刊号,1973年 6 月号,第 22 页。

行董事长柏木雄介在 1977 年 10 月访华后指出:"5 年前的日中邦交正常化只不过是迈出了具有悠久历史的日中友好的崭新的第一步,希望官民们对于日中关系以真正的认识和理解,并继续努力加强日中友好的基础,希望早日缔结日中和平友好条约。"①

经济团体为促进中日缔结和平友好条约也发挥了重要作用。富士银行董事会顾问、日中经济协会副会长岩佐凯实在 1978 年 1 月撰文说:"作为悬案的日中和平友好条约从政治和外交方面来看,早已应该缔结,目前虽未实现,但朝着缔结的方向所进行的不断努力确实是可喜的。"②经团联会长土光敏夫则表示,日本不能搞等距离外交。③

野村综合研究所社长佐伯喜一在《日中和平友好条约与美苏的动向》一文中指出,首先要坚持日本外交的基本姿态,"就日中和平友好条约而言,日本要明确坚持外交的基本姿态"。具体而言:

> 以上述理念为基础来思考苏联和中国的对日姿态时,应该是以日美间极其密切的协作关系为前提来改善与苏联和中国的关系。这时,日本对于中国和苏联,我认为没有必要展开所谓的等距离外交,可以维持一种动态的平衡。我认为中国与日本的距离,无疑比苏联与日本的距离更接近一步。换言之,中国方面对日本采取了非常友好的态度,而苏联并非如此时,日本与中国更接近一步并无大碍。但那时必须避免同苏联的关系形成进一步的敌对。也可以这样说,没有必要维持形式上的等距离,但要避免同对方的关系产生敌对。④

---

① 柏木雄介:《善邻友好与平等互惠》,《日中经济协会会报》,1978 年 2 月号,第 2 页。
② 岩佐凯实:《日本的经济环境与日中贸易》,日中经济协会编:《日中经济协会会报》,1978 年 1 月号,第 2 页。
③ 张耀武:《〈中日和平友好条约〉签订过程中的台湾因素》,北京大学日本研究中心编:《日本学》(第十五辑),世界知识出版社,2009 年,第 222 页。
④ 佐伯喜一:《日中和平友好条约与美苏的动向》,日中经济协会编:《日中经济协会会报》,1978 年 5 月号,第 22 页。

佐伯认为,在日中邦交正常化时的共同声明中,已明确地写入了日中邦交正常化不针对第三国。当然"这次的日中和平友好条约也不针对第三国,而且也并非是规定针对第三国的共同行动。我想这就是日本外交的基本姿态"。佐伯写道:

> 在共同声明中,对于加强并发展日中间的和平友好关系,以和平友好条约的缔结为目的交涉并达成共识。这一共识,日本应该依照约定的内容履行,也就是说要信守国际信义。另外,重要的是确立日本外交的自主性。如若屈服于苏联的压力,举棋不定,不与中国缔结和平条约,今后将受到来自中国和苏联两方面的压力,国内也会出现各种各样的动向。总之,为了确保日本外交的自主性,应该缔结条约。[①]

对于日本国内不希望日中和平友好条约中含有反霸条款的意见,佐伯指出:"在日中共同声明中明确地写入了霸权条款,因此,同中国谈判时将共同声明中写入的内容排除在条约之外是难以实现的。换言之,已经过了讨论是否将反霸条款排除在外的阶段了。"佐伯的建议是:"将霸权条款写入条约时,要避免同日本外交的基本姿态产生矛盾。回顾日中邦交正常化时的共同声明,明确写入了日中邦交正常化并不针对第三国。因此日中和平友好条约至少也应写入不针对第三国这一原则。"[②]

总体上说,在中日邦交正常化与签订《中日和平友好条约》期间,中日之间的相互认识与邦交正常化之前相比并无大的变化。有学者认为:"受冷战思维的影响,日本传统的革新势力依然把中国作为资本主义的批评者、社会主义的代表者看待,寄托着未来的希望。保守势力则依然把中国看作敌对的存在和防范的对象。中日实现邦交正常化,除了传统

---

① 佐伯喜一:《日中和平友好条约与美苏的动向》,日中经济协会编:《日中经济协会会报》,1978年5月号,第22页。
② 同上书,第24—25页。

的中日民间友好和交流的推动,从日本方面来说,主要是出于财界对经济利益的战略追求和对美国越顶外交的报复和调整,并不是突然对中国的认识有了新的变化。"①

二 "友好"时期的中国知行

1978年中日两国签署《中日和平友好条约》,标志着两国正式从法律层面确定了和平友好关系。日本各界人士的对华态度总体上呈"友好"的态势,尤其是自1979年大平首相访华后,日本决定向中国提供日元贷款,双方在经济、政治和文化等领域密切合作,逐步建立了中日互惠合作体制,出现了两国关系发展史上的"蜜月时期"。

1. 大平正芳的中国观

大平正芳的中国观可从其1978年与日本评论家田中洋之助的谈话中体现出来。田中认为:"中国同日本实行不同的共产主义制度,其政治和外交姿态等不免带有扩张性。对此要特别提高警惕。"大平则认为中国不会搞对外扩张,并明确指出:

> 近一个多世纪的中国历史,是遭受以西欧为首包括日本等列强任意掠夺的漫长的苦难历史。直到最近,中国才摆脱那一历史阶段,获得了独立自主。因此,中国并不是对外扩张的,而一直是全力以赴地巩固国内,排除外国干涉。……虽说是共产主义,却又和苏联有所不同,一直是以中国式的一种统治概念来治理国家的。实际上,可以说是非常中国化了共产主义。②

针对田中所说的某些日本人认为战后日本已经做了很多反省,对中

---

① 周维宏:《中日相互认识的难点》,载蒋立峰主编《中日两国的相互认识》,世界知识出版社,2003年,第68页。
② 大平正芳、田中洋之助著,赵力群译:《复合力量的时代》,商务印书馆,1980年,第31页。

国过于卑躬屈膝的见解。大平指出：

> 加害者就要进行反省，这同卑躬屈膝完全是两码事。然而，我认为最近日本的潮流不是这样的，而是没有从加害者的立场和被害者的角度出发，公正地看待我国是加害者和中国是受害者这样一种日中关系。也就是说，这样的中国要求同日本建立平等的友好关系，难道我们不应该认真对待吗？作为一个加害者，必须进行的反省还没有做够，更不能说是卑躬屈膝了。我的感觉正好相反。如果情况不是这样，那就万幸了。①

大平的立场和观点，不仅赢得了中国人民的赞赏，而且为日本国家树立了良好的形象，增强了中国及亚洲各国人民对日本的信赖。大平的政治良知是对历史的忠实和尊重，是这位政治家站在人类道义立场上对日本侵华战争的严厉批判和真诚反省，其对中国的信赖也是建立在这种历史认识的基础之上的。

大平的中国认识体现为："中国与日本的关系，具有一种独特的性质。两国之间似近还远，似远还近，是一种微妙的关系。我国虽接受了中国文化的影响，但日本又培育了自己独特的文化，因而，日中两国是两个完全不同的国家。"②"毫无疑义，如何同这个国家建立关系，乃是日本外交上的重大课题之一。不仅如此，对日本的内政，也是一个重大问题。从内政这个侧面看，中国问题也有其非常独特之处。""在日本国内，历来就存在着主张与中国保持真正友好关系的力量；反之，在某种意义上也存在着企图在中国确立霸权的势力。回顾战后至今中日关系发展的历史进程，这两股势力之间的较量从未停止过。只是随着国内外形势的变化和各种力量的消长，斗争的表现形式不同罢了。"③基于这一认识，大平

---

① 大平正芳、田中洋之助著，赵力群译：《复合力量的时代》，商务印书馆，1980年，第32页。
② 同上书，第29页。
③ 同上书，第30页。

主张中日友好,并与"亲台派"势力抵制中日复交的行动作斗争,成为推动中日复交和主张加强对华合作的"促进派"。

大平将中日关系的发展放在亚太地区乃至世界层面来考虑,1978年12月,大平正芳内阁成立后便积极推行亚太外交,在对外政策和外交战略的设计、构想过程中,以大平为首的日本政府提出了"综合安全保障"思想,注重加强与中国的合作。大平首相在施政演说中指出:

> 日本作为一个绝大部分资源和市场都依赖于海外的岛屿国家,为保障国际安全,实现国家利益,除坚持日美安保体制和建立一支有限度的、高质量的自卫力量之外,还必须加强包括经济合作和文化交流的综合外交,以保障日本的综合安全利益。[①]

"石油危机"以后,"发展友好关系"的目标在日本外交中的地位上升,"资源开发"的重要性相对下降,因为只有保持友好关系,才有进行资源开发、确保资源供应的可能性。1976年,外务省经济合作局局长菊池清明表示:"日本在经济上对外国的依存度很高,贸易如此,资源也是如此。因此,日本有必要与发展中国家保持良好关系。"[②]以"石油危机"为契机,通过保持良好关系确保资源供应安全,成为日本外交和对外援助政策的重要目标。大平内阁明确表示,进一步推进日中友好关系是日本外交"最为重要的课题之一"。大平认为,"日中关系不单单是日中两国间的问题,它会对东南亚产生影响,进而对美苏的世界战略产生影响",进一步"加深日中友好,对亚洲乃至世界的和平与稳定具有重要意义"。[③]可见,大平是把中国问题作为转折时期日本的重大政策调整来对待的,认为中日友好不是适应潮流的权宜之计,而是从广阔的国际视野出发,将其同日本长远发展战略和安全战略紧密联系起来的根本国策。

---

① 《朝日新闻》,1979年1月30日。
② 菊池清明:《关于我国的经济外交》,载[日]《经济学人》周刊,1976年11月9日。
③ 林代昭:《战后中日关系史》,北京大学出版社,1992年,第252页。

中国在大平的"综合安全保障"思想框架中具有重要地位,具体落实在行动上,大平积极致力于支持中国的现代化建设。大平认为,支持中国的经济建设,不仅有助于中国的安全,而且还关系到亚洲和国际政治结构的稳定,符合西方国家的整体利益。中国不闭关自守,在现代化过程中同日本等先进各国加深相互依赖的关系,从亚洲的安全角度来看,是值得欢迎的。同时,进一步密切与中国的关系,可以给陷入僵局的日苏关系以刺激,使苏联对日态度变得灵活一些。改革开放之初,日本方面很担心中国难以克服国内困难而陷入混乱。1979 年 12 月大平首相来华访问时,便流露了这种想法,他说:"我心中难免有些不安。在相信勤劳智慧的 10 亿中国人民参加的伟大事业能胜利完成的同时,也看到内外形势的严峻,不得不想到将来的困难。"[1]基于这种认识,日本对中国实行改革开放发展经济的举措持赞赏态度,认为这有利于避免因中国混乱而给日本造成难民问题等而带来消极影响。

1979 年 12 月 5 日,大平正芳首相访华,这是中日邦交正常化后第一位访问中国的日本首相。访华期间,大平首相同华国锋总理、邓小平副总理等国家领导人,就两国共同关心的广泛问题,坦率地交换了意见。两国领导人认为,中日两国将根据《中日联合声明》和《中日和平友好条约》的原则,"扎扎实实地巩固和发展长久和平友好关系","为了进一步加深中日两国人民之间的相互了解和相互信赖,今后有必要进一步促进两国间各种级别的交流"。[2] 为了对中国的现代化建设给予支持和进行合作,大平首相表示对中国方面提出的"石臼所港码头"、"兖州至石臼所的铁路"、"北京至秦皇岛复线电气化铁路"、"京广铁路衡阳至广州段复线工程"、"秦皇岛港的煤码头二期工程"、"五强溪水电站建设"6 个大型项目进行资金合作;决定在 1979 年向中国提供 550 亿日元的低息长期

---

[1] 安藤正士、小竹一彰编:《原典中国现代史》(第 8 卷),岩波书店,1994 年,第 202 页。
[2] 田桓主编:《战后中日关系文献集(1971—1995)》,中国社会科学出版社,1997 年,第 292 页。

贷款,条件是年利率 3%,偿还期为 30 年,其中包括 10 年的缓付期。物资和器材的筹办原则上不附带条件。[1] 这样,日本成为世界上第一个向中国政府提供贷款的国家。由此,中日经济合作从"民间级"发展到"政府级",形成了政府和民间两位一体发展的新格局。这一举措明显体现了大平首相的如下意图:"日中关系既与亚洲及世界的和平与稳定相关联,同时,通过对中国经济发展的积极合作,也会同中国的稳定和亚洲的稳定紧密地联系在一起。"[2]

大平正芳首相访华期间首次在中国发表了题为《迈向新世纪的中日关系——谋求新的深度和广度》的演说,强调日本的外交方针是"贯彻和平外交,同所有国家都不搞敌对关系,拒绝走军事大国道路,把所拥有的力量专门用于国内外的和平建设和繁荣上面"。关于中日关系,大平首相表示:

> 日中两国按照两国间的联合声明与和平友好条约这两项文件上所写的原则和精神,作为善邻,将长久地维持和发展和平友好的关系。这种关系不仅在 80 年代,而且向着 21 世纪,应该在一切方面发展两国间良好而稳定的关系,并进一步寻求深度和广度。并且,应该使这种日中关系发展成为对亚洲以及世界的和平与安定作出贡献的关系。

> 在国与国的关系上,最重要的是双方国民心与心之间结成的牢固的信赖。保证这一信赖的首先应该是国民间的相互了解。只在一时的气氛或情绪上的亲近感、或者只在经济利害得失的算盘之上建立日中关系,最终会成为犹如空中楼阁、昙花一现的脆弱关系。[3]

---

[1]《朝日新闻》,1979 年 12 月 8 日。

[2] 兴梠一郎:《战后日中关系》,载长谷川雄一编《日本外交的认同》,南窗社,2004 年,第 228 页。

[3] 田桓主编:《战后中日关系文献集(1971—1995)》,中国社会科学出版社,1997 年,第 288—290 页。

大平在演说中还阐述了日本对华合作三原则,即不在军事方面进行合作;对中国的经济合作不应牺牲东盟国家与日本的合作关系;日中关系不是排他性的,日本不想垄断中国市场。[①]

大平正芳中国观的形成,源于其自身的中国体验,基于对中国的深刻了解及对日本侵华战争的痛切反省。其核心理念是,发展中日关系不仅对两国有益,而且是亚太地区和平与稳定的重要保障。大平担任首相期间,身体力行地推动中日关系的发展,通过提供对华援助的方式支援中国的改革开放事业,对促进中日友好合作做出了重要贡献。深入研究大平正芳的外交思想和对华合作实践,对构建中日战略互惠关系、推动东亚共同体的建设极富启发性和现实意义。

2. 中曾根康弘的国际观与中国观

中曾根康弘执政时期,提出了国际国家设想和"战后政治总决算"口号,显示出强烈的日本要摆脱战后体制束缚、从"经济大国"向"政治大国"迈进的志向。他在执政后宣称:"一贯仅仅按照经济逻辑向外发展的日本,到了一个新的转折点。如果想继续发展对外经济,必须优先进行国际政治判断,而不是优先考虑经济的合理性。"

中曾根在国际国家设想中提出:"在世界呈现结构性变动过程中,日本不能像过去那样被动应付,而应能动地发挥作用。""我们不能参加世界上的军事活动,但可以在政治领域对世界拥有发言权","增加日本作为政治大国的分量",从一个亚洲国家向着对全世界开放的"国际国家"迈进。1985 年 7 月,中曾根访问法国时又明确提出了日本的"国际国家四原则"(不做军事大国;维护自由贸易体制;对发展中国家和真正的不结盟国家予以理解与合作;加强日美欧联合,以此为中心开展太平洋、大

---

① 田桓主编:《战后中日关系文献集(1971—1995)》,中国社会科学出版社,1997 年,第 289 页。

西洋合作)。① 1985 年的《外交蓝皮书》首次写明:"只谋求我国的繁荣是不可能的,为实现向世界开放的国际国家的目标,日本须不惜作出'自我牺牲'。"

中曾根的设想是提高日本在美、日、欧三极体制中的地位,增强在世界事务中的发言权,而具体落实这一战略构想,是通过对美战略依赖、对华战略协调和对苏联战略对抗"三位一体"的大国外交来实现的,其中对华外交在这一外交战略中占有重要地位。②

中曾根说:"我的外交方针是首先调整日韩关系;其次是和美国牢牢携手,然后是建立同中国的善邻友好关系。当时,我是以这个顺序设想的,也明确地这样提出过。"③并依次同全斗焕、里根和胡耀邦建立了个人的密切关系。

1984 年 3 月 16 日,中曾根访华前发表讲话表示:

> 现在的日本政府和自民党在外交方面的最大重点就是中国。日本一方面与美国保持同盟关系,同时又非常重视与日本在亚洲的邻居中国的关系。日中两国长期稳定地友好合作,是日本的基本政策。为了维护亚洲的和平与稳定,中国和日本肩负重大责任。④

中曾根强调对华友好合作是日本对华政策的基础。1984 年 3 月,中曾根康弘在北京大学发表《面向 21 世纪》的演讲中说:

> 为确立长期的和平友好关系,日中两国领导人阐明了坚定不移的决心。通过一系列的首脑会谈,确认了日中两国可以而且必须超越社会体制的不同,向着 21 世纪维持和发展和平友好关系。同时我们一致认为日中和平友好关系的发展不仅对两国,而且对亚洲及

---

① 刘江永:《论日本对外战略的发展》,《日本问题》1986 年第 1 期,第 7 页。
② 林振江著:《首脑外交——以中日关系为研究视角》,新华出版社,2008 年,第 94 页。
③ 横山宏章:《几经风雨艰难缔造》,《日本学刊》1992 年第 6 期,第 117 页。
④ 田桓主编:《战后中日关系文献集(1971—1995)》,中国社会科学出版社,1997 年,第 456 页。

至世界的和平与繁荣都是十分重要的。我们还郑重地回顾了日中两国过去那一段不幸的历史,再次确认了日中不再战的庄重宣言。今后两国之间的任何问题都应该通过协商来解决,而决不应该诉诸武力。我认为所有这些应成为今后发展两国关系的思想基础。①

中曾根始终强调:"在对华政策方面,日本应当严格遵守中日间的联合宣言和条约,美国也应当严格遵守中美间的上海联合公报等基本条约和约定,以此为前提,在日美中三国间进行对话。"②

中曾根内阁时期,基于国际国家构想和通过"三位一体论"构建日本的外交政策框架,十分重视对华关系的发展,中日两国政治、经济和文化等领域的合作保持了良性的发展态势。

1992年,日本的中国问题专家横山宏章采访中曾根时提出了下面的问题:"就日中关系而言,中国的态度非常强硬,日方往往依照中方的要求处理。有些人不免议论,'这实在不像话,为什么要一一听从中方的要求? 这不等于是按照中方的意志办事吗?'对此您有何认识? 这里还存在着战争责任的问题。我个人认为,日本受战争责任的约束,这是日本对华外交的特点。"中曾根回答说:"相对说来,我经常被认为是国家主义者,可是在日中关系上,日本总感到内疚。因为从根本来看,我认为是侵略战争。从具体的局部来看,我们不容他国干涉日本内政,或据理反驳。可是如果把各个问题放到整体上来看,就可以理解中国方面的情况。"③

2006年,《朝日新闻》主笔若宫启文采访中曾根时,中曾根对中国未来的走向阐述了比较乐观的看法:

> 我对中国的未来并不感到不安,也不觉得危险。从历史上看,中国基于"中华思想"的确曾让周边国家朝贡,但它并没有推行欧洲

① 田桓主编:《战后中日关系文献集(1971—1995)》,中国社会科学出版社,1997年,第469页。
② 中曾根康弘著、联慧译:《日本二十一世纪的国家战略》,三环出版社,2004年,第43页。
③ 横山宏章:《几经风雨艰难缔造》,《日本学刊》1992年第6期,第121—122页。

式的军事霸权主义和扩张主义,而是采取让周边自然臣服的方式顺从自己。至于中国将来的变化,我不知道共产党的统治延续多久,但我期待着中国相应地承担更多的责任,反正中国迟早会加盟主要国家首脑会议成为第九名成员。台湾只要不独立就可以与中国大陆共存,日本也希望台湾维持现状。尽管日美中三国关系多少会出现一些波折,但总体上会保持和平,进一步向共同发展和加强合作方向前进。①

中曾根的中国观承袭了自民党"保守本流"路线的内核,其提出"战后政治总决算"的内在动力,是企图通过从战败的"阴影"中走出来,超越"战后体制"的束缚,重新树立大国形象,并以不惜打破成例的方式挑战一系列"禁忌",反映了日本在经济大国地位日趋稳固后,谋求政治大国地位和增强发言权的志向和意图。中曾根对中国的认识是较为清醒的,对日本发动的侵华战争有赎罪意识。同时基于国家战略层面的考虑,在维系对美依赖的前提下,注重加强与中国的战略协调,发展和深化对华友好关系。中曾根的中国观颇具复杂性,既有国际战略家的素养,又有民族主义者的精神构造,当两者发生矛盾时,又基本是从日本的国家利益出发,站在国际战略全局的视角思考问题,在一定场合收敛其"鹰派保守式"的言行。

3. 稻山嘉宽的中国知行

稻山嘉宽是日本钢铁业的著名实业家,也是日本财界的主要人物之一。他于 1973 年 1 月首任中日经济协会会长,1979 年 2 月任中日股份有限公司日方顾问,1980 年 5 月任经团联会长,在推动对华友好合作,特别是对华成套设备出口及能源贸易方面发挥了重要作用。

1972 年 8 月,稻山嘉宽率领日本经济界代表团访华前,曾向大平正

---

① 若宫启文:《和解与民族主义》,朝日新闻社,2006 年,第 187 页。

芳外相建议通过进口中国石油,与中国进行长期贸易的设想。1973 年,稻山就任新成立的日中经济协会会长后,也强调签订中日长期贸易协议是稳定发展中日贸易的关键。在 1975 年 11 月的"日中经济关系的将来"座谈会上,稻山嘉宽提出发展中日经贸关系的"稻山构想":"中国出口石油、煤炭来换取日本的机器设备;可以采用延期付款的方式;由于向中国出口的设备技术属于资源开发型,所以延期付款的利息应予特别考虑;资源贸易对日中两国都是有利的,所以日本政府应该尽量支持。"[1]在中日两国间贸易平衡出现问题时,利用这种方式推动成套设备贸易先行运作,受到了中国方面的欢迎。稻山的这一提案,既保证了日本能源来源多元化,扩大了生产设备出口市场,也切合当时两国的实际,推动了两国经贸关系的平等互惠发展。

中日缔结和平友好条约后,稻山嘉宽仍一如既往地致力于推动中日关系的发展,对中国政治体制与经济发展状况给予充分理解,并说服日本经济界人士理解和支持中国的经济建设。

由于中日两国分属不同政治体制,日本的许多经济界人士对如何发展中日经贸关系心存疑虑,认为政治体制的差异将导致中日经贸关系发展受阻。对此,时任新日本制铁会长、日中经济协会会长的稻山嘉宽指出:"所谓政治,毕竟是如何治理国内,使国民幸福繁荣的手段问题。但贸易毕竟是经济交流,正如廖承志先生所写的'平等互利,互通有无',经济和政治是基于完全不同的两种观点,是并列的……。日本是自由主义经济,中国是社会主义经济,我想并不形成贸易障碍。"[2]

中日经贸关系的发展,也曾经出现过一些波折。对此,稻山嘉宽通常以宽广的视野来看待问题。1979 年 2 月,中国技术进出口总公司根据

---

[1] 程永明、石其宝:《中日经贸关系六十年(1945—2005)》,天津社会科学院出版社,2006 年,第 183 页。

[2] 稻山嘉宽等:《关于日中民间经济交流》,日中经济协会编:《日中经济协会会报》创刊号,1973 年 6 月号,第 16 页。

合同生效条款中的规定,通知有关日本厂商:1978年12月以后签订的有关宝山钢铁厂项目11亿美元,石油化学等项目15亿美元等29个合同,暂缓实施。[①]此事对日本有关企业产生了很大冲击,经济界弥漫着对中国不信任的风潮。稻山逢人便解释:"这正是社会主义的优越之处。如果不调整,变成过剩投资和通货膨胀,经济将陷于大混乱,如此一来贸易也做不成了。如果日本发生这样的问题,日本政府没有这个调整能力。只有中国才做得到,我们为了使中国调整成功,必须给予协作。"稻山还讲道:"原因在于日本方面认为中国的经济发展非常快。不过中国自身却早已觉察到是不对的,因此才有了经济调整。其结果是出现了以宝山钢铁厂为首的成套设备解除合同或者延期的问题。这从日本方面来看,一部分人认为一旦破坏契约,就认为中国是不可信任的。但从今天来看,其他的发展中国家则是买了却无法支付,背上了庞大的债务,而中国去年和今年贸易的经常收支都是黑字。因此,只是一味地谴责中国单方面解除或延缓合同的做法无益,应该多向大家解释并使其理解。"对稻山的这种理解对方立场、体谅对方的宽容姿态,经济团体联合会名誉会长土光敏夫也有同感并给予了支持。1980年2月,日本政府向北京派遣了大来佐武郎特使,与邓小平、谷牧等领导人会晤协商后,处理了善后问题。

1979年,稻山嘉宽率日中经济协会访华团回国后,呼吁经济界支持中国的"四化"建设。他说,中国的希望主要有两方面,一是政府的日元贷款,二是日本企业对华投资。关于前者的必要性,稻山嘉宽是这样认识的:

> 首先是借款,我判断这对中国的经济调整是不可缺少的,同时也可以想像到中国对日本的期待。这次调整,政策的重点是确保和改善国民的衣、食、住问题以及农业,因此财政倾斜势必影响重工

---

① 林连德:《当代中日贸易关系史》,中国对外经济贸易出版社,1990年,第143页。

业,将压缩基础建设投资。因此,我想在成套设备和燃料资源开发方面如果要进行紧急和长期的投资,必然要吸引长期、低利息的外资和我国的先进技术。地下资源也是外汇的获得渠道。因此,借款的目的、用途以及国民经济的背景是非常清楚的。借款谈判万一不成功,中国方面的困惑和对日的不信任可以想像,因此一定要圆满解决。无论是借方还是贷方,对于体制不同的两个国家来说,首先要围绕这一问题谈判,要在具体细微的技术问题上多下工夫。但这种问题,依照以往的经验,必须避免来自国外的各种想法和牵制,以免影响当局者的决断。①

在中日两国相关人士的共同努力下,1980 年 4 月 30 日,中国投资管理委员会与日本海外经济协力基金在北京签署协定,日本向中国提供首批 500 亿日元贷款。

关于对华投资、中日合资企业的问题,稻山嘉宽指出:

我的考虑是,投资的保证、分红和专利使用费,或者收入的外汇保障等问题,如果中国方面能够作出保障,则不必担心。合资是建立在相互信赖基础上的,我认为中国是可以信赖的对象。但原料问题和产品销售等,企业能有多大的自主权,价格如何决定等问题,相对于双方的信赖关系而言是另外的问题,因为体制不同,在这些问题无法明确的情况下,企业家无法进行经营的计划和计算,我想问题主要在这里。不过,从我们来看,关于计划经济的不合理、效率不高的缺点所产生的问题,最近中国内部也注意到了,也有人提出要进行"改革",进行计划经济与市场原理的结合。中国经济正处于大的转换期和变化的时代。我们不要固定地看待事物,有必要在日中合作方面多下工夫,本协会(指日中经济协会)也必须促进和推动开

① 稻山嘉宽:《日中合作构筑新时代》,《日中经济协会会报》,1979 年 10—11 月号,总第 76 号,第 2—3 页。

展这样的新尝试。①

1979 年 11 月 20 日,中日第一家合办企业"京和股份有限公司"建立,该公司在日本经营的第一家北京风味"全聚德烤鸭店"于 1980 年 1 月开业。另外,1980 年 1 月 31 日,北京百货大楼和日本三越百货商场建立友好互助关系,2 月 8 日,中国石油天然气勘探开发公司与日本石油公团关于合作开发渤海西部油田的协定正式签字。由此,日本企业的对华投资正式揭开了序幕。

在对华经济合作问题上,稻山嘉宽虽然是一位经济界人士,但却能够以世界眼光处理问题。他说:"我们是为了实现世界的和平。中国和我们一起努力,和平就早一些到来。为此,必须帮助中国的经济,这种世界观是必要的。"②

4. 围绕天皇访华的争执

1992 年是中日邦交正常化 20 周年。为了进一步推动中日关系的发展,同年 4 月江泽民总书记访问日本时,向宫泽首相提出了邀请天皇访华的建议。然而,围绕天皇是否应该访华的问题,日本朝野却发生了一场不小的争论。

学界和政界的反华派或"慎重派"反对天皇访华,指责政府过分"迁就中国",还在推行"赎罪外交"。东京外国语大学教授中岛岭雄认为:

> 关于天皇访华问题,应该力避"皇室外交"成为争论的焦点,如果从专家的立场而言,今年天皇访华的环境尚不具备。我本人也希望天皇陛下应该到中国去看一看,只是目前的时机还不成熟。不

---

① 稻山嘉宽:《日中合作构筑新时代》,《日中经济协会会报》,1979 年 10—11 月号,总第 76 号,第 3 页。

② 土光敏夫、稻山嘉宽、川胜传:《稳定的中国与日中合作——1982 年度日中经济协会访华代表团的归国报告》,《日中经济协会会报》,1982 年 12 月号,总第 113 号,第 10 页。

过,中国方面却寄予了很大期待。西方国家置之不理,国内处于激烈竞争状态,作为日本正统的天皇专程访问,这对中国而言是极为难得的,因此将会控制舆论体现出热烈欢迎的态势。不过,这件事情本身也会被纳入中国国际战略的一环中去。在世界仍以严厉目光审视中国的时刻,日中过度接近将会带来负面影响,这是应该予以考虑的。①

如果天皇实现访华,日本就有为国际社会孤立的危险。……在"敲打日本"之声四起的时候,(日中接近)不免会出现日本同天安门事件中的中国同样野蛮之类的黄祸论的论调。以天皇访华为契机,日本将会被孤立,进而给世界经济带来影响。原因是,日本作为世界金融大国之一,如果得不到日本的投资,世界经济就无法有序运转,将日本孤立起来,世界经济将会停滞。日本是世界上最大的农产品进口市场,铁矿石和煤炭的进口也居世界第一。日本遭受孤立后,世界经济将陷入混乱。如果顾及到这些因素,政府在考虑天皇访华时,单从"亚洲一体"应该维持友好关系这种情绪性的思维方式决断的话,不免会产生巨大的负面影响。②

日本国际论坛理事长伊藤宪一认为:

天皇访华将会出现何种后果呢?大概会彻底地被中国在政治上利用。我想肯定会出现空前绝后的欢迎氛围。也许会给世界带来远东地区形成"日中神圣同盟"之类的错觉,由此日本舆论不免心存感激,而提出"美国算什么","应该与中国加强联系"之类的短视想法,从而会走上偏离美国、背道而驰之路。我当然也期望日中友好,但不应忘记的是,"对于国家而言,没有永恒的盟友,只有永恒的国家利益"。③

---

① ② 中岛岭雄、长谷川庆太郎:《"友好"至上外交的陷阱》,《中央公论》1992 年 5 月号,第 61 页。
③ 伊藤宪一、田久保忠卫:《美国究竟"收缩"至何处》,《中央公论》1992 年 5 月号,第 82 页。

伊藤的观点不外是以日美关系为基础,天皇访华有可能使日中关系走得过近,从而损害日美关系。评论家加濑英明认为:"中国因人权问题而受到西方各国的制裁,在欧美舆论因中国人权问题而激怒之时,让天皇去中国访问,等于火中取栗,必将招致西方各国的强烈反对。"①

在自民党内,反对天皇访华的势力也很强大。总务会长佐藤正行等担心"中国要求天皇谢罪",使"天皇卷入政治问题",因此政府应"谨慎行事"。卫藤晟一等7名初次当选的自民党众议院年轻议员联名写信给自民党干事长绵贯民辅,以"中国正处于保守派和改革派的权力斗争之中"、"中国国内有要求天皇谢罪的动向"、"中国政府对日本自卫队海外维和表示担心"为由,认为天皇访华"为时尚早"。卫藤还公然宣称,让天皇访华就是藐视宪法,"对华外交是政府该做的事,理应首相去中国,让天皇代替访华,实在荒唐"。②

1992年6月17日,宫泽首相在天皇访华问题上显示出积极态度,并发表了力促天皇访华的讲话,日本国内特别是自民党内反对天皇访华的呼声再次高涨起来,前文部相藤尾正甚至抗议说:"日中邦交正常化20周年纪念是一种政治行为。如果为达到政治目的而利用天皇,宫泽首相就负有不可推卸的责任。"③

7月17日,名为"反对天皇访华国民委员会"的组织在《产经新闻》上刊登了《反对日本政府打算今秋实现天皇访华》的"全面意见广告",署名者包括日本政界、学界、文化界等各界名流110人。该"意见广告"提出的三点反对理由是:

> (1)天皇出访是对经过两国外交努力而具备真正友好国家的国际礼节性访问。日本同中国的关系理应通过政府外交努力来打开。天皇在现状之下访华,有悖于天皇的历史性格,也违反宪法;(2)西

---

① 《每日新闻》,1992年6月28日。
② 《日本经济新闻》,1992年5月21日。
③ 《读卖新闻》,1992年6月19日。

方各国正在严厉批评中国的军事问题、南沙群岛的主权问题、压制人权问题、压迫少数民族问题,在这种情况下,让天皇去中国访问,会损伤日本同以美国为首的西方各国的友好关系;(3)中国正处于保(守)革(新)激烈对立的漩涡之中,在这种不稳定时期没有理由让天皇去中国访问。①

这一"意见广告"刊出后,在日本社会上引起极大反响。日本共产党领导人不破哲三表示:"日本宪法禁止在政治上利用天皇,而日中两国政府却都有在政治上利用的意图","宫泽内阁是想在对侵略战争尚未进行根本反省的暧昧状态下","通过天皇访华作一了结","中国方面则是为重建经济、获取日本援助以及为摆脱天安门事件后国际上的孤立地位而利用天皇陛下"。②

但是,与部分学者及政界人士的看法相反,支持天皇访华的舆论逐渐占据上风。《朝日新闻》编委、评论家船桥洋一在署名文章中指出:"冷战后的日中关系正在进入与以往不同的新阶段","现在正是日中双方相互承认政治大国、构筑成人关系的时刻",在这种情况下天皇应该去中国访问。③《朝日新闻》在题为"天皇陛下作为'友谊的象征'访华"的社论中指出,天皇在日中邦交正常化 20 周年之际访华,是日本重视亚洲的第一个象征。④《日本经济新闻》在"风标鸡"专栏刊登了题为"回到出发点,冷静判断"的评论,认为天皇访华是为日本在国际社会发挥积极作用而改善环境的良机,也是日中间开辟新的历史的绝好机会。⑤《读卖新闻》的社论指出:"中国实行社会主义,与日本有体制上的差异,但两国不能因此而疏远。促进日中友好关系的成熟有利于亚洲与世界的和平。希望

---

① 《产经新闻》,1992 年 7 月 17 日。
② 《产经新闻》,1992 年 8 月 4 日。
③ 《朝日新闻》,1992 年 4 月 24 日。
④ 《朝日新闻》,1992 年 5 月 21 日。
⑤ 《日本经济新闻》,1992 年 5 月 25 日。

从友好的观点实现天皇访华。""日本政府应明确向中国及其他国家说明,天皇访华是超越个别政治问题的友好访问。"①《每日新闻》在题为"通过天皇访华开辟新时代"的社论指出:"目前形成了天皇陛下即将实现访华的状况。我们相信,天皇陛下访华一旦实现,就将为日中友好的历史揭开新的篇章。""关于天皇访华,应该从长远的观点出发,以其可以开辟新时代的积极态度进行考虑","天皇陛下不是在日中之间不存在任何问题之后再访华,而是为开辟新时代才去访华"。②

在此期间,日本政府就天皇访华问题进行了多次舆论调查,6月的调查结果显示,赞成访华者占75%,反对者只占5%。③ 7月的调查结果是72%以上赞成。④ 支持天皇访华的国民占压倒性多数。民意不可违,宫泽政府正是以此为基础做出天皇访华决断的。

三 冷战后中国认知的演进

冷战结束后,东西阵营的对峙基本消失,中国改革开放的成果开始显现。日本的中国认知虽然不同程度地出现了杂音,但主流认识并无根本性变化,国民中普遍接受与中国合作符合日本国家利益的看法。并且,日本要在亚洲地区乃至全球范围内发挥更大作用,进而实现政治大国的目标,也需要中国的合作和支持。从务实的观点出发,果断而灵活地应对正在崛起的中国,以非遏制、积极接触的方式对中国施加影响,是这一时期对华政策的基本方针。

1. 对华合作思想的发展

1993年8月26日,细川护熙首相会见中国记者时,阐述了对华政策

---

① 《读卖新闻》,1992年6月27日。
② 《每日新闻》,1992年7月20日。
③ 《每日新闻》,1992年6月1日。
④ 《星期日每日》,1992年7月,第19号。

及对中日关系的看法:"日中关系是与日美关系同等重要的关系。维持和发展稳定的日中关系,不仅对日中两国,而且对亚太地区以及世界的和平与稳定都是非常重要的因素。我国将继续重视日中关系。这一基本方针没有变化。"①细川希望日中两国在国际军备管理、裁军和环境等问题上加强合作,发展面向 21 世纪的日中关系。

1994 年 1 月 1 日,细川首相又在《日本与中国》的新年贺词中,希望加强两国国民之间的相互理解,构筑起更加良好的日中关系,他说:"日中两国关系像今天这样良好,令人十分欣喜。在日中关系问题上,基本方针就是要使日中关系得到更进一步发展,建立起面向 21 世纪的、能为世界和平与稳定做出贡献的日中合作关系。"②

同月,羽田孜外相访华,在与钱其琛外长会谈时表示:中国的经济发展、人民生活的改善,是对本地区稳定与发展的重要贡献。日本将一如既往,继续支持中国的改革开放政策。③ 驻华大使佐藤嘉恭也强调,日本"不能忘记中国是受害者,日本是加害者",中日两国面向 21 世纪的重要课题是,"超越狭隘的国家利益和国界进行合作,创造出追求共同目标的合作关系"。④

1995 年初,新任外相河野洋平在《外交论坛》中撰文,认为:

> 由于冷战后国际环境发生巨大变化,日本已不能再用西方一员的概念去作外交政策的判断,加强亚太地区的合作,已成为日本外交的当务之急。日本外交的主轴是三个同心圆,即日美关系;以中、韩等邻国双边合作关系为中心的亚太地区合作;进而以几个发达国家和联合国为轴心实施全球合作。这种以日美关系为基础的"多边合作外交"可以看作是冷战后过渡时期日本外交的基本框架。中日

---

① 《人民日报》,1993 年 8 月 27 日。
② 田桓主编:《战后中日关系文献集(1971—1995)》,中国社会科学出版社,1996 年,第 872 页。
③ 田桓主编:《战后中日关系文献集(1971—1995)》,中国社会科学出版社,1997 年,第 873 页。
④ 佐藤嘉恭:《展望中日关系》,《中日关系史研究》1996 年第 2 期,第 10 页。

关系在日本外交框架中占有重要地位,即日本的国际作用与中国的合作支持分不开,良好的中日关系也是日本与西方打交道的一个有用筹码。随着中国地位的上升,日本在对华政策上的防范和限制的一面将增强。中日关系已经进入合作与竞争、抑制、防范并存的错综复杂的时代。日本重视对华关系,并认为中国的走向同日本的国家利益休戚相关。在经济上,日本表示要支持中国的改革开放,而其真实目的则是防止中国出现动荡,波及日本,从而保持在中国的经济利益。在政治和安全上,日本既要同中国保持接触与合作,同时也在加强对中国的牵制和防范,并配合美国把中国引入多边经济、政治和安全体制之中。①

1995 年,日本政府首脑的涉华言论除了强调对中国的改革开放给予合作外,又出现了发展成熟的日中关系的提法,即所谓成熟的日中关系"不再是过去那种友好第一的关系,而应该成为就事论事的、该说'不'就说'不'的关系"。1995 年 9 月,村山首相在国会讲话时表示:"将一如既往地支援中国的改革开放政策,同时将就包括核裁军在内的国际社会的各种问题与中国进行坦率和认真的对话。"②

1997 年 8 月,日本前首相羽田孜在接受新华社记者采访时说:

> 日中两国真正携手合作,对亚太地区、对世界会产生良好影响,会建立真正的和平,21 世纪将是这样的时代。日本在走向 20 世纪的进程中给邻国添了麻烦,本国国民也受了难,这样的事情不能再发生了。日中两国有什么问题要好好地商量,互相了解,互相合作,这样肯定会创造美好的下个世纪。③

对于世纪末的中日关系,外务省编《外交蓝皮书》的评述是,"为了确

---

① 河野洋平:《日本外交的前进道路》,载《外交论坛》,1995 年 1 月号。
② 孙承:《日本与东亚:一个变化的时代》,世界知识出版社,2005 年,第 260 页。
③ 肖世泽:《日本民主党主要领导成员简介》,《中日关系史研究》2006 年第 3 期,第 64 页。

保亚太地区未来的稳定与繁荣,重要的是使中国成为国际社会建设性的伙伴"。蓝皮书认为:"日中关系从 1996 年 11 月以后呈现好转态势,从日中邦交正常化 25 周年的 1997 年到缔结《日中和平友好条约》20 周年的 1998 年,日中双方的共同立场是充分利用领导人互访,使日中关系得到进一步发展。"日本从自身的国家利益出发,注意到了中国经济的发展对日本产生的积极影响,同时认为通过中日政治关系的友好发展,不仅会进一步促进两国经济的发展,而且将"进一步鼓励中国,在 21 世纪成为国际社会更具有建设性的伙伴"。①

2."中国威胁论"的出现

但是,值得注意的是,冷战结束后,中国的崛起引起了美国和日本的警觉,特别是中国通过核试验震慑"台独"势力的举措,也成了"中国军事威胁论"的"口实"。"中国威胁论"开始在美国和日本蔓延。日本政界的一些人将中国视为"破坏地区稳定"的存在,是日美同盟的"潜在敌人",主张在处理对华关系时,除了经济和政治层面的合作外,安全层面上要对华实行"战略性防范"。

事实上,随着中国综合国力的增强,日本国内从 20 世纪 90 年代起就出现了视中国为潜在对手的论调,最终演化为"中国威胁论"。1990 年5 月,日本防卫大学副教授村井友秀发表《新的中国"威胁"论》②一文,从国力增长预期的角度出发,把中国视为潜在的敌人。该文认为:"甲午战争加剧了日本人蔑视中国的倾向,侵华战争的失败并受到谴责并未改变日本人对中国人的优越感。今天,日本人那种'先进的日本和落后的中国'的观念,进一步发展成'富裕的日本和贫穷的中国'的意识。日本人的优越感越来越强烈。由于意识形态的根本对立和中国巨大的发展潜

---

① 日本外务省编:《外交蓝皮书》,大藏省印刷局,2001 年。
② 村井友秀:《新的中国"威胁"论》,《诸君》1990 年 5 月号,第 186—197 页。

能,中国仍是对日本形成威胁的重要国家。"①此后,防卫大学的另一位教授川岛弘三也在著书提出,中国企图向海洋方向扩张,日本应抛弃对中国的幻想,因为中国极可能成为日本可怕的威胁。②

1992年,《产经新闻》连载该报记者山本秀也"中国的海洋霸权"一文。文章说:"中国正在为争夺海洋霸权进行不懈的努力","中国已经进入南中国海,继而将进入东中国海"。《产经新闻》刊发了"韩国出现中国经济威胁论"一文。《朝日新闻》载文称:"中国企图在维持共产党独裁统治的前提下实现现代化,而日本则谋图从经济大国发展为政治大国。这两个邻邦的不对称现象可能越来越明显。"③世界和平研究所副所长佐伯喜一则在一篇未公开的论文中写道:"要警惕经济发展起来的中国不断强化军事、加强权威主义和霸权主义的倾向。"文章说:"中国由于拥有众多人口和广阔的国土面积而具有巨大潜力,有可能发挥比其真实实力更为强大的国际影响力。……即便中国没有扩张主义意图,但为实现国家统一、恢复过去版图而采取的行动,也有可能对周边国家带来扩张主义、强权主义的威胁。"④

1995—1996年堪称"中国威胁论"甚嚣尘上的年份。右翼学者中西辉政预测,在2010年前后形成亚洲新格局的时候,中国将超级大国化,并在军事和政治上采取同过去的超级大国一样的态度,从而成为亚洲的"威胁"。⑤ 村井友秀则在《外交时报》上撰文指出:

> 现在的中国已经摆脱了19世纪至20世纪前半期混乱的半殖民地状态,而以"富国强兵"及"振兴中华"为口号,逐步恢复国力。

①《诸君》月刊,1990年5月号,第188页。
② 转引自[中国台湾]赵建民、何思慎《近年日本外交中有关中国或美国优先的争论》,《问题与研究》,43卷,2004年第1期,第11页。
③《朝日新闻》,1992年7月25日。
④ 中曾根康弘著、联慧译:《日本二十一世纪的国家战略》,海南出版社、三环出版社,2004年,第23—24页。
⑤ 中西辉政:《2010年的亚洲新秩序》,《诸君》月刊,1995年1月号。

最近中国经济的年增长率均超过 10%,持续增长的中国经济对世界的影响力正在增强。原来已在政治上和军事上具有重大影响力的大国中国,很可能在 21 世纪跨越区域大国的范畴而成为超级大国。曾经支配东亚世界大部分地区长达 2000 年的中华帝国,通过某种方式日益复兴的条件正在形成。①

1996 年 6 月,日本某智囊机构发表的一份研究报告称:"种种迹象表明,中国在谋求超级大国地位和霸权,这是很危险的。"据称,该报告的观点"反映了日本政界要人和经济界领导人的观点和看法","在日本领导层引起共鸣"。② 小渊惠三内阁时期的防卫厅长官额贺福志郎认为:"虽然目前日本在经济实力方面优于中国,但 5 年或 10 年后,中国无论是在军事方面,还是在经济和政治方面都会占绝对优势。在此过程中,日本若不辜负亚洲各国的期望,就只有与美国联手。"③新生代政治家、岸信介的外孙安倍晋三在接受《政界》杂志采访时,就遏制中国的新《日美防卫合作指针》作出了如下表态:

> 在谈到周边地区范围时,必须以《日美安保条约》为基础,这一地区是指菲律宾以北,理所当然地包括台湾海峡在内,这是常识。因为没有必要特意去刺激中国,所以就不对包括哪些地区作限定。但是,要把这一用词包括台湾在内的意思转达给中国。由于 1972年的日中邦交正常化,中国大陆方面认为,台湾已经排除在外了。但是,这是错误的。把台湾海峡从适用范围中排除出去,这是非常危险的行为。因为中国没有承诺不使用武力。如果从新《日美防卫合作指针》中排除台湾,就有发生(中国大陆对台湾)武装入侵的危险。美国的航空母舰从日本的基地出发驶向台湾海峡,就可以防范

---

① 村井友秀:《历史上中国帝国的扩大和缩小》,《外交时报》,1995 年 1 月号,第 42—50 页。
② 法新社 1996 年 6 月 5 日电讯。
③ 冈崎久彦:《战后 50 年的总结与日本的国家战略》,载[日]历史研究委员会编、东英译《大东亚战争的总结》,新华出版社,1997 年,第 501 页。

中国的武装入侵于未然。①

对于日本出现"中国威胁论"的原因,2002年11月日本驻华大使阿南惟茂在中国中日关系史学会的演讲中,曾经做了如下分析:

> 首先是中国经济飞速发展,特别是在一些产业领域的国际竞争能力有所提高。随着中国加入世贸组织,这种倾向还会长期持续下去。其次是军事力量增强,军费增加、武器现代化等,从而引起了未来成为军事大国的担忧。不过最近几年,对近邻国家来讲,与中国在安全方面的威胁相比较,实际更担心的是中国成为强大经济竞争对手的威胁。三是在过去香港、澳门回归、以及去年申奥成功之际显著高涨的民族主义情绪,不能不给人一种排外主义及对外扩张的印象。四是中国依旧是社会主义国家,所以和西方国家在思想、价值观方面存在差异,让人有一种模糊的不透明感。总而言之,所谓"中国威胁论"可以说是对中国重要性认识的反面反映。②

我国学者指出:"日本国内出现了对华夷秩序观的恐惧和异质文明论的病态扩展的理解导致了'中国威胁论',这是对中国国家角色的畸形认同。在这种角色、身份认同下,日本对中国军费的些许增长也自然怀有深深的恐惧。特定情势下,这种恐惧也就转化为敌意的出现并导致相应的敌意行为。"③客观地说,日本出现的"中国威胁论"不乏臆测和误解因素,但是从中国的角度说,除了予以必要的解释和批判外,为了避免其市场和听众的扩大,还有许多要做的必要工作。

3. 桥本龙太郎的"新对华外交"

1997年8月28日,桥本龙太郎首相在读卖国际经济恳谈会上发表

---

① 《政界》,1997年11月号。
② 阿南惟茂:《建立更加开朗的日中关系——30年的回顾与展望》,《中日关系史研究》2003年第1期,第3页。
③ 杨丹志:《东亚安全困境及其出路》,《国际政治月刊》2004年第1期,第106页。

了题为《开展新的对华外交》的演讲,全面阐述了"相互理解、加强对话、扩大合作和形成共同秩序"的对华外交四原则,表达了其对华外交的基本姿态:

> (1)冷战结束后的日中关系,应该为了亚洲政治的稳定与经济合作的扎实发展进行对话,由此达到在安全保障方面的共识和相互信赖;(2)不仅要扩大政府和首脑间的对话,而且应该扩大平民之间的、年轻人之间的对话;(3)为了扩大日中间的合作关系,在进行经济合作之外,还应该进行环境方面的合作、与能源有关的合作和贸易投资的合作;(4)日中双方应该进行协调,为在政治、安保、贸易、投资、金融等广泛领域建立亚洲乃至世界的共同秩序做出贡献。[1]

针对桥本提出的对华外交四原则,外务省高级官员认为,桥本首相要建立的是"非感情用事的日中关系"。舆论界则有评论说,日本过去的对华姿态是,因为对上次的战争心里有愧,所以动辄看中国的脸色行事,一旦发生问题,便以"友好"为名加以处理。桥本首相的演讲表明,今后对中国该说的就说,要把迄今"友好"第一的关系引导到务实的"公正"关系上来。在历史认识等问题上要避免正面交锋,同时要坦率地谈论中国不喜欢的"中国威胁论"、知识产权等问题。[2]

桥本还提出了"相互尊重"的主张,在谈到1996年的关系恶化时,桥本说:"仇恨只会招致仇恨,过分的批评也只会引起对方的反批评对应……对此,我们需要有能够理解相互痛苦和烦恼的宽广胸怀。""去年的一个时期,日中关系曾经阴云密布,我对其后中国方面有意识地向改善关系方面所做的努力表示敬意,并给予高度的评价。"[3]对于桥本积极发展对华关系的姿态,日本有评论说:"现在要求日本巧妙地采取'两个

---

① 霞山会编:《日中关系基本资料集(1949—1997年)》,霞山会1998年版,第837页。
② 李建民:《冷战后日本的"普通国家化"与中日关系的发展》,中国社会科学出版社,2005年,第190页。
③ 冈崎邦彦:《90年代的中日关系》,《中日关系史研究》2002年第4期,第33页。

正面作战'的外交手腕,即在确保美国信赖的同时,消除中国方面的不信任。"①

1997年9月,桥本首相在中国国家行政学院演讲时强调,"不打不成交",日中"建立坦诚交换意见的关系很重要",因此,"要充分理解和尊重对方的立场和感情",有时要"带一些逆耳之言进行交流,以达到真正的相互理解",越有问题越要"紧密对话"。他希望日中首脑可以更频繁地、不拘形式地就日中关系中的问题交换意见,沟通想法。

为了把"新对华外交"付诸实践,桥本政府作出了一定努力。1997年,七国首脑会议在美国丹佛市召开,桥本在会上表态,欢迎中国加入;1997年香港回归中国时,英美等国抵制临时立法会的就职典礼,但日本率先表示不参与抵制行动;在柬埔寨问题上,日本与中国采取一致行动,支持洪森政府;世贸组织成立时,日本政府赞成中国加入。②

桥本的"新对华外交",呼应了中方的努力,对修复中日关系起到了良好效果。1997年9月和11月,中日两国政府首脑实现互访,双边关系走出了90年代中期一度出现的低谷。1998年上半年,又实现了两国防卫部门的首脑互访。

2001年1月23日,河野洋平外相在日本时事通讯社主办的内外政策调查会上发表了题为《21世纪东亚外交构想》的演讲,突出地反映出日本对中国外交的独立姿态。他指出,日本希望中国成为国际社会"建设性的伙伴",对中国采取"封杀"政策是不现实的,因而希望同中国全面地发展双边关系,增强相互信赖和两国国民之间的互相理解。③

日本政界人士认为,后冷战时代的日中关系已与以往不同。双方都处在巨大变革之中,发展新时期的日中关系已无先例可循,必须面向未来,推陈出新。于是,日本政府将新时期的日中关系定位于"建设性的伙

---

① 《产经新闻》,1998年6月25日。
② 阮次山:《透视日本》,九州出版社,2005年,第14—15页。
③ 《世界周报》,2001年2月20日。

伴关系",即政治上向前看,避免"纠缠历史",以平等的立场与中国建立基于共同利益的关系;经济上加强合作,努力扩大在中国的市场份额;外交上,加强多边中的日中合作,鼓励中国充分参与到国际社会中来,使中国比以往更多地参加制定国际行为准则的活动。日本政界人士认为,中国参与全球秩序的构建及国际准则的制定至关重要。

四　新世纪中国认知的考验

进入新世纪,中国崛起的态势进一步引起了日本各界人士的广泛关注,如何有效地应对中国的崛起,确保日本自身在亚洲的优越地位,成为日本直面的课题。

1. 新生代政治家的中国观

日本新生代政治家大多是 20 世纪 90 年代后在政治舞台上崭露头角的,他们将所谓的"超越战后"意识奉为圭臬,不愿受和平宪法束缚,主张在日美同盟的前提下,坚定不移地走政治和军事大国之路。其政治理念集中地体现为以现实主义的方式谋求国家利益最大化。在对华关系上,"鹰派"色彩浓厚,主张中日间建立该说"不"就说"不"的普通关系。

具体说来,新生代政治家的中国观又是各有侧重的,时下尚不能说形成了铁板一块的"共识"。

自民党前政调会代理会长船田元认为:"日本的政治家和外务省,有一种过分顾虑中国反应的倾向。我认为,没有必要这样担心中国,应该以一种凛然的态度对待中国。"①2001 年,田中真纪子外相在接受记者关于对华外交问题采访时直截了当地说:"对中国该说什么就坚决说什么","日本对中国贷款也贷了,对过去也作了道歉","中国如果成为日本

---

① 船田元:《让日本更好》,讲谈社 1995 年版,第 246 页。

的威胁,日本应向中国表示出坚决的态度","日中建交已近 30 年,如果还是没有建立不看对方眼色、直言不讳的人际关系,就太成问题了"。①日中友好议员联盟干事长町村信孝认为,"现在已不是口头说友好、握握手就行的时代,而是要在各领域都深入讨论,取得实际进展的年代"。发展中日关系,"目标只有一个,就是为和平的亚洲和世界做贡献,推动共同繁荣与发展"。②

民主党代表鸠山由纪夫认为:"历史上,法德两国的关系曾充满了对立与抗争,然而,现在它们根本不用担心对方还会侵略自己。为了在东亚建立'不战共同体',日中两国要走一段漫长的路。现在是该起步的时候了。"③鸠山认为,法德两国在二战后实现了历史性和解,相互誓言"永不再战",可以作为中日两国的楷模。2000 年 12 月,鸠山在中国人民大学的演讲中呼吁:"日中两国关系不能停留在仅仅讴歌友好的层次上,而是要相互成为建设性的伙伴。这就要求日中两国应该实行'开放的积极主义',为东亚地区,进而为世界的和平与繁荣共同发挥作用。"④

自民党众议员高市早苗认为,日本的政府开发援助应该在独自分析本国利益的基础上作出判断。"应该修正对中国的援助,在过去十年里,中国的军事费用每年都以百分之十几的速度增长,据说还向恐怖国家出售武器。中国一边接受援助,一边援助非洲等第三世界国家,想借此操纵联合国的选票。"⑤民主党代表前原诚司则多次强调中国是"现实的威胁",同时又表示"要加强同中国周边国家的关系,以长期改善日中关系为目标"。⑥

小泉内阁时期町村信孝外相表示,要改变上一代日本政治家对华尊

---

① 中国现代国际关系研究所:《全球战略大格局》,时事出版社,2001 年,第 129 页。
② [新加坡]《联合早报》,1998 年 9 月 12 日。
③ 吴寄南:《面临重大转折的中日关系》,《国际观察》2005 年第 2 期,第 10 页。
④ 吴寄南:《日本新生代政治家》,时事出版社,2002 年,第 392—393 页。
⑤ 山本一太主编:《如果我是日本首相》,当代世界出版社,2004 年,第 140 页。
⑥《产经新闻》,2005 年 12 月 30 日。

重的态度,强调"现在两国的立场和关系发生了变化,应该主张的事,基于日本的国家利益就必须坚决主张"。① 外务省亚洲太平洋局副局长小原雅博认为:"21世纪,中国和日本史无前例地面临'两强'时代。作为共同追求繁荣的国家,中日两国正在面临着以对等的地位,合作构筑东亚和平秩序的历史机遇。两国不宜从'谁强谁弱'的角度看待自己和对方,而应该在实现政治稳定与经济繁荣的基础上,建立共存共荣的关系。"②

新生代政治家在与台湾发展关系上态度积极,推动台湾谋求"实体化"地位,不断提升日台关系的发展水平,这种动向确实值得警惕和关注。

1993年5月,小泽一郎在《日本改造计划》一书中公然提出,虽然日台关系必须要考虑与中国关系的因素,但今后"必须与台湾摸索建立一个正式的关系"。③ 小泽认为台湾是一个独立的政治实体,支持"台独",明确指出日美防卫合作新指针的范围包括台湾海峡。小泽在为《日本改造计划》在台湾出版特别撰写的序言中写道:

> 日本与台湾之间,不论现在还是过去,都有很深的关系……因为台湾是日本地理上最邻近的国家,所以我认为两国之间必须发展更加密切的关系。日本在与台湾加强关系方面,能做的还是要做。对台湾的政府要人来日本访问,我也表示欢迎。这样的话,从民间到政府各个层次刻意建立两国间更进一步的密切关系,进而对亚洲地区产生影响。④

像小泽一郎这样身居要职的政治家,居然将台湾称为"国家",这决不是偶然的疏忽,而是日本政治气候的一个集中反映,进一步表明这股政治思潮在日本政界的影响根深蒂固。

---

① 刘江永:《中国与日本:变化中的"政冷经热"关系》,人民出版社,2007年,第184—185页。
② 《南方周末》,2009年2月12日。
③ 小泽一郎著、冯正虎等译:《日本改造计划》,上海远东出版社,1995年,第97页。
④ 吴寄南主编:《站在新世纪入口的日本》,上海教育出版社,1998年,第331页。

船田元在《让日本更好》一书中坦陈:

> 我是从心底里亲台湾的。这是因为如今的台湾政府——也就是中华民国政府的领导人,已故的蒋介石"总统"在日本战败后采取了"以德报怨"的方针,让滞留在中国大陆的日本人平安地遣返日本,这和苏联企图占领日本的做法形成鲜明对照,日本今日的繁荣就是由此而来的。①

船田认为:"大陆有中华人民共和国(中国),台湾岛上有中华民国政府(台湾),这是事实。即使世界各国和日本现在只承认中国,台湾作为一个拥有 2000 万人口和 1000 亿美元外汇储备的经济大国,是无法抹煞的事实。"

2000 年 10 月,就在朱镕基总理访日期间,自民党国会议员、原文部大臣鸠山邦夫访台,与李登辉、陈水扁会谈并扬言:"日本已经迎来应该承认台湾是国家,支持台湾加入联合国的时代"。"中国获知我的想法会感到不快,但日本已经不顾忌中国,该说的说、该做的做的时候已经到来"。② 这表明,日本新生代政治家在台湾问题的认识上,不仅极大程度上突破了日本官方的表态,而且对支持"台独"毫无顾忌。2003 年 5 月,民主党干事长菅直人在该党与上海国际问题研究所共同举办的研讨会上说:"(中国大陆)应该允许台湾加入联合国。我们知道大陆方面表示反对,但台湾加入联合国与将来实现统一的目标并不矛盾。"不久,川口顺子外相向访日的中国外交部副部长王毅表示,"日本希望台湾能成为世界卫生组织观察员"。

2007 年 5 月,自民党政调会会长中川昭一甚至宣称:"今后一年如果出现中国进攻台湾或大规模镇压人权等情况,抵制北京奥运会也将是一种选择";"如果台湾今后 15 年被置于中国势力之下,也许未来 20 年内

---

① 船田元:《让日本更好》,讲谈社,1995 年,第 245 页。
② 孙云编著:《震慑"台独"——不承诺放弃使用武力》,华文出版社,2001 年,第 84 页。

日本也会沦为中国的一个省"。① 大肆散布和宣扬"中国威胁论"。

20世纪90年代以来,日本政坛上涌现了一批战后成长起来的政治家,其中颇具代表性的有小泉纯一郎、桥本龙太郎、小泽一郎等。在这些战后成长起来的新生代政治家中,对战前日本在亚洲各国进行野蛮侵略缺乏深刻反省者不乏其人,对右翼的翻案活动不愿抵制。这种历史观反映在对外关系及对华关系上时,便体现出较为强硬的"鹰派"色彩,以致为迎合经济长期衰退状况下日益扩散的民族主义情绪,在历史教科书及参拜靖国神社问题上,小泉纯一郎等新生代政治家均采取了我行我素的强硬态度。

2. 小泉纯一郎的中国观及靖国史观

小泉纯一郎的中国观,既视中国为发展"机遇",又将中国看作"挑战"。在靖国神社问题上,置中国、韩国等亚洲国家的抗议之声于不顾,任内6次参拜靖国神社,严重地伤害了中韩等国人民的感情。

冷战后,随着日本政界的"总体保守化",其对外政策也进行了相应调整。在对华政策上,一方面为实现"普通国家"的战略目标,试图通过发展对华关系来提升日本的国际政治地位;另一方面视中国的发展对日本是"机遇"也是"挑战",采取"稳定、促变、限制"三结合的方针。

具体说来,小泉政府对华战略的基本取向是,经济上从务实的观点出发,把中国经济发展视为日本扩大对华出口的机遇。2002年4月4日,小泉首相在东京会见李鹏委员长时表示:

> 中国改革开放以来发生了令人惊讶的巨大变化。现在有一种舆论说,中国的迅速发展有可能对日本构成威胁,我不同意这种看法。日本经济也有过高速发展的时期,这种发展不仅有利于日本,同时也有利于其他国家,提供了彼此扩大经济合作的机会。现在我

---

① 中川昭一、伊藤贯:《为实现名实相副的独立而展开的国防论争》,《正论》,2007年5月号。

们也应当从积极的角度来看待中国的发展。①

2002 年 4 月,小泉在"博鳌亚洲论坛"上重申:

> 有人把中国的经济发展看作威胁,但我并不这样认为。我相信中国充满活力的经济发展给日本带来了挑战和机遇。我看好日中经济关系的发展,这种发展不会挖空日本的产业,而是为在日本培养新的产业以及在中国市场增强活力提供了良好的机遇。两国在经济改革方面的合作将会发展两国的经济关系。②

2002 年 5 月,小泉首相在日本经济新闻社主办的"第八次国际交流会议:亚洲的未来"晚餐会上再次指出:"中国的发展将有利于亚洲和整个世界的繁荣。"③川口顺子外相也在演说中表示:"中国是日本在东亚的重要伙伴。我们欢迎中国对东亚地区合作所持的积极姿态,希望能够携手共建地区的稳定和繁荣。"日本对华经贸政策大体遵循确保政治关系不致影响经济合作,努力维护眼前利益的基本原则。如小泉首相强调:"这些年来我一直不赞成'中国威胁论'的论调,多次说过中国的发展对日本不是威胁,而是机遇,这一预言正在变成现实。"④并主张以双赢的观点积极看待中国发展,在更高层次和更广阔领域推进日中经济合作。

2005 年 4 月 23 日,中日两国首脑在印尼雅加达会晤,胡锦涛主席就发展中日关系提出了"五点主张"。对此,小泉表示完全同意胡主席的建议,通过对话解决日中间存在的分歧。他说:

> 发展日中友好非常重要,不仅有利于两国,而且对亚洲及国际社会都具有重要影响。中国的快速发展对日本不是威胁,而是机遇,这一认识已逐渐被更多的人接受。日方愿根据胡主席提出的五

---

① 刘德有:《发展中日关系之我见》,《日本学刊》2002 年第 4 期,第 5 页。
② http://www.cn.emb-Japan.go.jp/2nd%20tier/03jckankei/j-c020412.htm
③《日本经济新闻》,2002 年 5 月 22 日。
④ 小泉首相会见人民日报代表团时的讲话,《人民日报》,2004 年 6 月 3 日。

点主张的精神,积极推进日中友好合作关系。在历史问题、台湾问题上,日本政府将遵循日中三个政治文件确定的原则,这一立场没有任何变化。①

战后以来,日本政界已经形成对日美同盟的"惯性"依赖,小泉执政时期更发挥到了极致。小泉执政之初,日本前驻泰国大使冈崎久彦曾提出建议:日本外交"是多元联立方程式,变量只有一个,就是对美外交,只要搞好对美关系,对其他国家的外交都不在话下"。② 小泉十分欣赏这一观点,认为日美关系搞好了,其他问题迎刃而解。基于这种认识,小泉执政时期把追随美国和谋取亚洲领导地位放在首位,毅然将防卫重点由俄罗斯转向中国大陆和台海地区,视中国为"假想敌"。在对华实施战略包围上,强化同美国、澳大利亚、菲律宾等国的"防卫安全"关系,密切同印度的军事合作,同新加坡缔结在必要时使用港口的协定,通过参加军事演习向东南亚国家进行军事渗透,妄图"孤立"和"围堵"中国。

"现今大国关系的核心是大国之间对于制定国际制度和国际规则的主导权:谁掌握了这种主导权,谁就可以根据自己的利益制定国际制度,谁就可以将自己的价值观念嵌入国际规则之中。"③小泉执政时期与中国争夺"东盟＋3"的主导权即是其中显著一例。2001年11月,中国与东盟达成协议,预告在10年内逐步完成中国—东盟自由贸易区谈判。为了消除和平衡中国在亚洲地区的影响,小泉政府匆匆抛出了"日本与东盟经济合作构想",主张将经济合作成员国从"10(东盟10国)＋3(日、中、韩)"的体制,扩大为"10＋5",试图削弱中国在本地区的影响力。对此,《每日新闻》发表评论指出,此举旨在达到"日本主导的野心"。④

① http://news.xinhuanet.com/world/2005-04/24/content2869854.htm
② 冯昭奎等:《中日关系面临历史性转折期——"反日骚动"专家座谈会纪实》,http://www.chubun.com/2005/05a/gb/06-01.htm/。
③ 秦亚青:《观念调整与大国合作》,《现代国际关系》2002年第3期,第6页。
④《每日新闻》,2002年1月15日。

2002 年 11 月,小泉首相咨询机构"对外关系特别工作组"①完成了《21 世纪日本外交的基本战略——新时代、新蓝图、新外交》报告,其中写道:

> 以往的日本外交缺乏国家层面上的明晰战略。在世界处于冷战结构的框架下,对于依靠美国的安全保障取得了经济顺利发展的日本而言,这种战略尚可维系。但是现在已经不是那样的时代了。应该重新综合性地探讨以安全保障问题为中心的对美关系的时代已经来临。②

报告书认为:"如何与中国交往,是 21 世纪初期日本对外关系中最为重要的课题"。中国的发展不是"威胁",但却使日本的对外竞争环境变得更加严峻。因此今后的中日关系将是一种既包含"协调与共存"因素,又蕴含"竞争与摩擦"因素的双边关系。报告书说:"中国军事力量的增强,从中长期看可能对日本构成严重威胁。"因此,日本的外交战略要以日韩为中心,与美国相连接,再向东亚和大洋洲扩展,形成一个应对中国的"网络",使东盟成为"日本对华外交的盟友和对中国的平衡者",同时还要强化日、加、澳三个发达国家间关系。报告认为,印度是个"可与中国抗衡的国家",俄罗斯"如能改善与日本的关系,把日本引进西伯利亚,就能平衡中国势力"。报告中甚至建议,要强化日台之间的交流。显然,这份报告的基调是将中国视为假想敌,为此不惜组成以美国为首的统一战线,形成对中国的战略围堵包围网。

2003 年,小泉政府智囊团提交的又一份报告认为:"中国已成为自鸦

---

① "对外关系特别工作组"成立于 2001 年 9 月,由内阁官房参事冈本行夫、庆应大学教授小此木政夫、东京大学教授北冈伸一、国际合作银行副总裁田波耕治、前驻华大使谷野作太郎、丰田汽车公司社长张富士夫、防卫大学校长西原正、东京大学教授山内昌之、日本贸易振兴会理事长渡边修等 9 人组成,任务是就日本中长期外交战略进行研讨并向首相提出政策建议。工作组成立后举行了 30 多次研讨会,小泉首相、福田官房长官和川口外相等政要多次与会。
② 毛里和子、张蕴岭编:《如何构筑中日关系》,岩波书店,2004 年,第 231—232 页。

片战争以来150年中从未出现过的'强势中国'",这一形势对于日本实现政治军事大国目标既有机遇又有"威胁"。中国的崛起是日本150年来首次遇到的,为此,日本必须建立一个抵御中国的强大防御网,和所有与中国有矛盾、有摩擦的国家,包括越南、加拿大、澳大利亚、印度、韩国,组成一个防范中国崛起的防护网。

2005年12月,《产经新闻》发表题为"东亚峰会首相演说内容表明:以自由、人权牵制中国"的报道,文中说:小泉首相14日在马来西亚的吉隆坡召开的首届东亚峰会上发表演讲,基调是"民主主义、自由与人权",表示要以"共同拥有民主主义、自由和人权等普遍价值"来构筑"东亚共同体","争取建立理解亚洲传统与价值的共同体,提出了东亚共同体设立应体现透明性和公开性,以地区多样性为前提的合作功能,民主、自由、人权等普遍意义共存的重要性等三点主张"。① 当时,日方还向主席国马来西亚提出了将这段文字写入共同宣言的要求。

题为《日本的裁军与核不扩散》2006年度裁军白皮书声称,"在亚洲还存在着正在扩大军备以及军事力量缺乏透明度的国家,这正成为周边国家担忧的问题"。外务省官员对日本记者说,白皮书中未指名的这个国家就是中国。他还强调,为消除这种担忧,日本应敦促中国削减军备,公开军事信息。

小泉的对华观表现出两面性的特点,即政治上通过加强日美同盟遏制中国崛起,经济上借助中国的发展为日本经济的恢复注入活力。这也是进入新世纪后日本政治家面对中国崛起的困惑心态。

在中国人民极为反感的参拜靖国神社问题上,小泉的固执不仅源于其错误的史观,更是出于其现实的政治谋略。2001年4月自民党总裁选举前,小泉承诺说:"作为政治家,向战殁者表示敬意与感谢的诚意是理所当然的。如果能当选,无论受到怎样的批判,8月15日这一天我一定

---

① 《产经新闻》,2005年12月4日。

去参拜。"①当选首相后,又在各种场合反复强调说:"我想以总理大臣的身份参拜靖国神社。日本人的这种心情,难道不是非常自然、人性的心情吗?"②

鉴于参拜靖国神社遭到中国、韩国等亚洲国家的严厉批评,自民党内也出现反对呼声,2001年8月13日,小泉拿出折中方案,决定提前参拜靖国神社,并在事先拟好的"首相谈话"中作了如下解释:

> 终战纪念日临近,国内外关于我参拜靖国神社的议论越来越多。其中,不仅国内,甚至国外也有要求停止参拜的呼声。在这种情况下,我在终战纪念日参拜靖国神社与我本人意图相左,如果导致国内外的人们对我国"摒弃战争、重视和平"的基本理念产生怀疑的话,这绝不是我所希望的。我真挚地面对国内外的这一形势,在此亲自决断:当日不去参拜,另择他日完成参拜。作为总理,我撤回此前的发言,感到不胜惭愧。然而,我关于参拜靖国神社的主张是一以贯之的。③

8月13日,小泉参拜靖国神社的当天发表了谈话。他说:

> 在过去的一段时期,日本基于错误的国策对亚洲近邻进行了殖民统治和侵略,给他们带来了无可估量的灾难和痛苦。这一地区的许多人至今还残留着难以愈合的伤痕。在这里,我想虚心地接受我国这些令人悔恨的历史,表示深刻地反省,并向所有战争牺牲者致以哀悼。④

对于小泉的一意孤行,日本前驻华大使中江要介撰文批评说,"总理决不应该去正式参拜靖国神社",这"决不是所谓政教分离的问题。要知

---

① 小泉纯一郎在2001年4月18日自民党总裁选举讨论会上的发言。
② 小泉纯一郎在2001年5月14日众议院预算委员会上的发言。
③《每日新闻》,2001年8月14日。
④《朝日新闻》,2001年8月14日。

道作为日中两国间的外交问题,这是极为微妙的。可是日本政府首脑对这一点似乎并不明白"。"首相正式参拜,就是向国民昭示:为包括甲级战犯在内的战争殉死者恢复名誉,以便让国民接受'那场战争并不坏'的思想"。①小森阳一指出:"小泉纯一郎强行参拜靖国神社,也与实现自卫队海外派兵密切相关。靖国神社供奉的是为维护天皇所体现的'国体'而送命的士兵们。如果自卫队员因为给美国提供后方支援而送命,为了将为国捐躯这一意义附加其间,靖国神社便成为一个必不可少的意识形态装置。"②我国学者王庆新则分析说:"政客们通过对本民族中原有的一些具有象征意义的文化和历史符号进行渲染和歌颂,同时制造了一个在经济上或政治上欺压或歧视本民族的外族对立面或假想敌,从而有效地加强本民族的凝聚力,以团结支持他们的民众,达到建立独立国家和民族自治的政治目的。也就是说,民族主义要成功,除了要强调本民族的象征性符号外,还需要有一个不公正或充满敌意的外部环境来支持假想敌的制造。用建构主义的话来说,民族主义运动(包括文化象征符号和假想敌)是政客为其政治目的而建构的,不一定是天生就有的或由一定的物质基础所决定的。"③

小泉等一些人经常指责中国等反对日本要人参拜靖国神社的批评是在打"历史牌",借历史问题压日本,但是事实上正是小泉本人在打"历史牌",是通过"参拜"把自身打扮成敢于顶住外来压力、维护国家利益的民族英雄,捞取政治资本,提高民意支持率,至于这种做法如何恶化了两国关系和民众感情,显然不是小泉考虑的重点。

3. 后小泉时代的中国知行

"小泉时代"为日本政治留下的两大遗产是以财税、金融为主体的结

① 中江要介:《总理决不应该正式参拜靖国神社》,《世界》,2001 年 9 月号。
② 小森阳一:《中日关系的课题与期待》,《日本学论坛》2002 年第 4 期,第 84 页。
③ 王庆新:《现实主义、建构主义和中日关系》,《当代亚太》2007 年第 5 期,第 10—11 页。

构性改革和日美同盟关系的空前强化,这种"内政革命"和"外交转型"带来的"副产品"则是"异化的民族主义"和"僵化的亚洲外交"。小泉连续6次参拜靖国神社,致使中日、韩日的首脑外交中断,导致日本外交逐渐偏离了维护国家利益的正常轨道,并悄然侵蚀着日本国内政治可持续发展的思想基础。

安倍晋三作为新生代政治家,以鹰派作风声名鹊起。在"小泉参拜"问题上,曾明确表示"首相参拜靖国神社理所当然,别国不应指手画脚";在对华关系上则强调"有必要制定政治问题不影响经济问题的'政经分离'原则"。

然而,安倍毕竟是个清醒的政治家,接任首相后,把修复中日关系放在首位,上台后首站出访即选择了中国,并在访华期间表示扩大中日两国之间战略合作,通过政治和经济两个车轮的转动,"把中日关系提升到更高的层次,构筑解决世界性课题的战略互惠关系"。"融冰之旅"打破了小泉以来中日政治关系的僵局。

安倍的中国之行在修补中日关系上的积极作用值得评价,但是以此做出日本改变对华认识及政策的判断则有失偏颇。事实是,2007年3月13日,安倍首相与澳大利亚总理霍华德签署《日澳安全合作联合宣言》,旨在将美日、美澳同盟连成美日澳三边同盟,具有鲜明的排他性和进攻性。8月22日,安倍在印度国会做了题为《两洋的交汇》的演讲,宣称,"日本正在欧亚大陆周边推动建立'自由与繁荣之弧',日印要成为核心,共同建设'大亚洲'和'自由与繁荣之海'"。① 安倍政府既提倡建立"日中战略互惠关系",又倡导构筑"日美澳印价值观联盟",实际上就是对中国采取合作加防范的"两面下注"策略,欲在与对华交往中获得实惠、稳定周边,同时在战略上防范和抑制中国。

2007年9月23日,福田康夫出任日本首相。11月15日,福田首相

---

① 日本外务省网站:http://:www.mofa.go.jp/mofaj/press/enzetsu/19/eabe_0822.html

访问美国,与布什总统会谈时,提出了"日美同盟和亚洲外交共鸣"、"美亚并重"的"新福田主义"外交新理念。福田政府还决定,新版《外交蓝皮书》中不再写入"自由与繁荣之弧"概念,因为这一概念易使人产生"围堵中国"之疑惧。① 之后,福田又在接受美国 CNN 电视台专访时表示,中国的军事力量并不形成威胁,"我们是否对拥有强大军事力量的美国感到威胁呢? 事实并非如此。中国也是一样。我个人对此感到乐观。"2007 年 12 月 27 日至 30 日,福田访华,其"迎春之旅"的收获是,两国首脑在若干重大问题达成了共识。12 月 28 日,福田在北京大学发表演讲,强调日中两国应继续深化"战略互惠"关系,成为"建设亚洲及世界美好未来的创造性伙伴",为此建议把"互利合作"、"国际贡献"、"相互理解和相互信赖"作为三大支柱。

福田认为,"鉴于中国的崛起,日本应该制定新的外交政策",但并非主张对中国进行围堵,而是就未来中日两国间的合作共赢做比较长远的考虑。关于未来日中关系的发展,福田更强调双方应该扩大合作。福田认为:

> 日本的大多数民间企业都在中国有投资,这不仅对我国的经济,而且对中国的经济有利。在能源领域,两国为了确保能源安全最好能够互相合作。在环境问题上的合作也是非常重要的。日元借款结束了,但是相关领域的各种合作以及人员往来和交流是必要的。中日两国作为邻国,今后应该互相合作,共同促进双方在文化、技术领域的人才交流,努力使两国成为交往良好的邻居,我们应该向中国传达这种意向,争取他们的理解。②

在台湾问题上,福田认为"日本不宜说三道四。……因为中国今后如何发展,要留待以后判断,不应急于表态和卷入争论,从而给日本带来

① 《读卖新闻》,2007 年 11 月 11 日。
② 福田康夫、卫藤征士郎:《一国以一人兴、以一人亡》,KK 畅销书 2007 年版,第 39 页。

不利和损失";"美国如何判断也影响日本的态度,军事支援还是相反,要考虑日本国民的意向"。①

麻生太郎任首相后表示:"美国是日本唯一的同盟国,因此与美国的关系显然要重要得多。"麻生认为,"价值观外交"既没有招致中韩反对,也没有导致中日关系停滞,即使有反对声音也主要来自国内政治对手。"日中友好不是目的,而是手段,日中两国的共同利益才是最终目的。"2008年9月25日,麻生首相在联合国发表演讲时,提出了"以日美同盟为不变的基轴"、"致力于加强与近邻各国的关系"、"重视联合国"等三条基本原则。麻生表示:"中国和韩国是日本重要的伙伴,是应当进一步增进互惠和共同利益的国家。"同时又表示:"我想与基本价值观相同的各国进行联合。"2008年9月29日,麻生在国会施政演说中表明:日本的外交政策,第一是"强化日美同盟",第二是"与邻国中国、韩国、俄罗斯等亚太各国一道构筑地区的稳定与繁荣,共谋发展",第三是"致力于解决人类面临的全球性课题"。

后小泉时代的安倍、福田和麻生三任内阁,主要致力于修正小泉僵化的"亚洲外交"路线给日本国家利益带来的损害,积极改善与中国、韩国等亚洲国家的关系。安倍和麻生倡导的所谓"自由与繁荣之弧"的价值观外交,仍然包含着防范和围堵中国的战略意图,尽管这种对华认识时而显著、时而隐蔽,但始终将中国视为竞争对手,既与中国加强合作,又对中国进行防范和遏制的战略态势将会在今后很长一段时期内影响着日本政界人士的对华认知和决策。

4. 民主党政府的中国知行

2009年9月,民主党在国会众议院大选中获胜,鸠山由纪夫组阁,结束了自民党长期执政的局面。

---

① 福田康夫、卫藤征士郎:《一国以一人兴、以一人亡》,KK畅销书2007年版,第68—72页。

　　鸠山政府的中国认识及其行动选择，是受其世界认识、对外战略方针的总框架约束并形成的。在"友爱"、共生的理念下，鸠山政府的外交方针是，日美关系上谋求自主与对等，积极推动"亚洲优先"的东亚共同体。

　　鸠山上台前曾在美国《纽约时报》上发表文章说："我们不能忘记自己的身份，我们是位于亚洲的国家。应该确认，正在日益显现活力的东亚地区是日本的基本生存范围。所以我们必须持续建立覆盖整个地区且稳定的经济合作和安全框架。"文章认为："美国主导的全球主义的时代正走向终结，我们正迈向一个多极化的时代。""当前的事态明确表明，中国将成为世界上主要的经济体之一，同时还会继续扩大自己的军事实力。在不太遥远的未来，中国经济的规模将超过日本。""日本夹在美国和中国之间。美国正在努力保持自己作为世界主宰力量的地位，而中国则在谋求成为世界的主宰力量。在这种情况下，日本应该如何保持自己的政治和经济独立并保护自己的国家利益呢？"日本"希望减小我们的邻国中国构成的军事威胁，同时确保中国的经济发展能够有序进行"。[1]　正是基于亚洲地区勃兴和美国霸权地位日渐式微的战略判断，促使鸠山内阁积极推进"东亚共同体"建设。

　　具体在对华政策上，鸠山政府坚持经济上与中国进行积极的"建设性接触"，借助中国经济发展的机遇，最大限度地谋求日本在经济上互惠的利益；政治上利用日美同盟牵制中国。但是，其外交上对美平等、自主的主张，又无疑与后者的实现产生了矛盾。普天间基地搬迁问题上的消极态度，引发了美国对日本的强烈不满，甚至成了导致鸠山内阁草草收场的重要因素之一。

　　2010 年 6 月 8 日菅直人组阁后，将修复日美同盟关系作为首要任务。菅直人在阐述外交政策时说："今天，我们面临着国际社会发生诸

---

① 鸠山由纪夫：《日本的新道路》，载［美］《纽约时报》2009 年 8 月 31 日。

如地壳变动般的巨大变化。这一变化不仅体现在经济层面,也波及到外交和军事层面等。在这种形势下,为了追求世界和平的理想,应该推进以'现实主义'为基础的外交。"在国会施政演说中,菅直人阐述的外交政策总纲是:"我国既是面向太平洋的海洋国家,也是一个亚洲国家,应该在这双重属性的基础上开展外交。具体来说,就是要以日美同盟作为外交的基轴,同时加强与亚洲国家之间的合作。日美同盟不仅关系到日本的防卫,而且是支撑亚洲、太平洋地区稳定和繁荣的国际共有财富。今后,要切实深化日美同盟关系。"[1]菅直人说:"必须密切关注中国正在增强军力,有个词叫作'势力均衡'",而驻日美军具有威慑中国的军事作用。

另一方面,2010年6月25日,菅直人首相出席加拿大多伦多八国峰会时表示:"中国在国际社会上的存在感正在增强,为让中国进一步提高责任感,应该考虑邀请中国参加G8。"这一表述一方面体现了日本正视中国国际地位不断提高的现实,另一方面也不乏力图通过国际机制约束和规制中国的战略图谋。2010年10月1日,菅直人首相在国会第二次施政方针演说中表示:"关于日中关系全局,推动包括亚洲、太平洋地区和平繁荣、经济领域合作关系的进展,从大局的观点深化战略互惠关系,离不开日中双方的共同努力。"[2]

2011年8月30日,野田佳彦政府成立后,表示以稳固的日美同盟为基础,推进与亚洲邻国的关系。[3] 同年12月访华前夕,野田在接受中国驻日媒体书面采访时表示,"中国的发展对包括日本在内的国际社会而言是机遇,日本与中国不仅对双方而且也对地区及世界的和平、稳定、繁荣负有重大责任,从大局观出发,深化'战略互惠关系'具有重要意义。"

---

[1] 菅直人:《菅内阁总理大臣在第174次国会上的就职演说》,http://www.kantei.go.jp/jp/kan/statement/201006/11syosin.html。

[2] 周永生:《菅直人内阁的外交政策》,《国际论坛》2011年第2期,第3页。

[3] 野田佳彦:《我的政权构想》,《文艺春秋》2011年9月号。

同时认为中日双方应在"增进政治互信、海洋合作、震后合作、经济互利合作、文化及人员交流、地区及全球性课题等广泛领域"开展合作与交流。

与前任的历届领导人一样,野田表示,中国经济的发展将给日本带来机遇,他说:

> 被称为"世界经济增长发动机"的中国是日本最大的贸易进出口国,其巨大的市场潜力正在不断带动亚洲经济的发展。如果中国经济社会的发展能够与国际社会保持协调,对日本而言,是一个绝好的机遇。……日本与亚洲是"双赢关系",对华经济交流应该成为日本经济外交的支柱。①

另一方面,野田对中国的戒备和防范意识也与其他政治家大同小异。他曾在多种场合表示,中国的军力发展让"周边国家感到不安"。"中国军力正在迅速增强,活动范围也在不断扩大且'战略意图不明',因此成为日本乃至整个亚太地区'最令人担忧的因素'。近年来中国在南海及东海等地区所显示的军事实力,彰显出强硬的外交姿态,具有动摇区域内国际秩序的风险。"

从野田政府成立后的外交举措看,频繁与东南亚国家接触、高调介入南海问题并试图使之国际化是一个值得注意的新动向;加入美国主导的《环太平洋战略经济伙伴关系协定》(TPP),则显露出跟随美国牵制中国的动机。

可以认为,冷战后日本的中国认识仍在变动和调整之中,没有大的国际事态发生,今后一个相当长的时期内,合作与防范将是日本对华认识及行动选择的主题词。如何在合作、竞争的环境下构筑互惠、长期稳定的中日关系,将是中日两国不可回避的时代命题。

---

① 野田佳彦:《我的政权构想》,《文艺春秋》2011 年 9 月号。

主要参考文献

一　日文文献

黒木彬文、鱒沢彰夫編《興亜会・亜細亜協会報告》第 1 卷,不二出版,1993 年。

亜細亜協会編《亜細亜協会報告》第 7 篇,1883 年 8 月 26 日。

《東亜時論》第 19 号。

《自由党党報》,1894 年。

《進歩党党報》,1898 年。

《政友》,1900 年,1927 年。

《憲政党党報》,1898 年。

総理府広報室編《世論調査》,1971 年 11 月号。

日中経済協会編《日中経済協会会報》,1973—1982 年。

《経団連月報》,第 20 卷,1972 年 1 月号。

霞山会編《日中関係基本資料集(1949—1997 年)》,霞山会,1998 年。

外務省調査部編纂,《大日本外交文書》第 1—5 卷,外務省藏版 1936 年。

外務省編《日本外交文書》第 31 卷第 1 册,日本国際連合協会,1954 年。

外務省編《日本外交文書》第 41 卷第 1 册,日本国際連合協会,1960 年。

外務省編《日本外交文書》昭和期Ⅰ第 1 部第 1 卷,外務省,1989 年。

外務省編《日本外交文書　満洲事变(別卷)》,外務省,1981 年。

外務省編《外交青書》,大藏省印刷局,1992—2001 年。

《萬朝報》,1894—1898 年。

《每日新聞》,1894 年。

《時事新報》,1885—1898 年。

《国民新聞》,1898—1911 年。

《東京日日新聞》,1875—1936 年。

《大阪朝日新聞》,1898—1911 年。

《東京朝日新聞》,1894—1935 年。

《社会民衆新聞》16 号,1927 年 1 月 20 日。

《朝日新聞》(夕刊),1954 年 2 月 11 日。

《朝日新聞》,1958—2001 年。

《日本経済新聞》,1971—2002 年。

《読売新聞》,1950—1992 年。

《読売新聞》(夕刊),2005 年 10 月 18 日。

《毎日新聞》,1992—2011 年。

《産経新聞》,1992—2011 年。

《日本新華僑報》,1999 年 6 月 20 日—2009 年 12 月。

《太陽》,1898 年 1 月。

《日本人》,1890 年 4 月 3 日。

《外交時報》,第 9 号。

《満州評論》第 2 卷第 1 号,1932 年 1 月。

《中央公論》,1922—1927 年。

《改革者》,1992 年 10 月号。

《中央公論》,1992 年 5 月号。

《中央公論》,1964 年 2 月 12 日。

《日曜日毎日》第 19 号,1992 年 7 月。

《外交論壇》,1995 年 1 月号。

《経済学人》周刊,1976—1994 年。

《諸君》,1990 年 5 月号。

《外交時報》,1995 年 1 月号。

《政界》,1997 年 11 月号。

《世界週報》,1997—2001 年。

《正論》,2007 年 5 月号。

《世界》,1952—2001 年。

《文藝春秋》,1990—2011 年。

《自由》,1993 年 10 月号。

《日本思想大系》25,岩波書店,1980 年。

《日本思想大系》28,岩波書店,1975 年。

《日本思想大系》29,岩波書店,1974 年。

《日本思想大系》30,岩波書店,1971 年。

《日本思想大系》33,岩波書店,1980 年。

《日本思想大系》36,岩波書店,1980 年。

《日本思想大系》39,岩波書店,1972 年。

《日本思想大系》43,岩波書店,1973 年。

《日本思想大系》44,岩波書店,1970 年。

《日本思想大系》45,岩波書店,1977 年。

《日本思想大系》50,岩波書店,1973 年。

《日本思想大系》53,岩波書店,1973 年。

《日本思想大系》54,岩波書店,1978 年。

《日本思想大系》55,岩波書店,1971 年。

《日本思想大系》64,岩波書店,1976 年。

《日本思想大系》65,岩波書店,1972 年。

石田雄編《近代日本思想大系 2 福沢渝吉集》,筑摩書房,1975 年。

芝原拓自他編《日本近代思想大系 12 対外観》,岩波書店,1996 年。

松浦玲編《日本的名著 30》,中央公論社,1987 年。

《日本の名著 31 吉田松陰》,中央公論社,1989 年。

経済雑誌社編《国史大系》第 7 巻,経済雑誌社,1898 年。

下村富士男編《明治文化資料叢書》第 4 巻外交編,開明堂,1962 年。

岩佐正、時枝誠記等校注《日本古典文学大系》87,岩波書店,1978 年。

桂島宣弘《思想史の十九世紀:他者としての徳川日本》,perikan 社,1999 年。

岩崎允胤《日本近世思想史序説》(上),新日本出版社,1997 年。

国民精神文化研究所編《藤原惺窩集》巻上、下,思文閣出版,1978 年。

源了円《近世初期実学思想の研究》,創文社,1980 年。

小島晋治監修《幕末明治中国見聞録集成》第 11 巻,まゆに書房,1997 年。

渡辺浩《宋学と近世日本社会》,東京大学出版会,1987 年。

鷲尾順敬編《日本思想闘争史料》第 1 巻,名著刊行会,1969 年。

子安宣邦《方法としての江戸》,perikan 社,2000 年。

井上哲次郎《日本朱子学派の哲学》,富山房,1905 年。

《山鹿素行全集》第 13 巻,岩波書店,1940 年。

瀧本誠一編《佐藤信淵家学全集》下巻,岩波書店,1927 年。

井上哲次郎・上田萬年監修《勤王志士遺文集》2,大日本文庫,1941 年。

松浦玲《明治の海舟とアジア》,岩波書店,1987 年。

岩倉公旧跡保存会《岩倉公実記》下巻,岩倉公旧跡保存会出版,1947 年。

奈良本辰也編《近世日本思想史研究》,河出書房新社,1965 年。

芝原拓自《日本の歴史・23・鎖国》,小学館,1975 年。

大久保利謙編《明治啓蒙思想集》明治文学全集 3,筑摩書房,1967 年。

杉田玄白《蘭学事始》,緒方富雄校注,岩波書店,1987 年。

杉本つとむ《江戸時代蘭語学の成立とその展開》I,早稲田大学出版部,1976 年。

沼田次郎編《日本と西洋》,平凡社,1980 年。

村上陽一郎《日本近代科学の歩み》,三省堂,1977 年。

伊東多三郎《近世史の研究》第 1 冊,吉川弘文館,1981 年。

大庭修編《宮内庁書陵部藏舶載書目》,同朋舎,1973 年。

海老沢有道《南蛮学統の研究》,創文社,1958 年。

開国百年記念文化事業会編《鎖国時代日本人の海外知識》,原書房,1980 年。

源了円、末中哲夫編《日中実学史の研究》,思文閣,1991 年。

王家驊《日中儒学の比較》,日本六興出版社,1988 年。

佐藤昌介《洋学史の研究》,中央公論社,1980 年。

有坂隆道編《日本洋学史の研究》6,創元社,1982 年。

稲山嘉寛回想録編集委員会編《稲山嘉寛回顧録》,大日本印刷株式会社,1988 年。

高橋碩一《洋学論》,三笠書房,1939 年。

山室信一、中野目徹校注《明六雑誌(中)》,岩波文庫,2008 年。

西田長寿編《陸羯南全集》4 巻,みすず書房,1970 年。

岡倉天心著・桶谷秀昭・橋川文三訳《東洋の理想》,平凡社,1983 年。

石川淳編《本居宣長全集》8 巻,筑摩書房,1972 年。

本庄栄治郎解題《本多利明集》,誠文堂,1935 年。

家永三郎《外来文化摂取史論》,青史社,1974 年。

山崎正董編著《横井小楠》遺稿篇,明治書院 1938 年。

三谷博《明治維新とナショナリズム:幕末の外交と政治変動》,山川出版社,1997 年。

开国百年纪念文化事业会《明治文化史》5,洋洋社,1954 年。

日本思想史講座 4《近世の思想》,雄山閣,1976 年。

吉野耕作《文化ナショナリズムの社会学》,名古屋大学出版会,1997 年。

松沢弘阳校注《文明論之概略》,岩波文庫,1995 年。

純三郎編輯《戸田茂睡全集》,図書刊行会,1915 年。

《増補本居宣長全集》第 10 巻,吉川弘文館,1927 年。

《契冲全集》第 1、7、8、9 巻,岩波書店,1973 年。

《荷田全集》第 1、6 巻,名著普及会,1990 年。

三宅清《荷田春満》,畝傍書房,1942 年。

大久保正《江戸時代の国学》,至文堂,1963 年。

三枝康高《国学の運動》,風間書房,1966 年。

子安宣邦《江戸思想史講義》,岩波書店,1998 年。

村井紀《文字の抑圧——国学イデオロギーの成立》,青弓社,1989 年。

杉浦明平、別所興一編《江戸期の開明思想》,社会評論社,1990 年。

本郷隆盛、深谷克己編《讲座日本近世史 9　近世思想论》,有斐閣,1981 年。

《本居宣长全集》第 2、6、8、10、13 卷,筑摩書房,1971 年。

佐藤喜代治《日本語の精神》,畝傍書房,1944 年。

平田篤胤著、山田孝雄校訂《古史徴開題記》,岩波書店,1936 年。

村冈典嗣《日本思想史研究第 3 卷　宣長と篤胤》,創文社,1957 年。

《新修平田篤胤全集》第 1、2、8、10、15 卷,名著出版,1977 年。

慶応義塾編《福沢諭吉全集》第 1、2、5、8、10、14、20 卷,岩波书店,1959—1960 年。

津田左右吉《シナ思想と日本》,岩波書店,1938 年。

丸山真男《日本の思想》,岩波書店,1978 年。

前田勉《近世日本の儒学と兵学》,ぺりかん社,1996 年。

《吉田松陰全集》第 1、2、6 卷,岩波书店,1936 年、1934 年、1935 年。

德富苏峰编述《公爵山县有朋伝》下,原書房,1969 年。

大久保利謙《岩倉使節の研究》,宗高書房,1976 年。

《木户孝允日記》,东京大学出版会,1978—1980 年。

岛善高编《副岛种臣全集》第三卷,慧文社,2007 年。

大山梓编《山県有朋意見書》,原書房,1966 年。

陸奥宗光《蹇蹇録》(中塚明校注),岩波書店,1983 年。

骨皮道人《ちゃんちゃん征伐流行歌》,弘文館,1894 年。

藤泽卫彦《明治流行歌史》,春阳堂,1929 年。

见田宗介《近代日本の心情の歴史——流行歌の社会心理史》,講談社,1978 年。

小西四郎《錦絵　幕末明治の歴史 11　日清戦争》,講談社,1977 年。

添田知道《演歌の明治大正史》,岩波書店,1963 年。

尾崎行雄《咢堂回顾録》(上册),雄鶏社,1951 年。

井上雅二《巨人荒尾精》,左久良書房,1910 年。

神田喜一郎等編《内藤湖南全集》第 4 卷,筑摩書房,1971 年。

加藤陽子《戦争の日本近現代史》,講談社現代新書,2002 年。

北冈伸一《日本陸軍と大陸政策》,東京大学出版会,1978 年。

鹿島守之助《日本外交史 12·パリ講和会議》,鹿島研究所出版社,1971 年。

臼井胜美《日本と中国——大正時代》,原書房,1972 年。

松尾尊兊《大正民主主義》,岩波書店,1974 年。

松尾尊兊《民本主義と帝国主義》,美铃書房,1998 年。

馬場公彦《戦後日本人の中国像》,新曜社,2010 年。

原奎一郎編《原敬日記》第 9 巻,福村出版,1965 年。

栗原健編《満蒙政策史の一面》,原書房,1966 年。

高倉徹一《田中義一伝記》下巻,田中義一伝記刊行会,1960 年。

原田熊雄《西園寺公と政局》(2),岩波書店,1950 年。

満鉄調査部編《支那抗戦力調査報告》,三一書房,1970 年。

芳沢謙吉《外交六十年》,中央公論社,1990 年。

彭沢周《中国の近代化と明治維新》,同朋社出版部,1976 年。

井上清:《日本帝国主義の形成》,岩波書店,1968 年。

《吉野作造選集》第 9 巻,岩波書店,1995 年。

《石橋湛山全集》第 4 巻,東洋経済新報社,1971 年。

参謀本部編《昭和三年支那事変出兵史》,岩南堂書店,1930 年。

内閣資料保存会編纂《歴代総理大臣と内閣》,内閣資料保存会,1980 年。

日本共产党中央委員会編《日本共产党七十年》,新日本出版社,1994 年。

日本共产党中央委員会編《日本共产党八十年》,日本共产党中央委員会出版局,2003 年。

名和太郎著《稲山嘉寛評伝》,国際商業出版株式会社,1976 年。

緒方貞子《戦後日中・美中関係》,東京大学出版会,1992 年。

安藤彦太郎《日本人の中国観》,劲草書房,1971 年。

浦野起央《日中韩の歴史認識》,南窗社 2002 年。

崛幸雄《戦後の右翼勢力》,劲草書房,1993 年増补版。

国際政治学会編《日本外交史諸問題》Ⅱ,有斐閣,1965 年。

添谷芳秀《日本外交と中国　1945—1972》,慶応通信,1995 年。

藤井松一、大江志乃夫《戦後日本の歴史(上)》,青木書店,1972 年。

古川万太郎《日中戦後関係史》,原書房,1988 年。

吉田茂《世界と日本》,中央公論社,1992 年。

吉田茂《回想十年》第三巻,新潮社,1957 年。

桂島宣弘《洋学思想史の一考察》,《日本思想史研究会会報》第 20 号,2003 年1 月。

諸田龍美《多情と物のあはれ——白居易の宣長の共鳴》,愛媛大学法文学部論集人文学科編第 20 号,2006 年。

上杉允彦《江戸時代の日本人の中国観》,高千稲穂論叢昭和 52 年(2)。

松浦光修《国学者の孔子観:宣長・篤胤を中心として》,《神道史研究》第 52 巻第 2 号,2004 年 11 月。

小西四郎《阿片戦争の我が国に及ぼせる影響》,《駒沢史学》創刊号,1953 年1 月。

黒木彬文「興亜会のアジア主義」,九州大学《法学研究》71 巻 4 号,2005 年 3 月。

山口一之《陸竭南の外交論——義和団事変と善後策》,駒沢大学歴史学研究会編《駒沢史学》第 35 号,1986 年 5 月。

池田誠《内藤湖南の辛亥革命論》,《立命館法学》第 36 号,1961 年。

宮本又久《帝国主義の民本主義:吉野作造の対中国政策》,《日本史研究》第 91 号,1967 年。

黒柳明《公明党の中国政策》,亜洲調査会《アジア季刊》,第 2 巻第 2 号(1970 年 4 月)。

二　中文文献

《人民日报》,1945—2010 年。

《南方周末》,2009 年 2 月 12 日。

《参考消息》,1972 年 8 月 28 日。

天儿慧著、范力译《日本人眼里的中国》,社会科学文献出版社,2006 年。

张崑将《德川日本"忠""孝"概念的形成与发展》,华东师范大学出版社,2008 年。

向卿《日本近代民族主义(1868—1895)》,社会科学文献出版社,2007 年。

《朱舜水集》上册,中华书局,1981 年。

覃启勋《朱舜水东瀛授业研究》,人民出版社 2005 年。

梁容若《中日文化交流史稿》,商务印书馆,1985 年。

梁启超《中国近三百年学术史》,东方出版社,1996 年。

朱谦之《日本的朱子学》,人民出版社,2000 年。

朱谦之《日本的古学及阳明学》,人民出版社,2000。

石田一良著、王勇译《文化史学:理论与方法》,浙江人民出版社,1989 年。

武安隆《文化的抉择与发展》,天津人民出版社,1993 年。

赵德宇《西学东渐与中日两国的对应——中日西学比较研究》,世界知识出版,2001 年。

永田广志《日本哲学思想史》,商务印书馆,1983 年。

本尼迪克特·安德森《想象的共同体:民族主义的起源与散布》,上海人民出版社,2003 年。

黄自进《吉野作造对近代中国的认识与评价:1906—19321》,台北:台北中央研究院近代史研究所,1995 年。

陈舜臣著、刘玮译《日本人与中国人》,广西师范大学出版社,2009 年。

王晓秋《近代中国与日本——互动与影响》,昆仑出版社,2005 年。

冯天瑜《"千岁丸"上海行》,武汉大学出版社,2006 年。

王屏《近代日本的亚细亚主义》,商务印书馆,2004 年。

宋成有《新编日本近代史》,北京大学出版社,2006 年。

王芸生《六十年来中国与日本》第 1 卷,三联书店,2005 年。

王铁崖编《中外旧约章汇编》,第 1 册,三联书店,1957 年。

野村浩一著、张学锋译《近代日本的中国认识》,中央编译出版社,1999 年。

沈予《日本大陆政策史》,社会科学文献出版社,2005 年。

俞辛焞《孙中山与日本关系研究》,人民出版社,1996 年。

俞辛焞《辛亥革命时期中日外交史》,天津人民出版社,2000 年。

林庆元、杨齐福著《"大东亚共荣圈"源流》,社会科学文献出版社,2006 年。

米庆余《日本近代外交史》,南开大学出版社,1988 年。

米庆余《近代日本的东亚战略和政策》,人民出版社,2007 年。

邵建国《北伐战争时期的中日关系研究》,新华出版社,2006 年。

江口圭一《日本十五年侵略战争史》,杨栋梁译,天津人民出版社,1995 年。

张蓬舟《近五十年来中国与日本》第 1 卷,四川人民出版社,1981 年。

毛里和子《中日关系——从战后走向新时代》,徐显芬译,社会科学文献出版社,
2009 年。

刘建平《战后中日关系:"不正常"历史的过程与结构》,社会科学文献出版社,
2010 年。

金熙德《中日关系:复交 30 周年的思考》,世界知识出版社,2002 年。

大平正芳纪念财团编著《大平正芳》,中国青年出版社,1991 年。

黄大慧《日本对华政策与国内政治——中日复交政治过程分析》,当代世界出版
社,2006 年。

远藤和子《松村谦三》(汉译本)三联书店,1987。

李玉主编《中日相互认识论集》,香港社会科学出版社有限公司,2004 年。

徐静波、胡令远编《战后日本的主要社会思潮与中日关系》,上海财经大学出版
社 2003 年。

徐之先主编《中日关系三十年》,时事出版社,2002 年。

张香山《中日关系管窥与见证》,当代世界出版社,1998 年。

吴学文《风雨阴晴——我所经历的中日关系》,世界知识出版社 2002 年。

司马桑敦《中日关系二十五年》,(台北)联经出版事业有限公司,1988 年。

孙平化《中日友好随想录》,世界知识出版社,1986 年。

蒋立峰主编《中日两国的相互认识》,世界知识出版社,2003 年。

林代昭《战后中日关系史》,北京大学出版社,1992 年。

李德安等编译《大平正芳的政治遗产》,中央文献出版社,1995 年。

中曾根康弘著、王晓梅译《政治与人生》,东方出版社,2008 年。

程永明、石其宝《中日经贸关系六十年(1945—2005)》,天津社会科学院出版社,
2006 年。

大平正芳、田中洋之助著,赵力群译《复合力量的时代》,商务印书馆,1980 年。

林振江《首脑外交——以中日关系为研究视角》,新华出版社,2008 年。

田桓主编《战后中日关系文献集(1945—1970)》,中国社会科学出版社,1996 年。

黄大慧《日本大国化趋势与中日关系》,社会科学文献出版社,2008 年。

孙承《日本与东亚:一个变化的时代》,世界知识出版,社 2005 年。

中曾根康弘著、联慧译《日本二十一世纪的国家战略》,三环出版社 2004 年。

李建民《冷战后日本的"普通国家化"与中日关系的发展》,中国社会科学出版社,2005 年。

本泽二郎著、吴寄南译《日本政界的"台湾帮"》,上海译文出版社,2000 年。

中曾根康弘著、联慧译《日本二十一世纪的国家战略》,三环出版社,2004 年。

历史研究委员会编、东英译《大东亚战争的总结》,新华出版社,1997 年。

吴寄南《日本新生代政治家》,时事出版社,2002 年。

吴寄南主编《站在新世纪入口的日本》,上海教育出版社,1998 年。

李建民《冷战后日本的"普通国家化"与中日关系的发展》,中国社会科学出版社,2005 年。

刘江永《中国与日本:变化中的"政冷经热"关系》,人民出版社,2007 年。

吴学文等《当代中日关系(1945—1994)》,时事出版社,1995 年。

王振锁《日本战后五十年:1945—1995》,世界知识出版社,1996 年。

富森睿儿《战后日本保守党史》,上海译文出版社,1984 年。

熊志勇等《中国近现代外交史》,世界知识出版社,2005 年版。

国家档案局明清档案馆编:《戊戌变法档案史料》,中华书局,1958 年。

冈崎嘉平太著,陈耐轩、骆为龙译:《寄语二十一世纪》,人民出版社,1992 年。

阮次山《透视日本》,九州出版社,2005 年。

山本一太主编《如果我是日本首相》,当代世界出版社,2004 年。

中国现代国际关系研究所《全球战略大格局》,时事出版社,2001 年。

孙云编《震慑"台独"——不承诺放弃使用武力》,华文出版社,2001 年。

牛建科《试析日本国学家的中国观》,《延边大学学报(社会科学版)》2007 年第 4 期。

藏世俊《福泽谕吉的中国观》,《日本学刊》1995 年第 1 期。

盛邦和《19 世纪与 20 世纪之交的日本亚洲主义》,《历史研究》,2000 年第 3 期。

戚其章《日本大亚细亚主义探析——兼与盛邦和先生商榷》,《历史研究》,2004 年第 3 期。

盛邦和《日本亚洲主义与右翼思潮源流——兼对戚其章先生的回应》,《历史研究》,2005 年第 3 期。

戚其章《论荒尾精》,《贵州社会科学》1986 年第 12 期。

李少军《武昌起义后内藤湖南、桑原骘藏之涉华议论评析》,《武汉大学学报》

2011 年第 3 期。

张英波《橘朴近代中国官僚阶级研究论述》,《郑州大学学报》(哲学社会科学版),2008 年第 3 期。

王庆新《现实主义、建构主义和中日关系》,《当代亚太》2007 年第 5 期。

高锷《前事不忘、后事之师——回忆中日邦交正常化谈判》,《和平与发展》2002 年第 3 期。

周永生《菅直人内阁的外交政策》,《国际论坛》2011 年第 2 期。

屈彩云《从〈中央公论〉看中日邦交正常化前后日本人的中国观》,中共山西省委党校学报,2008 年第 1 期。

佐藤嘉恭《展望中日关系》,《中日关系史研究》1996 年第 2 期。

肖世泽《日本民主党主要领导成员简介》,《中日关系史研究》2006 年第 3 期。

黄俊杰《从中日比较思想史的视野论经典诠释的"脉络性转换"问题》,《台大历史学报》第 34 期,2004 年 12 月。

刘江永《论日本对外战略的发展》,《日本问题》1986 年第 1 期。

刘江永《苏联解体后日本外交的基本走向——回顾与展望》,《日本学刊》1993 年第 1 期。

王少普《跨越两个时期三个阶段的中日关系》,《日本研究》1997 年第 3 期。

吴寄南《面临重大转折的中日关系》,《国际观察》2005 年第 2 期。

刘德有《发展中日关系之我见》,《日本学刊》2002 年第 4 期。

田庆立、程永明《日本外交中的机会主义与对华行动选择》,《东北亚论坛》2008 年第 6 期。

秦亚青《观念调整与大国合作》,《现代国际关系》2002 年第 3 期。

横山宏章《几经风雨艰难缔造》,《日本学刊》1992 年第 6 期。

赵建民、何思慎《近年日本外交中有关中国或美国优先的争论》,〔中国台湾〕《问题与研究》,43 卷,2004 年第 1 期。

孙承《菅直人内阁对外政策调整浅析》,《日本学刊》2011 年第 2 期。

国分良成《"1972 年体制"的变化与发展协调关系之路》,《日本学刊》1997 年第 5 期。

小森阳一《中日关系的课题与期待》,《日本学论坛》2002 年第 4 期。

后　记

2006年年底,南开大学日本研究院组成的课题组在强手如林的竞争中胜出,获得教育部人文社会科学研究重大课题攻关项目"近代以来日本的中国认识及其行动选择研究"。作为首席专家,我深感任务艰巨,责任重大。

5年来,在教育部社科司、南开大学主要领导及主管部门的关切和支持下,在国内外有关专家、学者的支持和指导下,课题组围绕理论方法创新、研究路径设定、分工协作统筹、写作体例特色等问题,先后召开规模不等的专题研讨会十余次,与会者精彩发言及热烈讨论的场面如今依然历历在目。可以说,没有这样一支内聚力强、学术积累厚、敬业务实的学术团队,要完成如此重大的攻关项目是难以想象的。与此同时,我们还邀请国内外专家来校进行了数十场与本课题相关的学术报告,这些报告对于我们及时掌握国内外学界的相关研究动态及最新研究成果,开阔眼界和思路,从而站在较高的基点上推进研究的深入,是大有助益的。

5年中,围绕这一项目,课题组成员在《历史研究》、《史学月刊》、《日本学刊》、《南开学报》等国内外学术刊物上发表了CSSCI(含扩展版)论文24篇,其他论文12篇,编著1部。这些"阶段性研究成果"凝聚了每位成员的智慧和辛勤汗水,多名博士研究生在研究过程中成长并崭露头角令人欣慰。

本丛书是课题组成员集中前期研究成果的"中国认识"内容写成的。本卷的"总论"则是以分论的丛书各卷为基础提炼而成,在此谨向直接参与研究的所有成员致谢并道一声辛苦。他们是:南开大学日本研究院米庆余、王振锁、李卓、莽景石、赵德宇、宋志勇、刘岳兵教授及乔林生副教授,天津社会科学院程永明研究员及田庆立、乌兰图雅副研究员,青岛大学李广民教授,湖南师范大学向卿副教授,天津大学王美平讲师,天津师范大学杨延峰讲师。同时我要向以不同形式支持和指导项目研究工作的国内外专家学者致谢,他们是:中国社科院武寅、步平、张蕴岭、汤重南、李薇、高洪、崔世广、李文、林昶研究员,北京大学李玉、宋成有、钱乘旦、李剑鸣、王勇教授,复旦大学樊勇明、胡令远教授,东北师范大学韩东育、周颂伦教授,华东师范大学崔丕教授,山东大学牛建科教授,天津师范大学侯建新教授,天津社科院张健研究员,台湾大学石之瑜教授,哈佛大学入江昭教授,东京大学田中明彦、高原明生、加藤阳子教授,京都大学山室信一教授,庆应大学山田辰雄教授,早稻田大学毛里和子、依田熹家、山冈道男教授,横滨国立大学村田忠喜教授,防卫大学户部良一教授,青山学院大学三和良一、杉浦势之教授,名古屋大学平川均教授,筑波大学进藤荣一教授,立教大学五十岚晓郎教授,大东文化大学和田守教授,国际日本文化研究中心笠比和比谷教授,中央大学李廷江教授,法政大学王敏教授,关西学院大学陶德民教授,冈山大学姜克实教授,岩波书店马场公彦编辑等。

"近代以来日本的中国观"是一项内容极其浩繁的研究课题,我们深知,这一研究可以不断揭示和"接近"历史的"真实",但却没有止境。我们期待着国内外同行的批评,共同推进研究的深入。

课题主持人　杨栋梁谨识

2012 年 2 月 1 日

凤凰文库书目

一、马克思主义研究系列

《走进马克思》 孙伯鍨 张一兵 主编
《回到马克思:经济学语境中的哲学话语》 张一兵 著
《当代视野中的马克思》 任平 著
《回到列宁:关于"哲学笔记"的一种后文本学解读》 张一兵 著
《回到恩格斯:文本、理论和解读政治学》 胡大平 著
《国外毛泽东学研究》 尚庆飞 著
《重释历史唯物主义》 段忠桥 著
《资本主义理解史》(6卷) 张一兵 主编
《阶级、文化与民族传统:爱德华·P. 汤普森的历史唯物主义思想研究》 张亮 著
《形而上学的批判与拯救》 谢永康 著
《21世纪的马克思主义哲学创新:马克思主义哲学中国化与中国化马克思主义哲学》
　李景源 主编
《科学发展观与和谐社会建设》 李景源 吴元梁 主编
《科学发展观:现代性与哲学视域》 姜建成 著
《西方左翼论当代西方社会结构的演变》 周穗明 王玫 等著
《历史唯物主义的政治哲学向度》 张文喜 著
《信息时代的社会历史观》 孙伟平 著
《从斯密到马克思:经济哲学方法的历史性阐释》 唐正东 著
《构建和谐社会的政治哲学阐释》 欧阳英 著
《正义之后:马克思恩格斯正义观研究》 王广 著
《后马克思主义思想史》 [英]斯图亚特·西姆 著 吕增奎 陈红 译
《后马克思主义与文化研究:理论、政治与介入》 [英]保罗·鲍曼 著 黄晓武 译
《市民社会的乌托邦:马克思主义的社会历史哲学阐释》 王浩斌 著

二、政治学前沿系列

《公共性的再生产:多中心治理的合作机制建构》 孔繁斌 著
《合法性的争夺:政治记忆的多重刻写》 王海洲 著
《民主的不满:美国在寻求一种公共哲学》 [美]迈克尔·桑德尔 著 曾纪茂 译
《权力:一种激进的观点》 [英]斯蒂芬·卢克斯 著 彭斌 译
《正义与非正义战争:通过历史实例的道德论证》 [美]迈克尔·沃尔泽 著 任辉献 译
《自由主义与现代社会》 [英]理查德·贝拉米 著 毛兴贵 等译
《左与右:政治区分的意义》 [意]诺贝托·博比奥 著 陈高华 译
《自由主义中立性及其批评者》 [美]布鲁斯·阿克曼 等著 应奇 编
《公民身份与社会阶级》 [英]T. H. 马歇尔 等著 郭忠华 刘训练 编
《当代社会契约论》 [美]约翰·罗尔斯 等著 包利民 编
《马克思与诺齐克之间》 [英]G. A. 柯亨 等著 吕增奎 编
《美德伦理与道德要求》 [英]欧若拉·奥尼尔 等著 徐向东 编
《宪政与民主》 [英]约瑟夫·拉兹 等著 佟德志 编
《自由多元主义的实践》 [美]威廉·盖尔斯敦 著 佟德志 苏宝俊 译

《国家与市场:全球经济的兴起》 [美]赫尔曼·M.施瓦茨 著 徐佳 译

《税收政治学:一种比较的视角》 [美]盖伊·彼得斯 著 郭为桂 黄宁莺 译

《控制国家:从古雅典至今的宪政史》 [美]斯科特·戈登 著 应奇 陈丽微 孟军 李勇 译

《社会正义原则》 [英]戴维·米勒 著 应奇 译

《现代政治意识形态》 [澳]安德鲁·文森特 著 袁久红 译

《新社会主义》 [加拿大]艾伦·伍德 著 尚庆飞 译

《政治的回归》 [英]尚塔尔·墨菲 著 王恒 臧佩洪 译

《自由多元主义》 [美]威廉·盖尔斯敦 著 佟德志 庞金友 译

《政治哲学导论》 [英]亚当·斯威夫特 著 佘江涛 译

《重新思考自由主义》 [英]理查德·贝拉米 著 王萍 傅广生 周春鹏 译

《自由主义的两张面孔》 [英]约翰·格雷 著 顾爱彬 李瑞华 译

《自由主义与价值多元论》 [英]乔治·克劳德 著 应奇 译

《帝国:全球化的政治秩序》 [美]麦克尔·哈特 [意]安东尼奥·奈格里 著 杨建国 范一亭 译

《反对自由主义》 [美]约翰·凯克斯 著 应奇 译

《政治思想导读》 [英]彼得·斯特克 大卫·韦戈尔 著 舒小昀 李霞 赵勇 译

《现代欧洲的战争与社会变迁:大转型再探》 [英]桑德拉·哈尔珀琳 著 唐皇凤 武小凯 译

《道德原则与政治义务》 [美]约翰·西蒙斯 著 郭为桂 李艳丽 译

《政治经济学理论》 [美]詹姆斯·卡波拉索 戴维·莱文著 刘骥 等译

《民主国家的自主性》 [英]埃里克·A.诺德林格 著 孙荣飞 等译

《强社会与弱国家:第三世界的国家社会关系及国家能力》 [英]乔·米格德尔 著 张长东 译

《驾驭经济:英国与法国国家干预的政治学》 [美]彼得·霍尔 著 刘骥 刘娟凤 叶静 译

《社会契约论》 [英]迈克尔·莱斯诺夫 著 刘训练 等译

《共和主义:一种关于自由与政府的理论》 [澳]菲利普·佩蒂特 著 刘训练 译

《至上的美德:平等的理论与实践》 [美]罗纳德·德沃金 著 冯克利 译

《原则问题》 [美]罗纳德·德沃金 著 张国清 译

《社会正义论》 [英]布莱恩·巴利 著 曹海军 译

《马克思与西方政治思想传统》 [美]汉娜·阿伦特 著 孙传钊 译

《作为公道的正义》 [英]布莱恩·巴利 著 曹海军 允春喜 译

《古今自由主义》 [美]列奥·施特劳斯 著 马志娟 译

《公平原则与政治义务》 [美]乔治·格劳斯科 著 毛兴贵 译

《谁统治:一个美国城市的民主和权力》 [美]罗伯特·A.达尔 著 范春辉 等译

《论伦理精神》 张康之 著

《人权与帝国:世界主义的政治哲学》 [英]科斯塔斯·杜兹纳 著 辛亨复 译

《阐释和社会批判》 [美]迈克尔·沃尔泽 著 任辉献 段鸣玉 译

《全球时代的民族国家:吉登斯讲演录》 [英]安东尼·吉登斯 著 郭忠华 编

《当代政治哲学名著导读》 应奇 主编

《拉克劳与墨菲:激进民主想象》 [美]安娜·M.史密斯 著 付琼 译

《英国新左派思想家》 张亮 编

《第一代英国新左派》 [英]迈克尔·肯尼 著 李永新 陈剑 译

《转向帝国:英法帝国自由主义的兴起》 [美]珍妮弗·皮茨 著 金毅 许鸿艳 译

《论战争》 [美]迈克尔·沃尔泽 著 任辉献 段鸣玉 译

《现代性的谱系》 张凤阳 著

三、纯粹哲学系列

《哲学作为创造性的智慧:叶秀山西方哲学论集(1998—2002)》 叶秀山 著

《真理与自由:康德哲学的存在论阐释》 黄裕生 著

《走向精神科学之路:狄尔泰哲学思想研究》 谢地坤 著

《从胡塞尔到德里达》 尚杰 著

《海德格尔与存在论历史的解构:〈现象学的基本问题〉引论》 宋继杰 著

《康德的信仰:康德的自由、自然和上帝理念批判》 赵广明 著

《宗教与哲学的相遇:奥古斯丁与托马斯·阿奎那的基督教哲学研究》 黄裕生 著

《理念与神:柏拉图的理念思想及其神学意义》 赵广明 著

《时间性:自身与他者——从胡塞尔、海德格尔到列维纳斯》 王恒 著

《意志及其解脱之路:叔本华哲学思想研究》 黄文前 著

《真理之光:费希特与海德格尔论 SEIN》 李文堂 著

《归隐之路:20 世纪法国哲学的踪迹》 尚杰 著

《胡塞尔直观概念的起源:以意向性为线索的早期文本研究》 陈志远 著

《幽灵之舞:德里达与现象学》 方向红 著

《形而上学与社会希望:罗蒂哲学研究》 陈亚军 著

《福柯的主体解构之旅:从知识考古学到"人之死"》 刘永谋 著

《中西智慧的贯通:叶秀山中国哲学文化论集》 叶秀山 著

《学与思的轮回:叶秀山 2003—2007 年最新论文集》 叶秀山 著

《返回爱与自由的生活世界:纯粹民间文学关键词的哲学阐释》 户晓辉 著

《心的秩序:一种现象学心学研究的可能性》 倪梁康 著

《生命与信仰:克尔凯郭尔假名写作时期基督教哲学思想研究》 王齐 著

《时间与永恒:论海德格尔哲学中的时间问题》 黄裕生 著

《道路之思:海德格尔的"存在论差异"思想》 张柯 著

《启蒙与自由:叶秀山论康德》 叶秀山 著

《自由、心灵与时间:奥古斯丁心灵转向问题的文本学研究》 张荣 著

四、宗教研究系列

《汉译佛教经典哲学研究》(上下卷) 杜继文 著

《中国佛教通史》(15 卷) 赖永海 主编

《中国禅宗通史》 杜继文 魏道儒 著

《佛教史》 杜继文 主编

《道教史》 卿希泰 唐大潮 著

《基督教史》 王美秀 段琦 等著

《伊斯兰教史》 金宜久 主编

《中国律宗通史》 王建光 著

《中国唯识宗通史》 杨维中 著

《中国净土宗通史》 陈扬炯 著

《中国天台宗通史》 潘桂明 吴忠伟 著

《中国三论宗通史》 董群 著

《中国华严宗通史》 魏道儒 著

《中国佛教思想史稿》(3 卷) 潘桂明 著

《禅与老庄》 徐小跃 著

《中国佛性论》 赖永海 著
《禅宗早期思想的形成与发展》 洪修平 著
《基督教思想史》 [美]胡斯都·L.冈察雷斯 著 陈泽民 孙汉书 司徒桐 莫如喜 陆俊杰 译
《圣经历史哲学》(上下卷) 赵敦华 著
《禅宗早期思想的形成与发展》 洪修平 著
《如来藏与中国佛教》 杨维中 著

五、人文与社会系列

《环境与历史:美国和南非驯化自然的比较》 [美]威廉·贝纳特 彼得·科茨 著 包茂红 译
《阿伦特为什么重要》 [美]伊丽莎白·扬-布鲁尔 著 刘北成 刘小鸥 译
《现代性的哲学话语》 [德]于尔根·哈贝马斯 著 曹卫东 等译
《追寻美德:伦理理论研究》 [美]A.麦金太尔 著 宋继杰 译
《现代社会中的法律》 [美]R.M.昂格尔 著 吴玉章 周汉华 译
《知识分子与大众:文学知识界的傲慢与偏见,1880—1939》 [英]约翰·凯里 著 吴庆宏 译
《自我的根源:现代认同的形成》 [加拿大]查尔斯·泰勒 著 韩震 等译
《社会行动的结构》 [美]塔尔科特·帕森斯 著 张明德 夏遇南 彭刚 译
《文化的解释》 [美]克利福德·格尔茨 著 韩莉 译
《以色列与启示:秩序与历史(卷1)》 [美]埃里克·沃格林 著 霍伟岸 叶颖 译
《城邦的世界:秩序与历史(卷2)》 [美]埃里克·沃格林 著 陈周旺 译
《战争与和平的权利:从格劳秀斯到康德的政治思想与国际秩序》 [美]理查德·塔克 著 罗炯 等译
《人类与自然世界:1500—1800年间英国观念的变化》 [英]基思·托马斯 著 宋丽丽 译
《男性气概》 [美]哈维·C.曼斯菲尔德 著 刘玮 译
《黑格尔》 [加拿大]查尔斯·泰勒 著 张国清 朱进东 译
《社会理论和社会结构》 [美]罗伯特·K.默顿 著 唐少杰 齐心 等译
《个体的社会》 [德]诺贝特·埃利亚斯 著 翟三江 陆兴华 译
《象征交换与死亡》 [法]让·波德里亚著 车槿山 译
《实践感》 [法]皮埃尔·布迪厄 著 蒋梓骅 译
《关于马基雅维里的思考》 [美]利奥·施特劳斯 著 申彤 译
《正义诸领域:为多元主义与平等一辩》 [美]迈克尔·沃尔泽 著 褚松燕 译
《传统的发明》 [英]E.霍布斯鲍姆 T.兰格 著 顾杭 庞冠群 译
《元史学:十九世纪欧洲的历史想象》 [美]海登·怀特 著 陈新 译
《卢梭问题》 [德]恩斯特·卡西勒 著 王春华 译
《自足语义学:为语义最简论和言语行为多元论辩护》 [挪威]赫尔曼·开普兰 [美]厄尼·利珀尔 著 周允程 译
《历史主义的兴起》 [德]弗里德里希·梅尼克 著 陆月宏 译
《权威的概念》 [法]亚历山大·科耶夫 著 姜志辉 译

六、海外中国研究系列

《帝国的隐喻:中国民间宗教》 [英]王斯福 著 赵旭东 译
《王弼〈老子注〉研究》 [德]瓦格纳 著 杨立华 译
《章学诚思想与生平研究》 [美]倪德卫 著 杨立华 译
《中国与达尔文》 [美]詹姆斯·里夫 著 钟永强 译

《千年末世之乱:1813年八卦教起义》 [美]韩书瑞 著　陈仲丹 译

《中华帝国后期的欲望与小说叙述》 黄卫总 著　张蕴爽 译

《私人领域的变形:唐宋诗词中的园林与玩好》 [美]王晓山 著　文韬 译

《六朝精神史研究》 [日]吉川忠夫 著　王启发 译

《中国社会史》 [法]谢和耐 著　黄建华 黄迅余 译

《大分流:欧洲、中国及现代世界经济的发展》 [美]彭慕兰 著　史建云 译

《近代中国的知识分子与文明》 [日]佐藤慎一 著　刘岳兵 译

《转变的中国:历史变迁与欧洲经验的局限》 [美]王国斌 著　李伯重 连玲玲 译

《中国近代思维的挫折》 [日]岛田虔次 著　甘万萍 译

《为权力祈祷》 [加拿大]卜正民 著　张华 译

《洪业:清朝开国史》 [美]魏斐德 著　陈苏镇 薄小莹 译

《儒教与道教》 [德]马克斯·韦伯 著　洪天富 译

《革命与历史:中国马克思主义历史学的起源,1919—1937》 [美]德里克 著　翁贺凯 译

《中华帝国的法律》 [美]D.布朗 等著　朱勇 译

《文化、权力与国家》 [美]杜赞奇 著　王福明 译

《中国的亚洲内陆边疆》 [美]拉铁摩尔 著　唐晓峰 译

《古代中国的思想世界》 [美]史华兹 著　程钢 译　刘东 校

《中国近代经济史研究:明末海关财政与通商口岸市场圈》 [日]滨下武志 著　高淑娟 孙彬 译

《中国美学问题》 [美]苏源熙 著　卞东坡 译　张强强 朱霞欢 校

《翻译的传说:构建中国新女性形象》 胡缨 著　龙瑜宬 彭珊珊 译

《〈诗经〉原意研究》 [日]家井真 著　陆越 译

《缠足:"金莲崇拜"盛极而衰的演变》 [美]高彦颐 著　苗延威 译

《从民族国家中拯救历史:民族主义话语与中国现代史研究》 [美]杜赞奇 著　王宪明 高继美
　　李海燕 李点 译

《传统中国日常生活中的协商:中古契约研究》 [美]韩森 著　鲁西奇 译

《欧几里得在中国:汉译〈几何原本〉的源流与影响》 [荷]安国风 著　纪志刚 郑诚 郑方磊 译

《毁灭的种子:二战及战后的国民党中国》 [美]易劳逸 著　王建朗 王贤知 贾维 译

《理解农民中国:社会科学哲学的案例研究》 [美]李丹 著　张天虹 张胜波 译

《18世纪的中国社会》 [美]韩书瑞 罗有枝 著　陈仲丹 译

《开放的帝国:1600年的中国历史》 [美]韩森　梁侃 邹劲风 译

《中国人的幸福观》 [德]鲍吾刚 著　严蓓雯 韩雪临 伍德祖 译

《明代乡村纠纷与秩序》 [日]中岛乐章 著　郭万平 高飞 译

《朱熹的思维世界》 [美]田浩 著

《礼物、关系学与国家:中国人际关系与主体建构》 杨美慧 著　赵旭东 孙珉 译　张跃宏 校

《美国的中国形象:1931—1949》 [美]克里斯托弗·杰斯普森 著　姜智芹 译

《清代内河水运史研究》 [日]松浦章 著　董科 译

《中国的经济革命:20世纪的乡村工业》 [日]顾琳 著　王玉茹 张玮 李进霞 译

《明清时代东亚海域的文化交流》 [日]松浦章 著　郑洁西 译

《皇帝和祖宗:华南的国家与宗族》 科大卫 著　卜永坚 译

《中国善书研究》 [日]酒井忠夫 著　刘岳兵 何莺莺 孙雪梅 译

《大萧条时期的中国:市场、国家与世界经济》 [日]城山智子 著　孟凡礼 尚国敏 译

《虎、米、丝、泥:帝制晚期华南的环境与经济》 [美]马立博 著　王玉茹 译

《矢志不渝:明清时期的贞女现象》 [美]卢苇菁 著　秦立彦 译

《山东叛乱:1774年的工伦起义》 [美]韩书瑞 著　刘平 唐雁超 译
《一江黑水:中国未来的环境挑战》 [美]易明 著　姜智芹 译
《施剑翘复仇案:民国时期公众同情的兴起与影响》 [美]林郁沁 著　陈湘静 译
《工程国家:民国时期(1927－1937)的淮河治理及国家建设》 [美]戴维·艾伦·佩兹 著
　　姜智芹 译
《西学东渐与中国事情》 [日]增田涉 著　周启乾 译
《铁泪图:19世纪中国对于饥馑的文化反应》 [美]艾志端 著　曹曦 译
《危险的边疆:游牧帝国与中国》 [美]巴菲尔德 著　袁剑 译
《华北的暴力与恐慌:义和团运动前夕基督教传播和社会冲突》 [德]狄德满 著　崔华杰 译
《历史宝筏:过去、西方与中国的妇女问题》 [美]季家珍 著　杨可 译
《姐妹们与陌生人:上海棉纱厂女工,1919—1949》 [美]艾米莉·洪尼格 著　韩慈 译
《银线:19世纪的世界与中国》 林满红 著　詹庆华 林满红 译
《寻求中国民主》 [澳]冯兆基 著　刘悦斌 徐砲 著

七、历史研究系列
《中国近代通史》(10卷)　张海鹏 主编
《极端的年代》 [英]艾瑞克·霍布斯鲍姆 著　马凡 等译
《漫长的20世纪》 [意]杰奥瓦尼·阿瑞基 著　姚乃强 译
《在传统与变革之间:英国文化模式溯源》 钱乘旦 陈晓律 著
《世界现代化历程》(10卷)　钱乘旦 主编

八、当代思想前沿系列
《世纪末的维也纳》 [美]卡尔·休斯克 著　李锋 译
《莎士比亚的政治》 [美]阿兰·布鲁姆 哈瑞·雅法 著　潘望 译
《邪恶》 [英]玛丽·米奇利 著　陆月宏 译
《知识分子都到哪里去了:对抗21世纪的庸人主义》 [英]弗兰克·富里迪 著　戴从容 译
《资本主义文化矛盾》 [美]丹尼尔·贝尔 著　严蓓雯 译
《流动的恐惧》 [英]齐格蒙特·鲍曼 著　谷蕾 杨超 等译
《流动的生活》 [英]齐格蒙特·鲍曼 著　徐朝友 译
《生活的艺术》 [英]齐格蒙特·鲍曼 著　仇子明 等译
《流动的时代:生活于充满不确定性的年代》 [英]齐格蒙特·鲍曼 著　谷蕾 武媛媛 译
《波德里亚:一个批判性读本》 [美]道格拉斯·凯尔纳 编　陈维振 陈明达 王峰 译　李平武
　　审校
《齐格蒙特·鲍曼:后现代性的预言家》 [英]丹尼斯·史密斯 著　萧韶 译
《萨义德》 [英]瓦莱丽·肯尼迪 著　李自修 译
《瓦尔特·本雅明:救赎美学》 [美]理查德·沃林 著　吴勇立 张亮 译
《未来的形而上学》 [美]爱莲心 著　余日昌 译
《文化理论关键词》 [英]丹尼·卡瓦拉罗 著　张卫东 张生 赵顺宏 译
《自由的铁笼:哈耶克传》 [英]安德鲁·甘布尔 著　王晓冬 朱之江 译
《异端人物》 [英]特里·伊格尔顿 著　刘超 译
《当代文化理论》 [澳大利亚]安德鲁·米尔纳 著　刘超 译
《感受与形式》 [美]苏珊·朗格 著　高艳萍 译
《公共领域的伦理学》 [英]约瑟夫·拉兹 著　葛四友 译

九、教育理论研究系列

《教育研究方法导论》 ［美］梅雷迪斯·D. 高尔等 著　许庆豫等 译

《教育基础》 ［美］阿伦·奥恩斯坦 著　杨树兵等 译

《教育伦理学》 ［台］贾馥茗 著

《认知心理学》 ［美］罗伯特·L. 索尔索 著　何华等 译

《现代心理学史》 ［美］杜安·P. 舒尔茨 著　叶浩生等 译

《学校法学》 ［美］米歇尔·W. 拉莫特 著　许庆豫等 译